KB070297

CHILD WELFARE A Prevention and Integration Perspective

예방과 통합의 관점에서 본 2판

아동복지론

노혜련 · 김미원 · 조소연 공저

학지사

⚜ 머리말

한 사회의 미래가 건강해지려면 그 사회의 아동이 건강하게 성장해야 한다. 아동복지는 바로 아동이 건강하게 성장하는 데 필요한 제도와 서비스를 말하며, 그런 점에서 아동복지는 한 사회의 미래를 결정하는 중요한 분야라고 할 수 있다.

아동복지를 협소하게 보면 주로 취약아동의 문제를 예방하거나 해결하는 데 도움이 되는 복지 제도와 서비스를 의미하지만, 넓은 의미에서는 모든 아동이 건강하게 성장하는 데 필요한 제도와 서비스를 포함한다. 현재까지 우리나라의 아동복지 제도와 서비스는 대부분 문제중심적이고 선별주의적인 관점에서 진행되어 왔고, 아동 문제나 대상별로 서비스를 구분 지어 설명하는 경향이 있었다. 그러나 최선의 아동복지는 '가족복지'이며, '건강한 아동, 건강한 가정, 건강한 지역사회'는 서로 분리되는 것이 아니다.

UN「아동권리협약」에서는 '아동권리'를 독립된 인간으로서 최소한의 기본 생활과 인간다운 생활을 영위할 아동의 기본 인권이라고 말한다. 아동권리를 인정한다는 것은 아동의 인권과 행복에 관한 모든 사항을 개인에게 맡기지 않고 사회와 국가가 관리하고 보장할 의무가 있다는 것을 의미한다. 또한 아동권리 구현을 위해서는 아동복지의 초점을 아동뿐 아니라 가족의 복지를 보장하는 것으로 확장해야 한다. 이 책은 바로 이런 시각, 즉 아동권리를 보장하려면 가족 중심으로 실천해야 하고, 이는 국가와 사회의 적극적인 개입을 통해서만 실현할 수 있다는 관점에서 출발한다. 이런 문제의식과 지향점을 바탕으로 저자들은 가족보존 원칙에 따른 가족중심 실천, 강점관점, 생태체계적 관점, 다학문·다학제적 실천을 지향하는 통합적 시각, 미시적·거시적 차원의 통합을 통한 제도–정책–서비스 간의 연결 그리고 치료보다는 예방에 초점을 맞추고 본문을 기술하였다.

이 책은 제1부 아동복지 이해의 기초, 제2부 아동 보건의료·교육제도와 서비스, 제3부 가족지원제도와 서비스, 제4부 아동보호제도와 서비스, 제5부 우리나라 아동복지제도와 서비스로 구성하였다. 초판에서는 아동복지제도와 서비스별 개념, 주요 원칙, 외국과 우리나라 서비스를 한꺼번에 기술했지만, 개정판에서는 서비스별 개념과 주요 원칙, 외국의 사례를 먼저 설명한 후 우리나라 아동복지 서비스를 제5부에 따로 정리하였다. 이는 2020년부터 지방자치단체에 아동관련 전담직을 배치하면서 우리나라 아동복지체계를 공공을 중심으로 통합적으로 개편했으므로, 아동복지 서비스 전체를 하나의 맥락으로 설명할 필요가 있었기 때문이다.

이에 따라 제1부에서는 아동복지를 이해하는 데 기초가 되는 내용과 발달과정을 살펴보았다. 제1장에서는 아동복지의 개념, 아동권리, 아동복지 실천의 방향성을 정립해 주는 실천 관점을 설명하였으며, 제2장에서는 아동복지의 발달과정을 기술하였다.

제2부에서는 모든 아동에게 보편적으로 제공해야 하는 기초 서비스인 보건의료제도와 서비스, 교육복지제도와 서비스를 알아보았다. 제3장에서는 아동 보건의료제도를 살펴보면서 건강권과 아동 보건의료제도의 관계를 설명하고, 각국 아동 보건의료제도와 서비스를 소개하였다. 제4장에서는 교육권과 교육복지제도를 설명하고, 각국의 교육제도를 의무교육제도와 특수교육제도를 중심으로 기술하였다. 또한 교육복지와 학교사회복지 서비스에 관해 알아보았는데, 교육복지와 학교사회복지는 그 개념이 모호하고 용어를 혼용하는 경향이 있어 먼저 교육복지와 학교사회복지의 개념을 정의하였다. 이 책에서 교육복지는 교육권 보장과 관련한 거시적 제도와 정책으로 보았으며, 학교사회복지는 그것을 구현하는 미시적 실천으로 정의하였다. 이러한 정의를 토대로 미국과 영국, 독일, 우리나라 학교사회복지 서비스의 발달과정을 살펴보고 평가하였다.

제3부는 가족지원제도와 서비스의 내용으로, 제5장에서 아동 삶의 위험 요인 중 하나인 빈곤문제 해결을 위한 가족지원제도에 관해 설명하였다. 제6장에서는 아동돌봄 서비스를 다루었는데, 아동돌봄 서비스는 아동의 나이에 따라 영·유아 돌봄 서비스와 학령기 돌봄 서비스로 구분하고, 이를 다시 돌봄 서비스의 장소에 따라 나누어 설명하였다. 제7장에서는 빈곤아동을 위한 통합서비스인 스타트 프로그램을 다루면서, 빈곤아동 통합서비스의 필요성과 개념, 특성을 살펴보고 각국 통합서비

스의 대표적인 예로 미국의 헤드스타트, 영국의 슈어스타트를 소개하였다.

　제4부는 아동보호제도와 서비스에 관한 내용으로, 제8장 아동보호제도에서는 현대 아동보호제도의 특성과 대상을 살펴보고, 아동보호제도를 예방의 개념과 연결해 보았다. 제9장에서는 아동보호 서비스의 개념과 특성을 먼저 설명하고, 아동보호에 대한 국제 기준을 토대로 아동보호 서비스의 기본 원칙을 제시하였다. 또한 아동보호 서비스의 유형은 보호가 필요한 아동에 대한 서비스를 원가정과의 분리 여부와 수준에 따라 가족보존 서비스와 학대피해아동보호 서비스, 일시대안양육 서비스, 영구대안양육 서비스로 구분하여 기술하였다. 일시대안양육 서비스에는 가정위탁보호 서비스, 공동생활가정보호 서비스, 시설보호 서비스를 포함하였으며, 영구대안양육 서비스에서는 입양지원 서비스에 관해 설명하였다.

　제5부는 우리나라의 아동복지제도와 서비스를 정리하였다. 우리나라의 주요 아동복지제도와 서비스는 크게 가족지원제도와 돌봄 서비스, 보호 서비스로 구분할 수 있으며, 이를 세부적으로 나누어 제10장 우리나라 가족지원제도, 제11장 우리나라 아동돌봄 서비스, 제12장 우리나라 아동·가족 통합서비스, 제13장 우리나라 아동학대예방 서비스, 제14장 우리나라 일시대안양육 서비스, 제15장 입양을 중심으로 한 우리나라 영구대안양육 서비스를 기술하였다. 아울러 서비스별 설명에 앞서 전체 제도와 서비스를 생애주기별, 지원체계별로 구분해 설명하였다.

　현재 우리나라 아동복지제도와 서비스는 엄청난 변화와 도전에 직면하고 있다. 이 책의 초판을 집필한 2015년 즈음만 해도 우리나라 아동복지는 민간중심으로 분절된 채 운영되고 있어, 아동의 운명을 민간이 임의로 결정하였다. 아동의 진입창구도 여러 곳이고 부모로부터 분리해 보호하는 아동의 경우 원가정으로 복귀하는 사례가 거의 없었다. 저자들은 초판에서 이러한 문제를 지적하고 아동의 진입창구 일원화와 공공화, 아동복지 서비스의 통합적 운영과 전달을 제안하였다. 그러나 몇 년이 지난 사이 우리나라 아동복지체계는 크게 변화하였다. 아동에 대한 국가 책임 확대를 추진방향으로 하는 「포용국가아동정책」을 발표하였고, 아동지원 서비스와 아동보호 서비스를 포괄하는 통합체계로 개편이 이루어졌다. 이제는 보호가 필요한 아동이 발생할 시 진입 경로가 지방자치단체로 일원화되었고, 아동에 대한 서비스도 원가정을 먼저 지원하는 방향으로 정비되었다.

　그런데도 여전히 문제점은 많다. 변화한 아동복지체계의 핵심 인력이라고 할 수 있는 아동보호전담요원의 수는 매우 부족하고 이들의 역량강화를 위한 교육도 미흡한 상황이다. 아동보호체계는 통합하였지만, 지역사회 내의 민간 서비스 기관과의 협력과 소통에는 어려움이 있고 아동지원 서비스와 보호 서비스 간의 연계도 잘 이루어지지 않는 것이 현실이다. 또한 아동의 원가정 보존이나 복귀, 혹은 보호시설 퇴소 후 자립을 지원할 자원도 부족하고 사회의 인식도 낮은 편이다. 저자들은 이러한 고민을 하면서 책의 내용을 정리하고 다듬었으므로, 이 책에는 그러한 문제의식과 비판적 시선이 녹아 있을 것이다. 하지만 이 책의 다음 개정판을 쓸 때쯤에는 이런 문제가 해결되어 아동과 가족이 더 행복한 사회가 되어 있기를 기대한다.

끝으로, 이 책은 많은 이의 도움으로 만들어졌다. 초안을 쓸 때 함께했던 강미경 선생, 책을 꼼꼼히 읽고 조언을 아끼지 않은 황혜신 선생 그리고 참고문헌 정리와 마무리를 도와준 강보미 선생의 노고에 감사드린다. 그리고 이 책이 나올 때까지 믿고 기다려 주신 학지사의 김진환 사장님, 유명원 부장님과 편집부에도 고마움을 전한다.

2021년
저자 노혜련, 김미원, 조소연

차례

제4부 아동보호제도와 서비스

제5부 우리나라 아동복지제도와 서비스

제1부

아동복지 이해의 기초

제1장
·
아동복지의 이해

제2장
·
아동복지의 발달

이 책의 제1부는 아동복지 개념과 발달과정을 설명함으로써 아동복지제도와 서비스를 이해하는 데 필요한 기초 지식을 습득하는 과정에 중점을 두었다. 먼저, 제1장에서는 아동복지에 대한 전반적 이해를 돕기 위해, 제1절에서 아동과 아동복지를 정의하고 제2절에서 아동복지의 토대가 되는 아동권리의 개념에 관해 살펴보면서 「UN 아동권리협약」과 아동복지제도의 관계를 기술하였다. 제3절에서는 페트르(Petr, 2003)의 실천 관점의 틀을 참고하여 아동복지 실천을 위한 일곱 가지 관점을 제시하였다. 이 장에서 제시한 아동권리와 아동복지 실천 관점은 이 책 전체에서 아동복지제도와 서비스를 설명하는 기조이다.

제2장에서는 과거부터 현재까지 아동복지 발달과정을 살펴보았다. 아동복지 역사는 나라에 따라 구체적 내용이 다르지만, 공통된 흐름을 발견할 수 있다. 이에 따라 제1절에서는 주로 정치적 · 경제적 기반에 따라 서구 아동복지 역사를 자유방임주의 시대와 국가개입 시대, 복지국가 재편 시대로 구분하고, 비교적 역사가 짧은 우리나라 아동복지 발달은 다양한 법과 제도를 만들기 시작한 해방기를 기점으로 현대사회 이전과 현대사회 이후로 나누어 설명하였다. 한편, 같은 시대에도 나라마다 정책 방향에 따라 다양한 아동복지 유형이 존재하므로, 이를 제2절에서 에스핑-앤더슨(Esping-Andersen, 1990)의 복지국가 유형에 따라 아동복지의 특성을 정리해 보았다. 제3절에서는 현대 아동복지의 전반적 특성과 경향을 알아보았다.

제1장
아동복지의 이해

🏠 제1절 아동복지의 개념

1. 아동의 개념

아동복지가 무엇인지 알기 위해서는, 먼저 아동복지의 대상인 아동의 개념을 이해할 필요가 있다. 아동(child)은 사전적 의미로 "나이가 적은 사람, 대개 유치원에 다니는 나이부터 사춘기 전의 아이"를 이르며(표준국어대사전 홈페이지, 2014), 일반적으로 6~13세까지 인간 발달의 단계를 아동기라 말하고, 6~9세까지를 아동 초기로, 10~13세까지는 아동 중기 또는 사춘기 초기로 구분한다. 그러나 아동기는 사회의 문화적 특수성을 반영하는 개념으로, 아동에 대한 사회의 역할과 기대가 아동을 개념화하는 데 영향을 미친다. 따라서 각 나라는 아동의 사회적 책임과 권리를 어떻게 보는지에 따라 아동의 나이를 법적으로 다양하게 규정하고 있으며, 우리나라도 법마다 아동의 나이 규정이 다르다.

표 1-1 국내법상 아동의 나이 규정

용어	기준연령	법률
아동	18세 미만	「아동복지법」「한부모가족지원법」「국민기초생활보장법」「입양특례법」
청소년	9~24세	「청소년 기본법」
	19세 미만	「청소년 보호법」
아동·청소년	19세 미만	「아동·청소년 성보호에 관한 법률」
미성년자	19세 미만	「민법」
형사미성년자	14세 미만	「형법」
소년	소년-19세 미만/촉법소년-10~14세 미만/우범소년-10세 이상	「소년법」
영유아	영유아-출생 후 6년 미만/신생아-출생 후 28일	「모자보건법」
영아	24개월 이하	「아이돌봄지원법」
유아	3세~초등학교 취학 전	「유아교육법」
영유아	6세 미만 취학 전	「영유아보육법」
어린이	13세 미만	「도로교통법」

출처: 대한민국 정부(2017), p. 77.

국내에서 아동을 정의하는 데 가장 일반적이고 기본적으로 활용하는 법은 「아동복지법」이다. 「아동복지법」에서는 아동의 나이를 18세 미만으로 규정하며, 이는 「UN 아동권리협약(Convention on the Rights of the Child : CRC, 이하 아동권리협약)」 기준과 동일하다. 아동과 혼용하는 '청소년'은 「청소년기본법」에서 9세 이상 24세 이하인 사람으로 정의하고, 「민법」상 미성년자는 만 19세 미만으로 정하고 있다. 아울러 정부 보고서에서는 아동을 주로 초등학생 연령대(6~12세)로 통찰하고, 청소년은 중등학교 연령대(13~18세)로 통칭한다(나달숙, 2020).

법마다 아동의 나이가 다른 것은 각 법의 취지와 목적이 다르기 때문이지만, 이는 아동복지정책 수립과 서비스 전달에 혼란을 줄 수 있다. 따라서 장기적으로 아동에 대한 통합된 정의를 모색할 필요가 있다(「유엔 아동권리협약」 한국 NPO연대, 2010). 이 책에서는 「아동권리협약」과 「아동복지법」의 정의를 준용하여 아동을 '18세 미만의 자'로 보고 기술하였다.

2. 아동복지의 개념

'아동복지(child welfare)'는 아동(child)과 복지(welfare)의 합성어로, 어원대로 풀이하면 아동이 편안하게 잘 지내는 상태를 말한다(한성심, 송주미, 2012). 아동복지는 '아동복지제도' '아동복지정책' '아동복지 서비스'로 표현하기도 하는데, 이 세 용어는 엄밀히 구분할 수 없을 정도로 서로 밀접하게 관련되어 있다.

'아동복지제도'는 모든 아동의 행복을 위해 아동에게 안전하고 지속적이며 안정된 환경을 제공하는 모든 '공적·사적 정책과 서비스'를 의미하는 포괄적 개념이다 (Center for Advanced Studies in Child Welfare 홈페이지, 2014). '아동복지정책'은 국가나 지방정부가 아동복지를 위하여 설정한 목적과 원칙, 행동 방향, 절차 등을 의미하며, 이런 점에서 아동복지제도보다 실천적 의미가 강하지만, 둘은 서로 혼용되는 경향이 있다. '아동복지 서비스'는 정책목표를 달성하기 위해 아동이나 아동이 속한 가정에 제공하는 소득 지원과 보육·교육, 음식, 보건의료, 아동의 생활조건 개선을 위한 주거, 상담, 치료 등 각종 현물급여와 현금급여를 의미한다(Businessdictionary 홈페이지, 2014a).

아동복지는 이념에 따라 제도, 정책, 서비스의 초점과 범위를 달리한다. '좁은 의미의 아동복지제도'는 '잔여적(residual)' '선별적(selective)' 복지제도와 관련된 개념으로 부모의 양육이 불가능하거나 어렵고, 정서·행동·발달상 취약한 아동의 특수한 욕구에 관심을 둔다(Kadushin & Martin, 1988; Popple & Leighninger, 1999). 이때 아동복지 서비스는 아동보호를 일차적으로 책임지는 가족이 아동의 욕구를 적절하게 충족하지 못할 때 제공해야 한다고 여기므로, 기본적으로 위기중심적이고 사후처방적이다. 또한 이 접근은 '일반 가족'은 도움이 필요하지 않다고 전제하므로 도움을 받는 사람에 대해 부정적인 시각을 지닐 수 있으며, 미국과 우리나라의 아동복지는 주로 이러한 정의를 택해 왔다.

반면, '넓은 의미의 아동복지제도'는 특별한 보호가 필요한 아동뿐 아니라 모든 아동이 가족과 사회의 일원으로 정신적·육체적으로 건강하고 행복하게 성장할 수 있도록 필요한 제반 환경을 조성하는 국가와 사회의 노력을 의미한다. 이러한 관점에서 아동복지제도는 '아동'의 영역에만 국한되지 않고 가족과 사회, 경제 제도 등과 연결되는 복합적인 성격을 띠며, 치료와 개입을 넘어 '예방'을 강조한다(Luscher,

2000). 서비스 내용도 아동의 신체적·심리적·사회적 발달을 위한 것뿐 아니라 교육과 의료, 공원, 여가와 공공 안전 영역을 포함한다. 스웨덴, 덴마크, 프랑스, 독일 등 유럽 국가에서는 아동수당과 같은 제도를 통해 아동 문제를 사전에 예방하는 데 초점을 맞추므로 주로 넓은 의미의 아동복지, 즉 '제도적(institutional)' '보편적(universal)' 복지가 이루어진다고 할 수 있다.

복잡한 현대사회에서는 아동복지를 좁은 의미로 국한하여 정의하는 것보다 넓은 의미로 정의하는 것이 필요하다. 아동은 가족 안에서 생활하고 가족은 지역사회 안에서 살아가며, 지역사회는 사회적·경제적·문화적·정치적 맥락 속에 존재하므로, 아동복지는 아동이 속한 사회 구조 안에서 이해하여야 한다(Downs, Moore, & McFadden, 2007). 이에 따라 아동복지의 목표도 위험으로부터 아동을 보호하는 것뿐 아니라 아동의 가족을 보호하는 것으로, 더 나아가 아동이 잘 성장할 수 있는 건강한 지역사회가 되는 것으로 확장된다.

3. 아동복지의 필요성

과거에 아동은 권리가 거의 없고 의무만을 지닌 '성인 축소판(miniature adult)'으로 여겨졌지만(문지영, 2003), 현대에 와서 아동은 성인과 다른 아동만의 독자적 발달 특성에 따른 특별한 관심과 보호가 필요한 존재로 인식되고 있다. 이는 아동에 관한 과학적 연구를 촉발했고 아동복지의 필요성을 확인시켰다.

인구사회학적 변화도 아동복지에 대한 사회적 책임 강화의 필요성을 대두시켰다. 최근 우리 사회의 저출산·고령화는 생산가능인구 감소와 평균 근로연령 상승, 저축·소비·투자 위축 등으로 연결되어 경기를 침체시키고 국가경쟁력을 약화시킬 수 있으므로, 출산율을 높이는 아동복지정책이 필요해졌다(오정수, 정익중, 2013). 우리나라는 세계적으로 매우 낮은 수준의 출산율을 기록하고 있는데, 이는 자녀 양육 부담이 큰 사회 현실 때문이라고 할 수 있다. 여성의 경제활동 참여가 많아지고 가족 규모가 작아지면서 가정의 돌봄 기능이 축소되었지만, 공보육제도가 보편화되어 있지 않은 상황에서 가정의 자녀 양육 부담은 더 커졌고, 이에 따라 자녀 양육 부담을 덜 수 있는 보육정책을 마련하는 것이 시급해졌다.

경제적 변화도 아동의 삶에 큰 영향을 미친다. '신자유주의(neoliberalism)'를 표방한 '세계화(globalization)'로 개인 빈곤 격차는 더욱 벌어졌다. 신자유주의는 1970년 대부터 부각되기 시작한 경제 사조로 경제정책에서는 고전적 자유주의를, 정치적 으로는 보수자유주의 가치를 지향한다. 경제 위기에 대한 신자유주의적 해결방법 은 재정안정화 정책이며, 국가는 세금제도를 자유시장의 요구에 맞게 수정하여 기 업의 조세 부담을 줄이는 방식을 취한다. 따라서 긴축 재정이 불가피해지고, 그 결 과 모든 분야의 경제지원이 줄면서 사회보장제도도 축소된다(Huffschmid, 2002). 또 한 경제의 세계화는 경제활동에 대한 규제 완화를 기본으로 하는데, 이러한 상황에 서 자본은 기업에 유리한 조건을 제공하는 지역으로 자유롭게 이동하지만, 노동력이 국경을 넘나드는 것은 쉽지 않기 때문에, 자본과 노동 간 힘의 균형이 깨지고 자본가 와 노동자 간 빈부격차는 더 커질 우려가 있다(한국민족문화대백과 홈페이지, 2015a). 이러한 불평등을 해소하려는 목적으로 UN은 2000년부터 2015년까지 '새천년개발목 표(Millennium Development Goals: MDGs)'를 수립하여 수행하고 2015년부터 2030년 까지는 '지속가능개발목표(Sustainable Development Goals: SDGs)'를 수립하여 전 지 구적 위기에 대응하는 대책을 마련하였다. 이러한 거시적 차원의 노력은 아동의 삶 의 질 개선에도 긍정적 영향을 미치고 있다.

지속가능개발목표(Sustainable Development Goals: SDGs)

지속가능개발목표는 2000년부터 2015년까지 시행한 새천년개발목표를 종료하고 2016년부 터 2030년까지 새로 시행하는 유엔과 국제사회의 공동목표이다. 새천년개발목표는 절대빈곤 과 기아퇴치, 보편적 초등교육 달성, 성 평등과 여성 능력 고양, 유아(영아) 사망률 감소, 산모 건강 증진, 에이즈와 말라리아 등 질병 퇴치, 지속가능한 환경보장, 개발을 위한 국제협력관계 구축의 8가지 목표가 있었으며, 지난 15년간 여러 가지 성과가 나타났다.

첫째, 경제성장 중심 패러다임을 사회발전 개발의 패러다임으로 전환하였고, 둘째, 이해하 기 쉽고 단순명료한 국제규범을 수립하고, 셋째, 빈곤퇴치를 빠르게 달성하였다. 또한 넷째, 국 제사회에 개발문제를 이슈화하여 인식시키는 데 공헌하였으며, 다섯째, 개도국과 선진국의 협 력을 강화할 수 있었다. 그러나 새천년개발목표는 구조적 빈곤 문제를 간과해 빈곤 퇴치에 대 한 다각적인 접근을 하지 못한 채, 하향적·획일적 기준을 수립했다는 아쉬움도 있다. 아울러 시민사회와 제3섹터 전문가의 참여가 부족했으며, 8개 목표 간 유기적 연계와 이행성과를 효과적으로 모니터링하고 통계화할 수 없다는 한계가 있었다. 그런데도 새천년개발목표는 역사상 가장 성공적인 빈곤퇴치 계획으로, 특히 아동의 복지 증진에 크게 이바지하였다는 평가를 받고 있다.

새천년개발목표 종료 후 2016년부터 적용한 지속가능개발목표는 인류의 보편적 문제(빈곤, 질병, 교육, 성 평등, 난민, 분쟁 등)와 지구 환경문제(기후변화, 에너지, 환경오염, 물, 생물다양성 등), 경제 사회문제(기술, 주거, 노사, 고용, 생산 소비, 사회구조, 법, 대내외 경제)를 2030년까지 17가지 주요 목표와 169개 세부 목표로 해결하고자 한다. 17개 주요 목표는 다음과 같다.

1. 모든 곳에서 모든 형태의 빈곤 종식
2. 기아 종식, 식량 안보 달성, 개선된 영양 상태의 달성, 지속가능한 농업 강화
3. 모든 연령층의 사람을 위한 건강한 삶 보장과 복지 증진
4. 포용적이고 공평한 양질의 교육 보장 및 모두를 위한 평생학습 기회 증진
5. 성평등 달성, 모든 여성과 소녀의 권익 신장
6. 모두를 위한 물과 위생의 이용가능성 및 지속가능한 관리 보장
7. 모두를 위한 저렴하고 지속가능한 현대적 에너지 접근 보장
8. 모두를 위한 지속적이고 포용적인 경제성장, 완전하고 생산적인 고용과 양질의 일자리 증진
9. 회복력 있는 사회기반시설 구축, 포용적이고 지속가능한 산업화 증진과 혁신 촉진
10. 국가 내, 국가 간 불평등 완화
11. 포용적이고 안전하며 회복력 있고 지속가능한 도시와 정주지 조성
12. 지속가능한 소비와 생산 양식 보장
13. 기후변화와 그 영향을 방지하기 위한 긴급한 행동 실시
14. 지속가능개발을 위한 대양, 바다 및 해양자원 보존 및 사용
15. 육상 생태계의 보호와 복원, 지속가능한 이용 증진, 산림의 지속가능한 관리, 사막화 방지, 토지 황폐화 중지, 생물다양성 손실 중지
16. 모든 수준에서 지속가능개발을 위한 평화롭고 포용적인 사회 증진, 정의롭고 효과적이고 책임 있으며 포용적인 제도 구축
17. 이행수단 강화, 지속가능개발을 위한 글로벌 파트너십 활성화

출처: 위키백과, 2020; UN 홈페이지(2020).

우리나라는 1990년대 이전까지 고성장을 유지해 왔지만, 1997년 국제통화기금(International Monetary Fund: IMF) 구조조정 이후 다양한 사회문제가 드러났다. 실업률이 높아졌고 노동시장 유연화로 일용직과 임시노동자 수가 늘었으며 소득 양극화가 심화되었다. 사회안전망이 부재한 상태에서 고용불안과 실업은 개인 삶의 질을 급속히 하락시켰고, 경제 위기 극복과정에서 나타난 부정적 영향은 대부분 저소득·취약 계층에 집중되었다. 정부는 사회복지지출을 늘리고 사회안전망을 구축하기 위한 대책을 마련했지만, 사후처방적이고 소극적인 개입은 빈곤문제를 해결하지 못하였으며, 가족 빈곤은 아동의 건강한 성장을 저해하는 위기 요인이 되므로 이에 대한 아동복지 대책이 필요해졌다.

한편, 최근에는 이혼과 사별 등 가족해체로 한부모가정이 증가했으며, 재혼가정과 입양가정, 위탁가정, 다문화가정 등 새로운 형태의 가족도 나타났다. 이혼은 아동 양육의 책임과 역할을 모호하게 하고 자녀의 안정된 삶을 위협할 뿐 아니라 정서적 문제를 일으킬 수 있다. 새롭게 구성된 가족인 재혼가정과 입양가정, 위탁가정은 가족구성원 변동에 따른 혼란과 적응 부담이 크고, 다문화가정 역시 문화 차이에 따른 어려움을 겪을 수 있다. 가정의 유형이 다양화하면서 아동복지와 관련된 문제가 더욱 복잡해지고 욕구는 다양해졌으며, 이에 따라 아동복지의 영역과 대상도 확대되고 있다.

🏠 제2절 아동권리와 아동복지

1. 아동권리

'아동권리'란 독립된 인간으로서 최소한의 기본 생활과 인간다운 생활을 영위할 수 있는 아동의 기본 인권을 말한다. 아동권리는 의식주와 보편적 무상 교육·보건 등 기본적 생활조건의 제공, 아동의 나이에 맞는 법령과 아동의 시민권 보호, 인종·성별·성적 지향·국적·종교·장애 등과 관련하여 차별받지 않을 자유 등 인권 차원에서 아동이 필수적으로 가져야 할 권리를 의미한다. 아동권리를 인정한다는 것은 아동을 보호와 양육, 지원의 대상으로서뿐 아니라 권리소지자로서 보는 것이다.

이는 곧 아동에게도 경제권과 사회권, 문화권, 시민권(정치권)이 있음을 받아들이는 것이다(Jones, 2011). 동시에 아동의 인권·행복과 관련된 제반 사항을 개인 차원에 맡기지 않고 사회와 국가가 관리하고 보장할 의무가 있다고 보는 것이기도 하다.

2. 「UN 아동권리협약」

1) 「UN 아동권리협약」의 발달

아동은 오랫동안 양육과 보호의 대상으로만 여겨지고 독립된 주체로 인정받지 못하였으며, 20세기가 되어서야 비로소 아동에 대한 전통적 사고 변화와 함께 아동의 권리를 신장하려는 노력을 시작하였다. 제1차 세계대전 후 「아동헌장」(1922)을 선포했으며, 이 헌장의 영향으로 1924년 국제연맹은 국제적 문서인 「아동의 권리에 관한 제네바 선언」을 채택하여 아동이 성인과 같은 권리를 지닌 인격체임을 천명하였다(이영호, 문영희, 2016). 이어 「아동권리선언」을 선포했는데, 이 선언에서는 아동을 단순히 보호와 구제 차원이 아닌 권리의 차원으로 보고자 하였다. 그러나 이 선언은 규범적 구속력이 없어 실천에 한계가 있었으며, 이를 보완하고 그동안의 아동권리에 대한 노력을 집대성하여 마련한 결과물이 바로 「아동권리협약」이다(나달숙, 2020).

「아동권리협약」은 국제사회가 전 세계 모든 아동의 인권을 보호, 증진 및 실현하기 위해 만든 약속이며, 아동을 권리의 주체로 보는 원칙을 전제로 한다(Deutsches Institut fur Menschenrecht, 2006). 「아동권리협약」은 제3부 총 54개 조항으로 이루어졌으며, 협약의 전문에서는 협약의 기본 정신을 밝히고 있다. 제1부(제1~41조)는 '실질적 규정'으로 아동의 권리와 가입국의 아동보호 의무를 기술하고 제2부(제43~45조)는 협약의 국제적 이행과 모니터링에 관해 규정하였으며, 제3부(제46~54조)는 비준 절차 등을 포함한 부칙을 포함한다. 이후 2개의 추가의정서를 통해 2002년 1월 아동 매매와 아동 성매매, 아동 성적 외설물(pornography)을 금지하고, 같은 해 2월에는 아동의 무장행위를 금지하도록 규정하였다(Gopfert, 2010).

이 협약은 1989년 11월 UN 총회에서 만장일치로 채택해 1990년 9월 2일 국제법으로서 효력을 발휘하기 시작했다. 이는 현재까지 가장 많은 국가가 비준한 국제인권법으로, 전 세계 196개국(2020년 8월 기준)이 비준하였다. 우리나라는 1991년 11월

20일 이 협약을 비준하였으며, 2004년 9월 24일 2개의 추가의정서를 비준하였다(국
제아동인권센터 홈페이지, 2020).

2) 「아동권리협약」의 기본원칙

UN 아동권리위원회(Committee on the Rights of the Child: CRC, 이하 아동권리위원
회)는 「아동권리협약」 중 차별금지의 원칙(제2조), 아동 최선의 이익 원칙(제3조), 생
명·생존 및 발달의 원칙(제6조), 아동 의견 존중의 원칙(제12조)의 네 가지를 다른
권리규정의 바탕이 되는 기본원칙(general principle)으로 규정하였다.

첫째, '차별금지의 원칙'은 모든 아동이 차별받지 않고 자신의 권리와 자유를 누
릴 권리가 있다는 것으로, 이를 위해 협약 당사국은 자국의 관할권 내에 있는 아동
과 부모, 법정후견인이 차별 없이 권리를 존중받을 수 있게 모든 적절한 조치를 취
해야 한다.

둘째, '아동 최선의 이익 원칙'은 아동에 관한 모든 활동에서 아동 이익을 최우선
으로 고려해야 한다는 것으로, 이는 주로 아동의 이익과 부모의 이익, 또는 국가 당
국의 편의가 충돌할 때 적용할 수 있다.

셋째, '생명·생존 및 발달의 원칙'은 모든 아동이 고유의 생명권을 가지고 있음
을 인정하고 최대한 아동의 생존과 발달을 보장해야 한다는 것이다.

넷째, '아동의견 존중의 원칙'은 아동에게 영향을 미치는 모든 문제에 대해 아동
스스로 자신의 견해를 표현할 권리를 보장하는 것이다.

UN 아동기금(United Nations International Children's Emergency Fund: UNICEF)은
「아동권리협약」의 복잡한 내용을 좀 더 단순하고 실천적인 아동의 언어로 바꿀 필요
가 있다고 보고, 앞의 네 가지 기본원칙을 '동등한 대우를 받을 권리' '아동의 복지를
최우선으로 할 권리' '생존과 발달에 대한 권리' '자유로운 의견표명과 참여의 권리'
로 표현하였으며 그 구체적인 내용은 다음과 같다(UNICEF 홈페이지, 2014a, 2014b).

(1) 동등한 대우를 받을 권리

협약의 모든 조항은 전 세계의 모든 아동에게 해당한다. 아동은 성별과 출신, 국
적, 언어, 종교, 피부색, 장애, 정치적 입장 등과 관계없이 동등한 권리를 가지며, 국
가는 모든 차별로부터 아동을 보호할 의무가 있다. 예를 들어, 결혼한 부부의 자녀

이든 미혼 부모의 자녀이든 법적으로 동등하며, 이주민 아동도 본국의 아동과 똑같이 대우를 받아야 하고, 소수 인종의 아동도 똑같이 학교에 다닐 수 있어야 한다. 우리나라 「아동복지법」은 이를 반영하여 아동은 어떠한 종류의 차별도 받지 않아야 함을 규정하고 있으며, 상대적으로 어려운 여건에서 생활하는 아동에 대해 특별한 배려와 동일한 기회를 주도록 한다.

(2) 아동의 복지를 최우선으로 할 권리

아동에게 영향을 미칠 수 있는 결정을 내릴 때는 언제나 아동의 복지를 최우선으로 고려하여야 한다. 이것은 국가 예산 편성이나 도시의 도로건설사업 등 모든 일에 해당한다. 아동은 사적인 존재로만 볼 수 없으며, 아동의 발달을 추진하고 보호하는 것은 공적 업무에 속한다. 또한 모든 아동은 협약 제32조에 따라 착취로부터 보호받을 권리가 있고, 제19조에 따라 국가는 모든 형태의 폭력으로부터 아동을 보호할 의무가 있다. 이를 반영하여 우리나라 「민법」 제912조는 친권 행사에 있어서 자의 복리를 우선적으로 고려하여야 함을 명시하였고, 「아동복지법」 제2조 제3항은 아동이익을 최우선적으로 고려해야 함을 규정하였다.

(3) 생존과 발달에 대한 권리

모든 아동은 생활과 생존을 보장받을 권리가 있으며, 생존은 가장 기본적인 인권이다. 그러나 오늘날에도 수백만의 아동이 예방할 수 있거나 치료가 쉬운 병으로 5세 이전에 사망하고 있다. 모든 아동은 협약 제24조에 따라 의료 서비스를 받을 권리가 있으며, 협약 제6조에서는 국가는 '가능한 한 최대 범위로' 아동의 성장·발달을 보장할 의무가 있다고 규정한다. 또한 모든 아동은 교육을 받을 권리가 있다. 협약 제28조에서는 모든 아동은 초등교육을 무상으로, 동시에 의무적으로 받아야 하며 중등교육을 포함한 그 이상의 교육도 자유롭게 받을 권리가 있다고 명시한다.

(4) 자유로운 의견표명과 참여의 권리

아동은 성인과 동등하게 자기 생각을 자유롭게 표명할 권리가 있다. 아동은 자신과 관련한 모든 결정사항에 대해 자기 생각을 말할 수 있어야 하며, 참여권을 보장받아야 한다. 아동은 인간으로서 진지하게 받아들여지고 존중받아야 하는데, 이는 누구든지 아동에게 영향을 미치는 결정을 내릴 때 아동의 나이와 성숙도에 맞게 아동의 의견을 포함해야 한다는 것을 의미한다. 이에 따라 아동에게 영향을 미치는 사법적·행정적 절차에서 아동이나 대리인이 진술할 기회를 마련해야 하며, 우리나라 「민법」 제837조와 제837조의 제2항에서는 이혼 시 면접교섭권을 행사할 경우 아동의 의사를 참작하도록 하고 있다.

한편, DCI(Defence for Children International)에서는 아동의 권리를 '기본적으로 필요한 사항을 제공받을 권리(Provision)'와 '유해한 환경으로부터 보호받을 권리(Protection)' '그들의 삶에 영향을 미치는 결정에 참여할 권리(Participation)'로 제안하였는데, 이를 일명 '아동권리의 3P'라고 한다. 「아동권리협약」에 따라 이 세 영역을 모두 포괄하여 아동에게 필요한 서비스를 제공할 때 비로소 아동의 권리를 보장할 수 있으며, 주요 내용은 다음과 같다.

첫째, 'Provision'은 아동에게 필요한 물질을 제공하는 것과 관련된 것으로 제3세계 아동 빈곤을 퇴치하는 것과 아동의 기본 욕구를 해결하는 것에서부터 선진산업국의 상대적 빈곤문제에 이르기까지 그 관심과 주제가 발전하여 왔다. 아동의 교육과 양육 서비스의 제공도 이 영역에 포함된다. 제공받을 권리는 건강 서비스, 교육, 적당한 생활 물품, 음식, 의복, 인간의 품위에 맞는 주거와 사회보장을 공급받을 권리 등을 포함한다. 또한 아동의 가장 중요한 권리로 이름을 갖고 출생신고를 할 권리가 있다. 이는 한 나라의 시민으로서 법적 지위와 개인 정체성에 관한 권리이다 (「아동권리협약」 제7조, 제8조, 제23~29조).

둘째, 'Protection'은 아동과 관련한 전통적인 주제로 과거에는 아동구원이라는 종교적 이데올로기와 노동력 보호 차원에서 강조했으며, 이는 가부장사회의 사회통제를 위한 것이기도 하였다. 그러나 점차 아동 인권에 대한 인식이 발전하면서 아동보호는 아동에 대한 모든 폭력을 반대하고, 동시에 특별한 보호가 필요한 아동의 문제 해결과 예방을 강조하는 방향으로 발전하고 있다. 아동은 특별한 보호를 필요로 한다. 아동은 신체적 폭력, 학대, 방임, 잔인하거나 굴욕적인 대우와 고문, 성학대와 경제적 착취로부터 보호받을 권리가 있다. 국가는 아동을 유괴와 매매에서 보호할 의무가 있으며, 전쟁이나 재난 시 특별한 보호를 하고 소수민족 아동을 보호하며 아동에게 사형선고를 내려서는 안 된다(「아동권리협약」 제19~22조, 제30조, 제32~38조).

셋째, 'Participation'은 아동이 자유롭게 의견을 말하고 언론과 정보에 자유롭게 접근하며, 스스로 결정할 권리를 가지는 것과 관련된다(「아동권리협약」 제12~14조, 제17조). 이에 따라 국가는 아동의 생각과 종교의 자유에 대한 권리를 보장하고 아동 개인의 사생활과 명예를 보호해야 한다. 본인 허락 없이 아동의 우편물이나 이메일을 열어 볼 수 없으며(「아동권리협약」 제16조), 아동은 문화생활에 참여할 권리와 친구와 만나고 운동하고 휴식을 취하는 등 여가를 누릴 권리가 있다(「아동권리협약」 제31조). '참여'는 아동의회나 민주적·정치적 문화고양 프로그램을 통해 전체 사회의 민주적 태도를 강화하고 사회의 발달잠재력을 확장하는 것, 성인중심의 사회에 아동의 참여를 활성화하여 아동의 생활상을 개선하는 것 등도 포함한다(유네스코 홈페이지, 2014; Deutscher Kinderschutzbund Ortsverband Karlsruhe, 2014; Sunker, 2001).

3) 「아동권리협약」의 이행

「아동권리협약」을 비준한 당사국은 5년마다 국가의 이행사항을 아동권리위원회에 보고하여 심의받아야 한다(「아동권리협약」 제44조). 우리나라는 현재까지 4번의 국가보고서 심의를 받았는데, 협약 비준 2년 후인 1994년 11월 첫 번째 보고서를 제출하였고 2000년 5월 2차 보고서, 2009년 5월 3·4차 통합보고서, 2017년 12월 5·6차 통합보고서를 제출하였으며, 차기 제7차 심의를 위한 국가보고서는 2024년 12월까지 제출해야 한다. 우리나라의 협약 비준과 이행 경과를 정리하면 〈표 1-2〉와 같다.

아동권리위원회는 제출한 보고서를 바탕으로 유보 조항 철회와 협약의 조항 이행에 대해 권고한다. 우리나라는 1991년 협약을 비준하면서 54개 조항 중 국내법과 충돌하는 3개의 조항을 유보하였다. 그 세 조항은 '제9조 제3항 면접교섭권'과 '제21조 입양허가제' '제40조 제2항 b호 아동의 상소권 보장'에 관한 것이었다. 정부는 세 가지 유보 조항 중 '아동의 부모 면접교섭권'에 대해서는 2007년 「민법」을 개정하여 유보를 철회하였다. 과거 「민법」에는 부모의 면접권(「민법」 제837조 제2항)만을 보장할 뿐 아동의 부모면접권을 보장하지 않았지만, 개정 이후에는 아동이 부모를 만날 권리를 보장할 수 있게 부부가 면접교섭권 행사 여부에 관한 협의서를 제출해야만 협의이혼이 가능하게 되었다(도미향, 남연희, 이무영, 변미희, 2014).

'입양허가제'에 관한 건은 2011년 8월 「입양특례법」을 전부개정하면서 유보를 철

표 1-2   우리나라 「아동권리협약」 이행 현황

연월	이행 현황	비고
1991. 11.	「유엔 아동권리협약」 비준 *유보조항: 부모와의 면접교섭권(제9조 제3항), 입양허가제(제21조 제1항), 상소권 보장(제40조 제2항)	조약 제1072호
1994. 11.	「아동권리협약」 이행 제1차 국가보고서 제출	
1995. 7.	「아동권리협약」 이행 제1차 민간보고서 제출	
1996. 1.	「아동권리협약」	
1996. 2.	「아동권리협약」 이행 제1차 국가보고서에 대한 최종견해 공표	
2000. 5.	「아동권리협약」 이행 제2차 국가보고서 제출	
2002. 6.	「아동권리협약」 이행 제2차 민간보고서 제출	
2003. 1.	「아동권리협약」 이행 제2차 국가보고서 심의	
2003. 3.	「아동권리협약」 이행 제2차 국가보고서에 대한 최종견해 공표	
2004. 10.	선택의정서 2건(아동의 무력 분쟁 참여 및 아동매매, 아동성매매, 아동 음란물에 관한 선택의정서) 비준	조약 제1687호 조약 제1688호
2007. 4.	선택의정서 이행 국가보고서 제출	
2007. 10.	선택의정서 이행 민간보고서 제출	
2008. 5.	선택의정서 이행 국가보고서 심의	
2008. 6.	선택의정서 이행 국가보고서에 대한 최종견해 공표	
2008. 10.	부모면접교섭권(협약 제9조 제3항) 유보 철회	조약 제1913호
2009. 5.	「아동권리협약」 이행 제3 · 4차 국가보고서 제출	
2010. 12.	「아동권리협약」 이행 제3 · 4차 민간보고서/아동보고서 제출	최초의 아동보고서 제출
2011. 9.	「아동권리협약」 이행 제3 · 4차 국가보고서 심의	
2011. 12.	아동의 개인청원권에 관한 「아동권리협약」 선택의정서(OPIC) 유엔총회 에서 채택	한국 비준하지 않음 (2020. 8. 현재)
2012. 2.	「아동권리협약」 이행 제3 · 4차 국가보고서 최종견해 공표	
2017. 8.	입양허가제(협약 제21조 가항) 유보 철회	조약 제3461호
2017. 12.	「아동권리협약」 이행 제5 · 6차 국가보고서 제출	
2018. 11.	「아동권리협약」 이행 제5 · 6차 민간보고서/아동보고서 제출	아동보고서 제출
2019. 9.	「아동권리협약」 이행 제5 · 6차 국가보고서 심의	
2019. 10.	「아동권리협약」 이행 제5 · 6차 국가보고서 최종견해 공표	
2024. 12.	「아동권리협약」 이행 제7차 국가보고서 제출 예정	제출기한: 12월 19일

출처: 국제아동인권센터 홈페이지(2020).

회했다. 협약에서는 관계 당국의 허가를 통한 입양만을 인정하지만, 과거 우리「민법」에서는 당사자의 합의나「호적법」에 따른 입양신고로도 입양이 가능하였다(「민법」제869조, 제878조,「호적법」제66조). 개정한「입양특례법」에서는 친생부모[1]가 출생신고를 해야만 입양을 추진할 수 있게 하고 국내외 입양 모두 법원의 허가를 받게 하였으며, 적어도 아동 출생 후 7일간 입양을 고민한 뒤 입양을 진행하게 하는 '입양숙려제'를 도입하였다. 이와 관련해 2012년 2월「민법」에 '미성년자의 입양에 관한 가정법원의 허가' 조항을 신설하여 양부모 자격을 규정하는 근거를 마련했고, 2013년 7월에는「가사소송법」에 입양허가 절차를 도입하였다. 정부는 이와 같은 입양 관련 법령을 정비한 후, 2013년 5월 아동 입양과 관련한「헤이그 국제아동입양협약(Convention on Protection of Children and Cooperation in Respect of Inter-country Adoption, 이하 헤이그협약)」에도 가입하였다.

「헤이그 국제아동입양협약」

「헤이그협약」은 국외로 입양되는 아동의 안전과 권리 보호를 위해 국외입양 절차와 요건을 규정한 국제조약이다. 1993년 체결해 1995년 발표하였으며, 협약의 기본 원칙은 보호가 필요한 아동이 발생한 경우 어려운 상황이라도 원가정에서 보호하는 것이 가장 적절하며, 차선책으로 국내입양을, 최후 수단으로 국외입양을 고려해야 한다는 것이다. 따라서 이 협약은 국외입양 절차 전반을 '국가 책임'으로 엄격하게 규정한다. 우리나라는 그동안 국제사회로부터 협약 가입에 대한 압력을 끊임없이 받아 왔지만, 협약의 조건을 충족하지 못해 가입할 수 없다가 2011년「입양특례법」개정을 통해 국내외 입양 관련 제도를 일부 정비하면서 협약에 가입하였다(보건복지부 보도자료, 2011. 11. 17.; 신호경, 2013. 5. 24.) 협약 가입 이후에는 비준을 해야 하는데 아직도 협약 비준을 위한 조건을 충족하지 못한 상태로 남아 있어, 입양제도 전반을 공공으로 개편하는「입양특례법」재·개정이 시급히 필요한 상황이다.

---

[1] 부모를 지칭할 때는 '입양한' 부모라는 의미로 '입양 부모'를 사용하고 '생물학적' 부모라는 뜻에서 '생(生)부모'라고 하는 것이 더 적절하다. 생부모를 '친부모'나 '친생부모'로 부르기도 하는데, 이렇게 말하면, 생부모만을 부모로 인식하게 할 수 있으므로, '친(親)'이라는 표현을 쓰는 것은 적합하지 않다. 그럼에도 현재 법적·사회적으로 '친생부모'라는 표현을 주로 사용하므로 이 책에서는 상황에 따라 친생부모와 생부모의 표현의 혼용하였다.

그러나 '아동의 상소권의 보장'은 여전히 유보를 철회하지 못한 조항이다. '상소권'이란 미확정 재판에 대하여 상급법원에 그 취소나 변경을 요구하는 상소를 할 수 있는 권리를 말하며(한국민족문화대백과 홈페이지, 2015b), 이와 관련하여 「아동권리협약」에서는 사법 절차에서 아동의 이익을 최우선으로 보장하고 기본적인 아동의 권리 보호를 보장하게 하며, 유죄를 입증할 때까지 무죄로 추정하는 '무죄 추정의 원칙'을 준수하게 되어 있다. 우리나라는 분단 상황의 특수성을 고려해, 비상계엄과 군사재판에서 단심제를 인정하고 상소권을 제한하는데(「헌법」 제110조 제4항, 「군사법원법」 제534조), 아동권리위원회는 모든 아동이 법에 따라 판결의 재검토를 요청할 권리를 보장할 것을 지속해서 권고하고 있다.

한편, 아동권리위원회는 협약 조항에 나타난 아동권리를 8개 영역(cluster)으로 구분하여 이행에 관한 권고를 제시한다. 8개 영역은 일반이행조치와 아동의 정의, 일반원칙, 시민적 권리와 자유, 가정환경과 대안양육, 기초보건과 복지, 교육, 특별보호조치이다.

(1) 제1·2차 보고서에 대한 권고사항과 이행 결과

아동권리위원회는 제1차 보고서에 대해 32개 항의 개선 권고를 하였으며, 제2차 보고서에 대한 권고사항은 63개항에 이른다. 제1·2차 보고서에 대한 권고사항을 정리하면 〈표 1–3〉과 같다.

유엔의 이 권고사항을 이행하기 위해 우리 정부는 2007년 「민법」을 개정하여 여자의 최저 혼인 연령을 18세로 상향 조정하였고, 2006년 「아동복지법」 개정을 통해 인종차별금지를 명문화하였다. 2007년에는 특수학교의 현대화, 특수교육보조원 확대 방안을 마련하고 「장애인차별금지법」을 제정했으며, 「장애인권리협약」에도 비준하였다. 학생회의를 제도적으로 보장하고 학교운영위원회와 학교생활 규정을 개정했으며, 체벌을 금지하는 학교가 2003년 27.7%에서 2007년 69.7%로 증가하였음을 보고하였다. 그리고 국제입양과 관련해서는 헤이그협약에 가입했으며, 2011년 8월 「입양특례법」을 전부개정하면서 입양허가제 조항에 대한 유보를 철회하였다. 또한 2004년 「아동복지법」을 개정하여 공동생활가정을 법제화했고, 2005년에는 가정위탁지원센터에 관한 규정을 마련하였다. 보건과 교육에 있어서는 2007년 보건의료 예산 확대, 중학교 의무교육 실시, 저소득층 고교생 학비지원 10% 상향, 2004년 「교육

표 1-3   제1 · 2차 「아동권리협약」 이행 보고서에 대한 아동권리위원회의 권고사항

보고서	아동권리위원회의 권고사항
제1 · 2차 보고서 (1994, 2000)	• 최저 혼인 연령의 남녀차별(남아 18세, 여아 16세) 폐지 • 소녀, 장애아동, 혼외 출생아동에 대한 차별적 태도에 대한 효과적 조처 •「아동복지법」에 아동 견해 표현의 권리 개정 • 모든 형태의 체벌에 대한 명백한 금지 • 아동의 정치 활동 참여에 관한 법률과 교육부 지침 학교교칙 개정 • 폭력, 학대, 착취로부터 아동보호를 위한 적극적 예방치료 규정 제정, 아동학대 관련 예방적 차원의 센터 설립과 전국적 대응 • 국제입양 관련 헤이그협약 비준, 국내입양허가제 이행 및 체계 구축 • 그룹홈과 대안 양육시스템 양적 확대, 위탁가정 재정지원 확대 • 보건예산 확대, 모유수유 국가규범 채택 • 장애아동의 여가시설 접근권 확보, 초중고 통합교육 프로그램 확대
	• 학교 교과과정에 아동권리교육 포함, 취학 전 교육과 중등교육 비용감소 및 무료화, 여아의 입학 증진, 학습 경쟁 감소 • 국내 거주 외국인 노동자 자녀에 대한 국내법 적용, 탈북아동 등 난민아동에 대한 특별보호 규정, 미등록 이주노동자 자녀에 대한 교육과 사회보장 제공 • 고용허용 최소연령 상향 조정, 원조교제에 대한 우려 • 보호처분 아동의 자유 박탈 우려, 검사의 자유재량 철폐, 소년 관련 사업 종사자 교육 확대

출처: UN 아동권리위원회, 1996: 2003에서 재구성.

기본법」 개정, 2006년 양성평등교육 활성화 방안 수립 등의 성과가 있었다. 아울러 특별보호조치로 성매매 방지 종합대책을 추진하여 원스톱 시스템을 구축하고 청소년 성문화센터를 설치했으며, 2007년 「소년법」 개정을 통해 국선보조인제도와 검사의 결정전 조사제도 도입을 추진했으며, 2005년 북한이탈주민 종합지원 사업과 2007년 지역사회 다문화아동 종합지원 사업을 시행하였다(나달숙, 2020; 대한민국 정부, 1994, 2000; 황옥경, 2016).

(2) 제3 · 4차 보고서에 대한 권고사항과 이행 결과

아동권리위원회는 제3 · 4차 통합보고서에 대해 89개 항을 권고하였으며, 자세한 내용은 〈표 1-4〉와 같다.

| 표 1-4 | 제3·4차 「아동권리협약」 이행 보고서에 대한 UN 아동권리위원회의 권고사항 |

보고서	아동권리위원회의 권고사항
제3·4차 보고서 (2009)	• 「차별금지법」의 신속한 제정 • 청소년 미혼모를 포함한 미혼모에 대한 충분한 지원 • 모든 아동의 출생신고 조치 및 출생신고에 생물학적 부모의 명시적 보장 • 아동청문권과 아동의 의사가 고려될 권리, 교육정보 제공과 체벌을 전면 금지하는 법률 개정, 사교육 의존의 근본 원인과 대학진학 시 불평등 해결, 공교육 강화 • 모든 형태의 아동폭력금지법 도입, 아동폭력 관련 자료수집과 분석, 전달체계통합에 관한 연구 수행 • 대안양육 시설 내 아동이 부모를 찾거나 연락하는 것을 지원 • 중앙입양정보원의 역할과 기능수행 권한 규정, 인적·기술적·재정적 지원 • 장애아동에 대한 적절한 지원, 장애아동에 대한 통합교육 실시 • 아동 우울증과 자살 원인조사, 아동 정신건강관리 정책 개발과 자살예방 종합시스템 개발 투자, 여가·문화·오락 활동에 있어서 아동권리 보장 • 학생 간 괴롭힘과 따돌림 방지, 외국출신 아동에 대한 특별관심과 괴롭힘 감소 • 18세 미만 아동의 야간근무 금지, 최저임금 지급 등 근로기준의 엄격 시행 • 아동 성폭력 예방을 위한 조치, 아동에 대한 성적 착취와 위해에 해당하는 모든 행위의 법적 금지, 아동학대 시 효과적 기소 노력, 아동 성범죄자 처벌에 대한 형사사법제도의 보장

출처: UN 아동권리위원회(2011).

　　우리나라는 제3·4차 통합보고서에 대한 이행 권고 이후 많은 국내법의 제·개정을 추진하였다. 아동교육권 중 여가와 문화, 오락 활동 보장을 위해 「학교체육진흥법」을 제정하였고, 모든 형태의 차별금지 권고와 연관된 「아동학대범죄의 처벌 등에 관한 특례법」, 공교육 강화 권고와 관련된 「공교육정상화 촉진 및 선행교육 규제에 관한 특별법」, 사회적 약자 우대 조치 마련을 위한 「아동의 빈곤 예방 및 지원 등에 관한 법률」과 「난민법」, 이혼가정 자녀의 안정적 생활 보장을 위한 「양육비 이행확보 및 지원에 관한 법률」을 제정하였다. 또한 생명·생존 및 발달의 권리와 관련하여, 자살을 예방하기 위한 「자살예방 및 생명존중문화 조성을 위한 법률」과 학교 밖 청소년의 자립역량 강화와 지원을 위한 「학교 밖 청소년 지원에 관한 법률」을 새롭게 마련하였다(나달숙, 2020; 황옥경, 2016).

　　한편, 「헌법」과 「교육기본법」 개정을 통해 아동의 사생활 자유를 보장하였으며, 「학생인권조례」에 학생의 사생활 자유 침해와 부당한 간섭을 받지 않을 권리를 규정하였다. 「아동복지법」에 아동 이익의 최우선적 고려를 규정하면서, 아동정책 영향평가 조항을 신설하여 아동 관련 정책이 아동복지에 미치는 영향을 분석·평가하게 하였으며, 5년마다 아동실태조사를 시행하고 아동정책기본계획을 수립할 근거를 마련하기도 했다. 아울러 「한부모가족지원법」 개정을 통해 청소년 한부모가 위탁교육기관에서 교육을 받을 수 있게 조치하였고, 「영유아보육법」 개정으로 소득수준과 상관없이 모든 아동이 보육 서비스를 받게 하였으며, 가정에서 양육받는 아동에게는 가정양육수당을 지급하게 하였다.

(3) 제5·6차 보고서에 대한 권고사항

2017년 우리 정부는 「아동권리협약」 이행 제5·6차 국가보고서를 제출하였고, 보고한 주요 내용에 대해 아동권리위원회가 권고한 이행사항을 자세히 살펴보면 〈표 1-5〉와 같다.

표 1-5 제5·6차 「아동권리협약」 이행 보고서에 대한 아동권리위원회의 권고사항

보고서	아동권리위원회의 권고사항
제5·6차 보고서 (2017)	• 아동자살의 심각한 우려, 가습살균제의 건강상 피해조사 및 구제, 배상, 모든 보육과 교육환경의 실내 공기 질과 유해물질 노출 모니터링 • 학업성적, 연령과 상관없이 아동 견해 표현 기회 보장 • 아동영향평가제도의 적용 확대 • 차별적인 법규, 정책, 관행을 철폐, 차별금지법의 신속한 제정 및 출신지와 성적 지향, 정체성에 근거한 차별 금지 • 온라인 출생신고를 포함한 출생신고의 보편적 이용 보장, 미혼부의 자녀등록절차 간소화, 미등록 출생아동 파악을 위한 조치, 베이비박스 금지, 병원 익명출산 도입의 최후수단 고려 • 학교에서 아동의 스마트폰을 포함한 사생활 및 개인정보보호, 사전 동의 수집 시 아동 친화적 절차 개발 적용 • 아동에 대한 모든 폭력 및 학대 사건의 국가 데이터베이스 구축, 간접 체벌과 훈육적 처벌 포함 모든 체벌의 명시적 금지 • 지역아동보호전문기관, 학대피해아동쉼터, 상담사, 임상심리사, 변호사 수 증원, 피해아동의 회복과 사회통합을 위한 프로그램과 정책개발 보장, 적절한 인적·재정적 및 기술적 자원 할당 • 온라인 성매매와 그루밍, 교사에 의한 성희롱을 포함한 아동에 대한 모든 형태의 성적 착취 및 학대 방지, 미성년자 의제강간 연령 상향, 성매매 및 성적 학대에 연관된 18세 미만의 모든 개인을 법률상 피해자로 명시하고 처우, 조혼 금지 • 이민자와 난민을 위한 공적 등록 절차 개설 등 관행 예방과 근절 조치 마련

제5·6차 보고서 (2017)	• 돌봄서비스 유연성 확대, 국적에 관계없이 모든 아동에 대해 보육시설 이용에 대한 재정적 지원 보장 • 이혼가정 아동의 면접교섭권 보장, 양육비 이행 보장, 한부모가족에 대한 편견과 차별 방지 및 근절 조치와 양육비 지원 자격 개정 • 가정 내 아동학대의 근본원인 해소 • 가출아동의 보호 강화 • 아동 입양절차에 아동 최선의 이익 고려, 입양 시 미혼모의 자발적 동의 의무화, 국제입양에 관한 법률안의 제정 • 수용자 자녀에 대한 보호정책 및 아동접견권 도입, 교도소에 머무는 아동의 교육과 건강권 보장 • 난민신청아동과 이주아동, 모든 장애아동의 재활치료, 복지, 의료적 지원, 모든 장애아동의 통합교육 제공, 장애 이해 및 인식 개선 캠페인 강화, 경제적 취약계층 아동 및 이주아동의 국민건강보험의 보편적 접근권 보장 • 아동의 자살예방과 정신적 웰빙 향상, 청소년 건강의 위험군에 대한 구체적 지원, 지역사회 청소년 통합지원체계 역량 구축, 과도한 스마트폰 사용 대책 강화, 학교 내 성교육, 임신 중 출산 전·후 지원 보장, 빈곤층 아동 지원을 위한 계획과 시행, 아동의 주거빈곤 및 시간제 고용률의 효과적 처우 • 장애아동에 대한 교육기회, 편의 제공 부족과 사회적 낙인 우려 • 학교 밖 아동 및 대안학교 아동의 불충분한 지원, 농촌과 도시 간 교육격차, 청소년 성교육 부족, 중퇴에 대한 취약성 증대, 학교 내 집단 괴롭힘과 학업성적 등 관련 차별, 아동의 여가, 놀이 및 운동시간 부족, 안전무료시설 불충분 • 교육과정 다양화, 대학입시제도 재검토, 진로상담 강화, 경쟁 완화를 위한 공교육 제도 개선 • 취약계층의 아동을 비롯한 다양한 상황에 있는 아동의 일반학교 접근성과 통합보장을 위한 교육지원 강화, 장애아동 통합교육과 편의 제공 및 장애 이해와 인식 개선 강화, 대안학교 학력인정 및 청소년 성교육과 자유학기제 강화, 학교에서의 차별 예방과 근절 • 사이버괴롭힘을 포함한 집단괴롭힘 예방 및 조치 강화, 아동의 휴가, 여가 및 충분한 놀이 시간과 안전, 적합한 시설의 보장 • 「출입국관리법」 개정을 통한 이주아동 구금 금지, 난민신청, 난민, 이주아동의 권리 교육 강화, 난민, 이주아동의 출생등록, 보육, 보건의료, 경제적 지원, 주거, 여가 지원 평등성 강화 • 아동노동을 포함한 경제적 착취에 대한 조치, 인신매매 아동피해자를 위한 쉼터 및 통합서비스 지원 강화 • 법에 저촉된 아동과 관련된 모든 사건을 다루는 아동사법전문법원 설립, 형사책임 최저연령의 만 14세 유지, 법에 저촉된 아동에게 조사단계부터 법률전문가의 도움 제공, 구금은 최후의 수단으로 최소한 기간만 허용, 구금된 아동의 사생활 존중

출처: UN 아동권리위원회(2019).

아동권리위원회는 제1차 보고서에 대한 심의부터 현재까지, 아동권리와 관련한 조정기구와 모니터링기구, 아동참여기구 마련, 아동 관련 예산의 확대와 효과성 평가, 아동안전과 건강 증진, 공교육 정상화, 체벌 금지, 차별금지에 관해 지속해서 권고해 왔다. 우리나라는 법률의 제 · 개정을 통해 지속적인 개선 노력을 해 왔으나, 이행이 미흡한 부분도 있다. 특히 '모든 상황에서의 아동폭력 금지법안 마련'과 '차별금지법의 제정'에 관한 권고는 지켜지지 않아, 제5 · 6차 보고서에 대한 권고사항에서도 이러한 내용을 다시 제시하였다.

우리 정부는 아동권리위원회가 촉구한 내용의 실천, 이행을 담은 제7차 보고서를 2024년 12월 19일까지 제출해야 한다. 이때까지 법적 정비와 제도 개선을 통해 「아동권리협약」의 내용을 국내법에 적극적으로 반영해야 할 것이다.

4) 「아동권리협약」의 의의

「아동권리협약」은 결코 새로운 권리를 창조한 것이 아니며, 협약의 많은 규정은 이미 다른 인권조약에 포함된 내용이다. 「아동권리협약」은 1966년 제21차 UN 총회에서 채택한 「국제인권규약(International Covenant on Civil and Political Rights)」에 규정된 '사회권 규약'과 '자유권 규약'에서 인정하는 제반 권리를 규정하고 있으며, 아동권리위원회에서도 보편적인 인권과 아동의 권리 사이에 아무런 차이가 없다고 강조한다(Wenke, 2010). 이에 더해 「아동권리협약」은 아동인권을 규정하고 이를 표명함으로써 아동인권이 더는 부차적 문제가 아니라는 점을 부각시켰다(Gopfert, 2010). 「아동권리협약」은 아동인권과 관련하여 다음과 같은 의의가 있다.

첫째, 아동을 보호의 대상이 아닌 권리의 주체로 인정한다. 각국 기존 법률은 대체로 아동을 보호 대상으로 보는 성인의 시각을 반영하지만, 이 협약은 아동을 독립된 기본 권리와 자유가 있는 주체로 인정한다. 또한 아동과 관련된 결정을 내릴 때 아동 이익을 최우선으로 고려할 것을 규정한다.

둘째, 협약은 선언의 단계를 넘어 이행의 구속력을 가진다. 협약 가입국은 아동의 권리 보장을 단순히 도덕적 차원이 아닌 법률적 의무로서 이행할 책임을 진다. 구체적으로 협약의 홍보와 이행에 관한 조항을 둠으로써 아동인권의 실천 의무를 규정함과 동시에 협약의 성공적인 시행과 확산을 위한 국가와 사회의 노력을 의무화하고 있다. 협약에서는 비준국이 가능하면 협약 내용을 국내법에 직접 반영할 것을 권고한다. 예를 들면, 「헌법」이나 국내법을 제·개정하거나 국내법에 효력을 미치도록 다른 법체계를 동원하는 방법, 교육이나 가족 관련 법 개정을 통해 적합한 서비스를 제공하는 방법 등을 제안한다. 이런 조처는 정부와 시민사회의 아동권리와 「아동권리협약」에 대한 인식을 높이는 데 이바지한다(Lundy, Kilkelly, Byrne, & Kang, 2012).

셋째, 「아동권리협약」은 개별 가입국의 아동정책, 아동복지 서비스, 아동 관련 법률에 관한 내용을 개선·보완할 준거 틀을 제시한다(Lundy et al., 2012). 협약을 비준한 나라의 정부는 가입 뒤 2년 안에, 그 뒤 5년마다 아동인권 상황에 관한 국가보고서를 제출해야 한다. 아동권리위원회는 국가보고서를 심의해 아동인권 보장의 장애 요인을 분석하고 그 대안을 해당국 정부에 보내 시정안을 모색하도록 한다. 이를 통해 가입국에 협약 조항을 준수할 의무를 부여하고, 아동인권의 구체적인 실현을 돕는다. 또한 「아동권리협약」 제51조에서는 "UN 사무총장은 비준 또는 가입 시 각국이 행한 유보문을 접수하고 모든 국가에 이를 배포하여야 하며, 이 협약의 대상 및 목적과 양립할 수 없는 유보는 허용하지 아니한다."라고 규정하여 협약 실행을 강제하고 있다. 실제로 아동권리위원회의 권고는 아동권리에 대한 사회적 관심을 높였고, 아동 관련 법률의 제·개정과 정책 수립의 시발점이 되었다. 또한 이는 아동권리에 대한 사회 전반의 인식을 일깨워 권리 침해 요소가 있는 법 개정 움직임을 차단하는 기준이 되기도 하였다.

그러나 「아동권리협약」이 실제로 개별 국가정책에 미치는 영향은 아직 절대적이지 않다. 「아동권리협약」의 비준이 전 세계적으로 빠르게 이루어진 이유 중 하나는 많은 정부가 다른 인권조약보다 이 협약을 성급히 받아들였기 때문이다. 실제로는 아동인권을 무시하는 나라들도 구체적 정책 수정 없이, 세계정치계에서의 이미지 전환을 꾀하거나 경제지원을 받는 방편으로 협약을 비준했다. 많은 나라는 규정 실행을 유보한 채 조약을 비준하였다는 비판을 받기도 하며, 아동권리를 위반하는 나라에 제재를 가할 수 있는 규정이나 국제재판기구도 없다. 결국 협약의 개별 항목은 각 나라에 따라 매우 제한된 영향을 미치거나 전혀 영향력이 없기도 한 실정이다(Gopfert, 2010).

「아동권리협약」의 이행을 위해서는 정부의 정책적 의지가 무엇보다 중요하며, 공공부문과 민간부문 그리고 다양한 시민사회가 자발적으로 상호 의존하고 협력하는 체계를 형성하는 것이 필요하다(이양희, 2012). 영국과 캐나다, 스웨덴, 노르웨이 등

선진 국가와 지방정부에서는 법과 제도, 정책, 교육과 문화 전반에 「아동권리협약」의 가치를 적용하고 있는데(국제아동인권센터 홈페이지. 2020), 이는 권고사항에 대한 수동적 대응이 아니라 아동권리 보장에 대한 국가와 국민의 인식이 확산한 결과라고 할 수 있다. 우리 사회의 가장 약자인 아동의 권리를 보장하는 「아동권리협약」에 맞게 모든 제도를 마련하면 모든 사회구성원의 권리를 보장할 수 있다. 우리나라도 협약의 내용을 국가와 지역사회, 학교, 가정에서 아동이 체감할 수 있는 정책과 서비스로 더 세밀하게 적용하려는 노력이 필요하다.

3. 아동권리와 아동복지제도

UNICEF는 「아동권리협약」을 널리 홍보하기 위하여 아동의 권리를 생존권(survival rights), 보호권(protection rights), 발달권(development rights), 참여권(participation rights)의 네 가지로 범주화하였다. 이 네 가지 권리는 아동복지제도의 가치와 목적, 정책과 서비스를 구성하는 토대가 된다. 아동복지제도는 아동에 초점을 맞춰 그들의 권리를 보장하고 그들 삶 전체를 포함하는 제도여야 하므로, 아동권리를 아동복지제도의 하위 영역이 아니라 아동복지제도의 방향을 이끄는 근간으로 보는 것이 타당하다. 이러한 맥락에서 이 장에서는 네 가지 권리와 가장 밀접하게 관련된 아동복지제도를 예로 들어 아동권리의 특성을 설명하였다.

단, 아동의 4대 권리는 그 경계가 뚜렷하지 않다는 점에 유의해야 한다. 네 가지 권리는 상호 배타적이지 않으며, 연계성을 지닌다. 즉, 「아동권리협약」 조항 하나는 한 개 권리만이 아니라 여러 개의 권리를 포함할 수 있다. 또한 각 조항에 의미를 부

그림 1-1   아동의 4대 권리

여하는 방식에 따라 네 가지 권리를 다르게 범주화할 수도 있다. 따라서 각 권리를 독립적인 것으로 보면 아동권리의 개념을 오해하거나 아동정책을 분절화하고 효율성을 저해할 우려도 있다(황옥경, 2011).

1) 생존권과 아동복지제도

생존권은 적절한 생활 수준과 주거, 영양, 보건 등을 통해 아동의 생존을 보장받을 권리를 말하며, 빈곤퇴치와 건강보장 정책은 가장 대표적인 생존권 보장 정책이다.

빈곤과 사회적 소외는 사회정책의 주요 이슈이지만 최근에는 아동권리 측면에서 아동중심 빈곤정책을 논의하기 시작했다. 이러한 정책 중 하나가 독일 '녹색당' 등이 주장하는 '기초아동보장제도(Kindergrundsicherung)'이다. 이 제도는 일정 나이 이상의 노인에게 매월 수당을 지급하는 기초노령연금처럼 아동과 청소년에게 기본적인 생계수당을 지급하는 제도로, 독일에서도 아직 현실화되지는 않았다. 이 제도에서는 아동 자신이 어떤 가정에서 사는지와 관계없이 권리청구자가 된다. 이는 아동기를 독립된 생애주기로 보고, 아동의 시민으로서의 지위를 강화하려는 취지에서 마련되었다.

건강에 대한 아동권리는 매우 중요하지만, 많은 나라에서 충분한 서비스를 제공하지 못하고 있다. 「아동권리협약」에 따르면, 모든 아동은 아프거나 상처를 입었을 때 의사의 치료와 보호를 받을 권리가 있다. 또한 보건 서비스를 통해 특정 질병을 방지하고 음식 개선, 좋은 물, 깨끗한 화장실, 예방주사 등을 통해 아동의 건강을 지켜 줘야 한다. 모든 아동은 건강과 관련한 욕구를 충족하고 성장할 수 있어야 하며, 만약 부모가 아동의 건강 욕구를 충족할 능력이 없다면 국가(이는 곧 모든 어른의 공동체를 뜻한다)가 이를 대신해야 한다(Richtig-Wichtig 홈페이지, 2014).

2) 보호권과 아동복지제도

'보호권'이란 모든 아동이 위험에서 보호받고 안전하게 살아갈 권리이다. 보호권은 폭력과 괴롭힘, 정서적·성적 학대, 전쟁으로부터 보호받을 권리를 말하며(한국아동권리모니터링센터 홈페이지, 2014), 이런 의미에서 보호권과 관련된 아동복지제도는 아동폭력에 대처하는 제도로 인식된다. 여기에서 보호권은 '좁은 의미의 아동보호제도'로, 폭력과 학대, 방임, 착취로부터 보호받을 권리와 유해노동으로부터 보호받을 권리, 고문, 사형으로부터 보호받을 권리 등을 포함한다. 이러한 상황에 노출된 아동이 있을 때, 국가는 적합한 서비스를 제공하고 아동에 대한 일시 혹은 영구 보호조치를 마련해야 한다.

그러나 보호권은 훨씬 넓은 의미로도 해석할 수 있는데, 이때 '보호권'은 '생존권'과 '발달권' '참여권'을 '보호'하는 포괄적 권리로 본다. 여기에서 아동은 단순히 '특정 보호 욕구를 지닌 법적 대상'이 아니라 '특정 욕구에 대해 고유의 법적 권한을 행사하는 자'이다. 넓은 의미의 아동보호제도를 현실화할 때 「아동권리협약」의 내용을 아동보호제도 안에서 조직적으로 실현할 수 있을 것이다.

3) 발달권과 아동복지제도

발달권은 아동이 자신의 잠재능력을 최대한 발휘하고 성장할 권리를 말한다. 이와 관련한 대표적인 아동복지제도는 교육제도이다. 아동의 교육권은 '누구를 대상으로 어느 수준까지 제공해야 하는가'와 '어디에서 누가 어떻게 무엇을 제공할 것인가'를 포함하는 매우 광범위한 주제이다(Liebel, 2007). 「아동권리협약」은 교육에 대한 아동의 권리를 재정의하고, 모든 나라에서 초등교육을 의무화하고 무상으로 제공하게 하는 데 초점을 둔다. 제23조와 제28조는 초·중등교육과 같은 학령기 일반아동을 위한 의무교육뿐 아니라 장애아동, 빈곤아동에 대한 특별한 보호와 교육권을 포함하는 등 교육에 대한 아동의 권리를 구체적으로 명시한다. 특히 학령 전 영유아에 대한 보육·교육은 아동의 권리이자 평생교육을 위한 필수조건이다(OECD 홈페이지, 2014b).

4) 참여권과 아동복지제도

참여권은 아동이 권리행사의 주체로서 자신에게 영향을 미치는 일에 적극적으로 참여할 권리를 말한다. 아동은 자신과 관련된 일에 대해 자기 의사를 자유롭게 표현할 기회를 충분히 가질 때 책임 있는 성인으로 성장할 수 있다. 「아동권리협약」 제12조는 아동과 관련된 법적·행정적 절차에서 아동의 참여 보장을 규정하는데, 여기에서는 아동이 자신의 의견을 표현하고 자신의 삶에 영향을 미치는 문제에 대해 발언할 권리와 단체에 가입하거나 평화적인 집회에 참여할 권리를 포함한다.

참여권은 아동에게 적합한 세상을 만들기 위한 전제조건이다. UN은 '제27회 특별총회'에서 아동이 가정과 학교, 지역, 국가의 의사결정 과정에 참여하게 하는 프로그램을 개발·실행할 것을 약속하였다(UN, 2010). 아동의 참여권을 반영하는 정책에는 아동 자신이 프로그램을 개발하고 운영하는 현장활동과 아동총회, 아동 친화적 학교문화의 조성과 학생의 학교 의사결정 기구 참여 보장, 아동의 부모 면접교섭권 인정 등이 있다. 그러나 아직 아동의 참여권을 보편적으로 실현할 정책은 매우 부족한 편이다.

🏠 제3절 아동복지 실천 관점

우리는 보통 사회현상을 당연하고 자연스러운 것으로 받아들이지만, 실제로는 자신의 '관점'으로 사회와 인간을 바라보고 해석하곤 한다. 관점은 일종의 '렌즈(lens)'라 할 수 있으며, 우리는 그 렌즈를 통해 다양한 인간행동과 사회현상을 바라보고 이해한다. 즉, 사회현상은 그것을 바라보는 사람에 따라 다르게 이해할 수 있으며, 그에 따른 반응과 행동도 달라진다. '관점'은 세상을 바라보는 방식으로, 사회현상을 가정하게 하고 다양한 정보를 통합하는 과정에서 특정한 지점에 초점을 맞추게 하며, 우리가 보고 경험하는 것에 의미를 부여한다(Long, 2014; Payne, 1997). 따라서 관점은 사회복지 실천을 하는 데 매우 큰 영향을 준다.

지금까지 많은 사람은 이론(theory)이나 모델(model)에 따라 사회복지 실천의 방식이 달라진다고 생각해 왔다. '이론'은 어떤 현상이나 인간과 환경 간의 관계를 설명해 주고, '모델'은 어떤 상황에서 변화를 만들어 내는 방법이나 지침을 제공한다. 예를 들어, 모든 현상은 우연히 발생하는 것이 아니라 선행사건에 의해 결정된다는 정신분석이론의 심리결정론을 선호하는 실천가는 이용자 문제의 원인을 과거 경험에서 찾아 해석하려 한다. 한편, 심리사회적 모델을 적용하는 실천가는 이용자의 문제 해결을 돕기 위해 심리적인 요인에서 사회적인 환경까지 고려해 이해하고 개입하곤 한다. 이러한 이론과 모델은 실천가가 학습을 통해 배우고 의도적으로 선택하여 적용한다. 그러나 관점은 배우는 것이 아니라 경험의 누적에 따라 체화되며, 의식적으로 선택하기보다는 자기 자신도 의식하지 못한 채 나타나는 경우가 많다.

관점은 사회에 대한 가치관과 개인의 신념과 연결된다. 세상을 어떻게 보는가는 결국 세상에 대해 어떻게 생각하고 판단하는가와 관련이 있고, 세상을 어떻게 살아갈 것인가로 이어지기 때문이다. 이러한 점 때문에 관점은 이론이나 모델보다 더 강력한 행동력과 영향력을 지닌다. 그래서 어떠한 관점을 의도적으로 체득하거나 바꾸려면, 장기적이고 반복적인 훈련과 성찰은 물론 가치관과 신념을 바꾸려는 결단이 필요하다.

관점은 이론과 실천모델을 선택하는 과정에 영향을 미치고, 이론은 다시 관점의 형성과 실천모델의 선택에 영향을 준다(Saleebey, 2005). 사회복지 문제는 이론의 적용이나 실천 기술, 논리적이고 객관적인 정책 수행으로 해결되는 단순한 문제가 아니다. 모든 결정의 배후에는 결정에 참여한 사람들의 관점과 가치 간의 갈등이 있으며, 어떤 관점에서 이용자와 주변 환경, 사회현상을 바라보는가에 따라 실천방법과 서비스의 선택과정이 크게 달라질 수 있다.

미국 아동복지의 역사를 살펴보면, 관점이 아동복지 실천에 큰 영향을 미치고, 이론과 모델도 서로 밀접하게 영향을 미친 사례를 발견할 수 있다. 그중 가장 대표적인 것은 '가정 외 보호'의 적절성에 관한 논쟁과 실천가와 이용자의 관계 형성에 관한 것이다(Petr, 2003).

19세기 미국 사회는 버려지거나 방임된 아동을 보호하기 위한 노력에 집중했는데, 사람들 사이에서는 이러한 아동이 발생하는 것은 가족, 특히 부모의 문제 때문이라는 생각이 지배적이었다. 사람들은 문제가 있는 부모는 아동을 양육할 자격과 능력이 없으므로, 원가정보다 시설에서 아동을 더 잘 양육할 수 있다고 믿었다. 이에 따라 가족에서 아동을 분리해 시설에서 양육하는 사례가 많아졌고, 그 결과 수많은 시설이 만들어졌다. 지금까지의 연구 결과를 보면 아동을 가족과 분리해서 보호하는 것이 아동에게 도움이 된다는 결정적인 증거가 없을뿐더러 시설보호의 부정적인 영향에 대한 보고가 많음에도 가정 외 보호는 여전히 지속되고 있다(Petr, 2003). 이는 사회와 실천가들이 아동을 방임한 가족에 대해 지닌 부정적인 시각과 문제가 있었던 가족은 변화하기 어렵다는 관점을 계속 유지하기 때문에 벌어지는 일이다.

1920년대 미국에서 아동과 가족을 대상으로 이루어진 사회복지 실천도 관점과 이론, 모델이 서로 영향을 미치는 몇 가지 중요한 맥락에 따라 이루어졌다.

첫째, 사회복지 전문가는 사람들이 도시생활의 타락과 부패에서 벗어나려면 강력한 도덕적 기초가 필요하다고 믿었다. 따라서 아동에게 문제가 있을 때는 부모를 탓했고 도덕적으로 결함이 있는 부모는 아동을 양육할 권리나 능력이 없다고 보았다.

둘째, 성격 이론이나 아동발달 이론을 적용해 아동의 삶을 완전하게 이해하고 판단할 수 있다고 믿었고, 따라서 이러한 이론을 습득한 사회복지 전문가는 부모를 대신해 아동보호의 형태와 질을 결정할 자격이 있다고 생각했다.

셋째, 개인에게 초점을 맞추는 개별사회사업을 강조하면서 아동의 문제를 해결할 때, 아동을 가족에서 분리해서 개별적으로 접근하게 되었다. 아직도 많은 실천가는 자신이 아동을 위한 최선이 무엇인지를 가장 잘 아는 전문가라고 생각하여 이용자의 의견과 생각을 고려하지 않은 채 사정·개입하고, 부모의 능력과 강점을 고려하기를 꺼린 채 아동과 가족을 분리하는 개입을 선택하곤 한다(Petr, 2003).

이 두 가지 사례는 관점이 아동의 복지에 부정적인 영향을 미친 결과를 보여 준다. 아동과 가족에게 부정적인 영향을 미치는 관점이 있다면, 반대로 긍정적인 영향을 미치는 관점도 존재할 것이다. 페트르(2003)는 아동복지 실천에 도움이 되는 여덟 가지 관점을 '실용주의적 관점(Pragmatic Perspectives)'으로 제시하였다. 이는 '지역사회 중심' '가족중심' '통합적 실천' '최소제한 대안' '문화적으로 유능한' '예방적 실천' '결과지향' 등의 용어로 표현되는 최근의 서비스 동향과 개혁을 반영하고 있으며(Petr, 2003), 이러한 관점은 '아동 최선의 이익'이라는 아동복지의 공통 가치를 추구하는 과정에 지침을 제공해 줄 수 있을 것이다. 이 책에서는 페트르(2003)가 제안한 여덟 개의 실천 관점 중 이 책의 지향과 일치하는 일곱 가지를 우리나라 실정에 맞게 재구성하여 기술하였다. 그 주제는 '성인과는 다른 아동 고유의 특성을 인정하고 아동의 권리와 자율성을 존중하는 관점' '아동을 도우려면 가족도 함께 도와야 한다는 관점' '아동과 가족, 지역사회의 강점에 초점을 맞춰야 한다는 관점' '모든 사람의 다양성을 존중해야 한다는 관점' '아동을 도울 때는 아동을 최소한으로 제한하는 대안을 선택해야 한다는 관점' '아동과 환경을 통합적으로 바라보는 관점' '아동복지 서비스가 진정 목표로 한 결과를 달성했는지를 평가해야 한다는 관점'이다.

아동복지 실천 관점

- 성인중심주의 극복(Combating Adultcentrism)
- 가족중심 실천(Family-centered Practice)
- 강점관점(Strength Perspective)
- 다양성과 차이에 대한 존중(Respect for Diversity and Difference)
- 최소제한 대안(Least Restrictive Alternative)
- 생태학적 관점(Ecological Perspective)
- 결과지향(Outcome-Oriented)

---

1. 성인중심주의 극복

'성인중심주의 극복(Combating Adultcentrism)'이란 아동을 어른의 관점에서 바라보지 않는 것을 말한다. 과거에는 아동을 부정적으로 인식하는 경향이 많았다. 아동을 충동적이고 비논리적이며 자기중심적이고 의존적인 존재로 여기는 반면, 어른은 이성적이고 논리적이며 이타적이고 독립적인 존재로 보았다. 이에 따라 과거에는 아동을 어른의 축소판이나 소유물로 생각하기도 했는데, 이는 성인중심 사고의 극단적 예라고 할 수 있다(Petr, 2003).

이러한 관점은 아동발달 이론에서도 나타난다. 아동발달 이론은 아동기의 중요성을 강조하면서 아동 복지와 교육, 건강 분야 등의 전문가가 아동의 특수한 욕구와 능력에 더 민감하게 대응하게 하는 데 이바지했지만, 아동에 대해 성인중심 편견을 갖게 하는 근거를 제공하기도 하였다(Petr, 2003). 전통적 발달 이론에서 볼 때, 아동은 미완성의 존재이자, 어른보다 무능한 존재이다. 아동이 미완성의 존재라는 것은 아동은 어른이 되기 위해 존재하므로 아직 완성되지 않았다는 것이다. 이러한 관점에서 아동기는 어른이 되기 위한 과업을 익히는 과정이므로 어른처럼 과업을 완수했을 때만 칭찬받는다. 따라서 아동은 유능한 어른이 되기 위해 어른이 가진 기술과 지식, 가치, 역할 등을 학습해야 하며, 이를 사회에서는 사회구성원이 되어 가는 과정, 즉 '사회화(socialization)'로 보곤 했다. 사회화의 주된 내용과 기준은 어른이 지금까지 이루어 온 것이거나 어른이 옳다고 인정하는 것이었으며, 아동 고유의 특성

표 1-6 성인중심주의 관점에서 본 아동과 어른

아동	어른
의존적	독립적
비윤리적	윤리적
자기중심적	사회적
무지한	박식한
비합리적	합리적
정서적으로 불안정한	정서적으로 안정된
비생산적	생산적
현재 지향적	미래 지향적

출처: Petr (2004), p. 87.

과 욕구는 고려하지 않을 때가 많았다. 또한 사회화는 사회구성원으로 아동을 통합하고 집단 규범에 순응하게 해 사회 질서를 유지·통제하려는 목적으로 활용되기도 했다.

사회복지 현장에서도 아동의 사회화를 위한 사회복지 실천가의 책임을 강조할 때가 많다. 실천가는 '원조(help)'와 '사회통제(social control)'의 역할을 동시에 하곤 한다. 예를 들어, 실천가는 주거시설과 정신건강센터, 학교, 보호관찰소, 아동보호전문기관, 가정위탁기관, 입양기관 등 다양한 현장에서 아동을 보호할 뿐 아니라, 아동을 '진단'하고 '교정'하는 '사회통제' 역할도 한다(Petr, 2003). 이때 만약 실천가가 개별 아동의 관심과 경험, 환경과의 상호작용 등을 고려하지 않은 채 성인중심적 시각으로 아동을 바라보고 통제하면, 아동의 능력을 저평가하거나 아동을 탓하고 비난하게 될 우려가 있다. 특히 아동 고유의 특성을 이해하지 못하면, 아동의 일반적 행동을 비정상적·병리적 행동으로 판단할 수 있다. 다음은 이러한 상황을 풍자적으로 표현한 사례이다(Smoller, 1986; Petr, 2004: 89-90에서 재인용).

 사례

아동기의 원인과 치료

만 일곱 살 빌리는 다양한 문제 행동과 증상을 보인다. 먼저, 빌리는 잘 먹지만, 키가 겨우 130cm이고 몸무게는 30kg밖에 되지 않으며, 목소리는 남자치고는 높은 편이다. 빌리는 콩

을 잘 먹지 않고, 목욕하기를 싫어한다. 빌리의 사고 능력 역시 매우 낮은 수준인데, 일반적
지식은 조금 있지만, 완벽한 문장을 쓰지 못한다. 사회적 기술도 부족해서, 자주 부적절한 말
을 하고, '징징거리는' 행동을 한다. 빌리는 성적 경험이 전혀 없는데다가 심지어 여자를 싫어
하기까지 한다.

　빌리의 부모는 빌리가 태어난 후부터 지금까지 지내 온 상황을 이야기했는데, 다섯 살 때
유치원에 간 다음부터 이런 증상이 차츰 나아졌다고 한다. 빌리의 진단명은 '원초적 아동기
(primary childhood)'이다. 수년 동안 이루어진 치료 끝에 빌리의 증상은 서서히 좋아졌고,
열한 살이 되자 키와 몸무게도 늘고 사회적 기술도 좋아졌다.

　빌리의 발달 상태와 행동은 만 일곱 살 아동으로서 지극히 정상이다. 그러나 앞서 제시한
것처럼 성인의 관점과 기준으로 빌리의 상태를 판단하면, 빌리는 정서적으로 불안하고 사회
기술과 언어 능력에 결함이 있는 왜소증(dwarfism) 환자로 진단할 수 있다. 빌리의 증상은
치료를 받은 후 나아졌다고 했지만, 그러한 결과는 자연스러운 발달과 성장의 결과였다.

　아동은 어른이 아니며, 어른과 다른 고유한 세계관과 의사소통 방법, 힘이 있다.
또한 아동은 어른이 생각하는 것보다 훨씬 정교하고 성숙하며, 배려하는 마음과 사
회적 지식이 풍부하다. 성인중심주의 관점에서 아동을 바라볼 때, 어른은 아동의 욕
구와 능력을 잘못 판단할 가능성이 크며, 아동과 의사소통하기 어렵다. 아동의 행
동을 왜곡해서 이해할 수 있고 아동의 의도를 잘못 판단할 수 있으며, 아동에 대한
지나치게 높거나 낮은 기대로 아동의 강점과 능력을 약화할 수 있다. 예를 들어, 어
른은 아동이 호기심이 많거나 자신이 좋아하는 것에만 집중하는 것을 때로는 '주의
력 결핍'이나 '과잉행동'으로 판단하고 아동의 특성과 강점을 간과할 수 있다(Petr,
2003).

　성인중심주의 관점에서 아동을 대하면 아동의 자기결정권을 제한할 수도 있다
(Petr, 2003). 아동을 위한 결정을 할 때, 아동의 의견과 선택을 고려하기보다는 주로
어른의 기준에서 최선이면 아동을 위해서도 최선이라고 생각하곤 한다. 학대받은
아동의 의사는 묻지도 않은 채, 부모와 분리해 위탁가정과 시설 등에 배치하는 것이
그 대표적인 예이다. 아동이 부모와 떨어져서 사는 것을 원하지 않거나, 시설생활이
아동과 맞지 않는 경우 아동은 또 다른 어려움을 겪을 수 있다. 실제로 위탁보호 아

동 중 위탁가정을 결정할 때 자기 의견을 말할 수 있었던 아동이 그렇지 못한 아동
보다 위탁가정에 더 만족하는 것으로 나타났다(Bush & Gordon, 1982).

성인중심주의 사고를 극복하려면 어른은 먼저 아동을 아동 자체로 이해하는 시
간을 충분히 가져야 한다. 이때 아동과 의사소통을 잘할 수 있게 아동 수준에 맞는
말을 사용하고, 간식을 제공하거나 놀이를 하는 등 특별한 배려가 필요하다. 또한
아동과 관련한 결정을 할 때 아동이 최대한 관여하게 해야 한다. 아동의 관심은 성
인과 다르고, 아동의 의견은 실제로 정책을 결정하는 데 중요한 정보가 되기 때문이
다. 아동은 타인에게 존중받을 때 문제 해결 능력과 자신감이 높아지며, 아동의 의
사를 묻는 그 자체로 아동의 만족감은 높아질 수 있다(Petr, 2003).

2. 가족중심 실천

'가족중심 실천(Family-centered Practice)'은 가족을 서비스의 중심 단위이자 관
심의 초점에 두고 실천하는 것이다(Laird & Hartman, 1988). 이 용어는 사회복지 실
천에서 가족의 중요성을 강조하는 의미로 1950년대에 처음 사용되었지만(배영미,
2011), 이 시기 가족중심 실천의 의미는 지금과는 다른 것이었다. 이때는 '결함 모델
(Deficient-model)'에 초점을 두고 가족 문제를 가족구성원의 병리적 · 역기능적 문
제로 보았다. 가족에 대한 개입은 가족 내에서 문제의 원인을 찾고 제거하는 방식으
로 이루어졌으며, 아동에 대한 개입에서도 가족을 아동 문제의 원인 제공자로 보는
일이 많았다(유영준, 2007). 특히 부모의 문제점을 비판하면서 문제가 있을 때 아동
과 분리하는 조처를 하기도 했다(Petr, 2003).

현대의 가족중심 실천은 가족을 개인의 삶에서 중심이 되는 체계로 인식하는 점
은 과거와 같지만, 가족이 원하는 변화를 이루어 갈 수 있도록 가족의 강점과 능력
에 초점을 맞추고 가족의 선택을 존중하는 실천을 하는 것(Petr & Allen, 1997)으로
변화했다. 과거 실천가는 가족과 일할 때 전문가와 치료자의 역할을 했지만, 지금은
가족과 함께하는 협력자로 일한다. 가족중심 실천에서 가족은 문제 해결을 위한 실
천 계획과 수행, 평가에 이르기까지 전 과정에 적극적으로 참여하며(Dunst, Trivette,
& Deal, 1994), 실천가는 가족에 대한 신뢰를 토대로 가족에게서 정보를 구하고, 가
족과 협력 관계를 이루면서 실천한다. 이를 위해 실천가는 아동과 가족의 최선의 이

익을 위해 일한다는 전제를 가족과 공유해야 하며(Kyler, 2008), 가족의 다양한 가치
와 전통, 삶의 방식, 가족 내 위계질서를 존중해야 한다(Petr, 2003).

가족중심 실천의 핵심 요소를 구체적으로 살펴보면 다음과 같다.

첫째, 가족중심 실천의 초점 단위는 가족이다. 가족중심 실천에서는 아동과 아동이
속한 가족 전체에 초점을 두고 일하지만, 아동의 욕구에 관심을 두지 않는 것은 아
니다. 가족은 아동의 발달과 복지를 위해 중요한 환경이므로, 가족 기능과 가족 간
유대 향상을 통해 아동 문제를 예방하고 해결하고자 한다. 즉, 가족중심 실천에서
는 가족의 변화가 있어야 아동의 변화를 원활히 이끌 수 있다고 본다(Petr, 2003). 여
기에서 가족은 혈연이나 입양, 결혼 등으로 관계를 맺고 같이 생활하는 '전통적인
가족'(위키백과 홈페이지, 2014a)뿐 아니라, 서로 가족으로 생각하고 가족생활에 필
수적인 의무와 기능, 책임을 수행하는 '현대 가족 개념'(Laird & Hartman, 1988)으로
그 의미를 확장한 것이다. 최근에는 가족을 정의할 때, '서로 친숙한 한 가족이라
고 여기고 밀접한 감정적 유대와 가정이라는 생활공간, 생물학적·사회적·심리적
욕구 충족에 필요한 역할과 과제를 공유하는 두 명 이상의 집단'으로 보며(Laird &
Hartman, 1988), 가족의 구조보다는 기능 측면에서 바라본다.

둘째, 가족에게 충분한 정보를 제공한 후 선택하게 한다. 가족에 대한 서비스는 가족
의 욕구와 선택에 따라 수행해야 한다. 따라서 실천가는 실천과정에서 가족을 서비
스 소비자인 동시에 최종 의사결정자로 인정해야 한다(Petr, 2003). 가족은 실천가
와 의사소통하면서 충분한 정보를 받아야 하며, 이를 바탕으로 최선의 선택을 한다
(Coleman, Smith, & Bradshaw, 2003). 가족의 참여와 결정에 대한 존중은 가족의 목표
달성을 촉진하고 가족 역량을 강화할 수 있다(Bailey, Raspa, & Fox, 2012).

셋째, 실천가는 강점관점을 토대로 실천해야 한다. 가족중심 실천에서는 가족을 아동
의 욕구를 충족하고 문제를 해결하는 자원이자 원동력으로 본다. 가족을 초점 단위
로 보고 가족의 선택권을 보장하려면, 먼저 가족의 잠재된 힘과 능력을 신뢰하여야
한다. 실천가는 가족이 누구보다 아동을 잘 알고 있으며, 아동과 가족은 강점과 자
원이 있고, 스스로 문제를 해결할 능력이 있다는 것을 믿고 일해야 한다(Saleebey,
2005). 아울러 가족중심 실천의 기반이 되는 관점으로 역량관점(Competence
Perspective)과 생태학적 관점(Ecological Perspective), 영구계획 관점(Permanency
Planing Orientation), 발달론적 관점(Developmental Perspective)을 제시하기도 한다

(Pecora et al., 2010). 이 중 영구계획 관점은 아동이 원가정에서 살 수 있게 유지하되, 불가피할 경우 지속적인 보호와 양육이 가능한 친인척 가정이나 입양가정 등의 영구적인 가정에 배치해야 한다는 것이며, 발달론적 관점은 가족 생활주기와 아동의 생애발달에 초점을 둔 연속적인 개입이 필요하다는 관점이다.

3. 강점관점

'전통적인 사회복지 실천'은 이용자의 문제와 그 원인을 밝히는 데 초점이 맞춰져 있고, 이용자의 변화는 실천가의 전문성, 즉 전문적 지식과 기술에 기초한 문제의 사정과 개입에 따라 이루어진다고 여긴다(Blundo, 2006). 반면, '강점관점(Strength Perspective)' 실천에서는 이용자의 변화는 이용자 자신이 만들어 내는 것이라고 믿는다. 그리고 실천가가 하는 모든 노력은 이용자가 원하는 변화를 알아내고, 그 변화를 이루어 내는 데 사용할 이용자의 강점과 자원을 발견·육성하고 탐색·개발하는 데 초점이 맞춰져 있다(Saleebey, 2008).

강점관점 실천을 배우는 것은 기존 사회복지 실천의 학습 방식과 매우 다르다. 사회복지 실천 기술 대부분은 실천가의 실천 관점이 무엇이든 간에 실천 기술이나 모델, 개입 절차를 덧붙여 학습하고 훈련하는 것이 가능하다. 그러나 강점관점 실천을 하려면 실천가의 관점을 먼저 강점관점으로 전환하는 것이 필요하다. 바로 그런 이유에서 강점관점은 '학습하는 것'이 아니라 '체화하는 것'으로 표현하곤 한다. 그런데 최근 강점관점에 관한 관심이 증가하면서 실천 관점의 전면적 전환 없이 이를 단지 적용하는 것으로 오해하는 경우가 있다. 문제 사정 시 추가로 강점 사정을 하거나, 실천과정에서 이용자를 칭찬하는 것을 강점관점 실천으로 여기는 것은 강점관점을 제대로 실천한 것으로 볼 수 없으며, 이러한 개입은 이용자와 실천가의 혼란을 가중시킨다(Blundo, 2006).

> ## 강점관점 실천의 기본원리
>
> 1. 삶의 고난 속에서도 모든 사람은 자신의 삶의 질을 향상하는 데 필요한 강점을 지니고 있다.
> 2. 이용자의 동기는 이용자가 자신의 강점이라고 여기는 부분을 계속해서 강조함으로써 강화된다.
> 3. 강점은 이용자와 실천가의 협력적 탐구 과정을 통해 발견된다.
> 4. 강점에 초점을 맞춤으로써 실천가는 이용자에 대한 판단이나 비난을 중단하고, 이용자가 어려운 환경에서도 어떻게 견디어 올 수 있었는지에 주목하게 된다.
> 5. 모든 환경에는 이용자에게 도움이 되는 자원이 있다.

출처: 노혜련, 허남순(2004); Saleebey (2008).

아동복지 실천 현장에서 강점관점을 지닌 실천가는 좀 더 아동중심, 가족중심으로 실천할 수 있다. 아동을 미숙한 존재로 여기는 성인중심주의 시각에서 벗어나 아동에게도 문제 해결 능력과 힘이 있다고 보며, 당면한 문제와 해결방법을 가장 잘 아는 전문가도 실천가 자신이 아닌 아동과 그 가족임을 믿게 된다. 이런 실천가는 치료자가 아닌 협력자로서 아동과 관계를 맺을 것이며, 아동·가족이 원하는 변화를 이루기 위해 활용할 자원과 강점을 함께 발견하고 확대하는 데 초점을 둘 것이다 (김윤주, 황혜숙, 2006; Saleebey, 2005). 강점관점 실천에서는 실천가가 목표를 설정하는 대신 아동과 가족이 원하는 변화에 초점을 맞추고 그들의 능력과 자원에 집중하며, 아동과 가족이 자기 생활에 영향을 미치는 의사결정에 직접 참여하게 한다. 즉, 강점관점 실천은 서비스 이용자가 원하는 변화를 자신의 강점과 능력, 자원을 활용해 만들어 가게 돕는 것을 목표로 한다(Petr, 2003).

강점관점은 실천 분야뿐 아니라 사회정책 개발에도 적용할 수 있다. 전통적인 정책 개발과정에서는 사회문제 해결을 위해 이용자의 문제와 병리의 원인을 발견하는 데 초점을 두었으며, 주로 개인의 결함에서 그 원인을 찾았다. 예를 들어, 빈곤의 원인을 사회 구조적인 것으로 보기보다는 개인이 게으르거나 무능해서 생긴 문제라고 보고 개인을 변화시키는 데 집중하였다. 이러한 접근방식은 문제의 구조적 원인을 보지 못할 뿐 아니라, 개인이나 그가 속한 환경의 강점과 자원을 활용하지 못하는 단점이 있다. 그러나 강점관점에 기반을 두고 정책을 개발할 때에는 정책 개발

표 1-7 문제중심 실천과 강점관점 실천의 비교

	문제중심 실천	강점관점 실천
주요 관심	문제의 원인	이용자가 원하는 변화
목표	문제의 원인 제거와 문제행동의 감소	이용자가 원하는 변화의 달성
핵심 자원	문제 사정에 기반을 둔 서비스 계획	이용자의 강점과 능력, 자원의 활용
문제 해결의 전문가	실천가	이용자
이용자와의 관계	전문적 관계	협력적 관계

출처: 노혜련, 허남순(2004); Saleeby (2008).

과 관련된 주민의 욕구를 먼저 파악하고, 그들이 지닌 문제 해결 의지와 경험, 지역사회의 자원과 비공식적 지원망에 관심을 두고 이를 활용하고자 한다. 이를 위해 주민과 지역사회, 환경의 강점을 발견하고 이들이 원활하게 협력하게 돕는다. 이는 이후 정책을 시행하는 과정에서 주민의 참여도와 만족도를 높이는 요인이 될 수 있으며, 그 자체로 주민의 역량을 극대화하는 데에도 도움이 된다(Chapin, 1995).

4. 다양성과 차이에 대한 존중

보통 다양성과 차이는 문제 해결을 위해 극복해야 할 장애물로 여겨졌지만, 최근에는 다양성과 차이를 존중하고 활용하는 것이 오히려 문제 해결에 도움이 된다는 의견이 우세하다. 서로 다른 문화가 충돌할 때 다수자의 시각이 주류가치가 되면, 소수자의 문화를 열등하게 보게 되고, 이 때문에 차이는 차별로 변하게 된다. 그러나 문화는 수직적 주종 관계가 될 수 없으며, 다양한 문화는 있는 그대로 존중받아야 한다. 이때 문화의 권력화와 중심화에 반대하고 그러한 경향에서 벗어나려는 관점이 필요하며(고길섭, 2000), '문화 다양성(cultural diversity)'은 바로 이런 시각에서 문화 간 차이를 인정함과 동시에 개인 간 차이를 받아들이는 것이다.

사회복지 실천가가 다양성과 차이에 대해 존중(Respect for Diversity and Difference)하는 것은 매우 중요하다. 사회복지 이용자는 쉽게 다양성과 차이에 따른 편견과 차별, 억압의 위험에 처할 수 있기 때문이다. 실천가는 서로 다른 사회·문화·경제적 배경의 사람을 이해하는 '문화 인식(cultural awareness)'과 이들과 효과적으로 상호작용하는 '문화 역량(cultural competence)'을 갖춰야 한다(NASW, 2001). 문화역량은

원래 다양한 인종과 문화 배경의 개인과 집단을 대하는 능력을 의미하지만, 최근에는 성별과 성적 지향, 종교, 태도 등의 차이까지 포괄하는 넓은 의미로 쓰이고 있다. 즉, 문화 역량은 '다양성 이해 역량'이라고도 할 수 있으며, 다양성에 대한 인식과 태도, 지식, 다양한 배경의 사람과 효과적으로 상호작용하는 기술을 포함한다(Martin & Vaughn, 2007).

다양성과 차이를 존중하는 것은 단순히 서비스 전달 방식의 변화를 뜻하는 것이 아니다. 이는 실천가가 서비스 이용자의 문화적 기대와 일치하는 방식으로 일하는 능력을 발전시키는 것을 뜻한다(Yanca & Johnson, 2008). '다양성 이해 능력'은 서로 다른 문화와 사람을 이해하는 것뿐 아니라, 차이를 이유로 불공정하고 불평등하게 개인이나 집단을 대하는 것에 맞서는 것을 의미한다. 실천가에게는 자신의 문화 가치를 포함하여 문화적 차이를 인지하고 수용하는 능력, 서로 다른 방식으로 의사소통하고 해석하고 문제를 해결하는 개인의 차이에 대한 인정, 문화 차이가 전문가와의 상호작용에 영향을 미칠 수 있다는 점에 관한 이해, 서비스 이용자에 대한 융통성 있는 태도, 실천의 모든 장에서 차별에 맞서 도전하는 태도 등이 필요하다(LabSpace 홈페이지, 2014).

그러나 실천가 자신도 선입견이나 고정관념이 있을 수 있다. 이런 경우, 서비스

표 1-8 **편견의 유형**

의식적이고 공공연한 차별	• 겉으로 드러나는 차이만으로 개인을 열등하고 결함 있는 사람으로 평가하는 것 예) 장애인, 빈곤아동, 이주노동자, 여성, 성 소수자, 유색인종에 대한 차별
무의식적 차별	• 의식하지 못하지만, 특정인에게는 다른 기준을 적용하는 것 예) 빈곤아동과 공부 못하는 아동의 행동은 문제로 보고, 부유하거나 공부 잘하는 아동의 행동은 용인하는 경우
편향된 기준에 의한 차별	• 평가 척도로서 객관적인 것처럼 보이지만 사실은 편향된 기준을 특정 개인과 집단에 적용하는 것 예) 언어발달 훈련과 자극의 기회가 제한된 빈곤아동이나 다문화가족 아동에게는 불리한 지능검사
무의식적 편견에 의한 차별	• 무의식적으로 타인의 특정 사건이나 상황을 자신의 가치로 판단하는 것 예) 외국으로 입양된 아동이 한국에서 자라는 것보다 더 잘된 것이라는 생각이나 이혼가정의 자녀는 문제가 있을 것이라는 생각

출처: Petr (2004), pp. 157-158의 내용을 보완함.

이용자의 생활환경이나 문화 등을 이해하지 못하고 은연중에 자신의 가치를 이용자나 실천목표에 주입할 수 있다. 예를 들어, 중산층의 보수적 가치관을 지닌 실천가는 빈곤아동의 언어문화를 이해하지 못할 수 있다. 이 경우, 실천가는 빈곤아동의 언어에 관하여 중산층 기준에 맞춰 과도하게 그 문제점을 부각할 수 있다. 또한 다문화가정 아동, 탈북 아동, 한부모가정 아동, 학교 밖 청소년 등 소수 집단에 속한 아동·가정의 문화와 차이를 충분히 이해하지 못할 경우, 이들에 대한 선입견이나 고정관념을 지닐 수도 있다. 이는 실천가가 서비스 이용자와 맺는 관계에 큰 영향을 미칠 수 있으므로, 실천가는 자신에게 어떤 선입견과 고정관념이 있는지 성찰하고 그것을 극복하려고 노력해야 한다. 아울러 사회 변화에 따라 아동과 가족의 형태와 특성이 다양해지고 있으므로, 실천가는 어떤 아동과 가족이 어떻게 차별받고 있는지에 민감해야 한다. 실천가는 사회적 약자와 억압받는 소수 집단을 돕는 역할을 적극적으로 수행해야 하기 때문이다.

5. 최소제한 대안 원칙

'최소제한 대안(Least Restrictive Alternative: LRA)'은 개인의 권리와 자유에 대한 제한을 가능한 한 최소화하면서 개인을 보호하고 지원하는 프로그램과 조처, 환경을 의미한다. 이는 인권과 인본주의(humanism)를 바탕으로 하며, 사회복지 실천 철학을 넘어 교육과 정신 보건, 교정 영역 등 인간 서비스 제도 전반에서 적용하는 법적·실천적 원리이다.

최소제한 대안 원칙은 1950년대에 중증 정신장애인을 가능하면 병원과 같은 시설이 아닌 지역사회에서 머물도록 하는 '탈시설화 운동(Deinstitutionalization)'과 더불어 시작하였다. 수용시설은 장애인에게 전문적이고 질적으로 우수한 서비스를 제공할 수 있다는 장점이 있었지만, 치료와 재활을 목적으로 개인의 자유를 제한했으며, 이들 대부분은 도시 외곽에 위치하고 있어서 장애인이 지역사회에서 누리던 일상적인 삶을 영위하기 어려웠다. 이에 탈시설화 운동에서는 장애인이 지역사회에 거주하면서 필요한 서비스를 받음으로써 자유롭고 일상적인 삶을 유지할 수 있어야 함을 강조하였다. 최소제한 대안 원칙에 따르면 국가는 치료의 이름으로 개인의 권리를 제한할 수 없으며 개인이 자유롭게 서비스 유형을 선택할 권리를 존중해

야 하고, 오직 '최소한'으로만 간섭해야 한다. 따라서 다른 사람에게 해가 되지 않는
한 치료를 받을지 안 받을지는 개인의 자유의지에 달렸다.

정신보건이나 장애아동 교육 등에서는 '최소제한 환경(Least Restrictive Environment:
LRE)'이라는 개념을 주로 사용하는데 그 뜻은 최소제한 대안과 동일하다. 최소제한
환경은 정신장애인과 장애아동에게 서비스를 제공할 때 비장애인과 가정, 지역사
회로부터 가능한 한 최소한으로 분리해야 한다는 개념이다. 이는 개인의 가치와 존
엄성, 사생활을 존중하고 자율성을 증진하는 환경을 보장하기 위함이다(Victorian
Government Health Information 홈페이지, 2014). 미국은 2007년 「정신보건법(Mental
Health Act)」에서 정신장애인은 최소제한 환경에서 치료와 보호를 받아야 한다
는 원칙을 규정하였으며(Mental Health Coordinating Council, 2011), 「장애인교육법
(Individuals with Disabilities Education Act)」에서도 최소제한 환경을 특수교육 원칙의
하나로 명시하였다. 이에 따라 학교는 장애학생의 욕구에 적합한 최소제한 환경에
서 적합한 공교육을 최대한으로 제공해야 하며, 추가 서비스나 교육이 필요할 때가
아니라면 일반학급에서 배제해서는 안 된다(Mauro, 2014).

세계보건기구[World Health Organization(WHO), 1996]는 최소제한 대안을 정신보
건 서비스 원칙 중의 하나라고 보고 지역사회에서 치료를 받아도 되는 환자는 누구
나 쉽게 지역사회 기반 치료를 이용할 수 있어야 하며, 시설 치료는 최소제한 환경
에서 제공해야 한다고 하였다. 예를 들어, 격리병동이나 구속복, 약물 처방과 같은
신체적·화학적 제한을 할 때는 환자와 대안을 논의해야 하고, 자기 자신이나 타인
에게 즉각적인 해를 입힐 수 있을 때나 치료제공자의 승인이 있을 때만 이를 행한
다. 그리고 제한을 하더라도 정해진 시간을 엄격히 지키고 규칙적으로 검사하고 재
사정하여 제한을 최소화해야 한다.

아동복지에서 최소제한 대안은 '가족보존 서비스(Family Preservation Service)'와
관련된다. 아동이 건강하게 성장하려면 영구적인 가정에서 보호받는 것이 필요하
며, 가족은 아동의 주양육자가 되어 양육과 보호 역할을 담당할 수 있어야 한다. 가
족보존 서비스는 가족이 이러한 기능을 수행할 수 있도록 돕는 모든 노력을 의미한
다. 실천가는 아동이 가족과 함께 살 수 있도록 최대한 노력한 후, 그러한 노력에도
가정 안에서 아동의 복지를 보호할 수 없다고 판단될 때에만 아동을 가족과 분리해
야 한다. 최소제한 대안의 관점에서 아동과 가족은 '보통(normalized) 환경'에서 전

표 1-9 최소제한 대안 원칙의 적용

	아동복지	정신건강	장애인 교육
최소한의 제한 ↑ ↓ 최대한의 제한	• 원가정 또는 입양가정 • 확대가족(친척) • 지역사회 내 위탁가정 • 그룹홈 • 양육시설	• 외래진료 • 낮병원(주간보호) 치료 • 부분적 입원치료 • 지역사회 내 병원 단기 입원 치료 • 지역사회 밖 장기 입원치료 • 폐쇄병원 입원치료	• 완전 통합교육 • 일반교실 내 학습보조인력 투입 • 부분적으로 특수학급 수업 • 대부분 특수학급에서 수업 • 전 시간 특수학급에서 수업 • 지역사회 내 특수학교 • 지역사회 외 특수학교

출처: Petr (2004), p. 177의 내용을 재구성.

문적 서비스를 제공할 때 가장 잘 성장할 수 있다(Petr, 2003).

이러한 관점에서 아동복지에서 '입양가정'은 '원가정'과 같이 아동의 영구가정으로 최소제한 대안이기는 하지만, 입양이 아동에게 최선의 이익이 되려면 다음 두 가지 조건이 충족된 상태에서 이루어져야 한다. 첫째, 아동을 키울 수 있는 원가족이나 친척이 전혀 없다는 것을 확인하고, 둘째, 원가족 보존이나 복귀를 위해 가능한 모든 노력을 다했지만, 가족보존이나 복귀가 불가능하다는 판단을 전제로 해야 한다. 정신건강 분야에 최소제안 대안 원칙을 적용하면, 이용자는 지역사회에 거주하면서 외래진료를 받거나 하루 중 일부 시간만 병원 치료를 받는 방식을 따르게 된다. 장애인 교육의 경우에는 지역사회 밖의 특수학교에서 거주하며 교육받는 것을 지양하고 지역 내에서 비장애인 학생과 함께 교육받는 방법을 찾게 된다.

최소제한 대안 원칙은 서비스 이용자의 자유와 권리를 강조한다는 점에서 매우 중요하지만, 이를 실천하는 데는 몇 가지 측면에서 한계가 있다. 최소제한 대안 원칙을 따르면 서비스 이용자는 자유주의 시장 원칙에 따라 자유롭게 입원하고 외래진료를 받으며, 서비스 제공자는 지역사회 기반 서비스를 사고 팔 수 있고 서비스 가격을 책정할 수 있다. 그러나 아동학대나 정신보건 등의 영역에서 이용자가 선택할 서비스의 종류와 범위는 매우 제한적이며, 질 높은 프로그램은 소수에게만 제공된다. 이러한 상황에서 이용자는 서비스 품질과 프로그램 결과를 자유롭게 평가하기 어렵고, 공공 개입이 부족한 경우 이용자의 부담이 증가할 수 있다. 취약 계층을 위한 지역사회의 대안이 충분하지 않은 가운데 탈시설화와 최소제한 대안 원칙만을 강조한다면, 이용자에게 충분한 서비스를 제공하지 못하게 될 뿐 아니라 서비스의 지속성과 안정성, 질을 담보할 수 없게 된다. 이런 이유로 공공자원이 부족한 경우에는 최소제한 대안 원칙을 신중하게 적용할 필요가 있다(Lin, 2003).

또한 최소제한 대안 원칙은 비록 최소한이라 할지라도 이용자의 환경을 제한할 수 있으며, 이를 결정하는 것은 대부분 전문가이므로 결정과정에서 이용자가 소외될 수 있다. 나이 어린 아동이나 지적장애인처럼 충분한 정보를 제공해도 스스로 적합한 결정을 내리기 어려운 경우에는 최소제한 대안 원칙을 적용하기 어렵다. 예를 들어, 아동의 보호나 치료, 교육을 얼마나 제한된 형태로 제공할지를 누가 판단할 것인가에 관한 문제가 발생할 수 있는데, 이때 판단은 주로 전문가가 하고 아동과 가족의 의견은 존중하지 않는다는 비판이 있다. 이러한 판단을 법원이 할 경우에도 주로 전문가의 의견을 지지하므로 결과는 마찬가지이다(정동영, 2007). 따라서 최소제한 대안 원칙을 적용할 때에는 아동과 가족의 상황과 강점, 자원 등에 따라 개별화할 필요가 있다. 아울러 아동과 가족의 의견을 존중하고 의사결정 과정에 참여하게 보장하면서 '아동의 욕구'와 '아동 최선의 이익'을 고려하는 것이 중요하다.

6. 생태학적 관점

'생태학적 관점(Ecological Perspective)' 혹은 '생태체계적 관점'은 인간과 환경을 특정 문화적 · 역사적 맥락 안에서 서로 지속적인 영향을 미치는 관계로 보는 총체적(holistic) 관점이다. 생태학적 관점은 복잡한 인간 현상의 불확정성을 수용하는 열린 관점을 유지하며, 원인을 파악해 결과를 예측하는 단선적 인과론과 달리 다양한 체계 간 상호작용의 결과에 관심을 둔다(Gitterman, Germain, & Knight, 2013). 따라서 생태학적 관점에서는 인간이 겪는 경험이나 어려움 등을 한 가지 이유만으로 설명할 수 없으며, 하나의 현상은 기본적으로 네 가지 차원, 즉 개인, 관계, 지역사회, 사회의 여러 요소 간 상호작용을 탐색해야 한다고 본다(WHO, 2014). 발달생태학(ecology of development)을 연구한 브론펜브레너(Bronfenbrenner, 1979)는 가족과 지역사회, 문화 등 인간을 둘러싼 생태 환경을 가장 가까운 것부터 가장 먼 것에 이

미시체계

중간체계
외체계
거시체계

그림 1-2   네 가지 차원의 체계

르기까지 다음과 같은 네 가지 차원의 체계로 구조화했다.

1) 미시체계

'미시체계(Microsystem)'는 개인을 포함하여 개인과 상호작용하는 사람을 둘러싼 직접적 환경이다. 예를 들어, 개인의 특성과 개인이 겪은 경험, 개인의 심리적 · 인성 문제와 질병, 가족구성원, 가족의 크기, 친구 등이 여기에 속한다.

2) 중간체계

'중간체계(Mesosystem)'는 미시체계 간에 발생하는 상호작용을 의미하며, 가족과 아동의 관계, 가족과 사회지지망 간의 관계, 가족과 학교의 관계 등을 포함한다. 예를 들어, 학대받는 아동과 가족에 생태학적 개념을 적용하면, 폭력적 성향을 보이는 부모와 자녀의 관계를 중간체계로 볼 수 있고, 이 관계는 자녀가 부모의 폭력에 영향을 받아 폭력적 성향을 답습하게 할 수 있다. 또한 사회지지망 부족은 가족과 자녀의 스트레스를 악화시켜 폭력을 더욱 부추길 수 있다고 해석할 수 있다.

3) 외체계

'외체계(Exosystem)'는 지역사회를 의미하며, 지역사회 수준에서 기능하는 주요 기관은 직업 관련 기관과 대중매체, 정부기관, 교통, 통신시설 등이 있다(한국교육심리학회, 2000). 외체계는 개인에게 간접적으로 영향을 미친다. 예를 들어, 실업이 만

연한 오염된 환경, 술과 약물을 접하기 쉬운 환경은 청소년의 폭력과 음주, 약물남용, 학교 중도탈락 빈도를 높일 수 있다.

4) 거시체계

'거시체계(Macrosystem)'는 문화와 하위문화 내에서 그것을 구성하는 미시체계, 중간체계 그리고 외체계의 형태와 내용을 통해 나타나는 일관성을 의미하며, 동시에 일관성에 기초가 되는 신념체계나 이념을 뜻한다(한국교육심리학회, 2000). 거시체계는 사회와 정치, 문화, 규범, 법 체계 등을 포함한다. 예를 들면, 불평등을 일으키는 경제정책과 사회정책, 무기 사용의 허가, 가부장적 사회 · 문화 규범, 자녀에 대한 부모의 체벌을 허용하는 문화 등은 사회구성원 간 갈등과 분열, 폭력, 범죄를 일으키는 요인으로 작용할 수 있다(WHO, 2014).

사회복지 실천에서 생태학적 관점은 '환경 속의 인간(Person-in-Environment)'이라는 개념으로 집약된다. 인간행동은 자신의 고유한 생태환경 안에서 이루어지는 복합적인 관계와 상호작용의 결과이다. 그러므로 개인의 문제와 해결방법은 환경인 가족과 집단, 조직, 지역사회, 문화 등과의 상호작용 속에서 찾을 수 있다(Petr, 2003). 이에 따라 한 사회의 아동에 대한 사회적 태도와 신념, 행동 양식 등은 미시체계와 중간체계, 외체계에 영향을 미쳐 궁극적으로 아동에게 영향을 미치게 된다. 각 체계는 상호작용하며, 상호작용의 결과는 아동의 문제가 더 심화하기도 하고, 약화하거나 예방할 수도 있다. 생태학적 관점에 따르면, 아동의 문제는 자원의 부족, 자원 접근성의 문제, 자원의 비효율적 조정, 자원 활용 능력의 부족, 개인과 환경체계 간 교류 문제 등에 기인하는 것으로 본다. 따라서 실천가는 아동의 개인적 측면에 관심을 둘 뿐만 아니라 아동에게 영향을 미치는 가족과 학교, 지역사회, 아동복지제도, 사법제도 등 다양한 환경체계에도 관심을 두고, 이러한 체계와 아동 간 긍정적인 상호작용을 촉진해야 한다(Petr, 2003).

7. 결과지향 원칙

'결과지향(Outcome-oriented)' 원칙은 산출물과 결과, 목표와 영향력의 달성, 과제 해결에 초점을 맞추는 전략을 뜻하며, '과정지향(Process-oriented)'은 과정 자체를 중시하는 전략이다. 결과지향은 최종 결과에 초점을 두기 때문에 목표 달성 여부가 중요하고 이에 대한 평가가 명확하다. 과정지향은 결과나 산출물보다는 수행 과정과 참여, 이를 통한 경험에 더 초점을 맞추므로 융통적인 평가가 가능하지만, 이를 정확히 파악하기 어렵다.

사회복지 실천의 궁극적인 목적은 이용자의 문제 해결이나 바람직한 결과의 달성에 있으므로 결과를 지향하는 것이 타당하다. 그러나 최근 사회복지 현장에서는 결과보다 과정을 중시하여 목적과 수단이 전도되는 현상이 나타나기도 한다. 예를 들면, 아동복지 분야에서 결과로 지향할 수 있는 것은 '아동을 분리 보호하는 대신 안전하고 지속적인 가정에서 양육하는 사례를 늘리는 것' '학교 부적응 학생 수를 줄이고 상급학교 진학률을 늘리는 것'이다. 이러한 목표를 달성하기 위해 실천가는 적절한 자원을 투입하고, 아동과 부모, 지역사회의 참여를 강화하며, 이를 통해 긍정적 경험과 관계를 확대할 수 있을 것이다. 이것이 바로 '실천과정'이며, 이러한 과정은 결과를 달성하는 데 필요한 요소이지만, 그 자체가 목표가 될 수는 없다. 어떤 실천가는 실천과정에서 투입한 인력의 수와 투입 시간, 예산, 교육 횟수, 참여자 수 등에는 관심을 두면서, 정작 이를 통해 아동과 가족, 지역사회에 어떤 변화가 나타났는지는 간과하기도 한다. 이러한 상황이 발생한 데에는 다음과 같은 이유가 있다 (Petr, 2003).

첫째, 지금까지 이루어진 사회복지 서비스 평가는 주로 투입과 산출의 효율성, 즉 '과정'에 초점을 두고 이루어졌다. 그것은 결과보다 과정을 평가하기가 더 쉽고 편리하며 비용이 적게 들기 때문이다. 또한 '산출'과 '결과'를 혼동한 채 투입한 자원의 단순한 '산출'을 '결과'로 평가하기도 했다. 예를 들면, 부모교육 프로그램을 운영하는 실천가는 프로그램에 많은 부모가 참여하면 그것을 프로그램 결과나 성과로 평가하기도 한다. 그러나 부모교육에 참여한 경험은 '산출'일 뿐이며, 참여를 통해 나타난 부모의 변화를 결과로 측정해야 하는 것이다.

둘째, 목표 달성에 대해 이해관계가 다른 당사자는 서로 다른 평가를 할 수 있어 결과를 측정하고 해석하는 것이 쉽지 않기 때문이다. 사회복지 서비스의 결과는 서비스 참여를 통해 도달하게 된 변화 상태다. 그러나 이 변화가 서비스에서 비롯한 결과라는 점을 증명하기는 어렵다. 특히 아동은 성장해 가면서 정서ㆍ행동 문제가 자연스럽게 감소하기도 하며, 가족이나 주변 상황의 영향을 받기도 한다. 결과를 평가하면서 이와 같은 서비스 이외에 예측할 수 없는 수많은 변수의 영향을 모두 통제하는 것은 불가능하다. 이러한 어려움 때문에 결과 평가는 과정 평가보다 예산과 시간, 노력이 더 많이 필요하다.

그럼에도 실천가는 결과를 지향하며 일하고 그것을 측정하기 위해 노력해야 한다. 그러나 주의할 것은 사회복지 실천에서 강조하는 '결과'는 결과물만을 통해 전체를 평가하는 '성과주의'와는 다르다는 점이다. 실천가가 결과에만 집착하면, 이용자의 존재 자체와 과정을 무시하고 지나친 경쟁을 유발할 수 있다. 실천가가 결과에 초점을 두고 일하는 것은 사회복지 서비스의 사회적 기능, 즉 개인과 사회의 의미 있는 변화를 촉진함으로써 사회적 책임을 수행함을 의미한다. 실천가는 개입과정을 민주화하고 책임성을 강화하며 낭비가 없도록 해야 하지만, 아동에게 최선의 이익이 무엇인가를 고려하여 실천하는 것을 최우선으로 삼아야 한다.

제**2**장

아동복지의 발달

🏠 제1절 각국 아동복지의 발달

1. 서구 아동복지의 발달

현대사회의 아동복지제도는 역사적 발전의 산물이다. 사회 문제 대부분이 역사적 뿌리를 지니고 있듯이 아동복지 역시 과거의 구빈원, 고아원, 아동보호 관련 법 등의 발전과정과 연계되어 현재의 모습이 되었다. 역사적 발달을 검토하는 것은 단순히 과거를 알아보기 위한 것만이 아니며, 과거의 경험을 분석하고 이해함으로써 현재 아동복지가 겪고 있는 딜레마와 긴장의 원인을 파악하고 미래에 일어날 문제를 해결할 분석 토대를 얻기 위함이다(McGowan, 2005). 아동복지 역사는 나라마다 경제발달 과정과 문화적 차이, 지배적 가치 등에 따라 차이가 있지만, 큰 틀에서 보면 현대 자본주의 구조 아래서 전개된 사회복지 발달과정과 그 맥을 같이하며 다음과 같이 발전해 왔다.

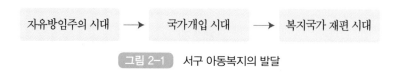

그림 2-1   서구 아동복지의 발달

1) 자유방임주의 시대: 19세기 말~20세기 초반

이 시기 서구사회를 지배한 사조는 경제활동의 자유를 최대한 보장하고, 국가 간섭을 배제하는 자유방임주의였다. 이러한 사상은 사회 모든 분야에 영향을 미쳐 자녀에 대한 부모의 책임을 강화하고 국가 개입의 필요성을 약화시켰다. 이는 아동을 부모에게 종속된 인간으로 보던 사회상과 합쳐지면서 아동 학대나 방임에 대한 사회 개입을 막는 역할을 하기도 했다. 또한 급격한 산업화와 도시화 및 19세기 중·후반의 기근과 인플레이션으로 빈곤아동과 버려진 아동, 일하는 아동이 증가하는 등 아동의 상황은 더욱 열악해졌다.

이 시기 미국과 영국, 독일 등 대부분 나라의 아동복지는 '빈민법 중심의 접근'에서 벗어나지 못했는데, 이른바 '도움받을 가치가 없는 빈민(unworthy poor)'의 자녀는 부모와 떨어져 하인이 되거나 도제로 보내졌으며, 성인과 구분 없이 민간 시설에 수용하였다. 국가는 이런 조처를 도덕의 이름으로 정당화했으며 동시에 사회통제 도구로 활용하기도 하였다(Schene, 1998). 19세기 말까지 이러한 실태는 개선되지 않았고 시설수용 아동의 수는 경계 수준에 이를 정도로 넘쳐났다(Fogarty, 2008). 이런 상황에서 점차 '아동을 구해야 한다'는 사회적 자각이 생겨나기 시작하였다. 계몽주의자를 비롯한 많은 이가 빈민법적 아동보호 방식을 비판하기 시작했고, 인본주의 사상이 확대되면서 아동의 교육과 생활조건을 개선해야 한다는 의견이 확산하였다(Cravens, 2014; Gädke, 2009). 자선단체와 박애단체를 중심으로 '아동 구호운동(Child Rescue Movement)'이 시작되었고 아동보호를 위한 법이 최초로 만들어졌다(Lamont & Bromfield, 2010).

미국은 19세기 후반에 이르러 민간 자선단체와 종교기관을 중심으로 아동보호시설을 건립하고 구빈원 거주 아동을 성인과 분리하여 수용하기 시작했다. 그리고 1870년대 양부의 지속적인 학대로 고통받던 뉴욕의 10세 소녀 '메리 엘런(Mary Ellen) 사건'은 미국에서 「아동보호법」을 제정하는 데 촉매 역할을 했다. 당시에는 학대받은 아동을 보호할 법이 없었으므로, 「동물복지법」에 따라 '메리 엘런은 인간

동물(human animal)이므로 학대가 부당하다'는 내용의 심판을 청구했고, 법원은 이를 받아들여 양부를 구금하였다. 이 사건을 계기로 1874년 '뉴욕아동학대방지협회 (New York Society for the Prevention of Cruelty to Children)'가 설립되었다(Lamont & Bromfield, 2010). 이 협회는 세계 최초의 아동보호기관으로, 협회활동의 결과 「아동보호법」을 제정하고 '소년법원(Juvenile Court)'을 설립하였다(Fogarty, 2008). 1895년에는 「아동노동법」을 제정하여 14세 이하 아동 노동 금지와 야간작업 금지, 노동 시간 제한, 학교 출석 배려 등을 보장하기도 했다.

1842년 영국에서는 광산에서 일하는 부녀자와 아동을 성과 노동 착취로부터 보호하기 위해 「광산법(Mines Act)」을 제정하여 부녀자와 아동의 광산 노동을 금지하고 법 위반에 대한 처벌을 강화하였다(Kirby, 2007). 1883년에는 영국 최초 아동보호기관인 '리버풀아동학대예방협회(Liverpool Society for the Prevention of Cruelty to Children)'를 창설하였으며, 이 협회는 1889년 '아동학대방지영국국립협회(British National Society for the Prevention of Cruelty to Children: NSPCC)'로 개명하고 협회 헌장을 작성·전파하였다. 이 같은 노력에 힘입어 1889년 영국에서도 「아동학대방지법(Prevention of Cruelty to Children Act)」을 제정했는데, 이 법은 흔히 「어린이 헌장 (Children's Charter)」으로 불린다(Lamont & Bromfield, 2010). 1908년에는 「아동법」을 제정하여 소년법원을 설치하고 위탁부모 등록제와 근친강간행위 처벌 규정 등을 만들었다.

산업화의 후발주자인 독일에서는 19세기 말에 일어난 사회민주주의(이하 사민주의) 운동이 아동보호를 발달시키는 중요한 역할을 하였다. 사회·경제 정책의 측면에서 사민주의는 자본주의적 경제제도를 인정하지만, 어느 정도 국가가 개입하여 일정한 생활 수준을 보장하고 계급 간 격차를 완화하여 사회 통합과 안정을 도모하려 한다. 독일 사민주의 운동은 노동조합과 더불어 근로자 권리를 쟁취하고 단체협약을 관철하며, '사회국가(Sozialstaat)'를 구현하는 데 이바지하였으며, 아동 노동 금지와 노동 보호, 하루 8시간 노동 보장 등을 위해 투쟁하였다(Faulenbach, 2013). 이러한 노력으로 1898년 베를린에서 아동 노동과 유기, 학대 감소를 위한 '착취와학대방지아동보호협회(Verein zum Schutz der Kinder vor Ausnutzung und Misshandlung)'가 창설되었다(Gädke, 2009). 1900년에는 「독일 민법(Burgerliches Gesetzbuch: BGB)」을 제정하였으며, 부모가 자녀에게 가하는 폭력의 내용과 한계에 관한 규정을 성문화하여 국가가 아동보호를 위해 부모의 위법 행동에 개입할 수 있음을 명기하였다. 또한 제1차 세계대전 이후 '바이마르 공화국'은 아동과 청소년 보호를 위한 고유의 법률을 만들 필요가 있다고 여겨 1922년 「제국 청소년복지법(das Reichsjugendwohlfahrtsgesetz)」을 제정하였으며, 법에 지역마다 '청소년국(Jugendamt)'을 설립할 것을 규정하였다(Gädke, 2009).

2) 국가개입 시대: 20세기 초~중반

이 시대는 제1·2차 세계대전과 세계 대공황을 겪으면서 정책 기조가 자유방임주의에서 국가개입주의로 변화한 시기이다. 앞서 본 것처럼 19세기 자본주의 시대는 자유주의 경제 사상이 지배한 시기로, 대체로 이 시기의 복지 정책과 제도는 민간중심으로 정착하였다. 그러나 제1차 세계대전 전후로 자유주의적 자본주의는 위기에 빠지고 '국가개입주의' 경향이 강화되었다. 전시경제 아래서 경제통제가 전면화되었으며, 국가는 그에 따른 복지 정책과 제도의 도입을 모색하였다. 국가개입주의 경향은 제1차 세계대전 종전 후 평화 시기로 이행함에 따라 일단 약화되었지만, 1929년 세계 대공황을 배경으로 다시 강화되었다. 미국에서 시작한 대공황은 자본주의 역사에서 가장 오랫동안 강력하게 영향을 미친 전 세계적인 공황이었다(유승민, 양경옥, 2011). 세계 대공황에 따른 기업과 은행의 대규모 도산, 대량 실업과 임금삭감, 중산층과 농민의 몰락, 부랑인과 영양실조 아동의 대량 발생으로 자유방임주의는 파국을 맞이하였고, 공황의 구제와 관리를 위한 국가개입주의의 도입이 불가피해졌다.

미국에서는 대공황으로 침체한 경제를 되살리기 위해 국가가 경제에 적극적으로 개입하는 '뉴딜(New Deal) 정책'[1]을 시행하면서 민주적이고 개혁적인 개입주의, 즉 '케인스주의(Keynesianism)'[2]를 확립하였다. 이에 따라, 1935년 미국 역사상 처음으

---

[1] 뉴딜 정책은 실업자에게 일자리를 만들어 주고 경제 구조와 관행을 개혁해 대공황으로 침체한 경제를 되살리기 위해 루스벨트 대통령이 1933~1936년에 추진하기 시작한 경제정책이다(위키백과 홈페이지, 2014b).

[2] 케인스주의는 20세기 영국의 경제학자 케인스(Keynes)의 사상에 기초한 경제학 이론으로, 자본주의의 전반적인 위기 시대에 재생산 과정에 국가 개입의 필요성을 강조하는 부르주아 정치경제학 중의 하나다. 케인스주의는 시장과 민간부문이 국가의 간섭이 없는 상태에서 가장 잘 작동한다고 주장하는 경제적 자유주의와는 달리 완전고용의 실현과 유지를 위해서는 자유방임주의가 아닌 소비와 투자, 즉 '유효수요'를 확보하기 위한 정부의 개입이 필요하다고 주장한다. 케인스주의에 따르면, 유효수요의 총량은 상품의 총공급과 그에

로 『사회보장법』과 『노동관계법(와그너법)』[3]을 제정하였다. 한편, 독일에서는 '나치즘(Nazism)'의 통제 경제를 통해 독재적이고 반동적인 개입주의가 자리 잡았지만, 국가 개입에도 불구하고 세계 대공황을 극복할 수 없었다. 결국 1939년 또 한 번의 공황과 함께 제2차 세계대전이 발발했다. 이 시기에는 대공황과 전쟁이라는 특수한 조건에서 국가개입주의가 불가피한 시기였으며, 종전 후에도 자본주의는 국가 개입 없이 존립할 수 없게 되었다(경제교육연구회, 2009).

이러한 경제적 상황은 아동복지에도 큰 영향을 미쳤다. 경제 대공황 이후 미국은 1935년 『사회보장법(Social Security Act)』과 『부양아동 가족지원법(Aid to Families of Dependent Children: AFDC)』을 제정하였다. 이 법을 통해 미국 연방정부의 보건사회복지부가 행정과 재원을 담당해서 시행하는 저소득 가정 자녀를 위한 재정지원 프로그램을 마련하게 되었다. 또한 1930~1940년대 미국에서는 민간에서 하던 사회복지 업무를 청소년법원과 청소년보호협회, 가족복지협회 등 공공기관과 자선조직협회로 이관하였으며, 주정부와 지방정부도 점차 아동보호의 책임을 인정하기 시작하였다(Schene, 1998).

제2차 세계대전이 끝난 후 자본주의는 1950부터 1960년까지 20여 년간 장기 번영의 시기를 맞이했다. 이 시기에도 경제정책은 '공공수요 창출'과 '완전고용 실현' '소득 재분배'를 위해 국가가 시장에 개입하고, '사회보장' 재정을 확대하려는 방향으로 이루어졌으며, 이를 위해 공공부문의 확장과 국영 기업의 활동을 장려하였다. 이는 자본의 무절제한 이윤 추구에 일정한 제약을 가하고, 노동자 계급과 노동자 가족의 재생산을 보호하는 일종의 계급 타협적인 개입주의였다. 이로써 자본주의는

대한 총수요 사이의 불일치가 생길 가능성이 있어, 완전고용 수준에 준하는 국민소득 수준을 유지하는 데 불충분할 수도 있다. 이로부터 비자발적 실업, 불황과 공황의 가능성이 나오며 국가가 유효수요를 유지할 필요성이 생겨난다. 정부가 완전고용정책을 추구하려면 국민생산을 증대시키는 총체적 비용을 활성화해야 하며, 이를 통해 실업을 감소시켜야 한다고 본다. 즉, 경기 순환을 안정시키고 완전고용을 실현하려면 조세정책과 화폐정책, 금융정책, 재정정책 등을 통해 정부 당국이 인위적이고도 적극적으로 간섭하여 유효수요를 창조해야 한다고 주장한다(21세기 정치학대사전 홈페이지, 2015; 노동자의 책 홈페이지, 2015; 사회학사전 홈페이지, 2015).

[3] 정식 명칭은 『전국노동관계법(National Labor Relations Act)』이다. 1935년 '뉴딜'정책의 하나로 제정한 미국의 노동조합 보호법으로, 근로자의 노동 3권을 부당하게 침해하는 행위를 금지하는 법이다. 법률의 제안자인 당시 상원의원 와그너(Wagner)의 이름을 따서 『와그너법(Wagner Act)』이라 한다(브리태니커사전 홈페이지, 2014).

'수정자본주의' 또는 '혼합경제' 또는 '복지국가'라 불리는 자본주의의 새로운 발전 단계로 나아갔다.

한편, 전후 장기간에 걸친 경제 호황 동안 미국의 복지정책은 전보다 확대하였지만, 여전히 대부분 시장경제 원리에 따라 이루어졌다. 1965년 존슨 대통령은 '위대한 사회(Great Society)'와 '빈곤과의 전쟁(War on Poverty)'을 선포했지만, 빈곤과의 전쟁이 시장중심의 사회복지 모델에서 벗어나는 것을 의미하지는 않았다. 정부는 소득이전이나 공공복지 서비스를 강화하는 대신, 주로 개인의 소득 획득 기회를 늘리기 위한 프로그램을 제공하였다. 이때 제공한 헤드스타트와 교육 보조, 직업 훈련, 지역사회 행동 프로그램들은 자산조사와 같은 전통적인 자유주의 원칙을 따랐으며, 사회복지 급여 수준도 높지 않았다(한국사회복지학연구회, 1999). 이러한 미국의 '자유주의' 가치는 아동보호 분야에도 영향을 미쳤다. 1960년대 아동보호는 지역사회 중심의 아동·가족복지 실천과 정책보다는 의사와 심리학자 등 의료 전문가가 주도하는 치료중심으로 이루어졌다(Lamont & Bromfield, 2010). 이러한 아동보호에 대한 '전문화 지향'은 몇 가지 결과로 이어졌다. 학대나 방임의 발생 여부를 판단하고 원가정에서 아동 분리 등을 결정하는 전문가의 역할이 커졌으며, 아동 학대와 방임에 대한 법적 접근과 아동보호기관 직원의 조사·행정 업무가 증가하였다. 그 대표적인 예가 1963년 미국 50개 주에서「아동학대신고법(mandatory reporting laws)」을 제정하고 1974년「아동학대 예방과 치료법(Child Abuse Prevention and Treatment Act)」을 제정한 것이다(Fogarty, 2008). 이는 아동보호 서비스의 질적 발전을 가져왔지만, 아동복지를 분절시키는 결과를 낳기도 했다. 즉, 아동학대에 대한 관심이 증가해 아동보호 서비스 시설과 위탁아동 수가 급격히 늘었지만, 가족을 지원하는 제도가 부족해서 오히려 취약 가족의 해체를 유발했고, 많은 아동이 위탁가정을 전전하거나 시설에 입소하는 결과를 초래하였다(Fogarty, 2008).

영국은 제2차 세계대전 이후 1942년에 제출한 '베버리지 보고서(Beveridge Report)'[4]를 바탕으로 포괄적이고 보편적인 복지제도를 발전시켰다. 베버리지는

---

4) 영국에서 베버리지(Beveridge)가 1942년에 제출한 보고서로 정식 명칭은 '사회보험과 관련 서비스 보고서 (Social Insurance and Allied Services)'이다. 이 보고서에서 베버리지는 현대사회의 진보를 가로막는 사회문 제의 5대 악으로 불결과 무지, 결핍, 게으름, 질병을 들었으며, 이러한 문제를 해결하기 위한 사회복지제도의

사회보장의 성공을 위해서는 '가족수당(family allowances)'과 '포괄적 보건 서비스 (comprehensive health service)' '완전고용(full employment)'의 세 가지 기본 전제가 필요 하다고 보았다(Field, 2012. 11. 29.). 이 제안에 따라 1945년 자녀가 있는 가정의 재정 지원을 위한 「가족수당법(Family Allowances Act)」을 만들었으며, 가족수당은 1977년 '아동수당(child benefit)'으로 명칭을 변경하였고, 자녀가 둘 이상 있는 가정에만 지 급하던 것을 한 자녀 가정에까지 확대하였다. 또한 정부는 1948년에는 「아동법 (Children Act)」을 수정해 취약아동 서비스를 개혁하고 기존 아동보호 법률과 부 서를 강화했으며, 지방정부가 고아와 방임 아동의 보호를 책임질 것을 명기하였 다. 아울러 지방자치단체에 '아동복지사(children's officer)'와 '아동위원회(children's committee)'를 신설할 것과 아동을 개별적인 욕구를 가진 독립된 사람으로 보고 접 근할 것을 강조하였다. 「아동법」은 그 후에도 몇 차례 수정을 거쳐 오늘에 이르는 데, 1989년 수정된 「아동법」에서는 "모든 아동은 학대와 착취로부터 보호받을 권리 가 있으며, 법원이나 지방정부에서 아동보호를 담당할 때는 '아동 최선의 이익'을 먼저 고려할 것"을 명시하였다(Kirp, 2014. 5. 10.).

독일은 전쟁 후부터 오랫동안 사회보험 방식을 유지하였다. 대량생산이 가능 해진 시장에 의존해 노동자의 높은 임금과 고용 창출을 보장했고, 복지정책의 주 된 내용은 남성 소득자의 은퇴 후 생활을 보장하는 사회보험과 관련한 것이었다. 또한 사회보험의 적용 범위를 넓히고 취약 계층에는 사회보험 대신 최소한의 기 초소득보장을 제공하는 개입정책을 시행했으며, 아동수당과 같은 보편적 제도 를 도입해 시민으로서 누릴 권리를 부가하였다(한국사회복지학연구회, 1999).[5] 또 한 가족의 양육 기능을 지원하기 위해 「청소년교육법(Jugendbildungsgesetze)」 과 「유치원법(Kindergartengesetze)」을 제정했으며, 1972년에는 새로운 「청소년 지

광범위한 개혁을 제안하였다. 이 보고서를 기초로 영국은 1944년 사회보장청을 설립하고, 국가보험제도와 포괄적인 보건의료 서비스 체계를 확립하였으며, 「구빈법」을 폐지하고 '요람에서 무덤까지'라는 사회보장체 제를 확립하였다(Wikipedia 홈페이지, 2015).

5) 아동수당과 관련해 독일에서는 나치 시대인 1936~1938년까지 '아동 보조금(Kinderbeihilfe)' 제도를 통해 저 소득 순수 혈통의 독일인 가족에게 보조금을 지급하였다. 이후 1954년부터 직업협동조합 내에 '가족 보상기 금(Familienausgleichskassen)'을 설치하고, 셋째 자녀부터 수당을 지급하였다. 1961년 독일 연방정부는 연 방재원으로 둘째 자녀부터 아동수당을 지급하면서 1964년에 가족 보상기금을 해체했고, 1975년에는 아동수 당제도를 확대해 첫째 자녀부터 지급하기 시작하였다(Kindergeld 홈페이지, 2014).

원법(Jugedhilfegesetz)」의 근간이 되는 「제3차 아동-청소년보고서(Kinder-und Jugendbericht)」를 제출하였다. 이 보고서의 영향을 받아 1990년 「아동과 청소년 지원법(Kinder-und Jugendhilfegesetz)」을 사회법의 한 영역으로 통합·제정했다. 이 법의 핵심 내용은 아동과 청소년을 위한 사회복지 개입과 사회급여, 부모양육 지원이다. 이를 통해 독일은 아동을 가족에서 분리하고 개입·통제하는 '아동구원(child rescue orientation)'의 방식 대신, 취약한 아동과 그 가족에 대한 지원과 보호책임을 강화하는 '가족지원(family support approach)'의 방향으로 정책의 초점을 변경하였다(Gädke, 2009).

3) 복지국가 재편 시대: 20세기 중반~현재

전후 자본주의의 장기 번영은 1960년대 말부터 1970년대 초에 이르면서 한계에 부닥쳤다. 1960년대 말부터 주기적 공황이 다시 시작되었고, 1970~1980년대 석유파동에 따른 공황으로 세계는 심각한 장기 불황에 빠져들었다(경제교육연구회, 2009; 유승민, 양경옥, 2011). 신보수주의·신자유주의자들은 이 위기의 원인이 국가개입주의에 있다고 비판하고, 위기를 극복하려면 탈규제와 자유화를 중심으로 한 노동유연화와 민영화, 사유화, 재정과 통화 긴축, 시장 경쟁과 시장 규율의 강화가 필요하다고 주장하였다(김성구, 2008). 그러나 신자유주의 지배하에서는 노동자가 노동유연화로 실업과 임금 삭감의 위협에 놓일 뿐 아니라, 사회보장 축소로 이중의 고통에 노출될 수밖에 없었다. 더구나 자본의 국제적 이동을 제한 없이 허용하면서, 국제 자본의 국내 유치를 위해 각 나라가 경쟁적으로 임금을 하향했으며, 이에 따라 노동자의 노동환경과 복지는 전보다 후퇴하는 이른바 '세계화의 덫'에 빠지는 상황으로 이어졌다(강수돌, 1997).

이러한 상황은 어린 자녀를 둔 젊은 부모와 청소년에게 부정적 영향을 미쳤으며, 특히 실직가정과 한부모가정, 교육 수준이 낮은 가정은 장기간 빈곤을 경험할 가능성이 커졌다. 아동이 장기적으로 빈곤을 경험하면 성인이 되는 시기까지 오랜 기간 사회적 배제 상태로 살아갈 수 있다. 실제로 미국에서는 1970년대 이후 임금 수준이 정체하고 불평등이 증가했으며, 이러한 '시장 실패'는 부족한 사회복지를 더욱 악화하였다. 1980년대 이후 미국 정부는 아동보호를 위한 정부 기금과 비정부 지원 서비스를 큰 폭으로 줄였고, 이러한 상황은 현재까지도 지속하고 있다. 미국은 아직 아동수당과 같은 보편적 아동복지제도가 없고, 유급출산휴가제도도 갖추고 있지 않으며, 국내총생산(Gross Domestic Product: GDP)에서 차지하는 아동복지 예산 비율도 낮은 편이다. 그러나 1980년대 들어서면서 미국의 아동보호제도가 점차 아동을 가족에게서 분리하는 접근에서 가족을 지원하는 접근으로 변화하였다는 점은 고무적이다. 미국은 1980년 「입양지원과 아동복지법(Adoption Assistance and Child Welfare Act)」을 제정했으며, 이 법에 따라 아동의 원가정 외 보호를 방지하고 가족 재결합을 돕거나 영구적인 위탁가정을 찾는 노력을 강조하기 시작했다. 아울러 1993년에는 「사회보장법」을 개정하고 「가족보존과 가족지원법(Family Preservation and Support Act)」을 제정하여 제도의 한계를 보완하기도 했다(Schene, 1998).

영국은 1970년대 세계 경제 위기를 겪으면서 복지제도를 큰 폭으로 축소·재편하였다. 1980년대 이후 국가보건서비스(National Health Service: NHS)와 같은 보편적 의료 서비스 제도 외 다른 복지제도를 선별적으로 바꾸고 사회 서비스도 시장화하였다. 예를 들어, 개정 이전에는 가족수당을 부모 소득과 관계없이 지급했지만, 2013년부터 고소득 가정에는 지급을 중단하였다. 영국 정부는 '더 필요한 곳에 더 지원하기 위해서'라고 그 이유를 밝히고 있지만, 보편적 복지에서 선별적 복지로 전환할 경우 대상 선별에 필요한 행정 비용이 많이 들어 실제 예산 절감 효과가 크지 않고 사회안전망에 대한 국민의 신뢰가 줄어들어 사회통합을 해치며, 장기적으로는 사회 부담을 확대해 복지사회의 기틀을 무너뜨릴 수 있다(Jones, 2013).

독일은 1998년 집권한 사회민주당의 슈뢰더 총리 정권부터 경제 구조 개혁을 단행해 노동시장 유연화와 사회보장제도 축소, 연금 개혁, 세제 개혁, 경제 활성화 정책 등을 시행했고, 이후 집권한 메르켈 총리 역시 신자유주의 개혁정책을 단행하였다. 2002년 실업 등 노동 현안을 해결하기 위해 슈뢰더 정부는 '하르츠 위원회(Hartz Kommission)'를 설립했는데, 이 위원회가 제출한 보고서를 중심으로 '하르츠 개혁안'이 만들어졌다. 하르츠 개혁안은 노동시장의 고용 창출과 장기 실업자를 줄이는 것을 목적으로, 실업급여체제에서 급여 수준을 전체적으로 최저생계 수준으로 낮추는 대신 직업교육 등의 서비스를 제공하는 계획이다. 또한 이 개혁안은 근로 능력에 따라 지급액을 달리하고, 일자리를 거부하면 급여액을 삭감하는 등 국가가 빈곤층을 지원하되 개인의 책임을 강조해 근로 유인을 높이는 데 중점을 두었다. 결국 이 개혁으로 독일 복지국가체제는 상당 부분 근로연계형체제로 변화하였다. 하르츠 개혁은 실업을 줄이고 사회급여에 의존하는 사람을 줄였다는 점에서 긍정적 평가를 받았지만, 일하는 빈민이 증가하고 지역별 실업률 편차를 확대했으며, 무엇보다 아동 빈곤을 해결하지 못했다는 비판도 있다(Butterwegge, 2014; Wagner, 2008).

신자유주의 물결은 북유럽 국가에도 영향을 미쳤다. 1980년대에 스웨덴은 시간제 연금수급자에 대한 보상을 줄이고 질병수당 자격을 엄격하게 바꾸었다. 또한 GDP에서 차지하는 공공지출 비율을 낮추고, 재정시장 규제를 완화했으며, 몇 개 국영 기업을 부분적으로 민영화하기도 했다. 교육 면에서도 부모가 공립 혹은 사립 학교를 선택하게 하는 바우처제도를 도입했고, 보육을 민간 제공자가 공공 제공자와 같은 조건으로 제공할 수 있게 허가하였다. 또한 가정의 제도를 도입해 개인이 자유롭게 주치의를 선택하게 하고 개업의의 책임을 확대하였다. 그러나 북유럽 국가는 의료 · 교육 · 보육 분야의 약 90% 이상을 여전히 공공에서 담당하므로, 다른 나라와 비교할 때 민간 비중은 매우 낮은 편이다(한국사회복지학연구회, 1999).

2. 우리나라 아동복지의 발달

1) 현대사회 이전의 아동복지

우리나라 아동복지의 발달과정은 시대적 배경에 따라 크게 전통사회와 근대사회, 현대사회로 구분한다. 전통사회는 삼국시대부터 조선 중기까지의 시기로, 이 시기에는 고아, 기아 등 요보호 아동에 대한 구호가 주를 이루었으며 친족 부양을 우선해 보호가 필요한 아동의 문제를 가족 안에서 해결하게 했다. 전통사회의 아동보호는 국가 개입보다는 사적으로 이루어진 일시적인 구제책이 주를 이루었으므로 진정한 의미의 아동복지가 발달했다고는 보기 어렵다.

근대사회는 봉건사회 조직이 붕괴하고 민주주의, 자본주의 체제가 형성된 사회로, 우리나라는 동학혁명이 일어난 후부터 시작되었다고 할 수 있다. 근대사회에는 천주교와 개신교를 중심으로 부모가 없는 아동을 교인의 집에서 위탁 · 양육하거나, 보육원을 설립 · 운영하는 등의 아동복지 사업이 있었다. 1923년에는 부랑 걸식 아동이나 고아를 위한 구호시설을 법제화한 「조선감화령」을 발표했는데, 이는 우리나라 최초의 아동복지 관련 법이라고 할 수 있다. 이는 1944년 「조선구호령」으로 확대되었다. 그러나 이 법은 사회복지 관점의 법령이기보다 일제강점기에 식민통치의 안정과 사회통제를 위해 제정한 것이었다.

한편, 이 시기에는 아동권리 향상을 위한 민간 차원의 운동을 전개하기도 하였다. 천도교소년회를 중심으로 발족한 '조선소년운동협회'는 우리나라 최초의 아동권리선언이라고 할 수 있는 「어린이 권리공약 3장」을 발표했고, 각 지역에서도 소년 단체를 조직해 아동의 성장·발달에 장애가 되는 요인을 제거하려는 소년 운동을 전개하였다(정옥분, 정순화, 손화희, 김경은, 2012).

「어린이 권리공약 3장」
(1923년 5월 1일 조선소년운동협의회 소년운동선언 중)

1. 어린이를 재래의 윤리적 압박으로부터 해방하여 그들에 대한 완전한 인격적 예우를 허하라.
2. 어린이를 재래의 경제적 압박으로부터 해방하여 만 14세 이하의 그들에 대한 무상 또는 유상의 노동을 폐하라.
3. 어린이들에게 그들이 고요히 배우고 즐거이 놀 만한 각양의 가정 또는 사회시설을 행하라.

2) 현대사회의 아동복지

해방 이후부터 현재까지를 현대사회로 보며, 이 시기에는 아동복지에 대한 국가의 책임을 강조하면서 다양한 법과 제도를 만들었다. 이 시기에 우리나라 아동복지는 서비스 제공기관이 외국 원조기관에서 정부기관으로 이동했고, 집단적 수용보호 중심에서 소규모 수용보호나 재가보호 중심으로, 기초생활 지원 중심의 비전문적이고 단순한 서비스에서 다양한 형태의 전문적 서비스로 변모하였다(이순형 외, 2014). 현대사회의 아동복지 발달은 1961년 「아동복리법」 제정, 1981년과 2000년 두 차례에 걸쳐 전면 개정한 「아동복지법」 그리고 2019년에 발표한 「포용국가아동정책」을 중요한 전환기로 보고 시기를 구분해 설명할 수 있다.

(1) 1945~1960년

해방 직후부터 1960년대까지는 전쟁 흔적을 처리하기 위해 사회복지제도를 활용했다는 특징이 있다. 그러나 국가체제가 형성되는 과정이었으므로 공적 제도를 통한 효과성은 크지 않은 편이었고, 국가의 사회복지 역할은 주로 외국 원조기관(이하 외원기관)이 수행하였다(남찬섭, 2007). 이때는 국가에 의한 사회적 보호가 미비하고 전쟁으로 사회기반시설이 완전히 파괴된 상황이었으므로 '기독교 아동복리회(Christian Children's Fund)' '선명회(World Vision)' '양친회(Foster Parents Plan)' 등 외국 기관이 국내에 들어와 활동하며 아동 후원 사업, 전쟁고아의 보호와 수용, 입양 사업 등을 시행했다. 해방 이후부터 1950년까지는 미군 군사정부(이하 미군정)가 통치한 시기로, 이때의 아동복지정책은 전쟁고아와 기아, 미아의 생존문제 해결을 위한 응급구호 활동이 대부분을 차지했다. 그리고 이들에 대한 대책은 주로 시설수용이었다. 전쟁 난민의 유입이 급속히 늘어나자, 미군정 당국은 1947년 '후생시설 운영에 관한 건'을 발표해 '국가 재정상 국비 보조가 어려우므로 관민유지의 긴밀한 협력하에 각 시설이 자급자족할 것'을 천명하였다(이순형 외, 2014).

우리나라는 미군정이 철수한 후에도 군사 정권기에 형성한 사회복지제도를 대부분 유지하였다. 그러나 미군정기의 복지가 전쟁과 식민지 경험에 의한 피해를 복구하기 위한 것이었다면, 1950년대의 복지는 반공국가 건설과 경제 개발을 목적으로 한 것이었다(남찬섭, 2005). 아동복지시설은 급속히 증가해 1960년 아동복지시설 수는 472개로 전체 사회복지시설의 80%에 달했으며(신선인, 박영준, 2013), 대부분 외원기관이 민간 사회복지법인으로 형식만 바꾸어 운영하였으므로, 사실상 외원기관이 정부 역할을 대행하는 것은 변함이 없었다.

(2) 1961~1980년

1960년대는 쿠데타로 군사정권이 들어선 시기로, 군사정부는 자기 정당성을 확보하기 위해 복지 관련 법률을 대량으로 제정하였다. 1962년까지 1년여 동안 정부는 무려 545건의 법률을 새로 제정했으며(남찬섭, 2005), 이 중 복지 관련 법률로는 「아동복리법」「생활보호법」「고아입양특례법」「사회보장에 관한 법률」「산업재해보상보험법」「사회복지사업법」 등이 있다. 「아동복리법」은 1961년에 일제강점기의 「조선감화령」과 「조선구호령」을 기초로 제정한 법으로 최초로 아동복지에 대한 국가 책임을 법적으로 명시해 아동복지 사업을 정부 차원에서 제도화하려 했다는 점에서 그 의의를 찾을 수 있다. 「아동복리법」은 1981년 개정 전까지 '보호대상아동'을 보호하는 유일한 법이었다.

그러나 이 시기 아동복지는 법률상으로는 국가가 책임을 인식했지만, 실질적 사업은 여전히 민간을 중심으로 이루어졌고 정부는 이를 관리ㆍ감독하는 역할만을 하였다. 아동복지 사업도 보호가 필요한 18세 미만 아동을 대상으로 하는 시설중심 서비스가 대부분이었으며, 외원기관에서 제공하는 재원이 전체 사회복지 예산의 50%를 넘었다(정옥분 외, 2012). 1970년대부터는 외원기관이 철수함에 따라 국가 보조 비율이 조금씩 증가하기 시작했지만, 국가가 사회복지제도 도입을 통해 본격적으로 대응했다고는 볼 수 없다. 이때에는 그동안 이루어진 경제성장에 기인한 모순이 크게 나타나기 시작하면서 국민의 복지 욕구가 급증했지만, '불우 이웃 돕기' 등으로 국가 책임을 민간에 전가하기도 했고, '소년소녀가장을 지원하자'는 부당한 구호가 유행하기도 했다. 소년소녀가장은 부모의 사망, 이혼, 가출 등의 이유로 미성년자만으로 구성한 세대나 조부모 등 보호자가 있어도 노령, 장애로 부양 능력이 없는 세대를 뜻한다(위키백과 홈페이지, 2020a). 소년과 소녀는 상식적으로나 법적으로나 미성년자를 가리키지만, 가장(家長)은 통상적으로 한 가정을 경제적으로 책임질 능력을 갖춘 성인을 의미하므로, 미성년자와 가장은 함께 사용할 수 없는 용어이다. 아동은 어떤 형태로든 성인의 보호를 받으며 성장해야 하고 국가는 아동을 보호할 책임이 있으므로, 미성년자가 홀로 세대를 구성해 살아가는 '소년소녀가장'을 인정하는 것은 국가 책임을 방기하는 일이라 할 수 있다(남찬섭, 2006).

(3) 1981~1999년

1980년대는 국내외적으로 아동복지 발전의 발판을 마련한 시기라고 할 수 있다. UN은 1979년을 '세계 어린이 해'로 선정하고 「아동권리협약」의 초안을 마련했는데, 이는 아동권리에 대한 국제적 관심이 증가하는 계기가 되었다. 국내에서는 '경제개발 5개년 계획'을 통해 경제적 발전을 이루어 가고, 기혼 여성의 사회 참여가 늘어나면서 자녀 양육 지원에 대한 사회적 욕구가 증가하였다. 또한 아동 유기와 학대를 비롯한 가정해체 문제와 청소년 폭력, 약물남용, 자살, 노숙인 문제 등 각종 사회문제가 증가하자 정부는 더는 국민의 복지 욕구 해결을 민간에 전가할 수 없게 되었고, 그동안 외면해 온 사회복지 서비스를 제도화하기 시작하였다. 정부는 이 시기에 「장애인복지법」과 「영유아보육법」「청소년기본법」「사회보장기본법」「교육기본법」「청소년보호법」 등의 법률을 제ㆍ개정했으며, 1981년 「아동복리법」을 「아동복지법」

으로 개정함으로써 아동복지의 대상을 '요보호 아동'에서 '18세 미만의 전체 아동'으로 확대하였다. 그러나 법률상으로는 모든 아동을 대상으로 아동복지를 구현하는 보편주의를 지향했지만, 실제 사업 내용에서는 여전히 보호가 필요한 아동 중심의 사업이 주를 이루었다. 다만, 보육 사업은 1991년 「영유아보육법」 제정으로 대상을 일반 아동으로 확대하였다. 또한 정부는 1991년 「아동권리협약」을 비준한 후 국제협약의 기준을 반영한 「아동복지법」 개정 작업을 시작하고, 1996년 OECD에 가입하면서 여러 가지 사회복지제도를 선진국 수준에 맞게 재편하는 노력을 가속하였다(정옥분 외, 2012).

(4) 2000~2014년

2000년 정부는 「아동복지법」을 전면 개정했으며, 개정한 「아동복지법」에서는 아동을 단순한 보호 대상이 아닌 권리 주체로 보고, '무차별 원칙' '아동 이익 최우선 원칙' '안정된 가정환경에서 양육할 필요성' 등 「아동권리협약」의 내용을 적용하였다. 그리고 아동학대와 아동 안전에 관한 규정을 대폭 확대하였다. 아동학대와 관련해서는 아동학대의 정의, 아동학대 관련 업무를 담당하는 아동보호 전문기관 설치에 관한 규정, 아동학대 신고 의무와 절차 등 구체적인 절차를 마련했고, 아동 안전과 관련해서는 아동복지시설과 아동용품에 대한 안전 기준을 정하였다. 또한 2004년 「아동복지법」을 개정하면서 건강한 출생과 성장을 위한 종합적 아동정책의 수립을 강조하고, 아동복지시설 종류에 공동생활가정과 지역아동센터를 추가해 가정중심, 지역사회 중심의 아동복지정책을 추진하도록 보완하였다.

한편, 21세기에 들어서면서 출산율이 급격히 떨어지고 여성의 노동시장 참여가 확대되자, 정부는 2004년 「영유아보육법」을 전면 개정해 보육시설 종류와 종사자 자격 기준을 명확히 하는 등 보육 사업에 대한 기본 틀을 마련하고, 2013년에는 전격적으로 0~5세 무상보육을 시행하였다. 이는 부모의 경제력과 재산에 관계없이 우리나라 모든 영유아의 보육비용을 국가가 지급한다는 것으로, 아동복지를 보편주의 원칙을 기초로 확장하려는 사회 추세를 반영한 것이다. 그러나 우리나라 보육시설은 대부분 민간기관으로 공보육 비율은 매우 미미한 편이며, 이는 실질적 의미의 보편주의 아동복지라고 볼 수 없다. 그리고 보육제도를 제외한 정부의 전반적인 아동복지정책은 여전히 보호가 필요한 아동을 중심으로 이루어지고 있다. 예를 들어, 보건복지부의 『아동복지사업안내』에 제시한 아동복지 사업은 가정보호와 지역사회 아동보호, 아동시설보호, 자립지원 사업이 주요 내용이며, 아동복지예산 역시 시설지원 위주로 편성한 한계가 있다(보건복지부, 2014).

(5) 2015년~현재

『아동복지법』 제7조에 따르면 정부는 아동정책의 효율적인 추진을 위해 5년마다 『아동정책기본계획』을 수립해야 하며, 중앙부처와 지자체는 매년 『아동정책기본계획』에 따른 『아동정책시행계획』을 수립하고 시행해야 한다. 이에 정부는 2015년 『제1차 아동정책기본계획』을 수립했는데, 이 계획은 모든 아동의 권리보장과 삶의 질 개선에 관한 정책을 포함하고 있으며 보편적 아동복지의 토대 마련을 강조하고 있다. 현재 우리나라 상황은 아직 보편적 아동복지를 달성했다고 보기 어렵지만, 여기서는 『아동정책기본계획』을 수립한 2015년을 우리나라 아동복지 발달의 중요한 분기점으로 보고, 그 내용을 소개하고자 한다.

『제1차 아동정책기본계획』은 '아동 행복도 증진과 아동 최우선 원칙 기반 조성'을 목표로 생애주기에서 아동기가 가장 행복한 시기가 되게 영역별 정책을 추진하였다. 영역별 과제는 '미래를 준비하는 삶'과 '건강한 삶' '안전한 삶' '함께하는 삶' '실행기반 조성'의 다섯 가지이며, 이 계획은 그간 부처와 영역으로 국한해 분절적이고 단편적으로 추진하던 아동정책을 범부처 차원에서 포괄한 최초의 중기계획이라는 데 의의가 있다. 『제1차 아동정책기본계획』을 통한 성과는 2018년 아동수당 지급과 온종일 돌봄체계 마련으로 사회적 돌봄 공공화의 토대를 강화한 것, 2019년 아동의 료비를 경감하고 고교 무상교육을 실시하게 된 것을 들 수 있다. 그러나 이 계획은 목표로 했던 아동행복도와 아동권리 인식 개선 성과가 미흡했고, 아동을 권리 주체가 아닌 정책 대상으로 보는 관점에서 접근했다는 데 한계가 있었다.

이러한 한계를 보완해 정부는 2020년에는 『제2차 아동정책기본계획』을 발표하였다. 이 계획은 2019년에 발표한 『포용국가아동정책』의 주요 내용을 반영해 마련하였다. 2018년 정부는 우리 사회의 양극화·불평등 등 압축성장의 부작용을 극복하고 지속가능한 발전을 달성하기 위해 새로운 국정운영 비전으로 '혁신적 포용국가'를 제시했으며, 사회관계 부처와 합동으로 『혁신적 포용국가 사회정책 추진계획』을 수립하고 구체적인 정책과제를 제시하였다. 혁신적 포용국가는 국정 운영의 중심에 '사람'을 두고 일반 국민의 삶의 질을 개선하는 데 초점을 둔다. 「포용국가아동정책」은 「혁신적 포용국가 사회정책 추진계획」 중 아동에 초점을 둔 정책으로, '아동이 행복한 나라'를 슬로건으로 하여 보호권, 인권과 참여권, 건강권, 놀이권의 4대 영역에서 10개의 핵심과제를 제시하고 있다.

첫째, 보호권과 관련해서는 학대와 빈곤, 유기 등으로 가정에서 보호가 어려운 아동을 국가와 지자체가 책임지고 보호하는 체계혁신을 계획하였다. 이를 위해 아동보호체계와 아동학대 대응체계를 전면 개편해 공적 전담인력을 배치하기로 했으며, 시설 기능을 전문화·다양화하고 보호 종료 후 자립지원을 강화할 과제를 수립하였다. 둘째, 인권과 참여권 영역에서는 가정과 지역사회, 정부가 아동의 목소리에 귀를 기울이고 아동의 권리를 보장하기 위해 노력해야 함을 언급했으며, 세부 과제로 누락 없는 출생 등록과 아동에 대한 체벌 금지를 설정하였다. 셋째, 건강권 영역에서는 아동이 생애 초기부터 몸과 마음이 건강하게 성장할 수 있게 건강 관련 지원을 강화해야 함을 명시하였다. 넷째, 놀이권 영역에서는 아동이 지역사회와 학교에서 놀이를 통해 잠재력을 키울 수 있는 환경을 확대해 나갈 것을 약속하였다.

「포용국가아동정책」을 통해 나타난 가장 눈에 띄는 변화는 아동정책의 종합적 수립을 지원하고, 아동복지 관련 사업을 효과적으로 추진할 기관으로 아동권리보장원을 설립했다는 것이다. 아동권리보장원은 아동정책의 수립을 지원하고 사업 평가 등의 업무를 수행하려는 목적으로, 2019년에 중앙입양원, 아동자립지원단, 드림스타트사업지원단, 실종아동전문기관, 중앙아동보호전문기관, 지역아동센터중앙지원단, 중앙가정위탁지원센터, 디딤씨앗지원사업단의 기존 아동복지 사업 8개를 통합해 출범하였다. 「아동복지법」에 명시된 아동권리보장원의 구체적인 역할은 다음과 같다.

아동권리보장원의 역할

1. 아동정책 수립을 위한 자료 개발 및 정책 분석
2. 기본계획 수립 및 시행계획 평가 지원
3. 위원회 운영 지원
4. 아동정책영향평가 지원

5. 아동보호 서비스에 대한 기술지원

6. 아동학대의 예방과 방지를 위한 업무

7. 가정위탁사업 활성화를 위한 업무

8. 지역 아동복지사업 및 아동복지시설의 원활한 운영을 위한 지원

9. 「입양특례법」에 따른 국내입양 활성화 및 입양 사후관리를 위한 업무

　　가. 입양아동 가족정보 및 친가족 찾기에 필요한 통합데이터베이스 운영

　　나. 입양아동의 데이터베이스 구축 및 연계

　　다. 국내외 입양정책 및 서비스에 관한 조사·연구

　　라. 입양 관련 국제협력 업무

10. 아동 관련 조사 및 통계 구축

11. 아동 관련 교육 및 홍보

12. 아동 관련 해외정책 조사 및 사례분석

13. 그 밖에 보건복지부장관, 국가 또는 지방자치단체로부터 위탁받은 업무

출처: 「아동복지법」 제10조 제2항.

　한편, 「제2차 아동정책기본계획」은 '아동이 행복한 나라'를 비전으로 네 가지 추진전략과 아홉 가지 추진과제로 구성되어 있다. 추진전략은 '권리주체 아동권리 실현'과 '건강하고 균형 있는 발달 지원' '공정한 출발 국가책임 강화' '코로나19 대응 아동정책 혁신'이다. 특이한 점은 코로나19에 대한 내용을 포함했다는 점이다. 2020년 코로나19 감염병이 전 세계적으로 확산하면서 아동과 가족의 삶이 많은 부분 변화하였다. 먼저, 경제적 활동이 둔화하면서 취약 계층의 삶이 더 어려워졌고, 바이러스 확산 방지에 따른 물리적 거리두기의 생활화로 비대면 문화가 확대되었으며, 특정 계층에 대한 혐오와 배제, 차별이 심화하기도 했다. 특히 아동은 복지시설과 학교 휴관에 따라 여러 문제에 직면하게 되었는데, 구체적으로 급식 중단과 학업 결손, 돌봄 공백의 문제가 크게 대두하였고, 아동 방임과 학대도 증가하였다(아동권리보장원, 2020). 코로나19 감염병의 확산은 이렇게 심각한 문제를 유발했으므로 정부는 「제2차 아동정책기본계획」의 주요 주제 중 하나로 코로나19에 대응하는 아동정책을 다루게 된 것이다. 「제2차 아동정책기본계획」의 세부 내용을 살펴보면 〈표 2-1〉과 같다.

표 2-1   제2차 아동정책기본계획의 주요 내용

추진 전략	추진 과제	중점 추진 과제
1. 권리주체 아동 권리 실현	아동권리 실현을 위한 정책추진체계 마련	• 아동중심 정책반영을 위한 법적 기반 마련 • 아동정책 영향평가 전면 실시 • 지역 아동복지사업 품질 제고
	생활 속 아동권리 실현	• 행정 · 사법절차상 아동 의견 표명권 보장 • 아동이 중심에 있는 아동권리 보호 • 아동권리 사각지대 해소
2. 건강하고 균형 있는 발달 지원	놀이와 학습이 조화로운 학교와 지역사회	• 아동에게 친숙한 놀이 · 여가 환경 조성 • 지역, 연령 등을 감안한 맞춤형 놀이 · 여가 지원 • 지나친 학습 경쟁 완화, 학생 중심의 맞춤형 교육
	아동 신체와 마음건강 관리 강화	• 아동의 신체건강 관리 강화 • 아동의 마음건강 관리 강화 • 새로운 건강 위협요인 대응 강화
	폭력과 각종 안전사고로부터 보호	• 아동 성범죄 및 유아 성행동 문제 관리 강화 • 교통, 학교, 식품 · 공산품 등 생활 속 안전관리 강화 • 정보연계-협력 등을 통한 아동학대 근절
3. 공정한 출발 국가책임 강화	아동중심 공적 보호 및 돌봄체계 구축	• 공공 중심 아동보호체계 인프라 구축 • 입양 · 가정위탁 등 가정형 보호 활성화 • 입양 사후서비스 및 실종아동 찾기 · 지원 확대 • 아동복지정보 연계 및 통합 • 아동 돌봄 확충 및 운영 내실화 • 아동복지서비스 제공기관의 공공성 강화
	저소득 가구 등 취약아동 지원 강화	• 취약아동에 대한 국가책임의 연속성 확보 • 다양한 배경의 아동에 대한 지원 강화 • 취약계층 교육 등 지원 강화
4. 코로나19 대응 아동정책 혁신	가정의 양육역량 강화	• 아동수당 역할 강화 • 아동-부모가 함께할 수 있는 시간 보장 • 학(부모) 교육 강화
	재난 상황에 대응 가능한 돌봄체계 마련	• 보호 · 돌봄시설의 감염병 재난 대응 역량강화 • 긴급돌봄지원체계 구축 • 비대면 아동보호 서비스 시범사업 실시

🏠 제2절 복지국가 유형과 아동복지

많은 나라가 '복지'를 국가 이념으로 강조하지만, 복지국가가 같은 실체를 가진 것은 아니다. 복지를 강조하더라도 나라마다 지향하는 복지국가의 유형과 특성이 다르며, 한 나라가 지향하는 복지국가 유형은 그 나라의 사회복지제도, 더 나아가 아동복지제도의 발전과 내용에 큰 영향을 미친다. 복지국가 유형은 일반적으로 '북유럽형(Nordic model)' '대륙형(Continental model)' '영미형(Anglo-Saxon model)' '지중해형(Mediterranean model)'으로 구분하는데(Esping-Andersen, 1990), 그 구체적 내용은 〈표 2-2〉와 같다.

'북유럽형' 복지국가는 재화나 서비스에 대한 권리가 시장 참여와 시장 내 지위보다는 시민권에 따라 형성되며, 사회급여의 적용 범위가 포괄적·보편적이고 소

표 2-2 **복지국가 유형과 특성**

유형	국가	특성
북유럽형 (사민주의)	덴마크, 핀란드, 노르웨이, 스웨덴, 네덜란드 등	• 보편주의 원칙에 기초: 취약 계층뿐만 아니라 중간계층까지 보편적 급여 제공 • 사회적 평등과 사회 연대성의 제고를 위해 국가가 적극 개입 • 조세, 임금 격차 축소 정책, 각종 복지급여, 적극적인 노동시장 정책 등을 통해 소득의 평등과 생활수준의 향상을 지향 • 탈상품화 효과 높음
대륙형 (보수주의)	오스트리아, 벨기에, 프랑스, 독일, 룩셈부르크 등	• 사회보험 중심: 직업별·계층별로 다른 종류의 복지급여를 제공하므로 사회적 지위의 차이를 유지 • 급여수준은 국민최저생활 이상 • 국가는 직무경력을 쌓도록 교육과 직업훈련을 적극 지원 • 탈상품화 효과 낮음
영미형 (자유주의)	아일랜드, 영국, 미국, 오스트레일리아 등	• 저소득층에 초점을 두는 선별적 방식 • 자격조건이 엄격하고 선별 과정을 통해 낙인감 부여 • 탈상품화 효과 매우 낮고 복지의 재분배 효과 미약
지중해형 (대륙형과 유사)	그리스, 이탈리아, 포르투갈, 스페인 등	• 노동시장 정책은 고용주 보호 중심 • 공공지출 비중과 사회부조 수준은 낮음 • 탈상품화 효과 낮음

출처: Aiginger & Leoni (2009); Esping-Andersen (1990).

득 대체율이 높다. 이에 따라 노동자가 노동시장에서 일할 수 없는 상황에 부닥쳤을 때 노동하지 않고도 생활을 영위할 수 있는 정도를 말하는 탈상품화 효과가 크다 (Esping-Andersen, 1990). 이는 노동자가 일하지 못할 위기에 놓였을 때 국가가 급여를 어느 정도 수준까지 제공해 주는지와 관련된 것으로, 북유럽형 복지국가에서는 개인이 노동시장에서 퇴출당하여도 수입 상실로 인한 고통이 적은 편이다(한국사회복지학연구회, 1999).

독일, 벨기에, 오스트리아, 프랑스 등을 중심으로 한 '대륙형' 복지국가는 보편적 평등주의가 아닌 권위주의적 · 국가주의적 · 조합주의적[6] 특성을 기반으로 출발하였다. 독일의 사회정책은 사회주의와 자유방임을 모두 두려워한 보수 엘리트 집단이 주도했으며, 도덕적 기강과 사회 안정, 국가 건설 등 구질서를 유지하려는 목적이 있었다. 또한 독일과 프랑스 등 유럽 복지국가는 '남성 생계부양자 모델(Male Breadwinner Model)'의 가족주의를 제도화하였다. 남성 생계부양자 모델에서는 생계부양자는 남성으로, 가사전담자는 여성으로 간주한다. 전통적인 성 역할 구분에 기초하여 남성은 화폐소득 활동에 전념하고 여성은 가사노동과 양육노동 등의 집안일을 한다고 간주한다. 남성 가장 1인에게 가족 전체를 부양할 임금을 지급하는 제도를 지칭하는 가족임금도 남성 생계부양자 모델에 기초한 것이다(Wikipedia 홈페이지, 2014a).

대륙형 복지제도의 핵심은 시민권이나 욕구가 아니라 고용과 연계된 사회보험 제도이며, 사회보호가 직업과 소득에 따라 분화되기 때문에 위험 분산의 폭이 북유럽형보다 적다(한국사회복지학연구회, 1999). 자녀가 있는 가족을 위한 공공지출은 OECD 평균보다 크게 높지만, 양성평등과 직업, 가정생활의 조화 등은 부족한 '보수주의'의 특징을 드러낸다(Thevenon, 2011).

영국과 미국이 주축이 된 '영미형' 복지국가는 자유주의 경제 이론에 따라 개인의 사적 이윤 추구를 중시하고 국가의 역할은 최소화하는 방식을 취한다. 보편적 복지 대신 저소득층과 같은 특정 계층을 대상으로 자산조사에 기초한 사회부조(Social

---

[6] '조합주의(Corporatism)'는 정부와 다양한 이익 집단의 협의 또는 노사정 간의 협조체제에 의하여 정책을 결정하는 것을 말한다. 즉, 조합주의는 정부와 민간부문 이익 집단 간의 합의를 통한 정책 결정을 중시하는 자본주의 체제를 의미한다(나현, 2009).

Assistance)를 강조하며, 복지는 사회적 권리이기보다 시혜적 측면이 강하다. 따라서 복지 혜택을 받기 위한 자격요건이 매우 엄격하고 급여 수준도 낮은 편이다. 그래서 자연스럽게 사회보험의 효과는 약하고 민간이 그 기능을 대체하는 경우가 많다.

'지중해형' 복지국가는 1970~1980년대에 그리스와 이탈리아, 스페인 등을 중심으로 정립된 유형이다. 이는 여러 복지국가 유형의 특성이 혼합되어 있는데, 가족중심이라는 점에서 대륙형에 가깝고, 자유주의 노동정책을 선호한다는 점에서 영미형 모델과 유사하다. 반면, 보건부문에서는 북유럽형의 보편주의 모델을 운영한다(Aiginger & Leoni, 2009; Ning de Coninck-Smith & Sandin, 2008).

복지국가 유형은 다음과 같이 각국 아동복지제도의 발전에도 직접적인 영향을 미쳤다.

첫째, 북유럽형 국가는 제1차 세계대전 이후 매우 선진적으로 가족에 관한 입법 목적을 '아동을 보호하고 모든 아동의 동등한 권리를 존중'하는 것에 두었다. 이에 따라 이들 나라에서는 이미 1970~1980년대에 아동권리가 크게 향상하였다. 법으로 체벌을 금지하고, 가족에서 분리하거나 위탁할 때 아동의 욕구와 의견을 고려해야 함을 명시하였다. 스웨덴에서는 1979년 아동에 대한 모든 체벌을 법으로 금지했고, 노르웨이에서는 1981년 '아동감찰제도(ombudsman)'를 만들었는데, 이러한 발전은 1989년 「아동권리협약」을 체결하는 데도 큰 영향을 주었다(Ning de Coninck-Smith & Sandin, 2008). 이는 북유럽 국가가 다른 유럽 국가보다 가부장제도와 교회의 권위가 약하고, 개인중심의 복지 모델이 우세했기 때문에 가능하였다. 이러한 문화는 부모-자녀 관계와 가족 관계에 대한 사회적 의미 형성에 영향을 미쳤고, 다시 아동복지제도에도 영향을 주었다. 북유럽 국가에서는 결혼하지 않고 출산하는 것에 대한 편견이 매우 적은 편인데, 실제로 북유럽 아동의 40~50%가 결혼하지 않은 커플 사이에서 태어나고 비혼가족과 결혼가족에 대한 지원에는 차이가 없다.

또한 북유럽형 복지국가에서는 가족 친화적 노동정책을 시행한다. 이는 짧은 근무시간 보장, 돌봄 서비스와 유치원의 확대 등을 주요 내용으로 한다. 이에 따라 모성휴가 기간이 대륙형 복지국가보다 짧은 편이라도 크게 문제가 되지 않는 구조가 만들어졌다. 이러한 제도의 발전에 힘입어 스웨덴과 덴마크에서는 어린 자녀가 있는 여성의 80%가 상근직으로 일한다. 북유럽형 모델은 여성 노동력 공급과 출산율을 제고하고 아동 발달 및 양성 평등을 달성했다는 평가를 받는다(Gupta, Smith, &

Verner, 2006).

둘째, 대륙형 복지국가의 전통적인 가족정책은 '남성 생계부양자 모델'로 가구에 대한 급여지원은 노동시장에 참여하는 남성의 소득과 연계된다. 가족 내 돌봄은 여성이 주로 담당하며, 가사노동은 그 자체로는 공적 재정지원의 조건이 되지 못한다. 결과적으로 노동시장 소득과 상관없는 보편적 가족급여의 수준은 낮은 편으로, 공공 돌봄 서비스와 육아휴직, 모성보험 등이 북유럽형 모델보다 부족하다(Hausermann, 2006). 특히 남유럽과 중유럽은 부모를 위한 포괄적인 공적 돌봄시설이 부족하므로 여성은 대부분 전업주부이거나 시간제 직업을 가진다.

셋째, 영미형 복지국가는 전통적으로 자녀 양육이 개인과 가족의 책임이라고 생각해 왔다. 따라서 가족을 위한 보편적인 사회급여는 부족하며, 주로 빈곤가정과 한부모가정, 학령 전 아동이 있는 가정 중심으로 지원하고, 급여는 현금으로 지급하는 비율이 상대적으로 높은 편이다(Thevenon, 2011).

🏠 제3절 현대 아동복지의 특성

1. 현대 아동복지의 특성과 방향

현대사회는 빠르게 발전하고 있지만, 이것이 곧 '아동 친화적 사회'로의 전환을 의미하지는 않는다. 오히려 사회의 급격한 변화는 새로운 아동 문제를 일으키고 있으며, 문제의 원인과 양상도 변화하고 있다. 과거에는 많은 아동이 전염병으로 사망했지만, 현대에는 의학의 발달로 이 문제는 많이 개선되었다. 그러나 최근에는 가족 구조 변화와 위기, 빈곤, 사회적 불이익, 부족한 교육, 잘못된 영양, 과도한 화학제품 사용이나 오염된 환경, 새로운 바이러스의 발생 등이 아동의 건강과 성장을 위협하고 있다. 경쟁과 성과주의의 압박도 아동이 건강하게 자라지 못하게 하는 원인이다. 이처럼 현대사회의 환경과 조건은 아동의 성장에 부담을 주고 이와 함께 사회성 장애, 학교 부적응, 섭식장애, 만성질환, 비만, 알레르기 등의 문제도 계속 증가하는 실정이다(Denner, 2008).

또한 아동기의 특성에 대한 이해가 높아지고 아동권리에 대한 인식이 확대된 것도 아동복지 변화에 중요한 요인이 되었는데, 특히 「아동권리협약」에서 아동의 생존권과 보호권, 발달권, 참여권을 인정하고 이와 관련된 국가의 의무와 책임을 강조한 것이 아동복지제도에 큰 영향을 미쳤다. 이렇게 아동을 둘러싼 환경이 변화하면서 현대 아동복지의 목적과 대상, 서비스 내용도 바뀌었다. 최근 아동복지의 방향과 특성은 크게 '예방의 강조' '가족중심' '국가책임 강화' '포괄적 개입' '아동권리 중심'으로 요약할 수 있다.

1) 예방의 강조

현대 아동복지제도의 가장 큰 변화 중 하나는 '예방(prevention)'의 강조이다(Browne, Hamilton-Giachritsis, & Vettor, 2007). 아동보호에서 예방은 아동을 가정에서 분리해 개입하던 과거의 치료적 접근에서 벗어나, 아동이 속한 환경에 미리 개입해 아동 문제를 최소화하기 위해 노력하는 것이다. 아동은 자기표현이 서툴고 저항하거나 스스로 도움을 요청하기 어려우며, 아동기의 건강과 사회적 관계는 이후 아동의 생애에 결정적 영향을 미치므로 예방 서비스는 매우 중요하다. 예방은 아동 문제의 발생을 가능한 한 넓은 범위에서 방지하는 것, 문제가 가능하면 낮은 수준에서 짧은 기간 일어나게 억제하는 것, 문제를 가능한 한 조기에 발견해 대처하는 것, 문제로 인한 부정적 결과를 방지·감소시키는 것을 모두 포함한다(Wenke, 2010).

지금까지 아동복지제도는 아동이 위험에 이미 노출된 이후에 개입하는 것이 대부분이었고, 아동을 가족에서 분리해 원조하는 경우가 많았다. 그러나 최근 들어 아동의 환경 안에서 아동에게 닥칠 수 있는 위험을 예방하려는 노력이 증가하고 있다(Wenke, 2010). 사회의 예방 대책이 부족하면 위험에 취약한 아동의 권리가 지속해서 침해당할 수 있으며, 아동의 빈곤과 폭력, 학대와 같은 문제는 개인에게 고통을 줄 뿐 아니라 그 해결을 위해 높은 사회비용이 필요하다. 따라서 아동 문제의 예방이 아동과 아동이 속한 가족, 사회 공동체 전체를 위해 더 효과적이고도 효율적이라는 인식에 점차 더 큰 힘이 실리고 있다(Browne et al., 2007).

예방은 [그림 2-2]와 같이 모든 가족을 대상으로 보편적 서비스를 제공하는 '1차 예방'과 위험 요소가 있는 가족을 중심으로 필요한 서비스를 제공하는 '2차 예방', 이미 발생한 아동학대에 대해 전문적 서비스를 제공하고 재발생을 막기 위한 '3차 예방'으로 구성된다.

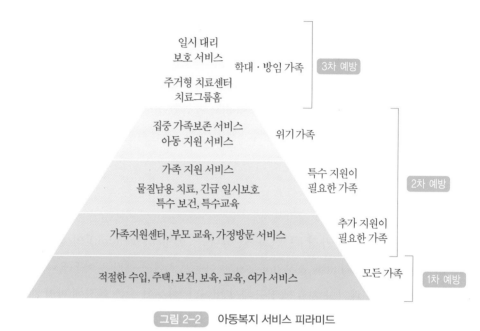

그림 2-2 아동복지 서비스 피라미드

출처: Children's Defense Fund (1993), p. 7에서 재구성.

먼저, 삼각형의 맨 아래에 있는 '모든 가족'에게는 적절한 수입 보장과 주택, 보건, 보육, 교육, 여가 서비스를 제공해야 한다. 이는 1차 예방 단계로, 문제가 발생하기 전에 시행하는 보편적 서비스를 의미한다. 1차 예방을 위해서는 아동을 둘러싼 환경 개선이 필요하다. 이는 아동의 생존과 건강을 보장하고 부모의 역할을 보충하는 등 아동이 건강하게 성장·발달하는 데 필요한 생활 기반을 마련하는 것이다. 그리고 이와 관련한 서비스와 시설은 자격요건에 대한 엄밀한 조사 없이 누구나 직접 청구하고 이용하게 해야 한다(AGJ,[7] 2013). 1차 예방의 예로는 신뢰할 수 있는 공공 돌봄 서비스와 교육시설을 모든 아동에게 제공하고 양육자가 직장과 가정을 양립할 수 있게 노동조건을 개선하는 것, 아동 친화적 주거 환경과 도로 교통, 영양, 보건의료, 스포츠와 여가시설 등을 충분히 제공하는 것 등을 들 수 있다(VAMV,[8] 2012).

2차 예방 단계에서는 아동학대·방임의 위험 요인이 있는 가족에게 서비스를 제공한다. '추가 지원이 필요한 가족'은 가족지원센터 프로그램이나 부모교육 등에 참

---

7) 독일 아동·청소년부조협회(Arbeitsgemeinschaft fur Kinder-und Jugendhilfe).

8) 독일 한부모협회(Verbandes alleinerziehender Mutter und Vate).

여하고 가정방문 서비스를 받는다. '특수 지원이 필요한 가족'은 가족지원 서비스와 치료, 긴급 일시보호 서비스를 지원받으며, '위기가족'은 집중적인 가족보존 서비스와 아동지원 서비스를 받는다. [그림 2-2]에서 보는 바와 같이 학대·방임 가족에 대한 3차 예방 서비스를 제외한 모든 서비스는 아동을 원가정에서 분리하지 않은 채 제공한다.

3차 예방 단계는 학대·방임이 있는 가정에 일시대안양육 서비스와 치료를 제공하는 것을 중심으로 이루어진다. 서구 국가에서는 일시대안양육 서비스도 대부분 가정위탁 중심이며, 공동생활가정과 시설보호는 아동이 심각한 학대로 전문적이고 특수한 의료적·심리적 치료 서비스가 필요할 때에만 제공한다. 그러나 우리나라는 2차 예방 단계에 해당하는 가족도 대안양육 서비스를 받는 경우가 많다. 이는 우리나라 아동보호 서비스가 주로 사후 처방 중심으로 이루어지고, 추가 지원이 필요한 가족과 특수 지원이 필요한 가족, 위기가족에 대한 가족보존 서비스 체계를 구축하지 못하고 있기 때문이다.

사회 규범과 제도를 바꾸는 것은 개인의 역량 강화와 같은 미시적 차원의 노력으로는 이루기 어려운 과제이다. 아동의 생활을 보장하는 사회정책과 가족정책, 소득보장정책 등 제도의 변화가 없다면, 아동의 위험과 취약성을 예방하려는 노력은 공허한 메아리에 그칠 수 있다(Ziegler & Dardel, 2005). 위험은 누구에게나 올 수 있으므로 예방 대책도 누구나 활용할 수 있어야 한다. 또한 이러한 예방 대책이 없으면 사회의 위험과 불평등이 증가할 수 있다는 점도 인식해야 한다. 예방적 아동복지제도가 효과적으로 작동하려면, 먼저 이를 시행할 충분한 전문적 능력과 인적 자원이 필요하다. 이를 통해 예방의 목표를 명확히 설정하고 합리적인 모델을 개발해야 하며, 자료 수집과 분석, 전달체계와 평가체계의 결정, 개입의 결과 분석과 평가의 전 과정을 철저하게 수행해야 한다(WHO, 2006).

카두신과 마틴의 3S

카두신과 마틴(Kadushin & Martin, 1988)은 아동복지 서비스를 어려움이 있는 부모의 기능을 강화, 보충, 대리하는 것으로 설명하고, '지지 서비스(Supportive Service)' '보충 서비스(Supplementary Service)' '대리 서비스(Substitute Service)'로 분류하였다. 이 서비스는 대부분 2차 예방과 3차 예방, 즉 잔여적 접근에 해당한다. 먼저, 지지 서비스는 가족이 모든 역할과 기능을 담당하지만, 가족상담과 같이 가족이 그 역할과 기능을 더 잘할 수 있게 추가로 제공하는 서비스를 의미한다. 보충 서비스는 경제적 지원이나 보육 서비스와 같이 가족의 역할과 기능 일부를 대신해서 제공하는 서비스를 의미하며, 대리 서비스는 위탁보호와 같이 가족의 역할과 기능 대부분을 대신해서 제공하는 서비스를 의미한다.

2) 가족중심

현대 아동복지의 두 번째 큰 특징은 그 대상을 보호가 필요한 '아동'에서 '가족'으로 확대했다는 점이다. 과거에는 부모의 학대나 빈곤 등 문제가 발생했을 때 아동을 가정에서 분리해 보호하였다. 하지만 최근에는 아동을 가족과 분리 · 보호하는 것보다 가족을 보존하는 것이 아동의 심리 · 사회 적응에 더 효과적이며 비용도 절감한다는 연구가 많아졌으며, 이에 따라 개입의 초점도 가족 기능을 강화하는 방향으로 전개하고 있다(Froma, 2006; Kiser, Donohue, Hodgkinson, Medoff, & Black, 2010). 아동을 가족과 분리해 보호하는 방법은 아동을 위기 상황에서 보호할 수는 있지만, 가족을 떠나 새로운 환경에 속하게 된 아동에게 새로운 스트레스를 줄 수 있다. 특히 시설에서 성장하는 아동은 자연스럽게 가족 관계를 배우기 어렵고, 아동이 성장해 성인으로 자립할 때에도 사회가 이들의 자립을 지원해야 하는 부담이 있다(신혜령, 김성경, 안혜영, 2003). 따라서 아동을 안전하게 보호하되, '지속적이고 안정된 가족 안에서 보호하는 것'이 중요하다.

3) 국가책임 강화

전통사회에서 가족은 아동을 양육하고 교육하며, 가족구성원이 질병, 실업, 노령 등 위기에 처할 때 이들을 보호할 책임을 진다. 현대 복지국가에서는 이 책임을 국가가 가족에 위임한 역할로 본다. 따라서 국가는 가족정책을 통해 가족의 부담을 완화하기 위해 아동 보육·교육체계를 확립하고 가족에 대한 재정지원을 강화해야한다(Bundesvereinigung der Deutschen Arbeitgeberverbände,[9] 2007). 즉, 아동 양육은 사회의 과제라는 인식을 토대로, 국가는 법 개정과 같이 민간이 할 수 없는 일을하고 아동보호제도를 평가하고 지도·감독하며 지원하는 중요한 역할을 해야 한다(Council of Europe, 2009; Save the Children UK, 2010; Winder & Yablonski, 2012).

4) 포괄적 개입

현대 아동복지제도는 단순히 취약아동을 대상으로 하는 소극적 제도에서 벗어나모든 위험에서 아동을 보호하고 역량 있는 성인으로 성장하게 돕는 모든 사회제도,즉 사회보험과 공적 소득 이전, 보건·교육·사법제도 등을 포함하는 포괄적 개념으로 변하고 있다(Wenke, 2010). 아동과 가족의 취약성은 성별과 인종, 질병, 지역,장애 등 다양한 차원의 배제와 관련이 있으므로, 다양한 배제에 대응할 포괄적 사회보호제도가 필요한 것이다(Winder & Yablonski, 2012). 그동안 아동정책은 주로 조세감면과 아동수당 지급 등 양육비용의 사회 이전을 통해 이루어져 왔지만, 점차 직업과 아동 양육의 조화를 위한 부모휴직수당, 양성평등 강화, 공보육·교육제도 강화,양육상담, 훈련 프로그램, 방과 후 돌봄 서비스, 청소년 여가시설 운영과 같은 다양한 영역을 포함하는 기본 환경 마련으로 초점을 이동하고 있다(Lampert, 2002). 이러한 개입을 위해서는 〈표 2-3〉과 같이 다양한 제도와 기관의 협력이 필요하다.

표 2-3	아동복지 관련 제도와 기관
관련 제도	보건정책, 역학, 보건정보, 공중보건, 예방의학, 가족과 지역사회보건, 생식 건강, 소아과, 정신 보건, 약물남용, 응급의학, 법의학 서비스, 사회보험, 소득이전, 아동보호, 법률, 인권 등
관련 기관	사회복지부서, 가족계획부서, 주택담당국, 아동보호기관, 지역사회복지관, 지역사회간호, 보건소, 물질남용 규제기관, 환경 담당 부서, 폭력방지 프로그램 부서, 종교기관, 미디어, 경찰, 사법기관 등

[9] 독일기업가단체전국연합.

5) 아동권리 중심

현대 아동복지제도는 아동권리에 기반을 둔다. 아동복지제도는 국적과 성별, 인종, 나이와 관계없이 아동권리를 지키고 아동 최선의 이익을 추구하며 아동의 참여를 지원하는 제도이다. 성 학대, 아동 매매, 아동 노동, 여아 할례, 체벌, 빈곤 등에서 아동을 보호하는 일은 기본적으로 인권과 관련된 사항이며, 아동인권은 아동의 취약한 부분과 잠재적 위험에서 그들을 보호해 줄 때 비로소 보장된다(Council of Europe, 2009; UNICEF, 2006a; Wenke, 2010). 아동복지는 최근까지 소년병과 학대받는 아동, 거리 아동, 부모와 분리된 아동과 같이 위험에 처한 특정 취약 집단에 초점을 맞추었지만, 점차 모든 아동을 대상으로 광범위하게 접근하면서 예방과 문제해결 간의 유기적 연결 고리를 찾기 위해 노력하고 있다(Save the Children UK, 2010).

또한 아동을 부모에게 종속된 자가 아닌 독립된 존재로 보는 시각이 등장하면서 아동복지 내용이 아동이 속한 가족을 돕는 것을 넘어서 개별 아동의 생존권을 보장하는 것으로 발전하고 있다. 이 관점에서는 아동은 가족 형태나 부모의 근로 경력과 관계없이 직접 지원을 받아야 한다고 본다. 이러한 주장은 가족 형태가 다원화하는 현실에서 가족 자체를 지원하는 정책 외에 가족 안 구성원인 아동을 독립적으로 지원할 수 있다는 장점이 있다(Butterwegge, 2003b).

2. 현대 아동복지의 영역

현대 아동복지의 영역은 아동과 가족, 국가 간 관계를 중심으로 '아동보호'와 '가족지원' '아동권리'로 구분할 수 있다(Troutot, 2014. 2. 23.).

먼저, '아동보호'는 가족이 아동에 대한 물질적 보호와 양육의 역할을 하지 못하거나 불충분하게 할 때, 국가가 양육지원, 학대 예방, 아동분리 보호 등을 시행하는 것을 말한다. 우리나라에서는 보호자가 없거나 보호자로부터 이탈된 아동, 보호자가 아동을 학대하는 경우 등 그 보호자가 아동을 양육하기에 적당하지 않거나 양육할 능력이 없는 경우의 아동을 '보호대상아동'으로 정의하고(「아동복지법」 제3조) 보호 서비스를 제공한다.

둘째, '가족지원'은 국가가 직간접 재정 원조와 사회 서비스 등을 지원하여 가정의 양육 기능을 보존하고 양육자의 역할 수행을 돕는 조처를 하는 것이다. 「아동복지법」에서는 조화롭고 건강하게 성장하는 데 필요한 기초적인 조건이 갖추어지지 않아 사회적·경제적·정서적 지원이 필요한 아동을 '지원대상아동'으로 정의하며, 이러한 아동을 위한 다양한 가족지원 정책과 서비스를 마련하고 있다.

셋째, '아동권리'에 관한 관심은 「아동권리협약」을 비준하면서 확대하였다. 이 개념은 아동을 '보호 대상자'만이 아니라 '권리 행사자'로 인식하면서 성인과 동등한 아동의 권리를 강조한다. 이 개념을 바탕으로 국가가 직접 아동에 대한 책임을 져야 한다고 본다. 즉, 국가는 미래의 시민이자 사회권의 주체인 아동에 대해 직접 책임을 지며, 아동은 개별 주체로서 권리를 지닌다(Troutot, 2014. 2. 23.).

같은 맥락에서 아동복지정책은 '아동보호정책' '가족지원정책' '아동권리정책'의 세 영역으로 구분할 수 있고, 아동보호정책은 가족지원정책과 아동권리정책으로 발전한 것으로 볼 수 있다(Luscher, 2000). 이 세 가지 정책은 갈등 관계가 아닌 상호 보완 관계로 「아동권리협약」에서 표현한 바대로 '아동 최선의 이익'을 위해 적절하게 활용되어야 한다(Fradrich, 2010).

제2부

아동 보건의료 · 교육제도와 서비스

제3장
·
보건의료제도와 서비스

제4장
·
교육복지제도와 서비스

제2부에서는 아동복지제도 중 건강권, 교육권과 관련한 내용인 아동 보건의료제도와 교육복지 제도를 알아보았다. 이러한 제도는 많은 나라에서 모든 아동이 받는 보편적인 서비스로 제공한다. '보건의료제도'는 건강을 증진하기 위한 목적으로 수행하는 모든 조직과 제도, 자원을 의미하며 아동의 복지를 증진하는 필수조건이다. '교육복지제도'는 아동이 사회에 참여하고 사회 불평등을 해결하게 하는 중심 자원으로, 아동이 미래의 삶을 준비할 기회를 제공한다.

제3장 '아동 보건의료제도와 서비스'의 제1절에서는 건강권의 개념을 살펴보고, 아동 건강권과 「아동권리협약」 간 관계, 아동 건강권의 정책 함의, 보건의료제도의 특성을 설명하였다. 제2절에서는 독일과 영국, 미국, 우리나라의 아동 보건의료제도를 알아보고, 각국 아동 보건의료제도를 평가하였다.

제4장 '교육복지제도와 서비스'의 제1절에서는, 먼저 교육과 교육권을 정의하였으며, 교육권과 아동복지의 관계, 의무교육과 보상교육에 관해 알아보았다. 제2절에서는 각국 교육복지제도를 의무교육제도와 특수교육제도로 구분해, 유럽과 미국, 우리나라 사례를 살펴보고 함의를 기술하였다. 제3절에서는 교육복지 서비스의 개념과 특성, 교육복지 서비스와 학교사회복지 서비스의 차이점을 살펴보았다. 교육복지와 학교사회복지는 개념상 모호한 면이 있는데, 이 책에서 교육복지는 교육권 보장과 관련한 거시적 제도와 정책으로 보았으며, 학교사회복지는 그것을 구현하는 미시적 실천으로 정의하였다. 이러한 정의를 토대로 제4절에서는 미국과 영국, 독일, 우리나라의 학교사회복지 서비스의 특성을 설명하고 평가하였다.

제3장

보건의료제도와 서비스

🏠 제1절 건강권과 아동 보건의료제도

1. 건강권

건강권은 '신체건강과 정신건강을 최고의 수준으로 향유할 권리'를 말하며 1946년의 WHO 헌장에 이미 등장한 개념이다. 헌장 서문에서 건강은 "단순히 질병이나 허약함이 없는 상태가 아니라 완전한 신체, 정신, 사회적 안녕"의 상태라고 정의한다. 또한 이 헌장은 "최고 수준의 신체와 정신 건강을 향유할 권리는 인종, 종교, 정치적 신념, 경제적·사회적 조건에 따른 차별 없이 모든 인간의 궁극적 권리의 하나"라고 규정한다(WHO & Office of UN High Commissioner for Human Rights, 2008).

이후 1966년 UN에서 채택한 「국제인권규약(International Covenant on Civil and Political Rights)」은 이 개념을 더욱 발전시켜 건강권에 대한 국제적인 기준을 제시하고 있다. 「국제인권규약」 제12조에 따르면 건강권은 어떤 질병에도 걸리지 않을 권리를 말하는 것이 아니라 가능한 최고의 건강 상태를 실현하는 데 필요한 다양한 시설, 물품, 서비스, 환경조건 등을 누릴 권리를 의미한다(김철효, 설동훈, 홍승권, 2006;

국제인권규약 제12조).

오늘날 건강권을 보장한다는 것은 국가가 모든 사람이 가능한 최고로 건강할 수 있는 조건을 창출해야 할 의무가 있다는 것을 뜻하며, 선언적 권리가 아닌 실정법적 성격을 가진다. WHO와 UN 인권상임위원회는 「자료문서(Fact Sheet)」 제31호에서 건강권의 핵심 요소를 규정하였는데, 그것은 다음과 같다(WHO & Office of UN High Commissioner for Human Rights, 2008).

첫째, 건강권은 포괄적 권리이다. 건강권은 흔히 보건 서비스나 병원설립 등과 연결해 이해한다. 이것이 틀린 것은 아니지만, 건강권은 이보다 더 넓은 의미를 지닌다. 건강권은 건강한 삶을 살도록 돕는 다양한 요소를 포함한다. 즉, 깨끗한 물과 적절한 위생, 안전한 음식, 적합한 영양과 주거, 건강한 작업조건과 환경조건, 건강 관련 교육과 정보, 양성평등을 포괄하는 의미이다.

둘째, 건강권은 자유를 포함한다. 건강권은 의학실험이나 강제불임과 같은 자신이 동의하지 않은 의료적 처우를 받지 않을 자유, 고문이나 기타 비인간적인 대우와 벌을 받지 않을 자유를 포함한다.

셋째, 건강권은 권리를 누릴 자격(entitlements)을 포함한다. 건강권은 달성 가능한 최고 수준의 건강 서비스를 누구에게나 평등하게 제공하는 건강보호제도를 누릴 권리와 질병 예방, 치료 통제에 대한 권리, 기본적 의료 서비스를 받을 권리, 모성과 출산 관련 권리, 기본적 보건 서비스를 평등하고 시기적절하게 받을 권리, 건강과 관련한 교육과 정보를 받을 권리, 건강 관련 정책 결정과정에 참여할 권리 등을 포함한다.

넷째, 보건 서비스와 의료용품, 시설은 차별 없이 제공하여야 한다. 비차별은 인권의 핵심 원칙이며, 달성 가능한 최고 수준의 건강권을 누리는 데 결정적 요인이다.

다섯째, 모든 서비스와 물품, 시설은 이용 가능하고 접근이 쉬우며, 양질이어야 한다. 좋은 질의 공중보건과 건강보호시설, 의료용품과 서비스는 양적으로 충분히 공급되어야 한다.

2. 아동 건강권

1) 아동 건강권과 「아동권리협약」

지금도 가난한 나라의 아동은 여전히 수많은 질병에 시달리고 있는데, 이러한 상황이 발생하게 되는 가장 큰 원인은 불결한 환경과 영양 부족이다. 특히 전 세계 아동 사망의 절반 이상이 불충분한 영양 때문에 발생한다. 이는 아동을 쉽게 만성질환에 걸리게 하고 지적 발달에도 손상을 준다. 「아동권리협약」 제24조는 이를 방지하기 위한 국가 책임을 명시하지만, 아직도 아동의 영양 부족은 완전히 해결되지 않고 있다(Appleyard, 1998). 개발도상국은 전염병과 영양 부족, 긴급히 치료해야 하는 급성질환 등이 줄어 전반적인 아동 건강이 과거보다 좋아졌지만, 알레르기 질환과 만성질환, 중독, 정신장애 등은 상대적으로 증가했으며, 학습장애, 사회행동장애, 상대적 빈곤에 의한 정서, 신체적 문제는 더 심각해졌다.

아동은 발달 단계마다 신체적·정신적으로 특별한 욕구를 지니며, 다른 건강문제에 노출될 수 있으므로, 발달 단계에 적합한 의료 서비스 제공이 필요하다. 신생아는 유아나 청소년보다 전염병이나 영양실조에 취약하며, 청소년은 성(性) 건강, 음주문제, 약물중독, 정신적 문제 등에 취약할 수 있다. 특히 신생아는 어머니가 임신, 출산 기간 중 건강하지 못하면 생존 가능성도 줄어든다(Humanium 홈페이지, 2014).

보편적 인권으로서 '건강권'을 아동의 권리로 구체화한 것은 「아동권리협약」에 따른 것으로, 이 협약은 아동에게 최고 수준의 건강 관련 시설을 보장해 줄 것을 요구한다. 아동의 건강권은 「아동권리협약」 제6조(생존권)와 제27조(아동의 신체, 정신, 영적, 도덕적, 사회적 발달에 대한 적합한 생활 수준과 관련한 권리) 등에 명시되어 있다. 또한 국가는 아동의 질병 치료와 재활을 위해 최고 수준의 보건과 건강 시설을 이용할 권리를 인정해야 하며, 어떠한 아동도 이 권리를 박탈당하지 않게 할 의무가 있으므로(제24조 제1항), 이 권리가 실현되도록 적합한 조처를 취해야 한다(제24조 제2항). 이를 위해 협약에서는 영아와 아동 사망률을 감소시킬 것, 일차적 보건 서비스 개발에 중점을 두고 모든 아동의 건강 서비스와 필요한 의료지원을 제공할 것, 질병과 영양 부족을 퇴치할 것, 적합한 산전·산후 모성보호를 제공할 것, 부모와 아동을 포함한 모든 사회에 아동 건강과 영양에 대한 정보 제공, 교육, 지원 등을 할 것, 보건예방 서비스, 가족계획 지도를 시행할 것 등을 규정하고 있다. 협약 비준국은 가능한 최고 수준의 건강·보건시설 정비를 위해 모든 적합한 법적·행정적 조처를 실행해야 한다(제24조 제3항).

2) 아동 건강권의 정책 함의

「아동권리협약」에 따른 건강권을 기초로 아동 건강정책에 접근하는 방식은 다음과 같은 의미가 있다(Vandergrift & Bennett, 2012).

(1) 예방

건강권에 대한 인식은 국가가 공공 자원을 일차 예방 사업에 할당하게 하는 정책 기반이 된다. 아동 건강권 실현을 위해서는 모든 아동에게 공공 의료보장제도를 통해 충분한 의료 서비스를 제공하는 것이 기본이지만, 이와 동시에 예방과 계몽 대책도 필요하다. 예방은, 특히 아동 건강과 관련한 공공보건에서 매우 중요한 역할을 담당하는데, 예를 들어 건강교육과 예방접종은 전염병으로부터 아동을 보호할 수 있다. 예방접종은 비용 효과가 높을 뿐 아니라 결핵과 디프테리아, 파상풍, 한센병, 소아마비, 백일해, 홍역 등의 전염병으로 인한 사망률을 낮춰 주고, 후유장애도 줄여 준다. 또한 가족상담과 산전 · 산후관리, 조기 진단과 검진, 발달지체와 발달장애 아동의 검진과 개별 지원, 정서 · 정신장애에 대한 조기 검진과 치료, 건강한 영양 섭취, 운동 증가, 사고와 중독 방지를 위한 활동 등도 예방정책의 일환이다(Humanium 홈페이지, 2014).

(2) 통합

「아동권리협약」은 아동발달 요인과 건강정책들을 통합하는 역할을 한다. 아동을 건강문제와 위험으로부터 보호하려면 부모와 지역사회, 더 나아가 전체 국가를 아우르는 통합된 서비스 체계가 필요하다. 많은 나라에서는 여전히 모든 아동의 신체적 · 정신적 성장을 발달 단계에 맞게 지원할 통합적 제도가 부족하다. 아동 건강보호는 개별적 위험 요인만 해결해서 되는 것이 아니고 가능한 위험을 미리 인지하고 방지하는 제도가 있어야 하며, 이는 전체 사회가 책임을 질 때 실현될 수 있다. 즉, 아동의 '건강한 성장'은 의료적 접근으로 한정되는 것이 아니며, 아동 건강발달을 지원하는 적합한 사회 환경조건을 만드는 데에서 출발해야 한다. 따라서 아동의 건강관리는 보건당국의 역할만이 아니라 사회복지 서비스와 공공부조, 건강보험, 교육, 의료제도, 노동시장 정책 등과 통합적으로 연계하여 다학제, 다영역으로 접근해야 한다(Koln, 2002).

(3) 아동 이익 최우선 원칙

「아동권리협약」에서는 '아동 이익 최우선의 원칙'을 통해 부모와 지역사회, 국가가 아동 이익을 최우선 순위에 두도록 권고한다. 이는 아동 건강에 대한 의무를 실행하는 책임체계가 부족한 현실에서, 국가가 아동 건강을 위해 공동 책임을 가져야한다는 원칙을 강조한다(Vandergrift & Bennett, 2012).

(4) 경제와 기업문화 변화 효과

아동 건강권 강조를 통해 아동의 잠재력을 개발하고 건강한 발달을 촉진하는 데투자하는 기업문화와 경제 토대를 전환할 수 있다. 아동의 건강권은 국민경제 차원에서도 매우 중요한 요소이며, 아동 건강에 대한 투자는 안정적이고 생산적인 사회를 형성하는 데 도움이 된다. 아동 건강에 대한 투자를 경제적 차원으로만 환원할수는 없지만, 고령화 사회에서 아동의 잠재력을 개발하여 미래사회의 경제와 복지를 유지하는 것은 중요한 일이다. 따라서 아동 건강권에 우선순위를 부여하는 정책과 제도 개발을 위해서는 건강비용을 경제적 소비가 아닌 투자로 바라보는 시선의전환이 필요하다. UNICEF(2010)는 다음과 같이 아동 건강권 보장에 대한 보편적 접근이 아동발달 목표를 실현하는 데 더 효율적이라고 주장한다.

첫째, 아동 건강에 대한 투자는 빈곤을 감소시킨다. 아동을 위한 건강 서비스는 빈곤한 가족의 부담을 덜어 주어 빈곤가족이 음식과 주택, 교육에 더 많은 돈을 지출할수 있게 한다.

둘째, 아동 건강에 대한 투자는 경제 성장을 촉진하고 생산성을 높인다. 빈약한 위생은질병 발생 가능성을 높이고, 아동의 학교 출석률을 하락시켜 궁극적으로 생산성을낮출 수 있다. 산모와 신생아 사망, 영양 결핍은 GDP를 감소시키며, 반대로 아동보건 개선은 미래의 생산인력을 보장하고 경제적 이득을 창출하는 것으로 나타난다. UNICEF(2010)는 1965년부터 1990년까지 아시아 경제성장에 유·아동 사망률 감소와 건강한 출산 증가가 큰 역할을 했다고 평가한다.

셋째, 아동 건강에 대한 투자는 비용 효과적(cost-effective)이다. 기본적인 건강 서비스 제공은 질병을 방지할 뿐 아니라 치료비용도 절약한다. 예를 들어, 가족계획에비용을 투자하면 계획 없는 임신으로 발생하는 많은 문제를 예방할 수 있으며, 아동기 예방접종은 질병과 장애를 예방해 준다.

넷째, 아동 건강에 대한 투자는 여성과 아동이 그들의 인권을 인식하도록 돕는다. 이는 장기적으로 민주사회로 발전하는 기초가 된다(Ban Ki-moon, 2010; UNICEF, 2010).

3. 보건의료제도

'보건의료제도(Health System)'는 넓은 의미에서 건강을 증진하는 일차적 목적을 수행하는 모든 조직과 제도, 자원을 의미한다. 보건의료제도는 보건 인력과 재원, 정보, 급여, 운송, 소통, 규정을 포함하는 개념이며, 좋은 보건의료제도는 자녀가 백신을 맞아야 함을 어머니에게 편지로 알려 주거나, 정부의 지원으로 깨끗한 상하수도 시설을 만드는 것처럼 사람들의 일상생활을 구체적으로 개선한다. 보건의료제도를 강화하고 좀 더 평등하게 만드는 것은 빈곤타파와 개발에도 매우 효과적이다(WHO, 2005).

현대 국가에서 보건의료의 가장 큰 축을 담당하는 것은 '의료보장제도'이다. 의료보장제도는 개인의 능력만으로 해결할 수 없는 의료문제를 사회적 연대책임으로 해결하고자 하는 것이며, 이를 위해 필요한 보건의료 서비스를 국가나 사회가 제공함으로써 국민의 건강권을 보장하는 제도적 장치를 의미한다. 좁은 의미에서 의료보장은 질병 치료를 위한 의료비 보장이란 점에서 의료보험을 의미하지만, 넓은 의미에서 의료보장은 단순히 질병만 치료하는 것이 아니라 질병을 예방하고 건강을 증진하는 모든 조처를 포함한다(국민건강보험공단 홈페이지, 2014a).

의료보장제도는 각 나라의 역사와 사회, 문화, 경제 조건에 따라 다양하게 발전해 왔다. 크게는 사회보험을 중심으로 운영하는 '건강보험(National Health Insurance: NHI)' 방식과 국가가 일반 예산으로 운영하는 '국가보건 서비스(National Health Service: NHS)' 방식으로 나눈다. 독일과 프랑스, 오스트리아, 벨기에, 네덜란드, 우리나라에서는 건강보험(NHI) 방식을, 영국과 스웨덴, 이탈리아, 스페인, 포르투갈, 덴마크 등은 국가보건 서비스(NHS) 방식을 채택하고 있다(Hohndorf, 2002). 미국은 전 국민을 대상으로 하는 건강보험보다는 민간보험 중심으로 구성되어 있다.

건강보험 방식은 의료비에 대한 자기 책임이 있지만, 이를 사회화하여 정부기관이 아닌 보험운영자가 보험료를 받아 의료를 보장하며, 이를 '비스마르크 방식'이라고도 한다. 즉, 보험 집단별로 보험료를 갹출하여 재원을 마련하며, 피보험자에게

표 3-1 재원 조달 방식에 따른 의료보장제도 특징 비교

구분	건강보험 방식(NHI)	국가보건서비스 방식(NHS)
적용 대상 관리	국민을 소득 수준, 직업, 지역에 따라 구분하여 관리	전 국민 대상 일괄 적용
재원 조달	보험료, 일부 국고 지원	정부 일반조세
진료 보수 지불 방식	행위별 수가제 또는 총액 계약제	일반 개원의는 인두제 병원 급은 의사 봉급제
관리기구	보험운영자(다수, 단일)	정부기관(사회보험청 등)
채택 국가	독일, 프랑스, 네덜란드, 일본, 한국 등	영국, 스웨덴, 이탈리아, 캐나다 등
의료비 통제력	의료비 통제 효과 취약	의료비 통제 효과 강함
보험료 형평성	보험운영자 내 보험료 부과의 구체적 형평성 확보 가능. 보험자가 다수일 경우 보험자 간 재정 불균형 발생 우려	조세에 의한 재원 조달로 소득 재분배 효과 강함
관리·운영	보험운영자 중심의 자율 운영	정부기관 직접 관리

출처: 국민건강보험공단 홈페이지(2014a); 김진수, 최인덕, 이기주(2012)에서 재구성.

직접 보험급여를 제공하거나, 계약을 맺은 의료기관을 통해 보험급여를 지급한다. 정부는 보험제도의 전반적인 체계를 법으로 규정하지만, 국고보조는 예외적으로만 이루어진다.

국가보건 서비스 방식은 국민의 의료문제를 국가가 책임져야 한다는 관점에서 정부가 일반조세로 재원을 마련하여 모든 국민에게 무상으로 의료를 제공하는 것으로 '베버리지 방식'이라고도 한다. 재원의 대부분은 국세와 지방세로 조달하고 의료공급도 국가와 지방정부의 책임 아래 조직화하여 전 국민에게 동등한 혜택을 제공한다(국민건강보험공단 홈페이지, 2014a).

건강보험 방식은 보험가입자에게만 의료혜택을 주기 때문에 원칙적으로 아동은 부모가 보험에 가입한 것을 전제로 의료 서비스를 받는다. 이 경우 보험에 가입하지 못한 실직 부모의 자녀 등 빈곤아동에 대해서는 의료부조를 통해 서비스를 제공한다. 반면, 국가보건 서비스 방식은 국민 전체를 대상으로 하는 보편적 의료제도이므로 모든 아동에게 아무런 조건 없이 포괄적인 의료 서비스를 제공한다.

🏠 제2절　각국 아동 보건의료제도

1. 독일 아동 보건의료제도

1) 독일 아동 보건의료제도의 특성

독일은 1883년 비스마르크 수상이 집권하던 시기 사회보험 방식의 '질병보험
(Krankenversicherung)'을 세계 최초로 창설하였다. 독일의 의료보장제도는 '연대성
원칙'과 '현물급여 원칙' '제도분립 원칙' '자주 관리 원칙' 아래 '건강보험 방식'으로
운영된다. '연대성 원칙'은 피보험자의 질병 발생률과 관계없이 부담 능력에 비례하
여 보험료를 부담하고 그것을 재원으로 모든 사람에게 균일한 급여를 보장하는 것
으로 소득 재분배의 기능이 있다. '현물급여 원칙'은 소득에 비례하여 낸 보험료 액
수와 관계없이 필요한 의료급여를 받는 것을 말한다. '제도분립 원칙'은 독일 질병
보험의 역사적 발달과정의 산물이다. 독일은 1883년 사회보험제도가 입법화되기
이전부터 이미 길드 중심의 의료공제제도가 존재하였는데, 법률로 이들의 기득권
을 인정하면서 현재도 직능별로 복수의 질병보험 금고가 존재한다. 끝으로 '자주 관
리 원칙'은 질병 금고의 관리는 사용자와 피보험자의 대표를 같은 수로 구성하여 운
영해야 한다는 원칙이다(김성옥, 김유리, 정희정, 2014).

독일의 질병보험제도는 의료급여로서의 현물급여와 소득보장으로서의 현금급여
로 구성된다. 일반적인 질병 치료뿐 아니라 건강 증진, 질병 예방, 재활도 공적 질병
보험의 급여 대상임을 법으로 명시하고 있으며, 급여 범위가 광범위하고 본인 부담
도 적은 편이다(국민건강 보험공단 홈페이지, 2014a).

2) 독일 아동 보건의료제도의 내용

(1) 현물급여

① 임신과 출산급여

독일은 임신 시기부터 출산 후에 이르기까지 산모와 아동을 위한 체계적인 의료

서비스를 제공한다. 산부인과 의사는 임산부에게 임신확정 진단을 하는 즉시 '임산부 증명서(Mutterpaß)'를 발부할 의무가 있다. 이 증명서에는 임신과 출산 과정에 관한 모든 내용이 기록되어 있어 출산이나 응급상황 시 중요한 정보를 제공한다. 이런 이유로 임산부는 반드시 임산부 증명서를 소지할 것을 권고한다(Adeba[1] 홈페이지, 2014).

'임신과 출산급여(Leistungen bei Mutterschaft und Schwangerschaft)'로는 임신 중과 분만 전후 의사의 진료와 조산원의 서비스 등이 있다. 급여 내용에는 임신 확인 검사와 풍진 등 필요한 예방검사와 조치, 영양과 위생 등 임신과 관련된 상담, 분만 전 정기 의료검진, 병원 분만과 가정 분만 시 의사나 조산원의 도움, 산전·산후 체조 등이 포함된다. 임신 중 약제와 치료용품 구입 시 본인 부담이 없으며 입원급여는 분만 후 6일까지 제공한다.

또한 가정에서 출산한 산모와 신생아는 가정출산 관리를 받는다. 그리고 임신, 출산 등으로 휴식이 필요할 때나 가사를 도와줄 사람이 없을 때는 질병보험에서 가사 도우미 비용을 제공하는데, 가사도우미는 장보기와 음식 만들기, 세탁, 청소, 아기 돌보기를 담당한다(Bundesministerium fur Gesundheit[2] 홈페이지, 2014).

② 영유아 조기 검진

'영유아 조기 검진(Fruherkennungsuntersuchungen fur Kinder)'은 1~6세까지 총 9회 시행되며, 의사는 정기적 진료로 아동의 건강 상태와 발달 상태를 검사한다. 이는 질병이나 장애 가능성을 미리 알고 조기에 예방·치료하기 위함이다.

아동의 치아 건강도 정기적인 치과 조기 검진을 통해 관리하는데, 12세 미만 아동은 유치원과 학교에서 집단검진을 시행하며, 6세 이상 20세 미만인 아동은 개별 치과 진료를 6개월마다 1회 제공한다. 조기 검진 절차와 비용을 비롯한 관리는 법정 질병보험으로 부담한다(Bundesministerium fur Gesundheit 홈페이지, 2014).

---

[1] Adeba는 임신, 출산, 영유아, 가족과 관련한 독일 최대의 웹사이트이다.
[2] 독일 보건성.

③ 외래진료

보험의와 치과보험의의 '외래진료'는 지급 기간 제한이 없고 본인과 가족 모두에게 원칙적으로 100% 급여를 제공한다. 진료는 질병의 발견과 치료, 완화 또는 악화 방지를 위한 모든 행위를 말하며, 의료상담과 조사, 처치, 수술, 왕진, 다른 전문의나 병원 소개, 약제와 보장구의 처방, 요양 등을 모두 포함한다.

④ 입원 요양

'입원 요양'은 질병을 발견하거나 치료하기 위해, 또는 질병으로 인한 고통을 완화하기 위해 입원이 필요할 때마다 기간 제한 없이 제공된다. 이때 진료와 간호, 입원 중 식사, 병실 요금, 약제, 치료용품, 보장구의 지급이 모두 포함된다. 성인은 1인실 병실을 이용할 경우 일정의 본인부담금을 내야 하지만, 아동은 입원과 관련한 모든 사항에 본인 부담이 없다(국민건강보험공단 홈페이지, 2014a).

⑤ 가사부조

'가사부조(Haushaltshilfe)'는 임신과 출산, 재활, 요양 등으로 12세 미만 아동의 양육과 가사를 돌볼 수 없을 때 사회보장이나 공공부조로부터 제공되는 사회급여이다. 가사부조에는 아동보호, 식사 준비, 청소, 세탁 등 가사에 속하는 모든 일이 포함된다. 급여 내용은 개인의 필요에 따라 달라지는데, 이용자나 다른 사람이 가사 일부를 담당한다면, 나머지 부분에 대해서만 부조를 제공한다. 가사부조는 '질병 금고'에 의해 여러 형태로 제공되며, 질병 금고는 이용자가 가사인력을 고용하도록 돕고, 어떤 때는 직접 직원을 파견하기도 한다. 가사부조는 최대 하루 8시간 이용할 수 있으며, 혼자 사는 환자의 경우 10시간까지 인정된다(독일 「사회법」[3] 제5권 제38조).

⑥ 재활

신체적·정신적으로 장애가 있는 사람을 원조하고 능력을 개발하며, 작업 능력을 키우는 모든 조치를 제공한다.

---

3) 「사회법(Sozialgesetzbuch)」에서는 「노동법」 「사회보장법」 등 시민의 사회권에 대한 규정을 총괄하고 있다.

(2) 현금급여

① 아동질병수당

질병이 있는 자녀를 집에서 돌보기 위해 부모가 일을 하지 못하는 경우, '아동질병수당(Krankengeld bei Erkrankung des Kindes)'을 받을 수 있다. 부모는 1년에 한 자녀당 10일, 두 명 이상일 경우 최대 25일까지 휴가를 받을 수 있고 사업주는 이 기간에 계속 통상임금 수준의 아동질병수당을 지급해야 한다. 자영업자의 경우 질병보험에 가입되어 있다면 질병 금고에서 사업주 대신 아동질병수당을 지급한다(독일 「사회법」 제5권 제45조).

② 모성보호수당

'모성보호수당(Mutterschaftsgeld)'은 피고용 여성의 소득이 임신이나 출산으로 줄어드는 것을 막기 위해 출산예정일 6주 전부터 출산 후 8주까지의 모성보호 기간에 제공하는 급여 서비스이다. 모성보호수당은 출산 예정 7주 전부터 신청할 수 있으며, 법정질병 금고에서 하루 13유로를 지급하고 만약 일일 평균 실질임금이 이보다 높을 경우(월 급여 390유로 이상), 모성보호수당과 실질임금 사이의 차액을 사업주가 지급해 휴직 전 소득의 100%를 보장한다.

자영업 여성은 「모성보호법」 대상이 아니라 모성보호 기간과 모성보호수당 서비스를 받지 못하지만, 민간보험에 가입했다면 가입한 보험에서 수당을 받을 수 있다. 이때 급여 수준은 가입자 본인의 민간보험료에 연동된다. 고용보험 대상자가 아니거나 고용 기간이 짧은 여성은 법정 질병보험의 모성보호수당 청구권이 없으며 연방정부보험청으로부터 일정 금액을 일시불로 지급받을 수 있다(Hintergrundmeldung, 2018. 1. 2.; Elterngeld 홈페이지, 2021).

(3) 의료부조

공공부조 수급 아동은 '의료부조(Hilfen zur Gesundheit)'를 받는다. 의료부조 급여의 종류는 예방의료 서비스와 질병 치료, 가족계획 지원, 임신과 모성보호, 위생지원의 다섯 가지이며, 다른 사회급여를 받아도 부족한 부분을 보충적으로 제공한다. 부조의 크기와 질은 법정 질병보험의 급여 수준과 같다(「독일사회법」 제7권).

2. 영국 아동 보건의료제도

1) 영국 아동 보건의료제도의 특성

영국의 보건의료제도는 1948년 도입되었으며, 국가보건 서비스(NHS) 방식에 의해 영국 내 모든 거주자(ordinarily resident)에게 무료로 포괄적 의료 서비스를 제공한다. 이 제도는 '보건의료 서비스는 국가가 책임져야 한다'는 인식을 전제로 하며, 재원은 세금을을 기초로 한다(Boyle, 2011; European Parliament, 1998). 영국 국가보건 서비스의 특징으로는 '포괄성' '보편성' '무상성'을 들 수 있다.

① 포괄성

영국 의료보장의 급여 범위와 종류는 질병 치료뿐 아니라 예방과 재활에 이르기까지 폭넓다. 영국의 의료급여는 현물중심이며, 일반의 진료와 전문의 진료, 입원, 출산진료, 치과 진료, 의약품과 각종 용구, 재활, 재택간호, 예방접종, 모자보건, 학교보건, 구급 의료, 가족계획 등 광범위한 서비스를 제공한다.

② 보편성

영국 의료보장제도는 국적에 상관없이 일정 기간 이상 영국에 거주하는 모든 사람이 이용할 수 있다.

③ 무상성

영국의 보건의료제도는 지급 능력과 관계없이 필요에 따른 급여 제공(무료급여)이라는 원칙이 있다. 그러나 최근에는 의료비 상승으로 말미암은 재정 악화를 이유로 환자들에게 의료비의 일정액을 청구하고 있으며, 이에 따라 의약품 처방, 치과 서비스, 검안과 안경 비용 등의 일부를 환자가 부담해야 한다. 그러나 연금생활자와 장애인, 16세 미만 아동은 무료이다(최병호 외, 2005).

2) 영국 아동 보건의료제도의 내용

(1) 일반 의료급여

영국 의료보장제도의 특징 중 하나는 '일반 주치의(General Practitioner)'가 모든 일차 진료를 담당한다는 점이다. 일반 주치의는 해당 의원에 등록된 주민의 진료와 건강관리를 담당하는 의사이며, 1차 진료를 담당하므로 보건의료의 문지기(gatekeeper) 역할을 한다. 아동에 대한 의료 서비스도 일차적으로 아동이 등록된 일반 주치의의 소관이다. 응급상황일 경우 바로 병원의 진료를 받을 수 있지만, 그렇지 않은 경우 주치의 진료를 먼저 받게 되어 있으며 주치의의 판단에 따라 필요할 경우 병원 전문의 진료를 받게 된다.

1차 진료에는 기본적 예방과 치료, 재활 치료를 모두 포함하며, 주민의 건강 유지를 위해 '일반 서비스'를 제공한다. 일반 서비스에는 다이어트와 적정한 운동 처방, 흡연과 음주에 관한 지시, 환자 진찰과 검사, 홍역, 풍진, 백일해, 소아마비 등의 예방접종, 환자를 타 병원에 의뢰하는 것 등이 포함된다. 그리고 주치의는 조기암 진단, 건강검진, 임산부 검진, 고혈압 · 당뇨 등 만성질환 관리도 담당한다(Patient 홈페이지, 2014).

(2) 아동 건강 감시 프로그램

'아동 건강 감시 프로그램(Child Health Surveillance Programme: CHS)'은 영국의 보편적 '아동 건강 프로그램(Universal Child Health Programme: CHP)'의 하나로 학령 전 모든 아동을 대상으로 한다. CHS는 '영유아 건강이 이후 생애에 결정적인 영향을 미친다'는 점과 '보건전문가, 가족, 아동이 지도감독의 관계가 아니라 동반자적 관계로 나아가야 예방 효과가 크다'는 것을 전제로 발달하였다(Taylor, 2005. 7. 5.).

이 프로그램은 지역사회 건강 전문가가 학령 전 아동을 직접 방문하여 건강을 파악하는 것이 핵심 내용이며, 영국 내 모든 아동에게 제공된다. 일반 주치의와 실무 간호사, 방문간호사로 구성된 보건의료팀이 직접 가정이나 지역사회 보건시설, 영유아 돌봄시설 등에 방문하여 예방접종과 아동 건강관리를 책임지고 업무를 수행한다(Wood & Wilson, 2012). CHS의 주요 서비스는 산전 · 산후 관리(태아 상태 검사, 부모 심리상담 등)와 부모지원, 취약 가정(부모의 실직, 열악한 주거 환경, 낮은 교육, 정신적 문제, 질병이나 장애, 저소득 등)의 조기 파악과 필요한 서비스 연결과 제공, 신생아 검진, 예방접종, 영유아 건강 증진과 일차예방 지도 등이다(Patient 홈페이지, 2014). 그리고 건강과 관련한 특별한 욕구를 지닌 아동에 대해 부가적인 예방 서비스도 제공한다. 주치의는 의료, 발달, 가족의 복지문제 등과 관련하여 자세하게 아동을 평가하고 아동에게 의료 서비스를 제공하며 필요한 경우 전문의 치료를 받도록 연결한다(Wood & Wilson, 2012).

CHS의 목적은 아동의 질병을 예방하고 신체와 발달 장애를 미리 찾아내고 최적의 건강을 증진하는 것이다. 이 프로그램은 최근 들어 점차 문제를 찾아내는 것에서 예방하는 것으로 그 초점이 변하고 있으며, 이에 따라 명칭을 '아동 건강 감시 프로그램(Child Health Surveillance Programme)'에서 '아동 건강 증진 프로그램(Child Health Promotion Programme)'으로 바꿔야 한다는 의견도 있다. 아동 건강 증진을 위해서는 모든 가족을 위한 보편적인 학령 전 서비스와 고위험 아동을 위한 집중적인 가정방문 서비스를 강화하고, 지역센터에서 통합된 서비스를 제공해야 할 것이다. 또한 일반 주치의와 소아과 의사의 역할을 강화하고, 다학문 · 다기관 팀을 활성화하는 것도 필요하다(Blair & Hall, 2006).

(3) 헬시스타트 프로그램

영국의 헬시스타트(Healty Start) 프로그램은 임신한 여성이나 4세 이하 자녀를 둔 가족 중 공공부조나 실업수당 등을 받는 저소득층과 18세 미만 임산부(수급조건 없음)를 대상으로 하는 지역화폐 형식의 NHS 프로그램이다. 헬시스타트 프로그램에서는 일정 금액에 해당하는 바우처를 임산부와 1~4세 아동에게는 주 1회, 1세 미만 아동에게는 주 2회 지급해 우유와 과일, 채소, 유아용 분유 등 기초식품을 살 수 있게 돕고, 비타민 쿠폰도 제공해 비타민을 구매할 수 있게 돕는다. 이 프로그램은 공중보건 잠재력을 높일 수 있지만, 노숙이나 비정규직 등으로 주거가 자주 바뀌는 사람이나 비영어권 가족의 신청률이 저조하고, 비타민 복용률도 떨어져 이를 해결하기 위한 노력이 필요하다(Lucas, Jessiman, Cameron, & Wiggins, 2013; Healthystart 홈페이지, 2021).

3. 미국 아동 보건의료제도

1) 미국 아동 보건의료제도의 특성

미국의 보건의료제도는 공공의료제도와 민영의료제도가 있지만 다른 선진국과 달리 민영의료제도가 압도적으로 더 큰 비중을 차지한다. 미국은 GDP 대비 세계에서 가장 많은 의료비를 지출하고 1인당 의료비 지출도 세계 1위이지만 의료제도가 분절적·비효율적으로 운영되고 있으며, 이에 따라 의료급여의 질 차이가 많고 행정비용의 낭비도 많다(이윤태, 조경미, 김은영, 박재산, 2012; Chua, 2006; Irvine, 2002; The New York Times, 2013 11. 17.). 예를 들어, 미국은 국가 보건의료제도가 절대적으로 미흡하고, 이 공백을 각종 선별적 프로그램들로 채우고 있다. 이 프로그램은 주로 빈곤층을 대상으로 프로젝트 형식으로 운영되고 있으므로 혜택을 받지 못하는 대상이 많고 프로그램의 질과 행정 절차, 자격 요건 등도 달라 비효과적이며 비효율적이다. 2013년 기준, 노령층을 제외한 인구의 약 70%가 민간 의료보험에 가입하고 있으며, 15% 정도는 취약 계층을 위한 의료부조제도인 '메디케이드(Medicaid)'를 받고, 18%는 무보험 상태인 것으로 나타났다. 미국인의 기대수명은 OECD 평균에 못 미치고 비만율도 높은데, 이는 건강보험과 일차 진료의 미흡, 나쁜 건강 습관, 열악한 생활조건이 가장 큰 이유인 것으로 나타났다(OECD, 2013b).

2) 미국 아동 보건의료제도의 내용

(1) 공공의료제도

미국의 공공의료제도는 '메디케어(Medicare)'와 '메디케이드(Medicaid)' '국가아동건강보험(The State Children's Health Insurance Program: SCHIP)' '퇴역군인 공제(The Veteran's Administration: VA)' 등으로 구성되어 있다. 이 중 메디케어는 65세 이상에 대한 것이고 퇴역군인 공제는 퇴역군인 대상이므로 아동과는 큰 관련이 없다.

메디케이드(Medicaid)는 저소득층과 장애인에게 제공되는 의료부조 프로그램이다. 연방정부 법률에 따르지만 주정부가 가입과 수급자격을 결정하고 재원을 제공하는 등 실질적으로 담당하므로 주마다 다른 형태로 운영된다. 대상은 빈곤한 임산부와 아동, 노인, 장애인 등이며, 자녀가 없는 성인은 빈곤층일지라도 대상에서 제외된다. 재원은 원칙적으로 연방정부와 주정부의 일반조세로 이루어지며, 대응투자(matching fund) 형식을 띤다. 그러나 메디케이드는 약 처방을 포함하여 포괄적인 급여를 제공하지만, 지역에 따라 낮은 보상 비율로 메디케이드를 운영하는 병원이 적어 이용이 쉽지 않은 문제가 있다(Chua, 2006).

(2) 국가아동건강보험 프로그램

국가아동건강보험 프로그램은 1997년 메디케이드 혜택을 받지 못하는 차상위 계층 가족의 아동에게 의료보험 혜택을 주기 위해 만들어졌다. 이 프로그램은 메디케이드처럼 주정부와 연방정부가 공동으로 재원을 부담하며, 자격 요건과 급여 수준, 급여 내역, 행정 등은 연방정부의 법률을 기초로 주마다 다양하게 운영된다(Medicaid 홈페이지, 2014).

(3) 민간 의료보험

미국 의료제도에서 가장 큰 부분을 담당하는 것이 민간 의료보험이며, 이에는 직장 건강보험과 개인보험이 있다. 직장 건강보험은 미국의 가장 대표적인 의료보험제도로 고용주가 근로자에게 제공하는 형식이다. 보장 내용은 건강보험 종류에 따라 매우 다양하지만, 자녀가 있는 경우 자녀의 의료 서비스도 제공하는 경우가 많다.

개인보험은 개인이 민간 보험에 가입하는 것이다. 개인보험 재원은 가입자 개인 부담으로 이루어지며 건강위험도가 높을수록 부담이 커진다. 건강위험도가 높은 경우 보험회사에 따라 가입을 거절할 수도 있다(Chua, 2006).

(4) 모자보건 서비스

미국의 '모자보건 서비스(Maternal and Child Health Service)'는 1935년 「사회보장법」 제정에 따른 '정액교부금 프로그램(Block Grant Program)'과 '헬시스타트 프로그램' '보편적 신생아 검진' '청소년 보건 프로그램'으로 구성되어 있다.

① 정액교부금 프로그램

정액교부금 프로그램은 공공 보건시설의 인프라 구조를 강화하기 위해 연방정부가 주정부 보건시설에 재정지원을 하는 것으로, 목적은 여성과 유아, 아동과 청소년, 특별한 건강 서비스가 필요한 아동과 가족의 건강을 증진하기 위한 것이다. 이 기금으로 필수 예방접종, 신생아 검진, 사례관리 서비스, 의료 취약지구에 거주하는 여성의 교육, 우울증 검사, 지역사회 서비스 제도 등을 지원한다(US Department of Health and Human Services 홈페이지, 2014).

② 헬시스타트 프로그램

미국의 헬시스타트는 영아 사망률 감소를 위해 시작한 국가 차원의 프로그램으로 연방정부 재원을 받아 지역사회가 운영한다. 1991년 영아사망률이 전국 평균보다 1.5~2.5배 높은 15개 지역에 교부금을 지급하면서 시범 프로그램으로 시작하였다. 현재는 영아사망률이 전국 대비 1.5배 높거나 저체중 신생아 출생 비율과 영아 사망률이 높은 지역을 대상으로 확대해 2017년 기준 37개 지역에서 100여 개 프로그램을 운영하고 있다. 헬시스타트 프로그램은 초기에는 임산부 산전보호 중심이었으나 점차 여성과 아동 건강개선 프로그램으로 발전하였다. 현재 헬시스타트 프로그램은 여성과 아동 건강을 위한 찾아가는 서비스(outreach), 사례관리, 가정방문, 아동발달과 부모교육, 건강교육, 부모 지원, 가사지원, 약물남용이나 파트너폭력과 관련한 지원, 직업훈련 등 다양한 서비스를 제공한다(Escarne, Atrash, Cruz, Baker, & Reyes, 2017).

③ 보편적 신생아검진

보편적 신생아검진(Universal Newborn Screening Programs)은 출생 후 신생아의 건강 상태를 점검하여 질병 여부를 알아보기 위한 공공보건 프로그램이다. 혈액검사를 통해 효소와 대사 활성을 측정해 유전적 질병 여부를 파악하고 청각검사, 심장이상 검사 등도 시행한다. 이상이 있는 경우 소아과 의사, 유전학자, 주치의의 상호 조정 아래 적절한 치료를 제공한다(Escarne et al., 2017).

④ 청소년 보건 프로그램

청소년 보건 프로그램은 청소년(10~19세), 청년(20~24세)과 그 가족을 대상으로 이들의 건강과 안전, 바람직한 성장과 복지를 개선하기 위한 프로그램이다. 주로 자폐증, 뇌전증과 같은 만성질환, 청소년 임신, 담배와 마리화나 등 약물중독, 알코올의존중 등을 예방하고 관리하는 사업을 시행한다[National Adolescent and Young Adult Health Information Center(NAHIC) 홈페이지, 2014].

4. 우리나라 아동 보건의료제도

1) 우리나라 아동 보건의료제도의 특성

우리나라 의료보장제도는 크게 '건강보험제도'와 저소득층을 위한 '의료급여제도'로 구성된다.

(1) 건강보험제도

우리나라는 「국민건강보험법」을 제정하여 의료보장제도를 시행하고 있다. 「국민건강보험법」은 건강보험제도에 관한 국민의 수급권 등 권리보장, 보험 대상, 보험료 부담의무 등을 규정하고 있다. 국민건강보험은 강제가입을 통해 의료비의 지출부담을 국민건강보험 가입자 모두에게 분산시켜 생활의 안정을 도모하는 사회보험이다. 건강보험의 적용 대상은 국내에 거주하는 대한민국 국민 중 「국민건강보험법」에 따른 건강보험 가입자 또는 피부양자이다(「국민건강보험법」 제5조 제1항). 「국민건강보험법」상 국가를 대신하여 건강보험 사업을 시행하는 주체에는 '국민건강보험공단' '건강보험 심사평가원' '요양기관' 등이 있으며, 건강보험제도 전반에 관한 관리감독은 보건복지부가 맡는다.

우리나라는 세계에서 유례없이 빠른 시기 동안 전 국민 의료보험화를 실현했다. 의료보험의 확대는 의료공급의 양적 · 질적 확대를 가져왔고, 이는 출생 시 기대수명 증가와 영아사망률 감소 등 국민의 건강 수준을 크게 향상시켰다. 그러나 우리나라 건강보험제도는 성립 초기부터 다음과 같은 구조적 문제를 안고 출발했으며, 이는 여전히 의료제도의 발전을 막는 심각한 장애가 되고 있다(신영수, 2007).

첫째, 건강보험 적용을 받는 의료기관을 국가가 설립 · 확충하는 방식 대신 민간 의료기관을 건강보험 적용기관으로 지정하였다. 이는 국가가 공공병원을 확충하는 노력 없이 민간 자본을 이용해 부족한 공공병원의 공백을 메운 것으로, 의료공급체계에서 민간병원과 공공병원 비율이 94% 대 6%라는 비정상적 결과를 초래하였다.

둘째, 저수가–저부담–저급여 구조이다. 우리나라 건강보험제도는 강제가입 방식으로 건강보험 의무가입에 따른 국민적 저항을 해소하고 빠른 시간 안에 전 국민으로 확대하고자 낮은 보험료를 책정하였다. 국고보조가 거의 없는 상태에서 낮은 보험료 부담은 건강보험 재정을 불안하게 만들었으며, 건강보험의 보장성을 낮추고 의료기관에 지급하는 진료비도 낮게 책정됐다. 저수가로 인해 건강보험 진료만으로 수익 보전이 힘든 병·의원들은 비급여 진료와 과잉진료를 양산했고, 대형 병원은 수익을 늘리고자 더 많은 환자를 유치하는 방식을 활용하면서 의료전달체계가 왜곡되는 결과를 초래했다. 또한 현행 건강보험은 낮은 보장성으로 질병으로부터 가계 부담을 완화하는 사회 안전망의 역할이 매우 미흡하다(신영수, 2007).

이러한 문제를 해결하려면 무엇보다 건강보험의 보장성을 강화하고, 노인인구 증가로 의료비용이 증가하는 상황에 대응하여 재정 안정화를 도모해야 할 것이다. 또한 직장과 지역 간 보험료 부과요소의 차이에 따른 부담 형평성 문제를 해결하고 지역가입자의 소득 파악률을 높여 재원확보를 강화하는 것도 필요하다(김진수, 최인덕, 이기주, 2012).

(2) 의료급여제도

의료급여는 생활이 어려운 자를 위해 국가의 재원으로 시행하는 의료부조제도이며 공공부조의 하나이다(「의료급여법」 제1조). 우리나라 의료부조의 효시는 1961년 제정된 「생활보호법」으로 당시 수혜 대상은 생활 무능력자로 한정되었으며, 진료 제공기관도 보건소와 국·공립 의료기관 등으로 국한하였다. 이후 1970년대에 들어 저소득층에 대한 의료보장 문제가 사회적 쟁점으로 주목받자 정부는 경제적 취약 계층을 위해 1977년 「의료보험법」의 관련 법규를 보완하여, 1979년 1월부터 의료보호사업을 시행하였다(한동운, 2006. 12. 1.).

이후 2001년 10월부터 「국민기초생활보장법」에서 종전의 '의료보호'를 '의료급여(제7조 제3항)'로 이름을 변경하면서 현재의 「의료급여법」을 완성했다. 그러나 2007년 이후 수급자의 도덕적 해이와 이에 따른 의료낭비를 줄인다는 명목 아래 수급권자의 진료 행위를 통제하고자, 의료급여 1종 외래 본인 일부부담제도와 선택 병·의원제, 건강생활 유지비 지원제도, 중앙과 시·도 의료급여 심의위원회의 폐지 등의 「의료급여법」 개정이 이루어졌다(유원섭, 2008. 10. 2.).

「의료급여법」 개정은 개정 초기부터 심각한 문제가 있다는 비판을 받았다. 먼저,

의료급여 1종 외래 본인 일부부담제도와 선택 병·의원제, 건강생활 유지비 지원제도는 적정 의료이용 유도와 중복투약 억제라는 긍정적인 측면을 가지고 있지만, 동시에 수급권자의 의료 서비스 이용을 제한하는 부정적인 영향을 초래하기도 한다(박경철, 2007. 7. 19; 유원섭, 2008. 10. 2.). 「의료급여법」 개정의 목적은 의료이용 행태의 도덕적 해이를 막고자 하는 데 있으며, 이를 통해 과다한 진료와 중복진료를 막아 낭비되는 재정을 줄인다는 것이다. 그러나 현 의료체계는 기본적으로 의료낭비를 가져오기 쉬운 구조이다. 의료인과 의료기관의 전문화와 분절화로 말미암아, 경증의 질환이더라도 두 개 이상의 건강문제를 가진 경우에는 여러 의료기관을 방문하여 치료받을 수 있다(유원섭, 2008. 10. 2.). 수급권자의 의료이용을 규제하려는 이러한 제도적 장치는 의료급여 수급권자의 의료이용을 매우 강력하게 규제할 수 있어 형평의 원칙에도 어긋난다. 이러한 문제를 해결하려면 국민의 의료이용을 억제하는 법을 제정하기보다는 중복진료와 중복투약으로 발생할 수 있는 수급권자의 건강 위해를 예방하는 제도적 장치를 마련하고, 영국 NHS의 일반의 제도와 같이 일차 진료를 책임지고 보건의료의 문지기 역할을 할 수 있는 보편적 보건의료제도를 도입하는 것이 더 효과적일 수 있다.

2) 우리나라 아동 보건의료제도의 내용

(1) 공공의료보장제도

아동은 직계존속이나 직계비속이 건강보험 가입자일 경우 피부양자로서의 조건을 얻게 되어 건강보험서비스를 받을 수 있다. 그 외에 건강보험공단을 통해 아동을 특정해 지급하는 서비스는 다음과 같다.

① 영유아 건강검진

영유아 건강검진은 생후 4개월부터 71개월까지의 영유아를 대상으로 검진 시기별로 문진과 진찰, 신체계측, 건강교육, 발달 평가 등을 제공하는 서비스이다.

② 장애입양아동 의료비 지원

양육보조금 지급 대상으로 결정된 장애입양아동은 만 18세까지 의료비를 지원받는다. 지원 내용에는 양육자가 부담한 진료와 상담, 재활, 치료(심리치료 포함)에 소요되는 비용(급여와 비급여 부분 포함), 「의료급여법」에 따른 의료급여나 요양비에 대한 본인부담금, 진료, 상담, 재활, 치료에 드는 비용 중 다른 법령에 따른 본인부담금, 장애인 보조기구에 대한 의료비 등이 있다(복지로 홈페이지, 2021a)

(2) 아동·모성보호 프로그램

① 산모와 신생아를 위한 건강관리 지원 사업

기초생활보장 수급자와 차상위 계층(산모나 배우자의 건강보험료가 전국 가정 기준 중위소득 120% 이하)에 해당하는 출산가정의 산모를 지원하는 제도로 출산예정일이 2020년 7월 1일 이후인 가구를 대상으로 처음 시작하였다. 산모·신생아 건강관리사가 일정 기간 출산가정을 방문해 산후관리를 도와주는 서비스 이용권을 제공한다. 산후관리 내용으로는 산모 건강관리, 신생아 건강관리, 산모 식사 준비, 산모와 신생아 세탁물 관리와 청소 등이 있다(복지로 홈페이지, 2021b).

② 저소득층 가구를 위한 아기 기저귀와 조제분유 지원제도

기초생활보장, 차상위 한부모가정, 기준 중위소득 80% 이하 부모 또는 자녀가 장애인으로 등록된 가구, 기준 중위소득 80% 이하 다자녀가구(자녀 2인 이상) 중 0~24개월 아동을 대상으로 아기 기저귀와 조제분유 구매지원을 위한 바우처를 제공하는 것이다(복지로 홈페이지, 2021c).

③ 신생아 건강관리 지원 사업

건강보험 보장성 강화 대책으로 2018년 10월 1일부터 신생아 선천성 대사이상과 난청 선별검사, 자궁 내 태아수혈 처지 등 신생아 질환, 임신·출산 등의 20여 개 비급여 항목을 급여화하였다(베이비뉴스, 2018. 8. 6.).

5. 아동 보건의료제도의 평가

아동 보건의료제도는 각 나라가 운영하는 보건의료제도와 밀접하게 연결되어 있다. 앞에서 보았듯이 보건의료제도는 크게 사회보험(NHI) 방식과 국가보건서비스(NHS) 방식으로 나눌 수 있다. 두 방식은 국민의 의료를 보장하고자 하는 목적은 같으나 재원조달 방법, 의료공급의 방법 등에서 차이가 있다. NHI 방식에서는 보험원리에 따라 일차적으로 국민의 보험료로 재원을 조달하고 국가는 이차적 지도기능을 수행한다. 이 방식에서는 의료비에 대한 국민의 자기 책임을 전제로 하므로 정부에 대한 의존성을 낮추고 정부 부담을 줄일 수 있지만, 국민은 보험료 갹출에 대한 부담을 가질 수 있으며, NHS 방식보다 재분배 효과도 크지 않은 편이다. NHS 방식은 국가가 국민의 건강을 책임진다는 원칙에 따라 정부가 일반조세로 재원을 마련해 모든 국민에게 포괄적이고 균등한 의료를 보장하는 것으로, 의료의 공공성이 강하고 의료비 증가에 대한 통제도 강하며 소득재분배 효과도 큰 편이다. 그러나 NHS 방식이 의료의 사회화로 의료의 질을 저하시키고 치료 대기 시간이 너무 길다는 비판도 있다.

아동을 위한 보건의료제도는 포괄적이고 보편적일 필요가 있다. 아동은 질병이나 건강문제에 취약한 존재로 스스로 대처할 능력이 부족하고 빈곤과 같은 사회조건에 매우 취약하다. 실제로 유럽과 같은 선진국에서도 빈곤하고 사회적으로 배제된 아동이 그렇지 않은 아동보다 건강이 더 취약한 것으로 보고되고 있다(Wolfe, Tamburlini, Karanikolos, & McKee, 2013; Humanium 홈페이지, 2015).

과거에는 보건의료제도가 주로 의료나 기술 진보에 초점을 맞췄다면 최근에는 개인과 사회 안녕에 이바지하는 모든 보건, 교육, 정치, 경제 제도에 초점을 두고 포괄적으로 접근하는 경향이 커지고 있다. WHO는 보건의료제도란 건강을 유지, 회복, 증진하는 데 일차 목적이 있는 모든 조직과 사람, 행동으로 구성되며, 건강 증진에 직간접적으로 영향을 미치는 모든 노력을 포괄하는 것으로 정의한다. 이때 보건의료제도는 의료 서비스를 제공하는 것 이상을 의미하며 가족·사회·경제 제도의 개혁, 행동변화 프로그램, 교육, 건강보험제도, 직업과 관련한 안전법규 등을 모두 포괄한다(Wolfe et al., 2013).

이런 점에서도 아동 보건의료제도는 건강권과 인권 차원에서 다음과 같이 포괄적이고도 적극적으로 접근하고 확립해 나갈 필요가 있다.

첫째, 일차 보건의료제도(primary health care system)의 확보가 중요하다. 건강은 단순히 질병이 없는 상태가 아니라 심신이 안녕하고 사회적으로 행복한 상태를 의미한다. 예방은 아동 건강을 유지하는 데 매우 중요한데, 일차 보건의료제도는 건강교육과 예방접종을 통해 전염병의 확산을 방지하고 영양섭취나 위생에 관한 기본적인 정보 확산을 통해 건강한 환경과 행동을 끌어낼 수 있다. 유럽 등 10여 개국을 대상으로 한 연구에서도 일차 보건의료제도가 잘 작동할 때 아동에게 더 좋은 보건 서비스를 제공할 수 있을 뿐 아니라 비용절감 효과도 큰 것으로 나타났다(Thompson, Gill, van den Bruel, & Wolfe, 2013; Wolfe et al., 2013).

둘째, 아동 건강권을 보호하려면 여성의 산전·산후 보호를 강화해야 한다. 모성이 건강하지 않으면 신생아의 건강이나 생존 가능성이 위협받을 수 있다(Humanium 홈페이지, 2015).

셋째, 아동의 발달 단계에 따른 특별한 욕구 및 건강 위험에 대한 민감한 이해와 접근이 필요하다. 예를 들어, 신생아는 청소년보다 전염병이나 영양 부족에 더 취약할 수 있지만, 청소년은 성적 문제와 정신적 문제, 약물남용 등과 같은 위험에 노출되기 쉽다. 단계마다 적절한 건강 서비스를 받고 자란 아동은 성인이 되어서도 더 건강하고 역동적이고도 생산적인 사회발전에 이바지할 수 있다(Humanium 홈페이지, 2015).

넷째, 아동 보건의료제도는 단순히 질병 퇴치를 넘어서 더욱 보편적인 의료보장제도, 서비스 전달체계의 개혁, 사회보장제도와 같은 공공정책의 개혁 등을 포괄하는 제도여야 한다(Thompson et al., 2013). 이를 위해 아동의 건강과 안전, 아동발달 단계에 대한 이해와 적절한 지원, 시기적절하고 효과적인 치료와 예방, 통합적 치료와 조정, 환자중심 서비스, 사회기반시설로서의 보건의료제도 확립 등이 필요하다(US Department of Health and Human Services, 2015; WHO 홈페이지, 2015).

제**4**장

교육복지제도와 서비스

🏠 제1절 교육권과 교육복지제도

1. 교육과 교육권

'교육'은 좁은 의미에서는 공식적 제도교육을 의미한다. 이것은 가장 일반적인 개념으로 UN이나 UNESCO 등 국제기구에서 사용하는 개념도 일차적으로는 좁은 의미의 교육이라고 할 수 있다. 넓은 의미에서 교육은 인간이 후손의 존속을 위해 지식과 기술, 도덕을 전수하는 모든 활동으로 정의할 수 있다(Beiter, 2005). 교육은 그 자체가 근본적인 권리이며, 교육권의 보장은 다른 인권의 실현을 위해서도 꼭 필요하다. 즉, 교육은 인간의 자유와 역량강화를 촉진하고 사회경제적으로 취약한 성인과 아동이 빈곤에서 벗어나 사회에 완전히 참여하게 하는 주요한 장치이다(UN Committee on Economic Social and Cultural Rights, 1999).

'교육권(right to education)'은 1948년 12월 제3차 UN 총회에서 채택한 「세계인권선언(Universal Declaration of Human Rights)」 제26조를 비롯해 UN이 1966년 12월 채택한 「경제 · 사회 · 문화적 권리에 관한 국제규약(International Covenant on Economic,

Social and Cultural Rights, 이하 사회권규약)」 제13조(교육권)와 제14조(초등교육 무상)에서 규정하고 있다.

「세계인권선언」 제26조

1. 모든 사람은 교육받을 권리가 있다. 교육은 최소한 초등 기초단계에서는 무상이어야 한다. 초등교육은 의무적이어야 한다. 기술교육과 직업교육은 일반적으로 이용할 수 있어야 하며, 고등교육도 능력(merit)에 따라 모든 사람에게 평등하게 개방해야 한다.
2. 교육은 인격의 완전한 발전과 인권, 기본적 자유에 대한 존중의 강화를 목표로 해야 한다. 교육은 모든 국가와 인종적 또는 종교적 집단 간 이해와 관용, 친선을 증진하고 평화를 유지하려는 국제연합의 활동을 촉진해야 한다.
3. 부모는 자녀에게 제공하는 교육의 종류를 선택할 때 우선권을 지닌다.

「세계인권선언」 제26조 제1항은 교육이 누구나 가져야 할 보편적 권리임을 명시한다. 그러나 교육의 개념은 나라마다 다르고, 국가의 필요에 따라 주입식 교육이 이루어지기도 한다. 이러한 전체주의식 교육을 방지하기 위해 제2항에서는 교육이 "인격의 완전한 발전과 인권, 기본적 자유에 대한 존중의 강화를 목표"로 한다는 것을 밝히고 있다(류은숙, 2006. 8. 1.). 또한 세계인권선언은 교육은 모든 사람에게 평등하게 개방해야 함을 선언하고 있으며, UNESCO의 1960년 「교육차별방지협약(Convention against Discrimination in Education)」도 '차별금지'를 재차 강조한다. 1960년 파리에서 개최한 제11차 UNESCO 총회는 「세계인권선언」의 무차별 원칙과 모든 인간의 교육권 보장선언에 기초해 모든 교육제도에서 차별을 금지하고 교육의 최소 수준을 갖출 것과 그 질을 개선할 의무가 있음을 명시하였다(유네스코 홈페이지, 2014).

2. 교육권과 아동복지

교육은 아동에게 삶을 준비할 기회를 제공한다. 교육은 아동이 사회에 참여하고 사회 불평등을 해결하게 해 궁극적으로 아동의 복지를 향상한다. 사회정책이 '모든 시민을 사회체계에 지속해서 통합하게 하는 시도'라면, 교육은 '매우 중요한 사회정책의 구성요소'라 할 수 있다. 교육은 경제적·사회적·정치적 참여의 분배에 영향을 미치며 세대가 계속해서 이어지게 함으로써 사회를 유지·발전시키는 역할을 담당하고, 인적 자원과 자본의 활성화에 이바지함으로써 한 나라의 경제와 복지 증강에도 도움을 준다(Schmidt, 2007).

아동의 생활환경은 다양한 조건의 영향을 받으며, 특히 교육은 아동의 생활기회와 참여 가능성, 삶의 질, 낙인 등에 큰 영향을 미친다(Butterwegge, Klundt, & Zeng, 2005). 학교교육을 살펴볼 때, 아동이 교육과정을 잘 완수했는지는 이후 사회에 잘 융합할 수 있는지와 관련된다. 바꾸어 말하면, 교육의 결핍은 소외 위험을 높이므로, 공교육의 완수는 성공적인 생활에 중요한 요소가 될 수 있다.

따라서 아동복지 실현을 위해서는 아동 빈곤과 학교 중도탈락, 집단따돌림, 장애학생 문제 등을 해소해 아동의 사회적 통합을 보장해 주어야 한다. 이를 위해 무엇보다 교육 문턱을 낮추고 교육기반 시설을 확립할 필요가 있다. 아동에게 나이에 맞는 질 높은 교육을 제공해야 하며, 부모에게도 필요한 상담과 지원을 해야 한다. 구체적으로 아동 양육과 직업의 조화, 보육과 교육 지원제도의 개선, 교육권 강화, 아동수당 등을 통한 육아비용 지원, 저소득 가족에 대한 지원 강화 등 교육과 사회정책을 통합하는 정책이 필요하다(SPD, 2011).

3. 의무교육과 보상교육

국가가 아동의 교육권을 보장하는 기본 방식은 '의무교육(compulsory education)'과 '보상교육(compensatory education)'을 제공하는 것이며, 구체적인 내용은 다음과 같다.

1) 의무교육

'교육의 의무'란, 모든 국민이 자녀에게 최소한 법률이 정하는 교육을 받게 할 의무를 말한다(「헌법」 제31조 제2항). 부모는 자기 자녀를 국가가 법률로 정한 일정한 교육을 받도록 취학하게 할 의무가 있으며, 국가나 지방정부는 이에 필요한 교육조건을 정비할 의무가 있다. 이에 따라 부모는 취학할 나이의 자녀를 학교에 보내지 않으면 처벌받으며, 국가와 지방정부는 학교를 설치하고 운영할 의무가 있다. 현대

복지국가는 교육을 통해 국민에게 일상생활에 필요한 최소한의 능력과 교양을 함양해 국가사회에 필요한 시민을 양성하고 국민 생활권을 보장하고자 한다. 이를 위해 국가 대부분은 의무교육제도를 시행하는데, 이는 교육의 기회균등 사상에 근거해 모든 국민이 사회·경제적 지위와 관계없이 최소한의 필수적인 보통교육을 받을 수 있게 국가가 보장하는 것이다(브리태니커사전 홈페이지, 2014). 의무교육은 교육의 공공성과 무상성 보장, 교육복지 서비스의 확대를 통해 완전하게 구현할 수 있다.

(1) 교육의 공공성 보장

교육의 공공성을 보장하는 것은 공교육을 확대하는 것에서 시작한다. 공교육은 국가나 지방 교육 당국이 설립해 운영·관리하는 학교교육을 말하며, 좁은 의미에서는 주로 사립학교 교육과 구별할 때 사용하지만, 넓은 의미에서는 사립학교를 포함한 모든 초·중등교육을 통틀어 말하기도 한다. 공교육은 계층을 막론하고 모든 국민에게 능력에 따라 균등한 기회를 제공하려는 평등 원칙을 지향한다. 오늘날 공교육 평등의 이념은 교육 기회에 대한 해석을 확대하면서 기회의 평등만이 아니라 교육과정이나 결과의 평등도 중요하다는 인식으로 발전하였다(이윤미, 2001).

그러나 최근에는 세계화와 시장경제의 확산으로 경쟁 논리가 강화하면서, 모든 시민을 위한 보통교육보다 능력 있는 학생에게 맞추는 교육이 더 필요하다는 자유주의적 교육 논리가 대두하였다. 특히 공교육의 비효율성을 해결하는 방안으로 공교육 민영화 방안을 논의하기도 한다(김학한, 2014. 3. 27.). 그러나 이러한 경향은 경쟁구도를 심화해 여러 문제를 일으키기도 했다. 입시위주 경쟁사회에서 학생은 과도한 학습 부담과 심각한 신체·정서적 스트레스에 시달리고, 공교육에 대한 불신은 사교육비 부담을 늘려 가정경제를 압박하고, 소득 양극화에 따른 사회적 갈등을 심화하고 있다.

국가는 개인의 능력을 극대화하고 자아실현을 돕기 위해 개별 욕구에 따른 자유로운 교육활동을 보장해야 하지만, 동시에 계층이나 신분과 무관하게 누구나 교육받을 수 있는 공공성을 보장해야 한다. 공교육의 공공성이 무너지면 취약 계층 아동의 위화감이 커지고 사회의 불평등도 심화할 수 있다. 공교육의 질을 높이려면 재원이 필요하지만, 공교육에 대한 투자는 단순히 재정의 효율성 차원이 아니라, 평등과 사회통합, 안전한 미래사회 구현 등의 차원에서 논의해야 한다. 공교육기관이 사립

학교와 비교해 경쟁률이 떨어지는 것을 막으려면 국공립학교에 대한 공적 투자를 늘려야 하며, 저소득층과 다문화가정 자녀, 학교 부적응 학생 등을 위한 지원을 확대하고, 학습에서 배제되는 이주노동자 자녀와 10대 청소년 미혼모, 보호관찰청소년, 난치성 질환 초중고생 등의 학습권을 보장해야 한다. 즉, 공교육의 비효율성은 교육의 민영화를 통해서가 아니라 민주적 통제와 투명성, 책임성 확보를 통해 해결해야 한다.

(2) 교육의 무상성 확보

'교육의 무상성'이란 수업료와 교통비, 그 외 취학에 필요한 모든 비용을 가정이 전혀 부담하지 않는 것을 의미하며, 이러한 제도를 무상교육제도라고 한다. 무상교육제도는 교육의 평등 원칙을 구체적으로 실현하기 위한 제도로, 의무교육의 전제는 무상교육제도라고 할 수 있다. 그것은 무상교육 없이는 '의무'를 부과할 수 없기 때문이다.

아동의 교육권을 보장하고 사회통합과 안정성을 확보하려면, 보편적 교육복지제도를 확립하고 무상성의 범위도 더 넓힐 필요가 있다. 「세계인권선언」 제26조에도 초등교육이 무상이어야 함을 규정하며, 중·고등교육도 무상으로 발전시킬 것을 권한다. 국가에서 필요한 인재 양성을 위해 필수적인 교육 단계는 의무로 하고 이에 드는 경비를 국가가 부담함으로써 반드시 무상이어야 한다. 선진국에서는 일반적으로 교육제도도 보편주의를 기반으로 하고 있으므로 의무교육 기간보다 무상교육 기간이 더 길다(최준렬, 2013).

(3) 교육복지 서비스의 확대

'교육복지 서비스(education welfare services)'는 아동과 가족이 교육제도에서 최선의 혜택을 받게 돕는 전문적 교육지원 서비스이다(North Eastern Education and Library Board 홈페이지, 2014). 즉, 교육복지 서비스는 아동이 적합한 교육을 받기 어렵게 하는 모든 조건과 환경을 개선하고 예방함으로써 아동이 자신이 필요한 교육을 받아 잠재력을 최대한 발휘하게 하는 것을 목표로 한다.

가장 기본적인 교육복지 서비스는 학생의 무단결석이나 불필요한 결석을 방지하기 위해 부모와 아동을 돕는 것이다(The Royal Borough of Kensington and Chelsea,

2006). 아동이 학교에 제대로 출석하지 않으면 살아가는 데 필수적인 기술과 원리를 배우지 못해 교육적으로나 사회적으로 불이익을 받을 수 있다. 실제로 많은 연구 결과에서 무단결석이 반사회적 행동과 범죄 피해나 가해, 더 나아가 약물남용과도 관계가 있는 것으로 나타났다(The Royal Borough of Kensington and Chelsea, 2006). 따라서 아동이 학교에 잘 출석하게 하려면, 개인과 가족의 문제, 경제적 요인, 교육 환경 등 다양한 경로를 통해 아동이 받는 스트레스를 줄여 줄 필요가 있다.

교육복지 서비스는 방과 후 활동과 평생교육, 학교 부적응에 대한 상담과 개입 등을 포함하며, 빈곤아동과 장애아동, 다자녀가구 아동, 다문화가정 아동 등 위기에 취약할 수 있는 아동을 위한 서비스도 확대해야 한다. 이러한 서비스는 교육을 통해 아동이 원하는 결과를 성취하게 돕는다. 이때 교육복지 서비스를 제공하는 실천가는 학생과 부모, 보호자, 학교, 지역사회 등 관련된 개인, 기관 등과 함께 동반자 관계를 맺고 협력해야 한다(Schools InfoLink Essex 홈페이지, 2014).

2) 보상교육

'보상교육'은 국가나 사회가 특별히 사회 · 경제 · 문화적으로 혜택을 받지 못하는 지역이나 가정의 자녀를 위해 교육시설 등 교육조건을 정비해 교육 참여를 돕고 아동이 겪는 교육적 불이익을 적극적으로 보상하는 교육 프로그램과 정책을 말한다(교육학용어사전 홈페이지, 2014). 이는 특별한 욕구를 지닌 아동에 대한 교육제도와 서비스를 말한다. '특별한 욕구를 지닌 아동'이란 일반 아동과는 다른 교육적인 배려가 필요한 아동을 말하는데, 이는 장애아동과 영재아동을 모두 포함하는 개념이지만, 우리나라에서는 주로 장애아동을 의미한다. 「장애인 등에 대한 특수교육법」에서 명시한 장애 유형에는 시각장애와 청각장애, 지적장애, 지체장애, 정서 · 행동장애, 자폐성 장애, 의사소통장애, 학습장애, 건강장애, 발달지체 등이 있으며(제15조), 특수교육은 이처럼 특별한 욕구를 가진 아동 각자의 교육 요구를 충족하기 위해 아동의 특성에 적합한 교육과정과 특수교육 관련 서비스를 제공하는 교육을 말한다(제2조 제1호). 특수교육은 다음과 같은 특성이 있다.

(1) 개별화 교육

특수교육의 목적은 특수한 아동의 장애에 초점을 맞추는 것이 아니라, 아동이 지닌 능력을 발견하고 발전시키는 것이다. 이처럼 특별한 욕구가 있는 아동에게 적합한 교육을 시행하려면 개별화한 교육 프로그램이 필요하다. '개별화 교육 프로그램(Individualized Educational Program)'은 아동의 장애로 인한 발달 차이 때문에 일반적인 교육과정으로는 개별 아동의 필요를 충족할 수 없으므로, 각 장애아동의 발달에 적합한 프로그램을 개별화해서 계획하고 실행하는 것을 말한다(조윤경, 장지윤, 유연주, 2018).

(2) 통합교육

'통합(inclusion)'[1]은 장애아동이 차별과 배제의 대상이 되지 않고 모든 환경에서 더불어 살아가야 한다는 기본 인권을 보장하는 것과 관련이 있다. 이에 따라 통합교육은 장애학생과 비장애학생이 학습과 생활을 가능한 한 함께 함으로써 더불어 살아갈 능력을 기르는 데 그 목적이 있다. 이를 위해서는 장애학생이 지닌 개인차를 차별의 근거가 아닌 다양성으로 받아들여야 한다. 이런 관점에서 특수교육은 '정상화 원칙'과 교육 환경의 '최소제한 환경(Least Restricted Environment) 원칙'을 따르고 교육 현장에서 이를 적극적으로 수용하고 실천할 것을 강조한다(김윤옥, 1997). 특수교육에서 정상화란 장애인도 가능한 한 비장애인이 속한 '정상적인' 사회로 통합해야 하고 그것이 가능하게 하는 교육을 실천해야 한다는 것을 의미한다. 최소제한 환경은 특수아동을 최대한 '정상적인' 교육 환경에 배치해 교육해야 함을 명시한 것으로 특수아동 통합교육의 기반이 된다(전상희, 2007).

통합교육이 제대로 이루어지려면, 아동의 장애 유형과 발달 수준, 교사와 아동 비율, 비장애아동의 준비도, 교사의 훈련 정도 등을 고려해야 한다. 진정한 통합교육이란 단순히 특수아동을 일반학교의 특수반에서 교육하는 장소의 통합에 그치는 것이 아니라, 사회적 통합과 교육과정의 통합을 모두 포함한다. 즉, '완전통합교육'은 장애아동이 또래 아동과 협력하면서 학교의 모든 활동에 적극적으로 참여할 수 있게 필요한 인력과 도구, 교육 등을 지원하는 것을 의미한다. 이를 위해서는 특수아동을 만나는 비장애아동과 비장애아동의 부모, 교사, 지역사회의 태도가 매우 중

---

[1] 장애아동 통합은 적극적인 완전통합을 강조한다는 점에서 'integration'보다 'inclusion'의 표현을 더 많이 사용한다(김윤옥, 1997).

요하다(김동일, 손승현, 전병운, 한경근, 2010).

🏠 제2절 각국 교육복지제도

1. 의무교육제도

의무교육제도는 나라별로 차이가 크다. 유럽 교육제도의 특징은 무상교육 기간
이 길고 그 범위가 넓다는 점이다. 특히 스웨덴과 독일, 프랑스 등 보편적 교육제도
가 발달한 나라에서는 의무교육에 포함하지 않는 성인의 대학교육도 무상으로 제공
한다(양승실, 2011). 스웨덴은 초등교육기관인 '종합학교(comprehensive school)' 1학
년부터 9학년까지를 의무교육으로 정하고, 의무교육 기간에 급식을 비롯한 모든 비
용을 무상으로 제공한다. 또한 유아교육과 성인에 대한 평생교육도 무료이다(스웨
덴사무소, 2011; 양승실, 2011). 반면, 미국은 의무교육 기간이 비교적 긴 편이지만, 주
별로 차이가 있으며 의무교육 기간이라도 공교육만 무상으로 제공하고 사립학교는
비용을 부담해야 한다. 우리나라의 의무교육 기간은 9년이며, 2021년 「초 · 중등교
육법」을 개정함으로써 초 · 중 · 고등학교의 교육비를 무상으로 하였다. 각국의 의
무교육과 무상교육 현황을 살펴보면 〈표 4-1〉과 같다.

표 4-1 국가별 의무교육과 무상교육 현황

구분	미국	호주	독일	영국	핀란드	스웨덴	한국
의무교육 기간	10~13년 (주별로 차이가 있음)	10년 (초등~ 고등)	13년 (초등~ 고등)	11년 (초등~ 중4년)	9년 (초등~ 중3년)	9년 (초등 9년)	9년 (초등~ 중3년)
무상교육 기간	10~13년	13년	13년	11년	모든 단계	모든 단계	12년

무상범위	수업료, 입학금, 교과서비, 학교운영지원비, 학습재료비, 교통비	수업료, 입학금, 교과서비, 학교운영지원비, 학습재료비 교통비	수업료, 입학금, 교과서비	수업료, 입학금, 교과서비	전면	전면	입학금, 수업료, 교과용 도서 구입비, 학교운영지원비, 급식비
유상범위	급식비(단, 사립인 경우 모든 비용을 부모가 부담)	교복, 급식비	교통비, 교복, 급식비	급식비, 수학여행 경비, 클럽활동비	–	–	교통비, 교복, 수학여행 경비, 클럽활동비

출처: 양승실(2011); 황석연(2010. 9. 13.); 「초중등교육법」 및 「초등교육법 시행령」.

1) 유럽의 의무교육제도

유럽의 교육제도는 일관된 체계를 지니고 있는데, 유럽 주요 나라의 교육은 다섯 가지 영역으로 구분할 수 있다(Gries, Lindenau, Maaz, & Waleschkowski, 2005). 먼저, 기초영역으로 유치원, 학령 전 학교(preschool)가 있으며, 1차 영역으로 초등학교, 2차 영역에 인문계 중·고등학교[2]와 실업학교, 종합학교, 직업학교 등이 있다. 3차 영역은 전문대학, 대학교 등을 포함하며, 평생교육 영역으로 성인 평생교육과 직업 훈련 등이 있다.

- 기초 영역: 유치원, 학령 전 학교(preschool)
- 1차 영역(초등 영역): 초등학교
- 2차 영역(중·고등 영역): 김나지움, 고등학교, 실업학교, 종합학교, 직업학교 등
- 3차 영역: 전문대학, 대학교 등
- 평생교육 영역: 성인 평생교육, 직업 훈련 등

---

[2] 독일과 스웨덴, 이탈리아 등의 김나지움(Gymnasium), 프랑스의 리세(lycee), 영국의 퍼블릭스쿨(public school)과 유사하다(두산백과 홈페이지, 2015a).

표 4-2 EU 주요국 학제와 교육 기간   (단위: 년)

학제 EU 회원국	기초	초등	중등	고등
독일	3	4	6	3
프랑스	3	5	4	3
영국	2	7	4	2
오스트리아	3	4	4~5	3~4
스웨덴	4	9	3	
네덜란드	8		6	
덴마크	4	9	3	

출처: Gries, Lindenau, Maaz, & Waleschkovski (2005).

그러나 나라마다 교육 기간과 제공 방식은 다르다(Gries et al., 2005). 유럽 통합에 관한 조약인 「유럽연합조약(Treaty on European Union)」 제126조와 제127조에서도 교육제도의 조직과 구조는 원칙적으로 개별 회원국의 업무라고 명시하고 있으며, 국가의 역사와 전통, 경제구조 등에 따라 다양하게 제도를 구축하고 있다.

유럽 국가는 교육과 훈련에 관한 정책을 국가의 중요한 정책으로 여긴다. 또한 EU의 장기적 발전 전략인 「리스본 전략(Lisbon Strategy)」을 통해 교육정책은 EU의 핵심 정책이 되었다. EU는 국가의 성장과 고용을 위한 전략으로 평생교육을 강조하고 있으며, 이를 위해 아동이 조기에 학교를 떠나는 것을 막고, 인적 자원을 동원하며, 기술혁신과 연구투자를 강화할 것을 요구한다(Felix & Thum, 2010; Nicaise, 2008). 이는 인구 고령화에 따른 생산인력 감소와 은퇴 인구의 증가, 이민 증가, 지식사회의 도래, 세계경쟁 강화 등 인구·사회·경제학적 변화 속에서 교육의 역할이 더 중요해졌기 때문이다. 유럽연합집행위원회는 미래사회에 우선순위를 부여해야 할 교육과 훈련 정책을 다음과 같이 제시하고 있다(Nicaise, 2008).

① 성장과 고용전략으로 평생교육과 관련한 지침을 지속해서 개발할 것
② 교육과 훈련에 대한 연구와 혁신 기술 개발을 더 강화할 것
③ 변화하는 환경에 맞게 고등교육을 개혁할 것
④ 중국 등 새로운 경제 강국과의 경제협력을 위해 언어정책을 수정할 것

⑤ 평생교육과 유연 안정성(flexicurity) 정책을 통합할 것[3]

⑥ 고령 노동자를 훈련해 그들의 고용경쟁력을 높일 것

또한 EU는 유럽 내 타국에서 살면서 공부하거나 일하는 EU 시민을 위해 교육과 직업, 시민권 형성 프로그램을 위한 기금을 제공하고 있으며, 대학 간 학생의 자유로운 교환과 이동을 실질적으로 돕기 위해 1987년부터 '에라스무스 프로그램(European Community Action Scheme for the Mobility of University Students Programme: Erasmus Program)'을 운영하고 있다(European Commission 홈페이지, 2014).

2) 미국의 의무교육제도

미국의 교육제도는 지방분권적 성격이 강하다. 교육은 「연방헌법」상 주정부의 권한이므로 주마다 교육제도가 다르고 주 내에서도 지역마다 교육제도가 다르다.

미국의 교육제도는 크게 '취학 전 학교' '초등교육' '중등교육' '중등 후 교육(고등교육)'으로 나눌 수 있다. '취학 전 학교'는 조기 아동교육으로 유치원과 돌봄센터, 학령 전 학교 등이 있다. 초등교육은 주에 따라 학제가 다르며 보통 1~4학년이나 1~6학년까지로 되어 있다. 중등교육은 보통 5~9학년, 고등교육은 9~12학년까지를 말하지만, 여러 가지 변형된 형태가 많아 하나로 설명하기 어렵다(교육과학기술부, 부산광역시교육청, 2009).

의무교육 기간은 주마다 차이가 있지만, 기본적으로 초등교육 6년, 중등교육 4년을 포함한 10년이 의무교육에 해당한다(취학 전 교육을 포함하는 주에서는 13년). 그러나 미국의 의무교육은 국가 의무보다 부모 의무를 더 강조한다. 학교 중도탈락률이 증가함에 따라, 미국은 「의무출석법(Compulsory Attendance Law)」을 제정하였으며, 이 법에 따라 만 5~7세 아동이 16~18세가 될 때까지 학교에 다니게 하는 것을 부모의 책임으로 명시하였다(양승실, 공병호, 김현정, 2010).

---

3) 기업에는 해고와 채용의 유연성을 줌으로써 경쟁력을 높이게 하는 한편, 노동자에게는 사회안전망과 직업훈련 등을 통해 소득과 고용의 안정성을 제공함으로써 이들의 생활을 보장하는 것을 의미한다(한경경제용어사전 홈페이지, 2015).

3) 우리나라의 의무교육제도

우리나라에서는 '완전취학'과 '무상교육'을 지향하는 의무교육제도를 법제화와 시행 단계에서 많은 변화를 겪으며 완성하였다. 1948년 「헌법」 제16조에 교육의 기회균등, 초등 무상의무교육, 교육기관에 대한 국가감독권, 교육제도의 법정주의 원칙을 규정했으며, 부칙으로 1950년 6월 1일부터 의무교육을 시행한다는 것을 공표하였다.

의무교육이 본격적인 궤도에 오르게 된 것은 한국전쟁이 끝난 후 1954년 이후부터이다. 정부는 1954년부터 '의무교육완성 5개년 계획'을 시행해 목표연도인 1959년까지 전체 학령아동의 취학률을 96%까지 끌어올렸으며, 이후 1960년대 후반부터 초등교육은 거의 완전 취학률을 이루면서 실질적으로 의무교육의 완성 단계에 이르렀다(윤종혁, 박재윤, 유성상, 조경원, 2012). 중등교육은 1969년 '중학교 무시험 입학제'를 시행해 의무교육의 기초를 만들었으며, 1985년 2월에 도서벽지 중학교부터 의무교육을 시행했고, 2002년 신입생부터 중학교 무상의무교육을 전국적으로 확대해 9년 무상의무교육 체계를 완성하였다(양승실, 2011). 현행 「교육기본법」 제8조에서는 "대한민국 국민은 6년의 초등교육과 3년의 중등교육을 받을 권리가 있다."라고 명시하고 있다.

우리나라는 OECD 국가 중 · 고교 무상교육을 가장 늦게 시행한 나라이다. 2019년이 되어서야 「초 · 중등교육법」에 사립학교를 제외한 고등학교, 고등기술학교의 무상교육을 명시하였으며(제10조2), 2019년 2학기부터 무상교육의 범위를 학년별로 점차 늘려 2021년에 이르러 고등학교 전 학년으로 확대하였다. 무상교육은 학교운영지원비와 입학금, 수업료, 교과서비를 포함하고 있다.

2. 특수교육제도

1) 유럽의 특수교육제도

유럽의 특수교육제도는 프랑스와 독일을 중심으로 살펴본다. 프랑스는 2005년 「장애인의 동등한 권리와 기회, 참여와 시민권에 관한 법률」에서 모든 국민이 장애인을 동등한 시민으로 인정하고 그들에게 필요한 것을 지원해야 한다는 이념 아래, 단순히 물리적 · 환경적 통합만이 아닌 완전통합교육을 지향하였다. 따라서 프랑스 특수교육은 장애학생은 '장애인'이기 전에 '학생'이라는 시각을 명시하고 통합된 행정체계와 일반교육 주도의 통합교육을 구현하였다. 프랑스 특수교육의 형태는 크게 세 가지로 분류할 수 있는데, 일반학교의 일반학급에 배치하는 '완전통합교육', 일반학교의 특수학급에 배치하는 '부분통합교육' 그리고 우리나라 특수학교와 비슷한 기관인 '사회의료기관에서의 교육'으로 나눌 수 있다(이정남, 2013).

독일의 특수교육은 연방주 헌법에 따르며, 더 상세한 법률은 연방주의 교육법에 따른다. 2002년 5월부터 독일의 「장애인평등법(Behindertengleichstellungsgesetz)」이 효력을 발휘함으로써 장애인은 평등권을 보장받게 되었다. 그 전까지는 베를린과 작센-안할트주에서만 이 법을 시행했으나, 이후 연방주 대부분이 이 법을 적용했으며 2008년 니더작센주가 마지막으로 이 법을 시행하면서 독일 전체가 장애인의 법적 평등권을 실현했다(금미숙 외, 2011).

독일 연방정부의 '특수학교 기준지침'은 특수교육을 할 때 학습과정을 진단한 결과에 기초해 '발달 수준에 적합한 교육, 총체적인 교육, 의사소통과 활동중심의 교육'을 우선 시행할 것을 명시하고 있다. 교육목표와 교육방법, 교육기관과 매체는 학생의 교육 욕구에 따라 선택하지만, 수업구성은 일반교육과 근본적으로 다르지 않으며, 특수교육은 보충해야 할 과제를 좀 더 제공해야 할 뿐이라고 규정하고 있다. 이러한 원칙은 '정상화 원칙'에 기반을 두는 것으로, 장애학생의 능력을 인정하고 이들의 잠재력을 개발하기 위해 개인에게 적합한 학습 형태와 강도를 조정할 것을 강조한다(김승용, 2012).

2) 미국의 특수교육제도

미국은 1950년대 시민권 운동과 더불어 장애인의 탈시설화, 정상화 등을 담론화하면서 장애아동을 위한 교육도 함께 발전하였다. 1960~1970년대에는 장애아동을 시설로 분리하지 않고 최소제한 환경에서 살아가게 하려는 움직임이 가시화됐고, 이를 바탕으로 1975년 「전장애아동교육법(The Education for All Handicapped Children Act: EHA)」을 제정해 장애아동 교육의 관점을 '분리'에서 '통합'으로 전환했다. 이 법에서는 모든 장애아동이 각자의 개별 욕구에 맞춘 특수교육 서비스를 무상공교육으로 이용하게 하고, 교육의 효율성을 확인·평가하며, 장애아동과 보호자의 권리를 보호할 것을 명시하였다. 이를 실현하기 위해 구체적으로 '장애아동을 위한 무상공교육, 문화적 편견 없는 비차별적 평가, 개별화 교육, 최소 제한적 환경, 적절한 평가 기준과 절차 설정, 의사결정 과정에 부모 참여'라는 여섯 가지 원칙을 규정하였다(김동일 외, 2010). 이어서 1986년에는 0~2세 유아에 대한 특수교육을 입법화했고, 1990년에는 「장애아동교육법」을 「장애인교육법(Individuals with Disabilities Education Act: IDEA)」으로 개칭했으며, 1997년에는 0~21세까지의 장애학생에 대한 무상공교육을 명시하고, 최소 제한적 환경 배치의 권리, 부모의 역할과 권리, 학생의 학업 진전, 조정이나 징계 절차의 보호, 보조과학기술에 관한 내용을 강화하였다. 또한 2004년에는 「장애인교육법」을 「장애인교육향상법(Individuals with Disabilities Education Improvement Act: IDEIA)」으로 전면 개정해, 출생부터 고등학교 졸업까지(0~21세) 특수교육 대상으로 선정된 장애인에 대한 특수교육과 특수교육 관련 서비스를 확대하였다(교육부, 2013b; 금미숙 외, 2011).

3) 우리나라의 특수교육제도

우리나라의 특수교육제도는 1946년 대구 맹아학교를 설립하고, 이어 1949년 「교육법」에 특수학교 설치와 설립규정 등에 대한 내용을 명시하면서 특수교육의 제도적 초석을 마련했으며, 이후 지속적인 개정을 통해 오늘에 이르렀다(김미숙. 2010). 1977년에는 「특수교육진흥법」을 제정하였고, 1987년 의무교육 기간에 특수교육기관에 취학한 장애학생의 무상교육을 제도화하였다. 1994년 개정안에는 장애유아와 특수고등학생에게 무상교육을 제공하고, 초·중학교 과정은 의무교육으로 하는 내용을 포함했으며, "일반 학교의 장은 특수교육 대상자 또는 그의 보호자나 특수교육기관의 장이 통합교육을 요구하는 경우에 특별한 사유가 없는 한 이에 응하여야 한다."(「특수교육진흥법」 제15조 제1항)라고 규정함으로써 통합교육의 토대를 마련하였다. 또한 2007년에는 「장애인 등에 대한 특수교육법」을 제정했으며, 이 법 제3조에 특수교육 대상자 의무교육 나이를 만 3세부터 17세까지 확대해 유치원부터 고등학교까지 교육을 의무교육으로 하고, 만 3세 미만 장애 영아교육을 무상으로 하였다.

우리나라 특수교육은 이러한 법 제도를 통해 외형적으로는 완전통합 원칙과 무상교육을 법제화하였다. 그러나 장애인에 대한 사회의 인식이나 특수교육의 질적인 발전은 미흡한 편이고, 이에 따라 장애아동의 삶과 교육 환경에는 여전히 많은 문제가 있다. 장애아동의 완전통합을 위해서는 교육과정을 개선하고, 사회의 인식을 전환하며, 평생학습을 제도적으로 보장하고 다학문적 접근을 통해 특수교육의 발전을 이루어야 한다(김미숙, 2010).

3. 교육복지제도의 평가

스웨덴과 핀란드, 노르웨이 등 스칸디나비아 국가의 교육제도는 '보편적 방식의 통합모델(Educare Model)'이다. 복지제도에서 선별주의는 도움이 필요한 사람을 선별해 서비스를 제공함으로써 '비용 효과'를 높이려고 하지만, 보편주의는 특정 대상이 아닌 모든 사람에게 서비스를 제공해 적극적인 사회통합과 인간 존엄성을 보존하려는 '사회 효과성(social effectiveness)'을 강조한다(조흥식, 2010. 3. 30.). 보편주의적 접근방식에서는 원칙적으로 계층이나 가족 형태 등과 관계없이 모든 아동에게 공적 재원을 통해 보육과 교육 서비스를 제공한다. 보편적인 교육제도는 소득이 늘어나도 서비스 수급 자격이 사라지는 것이 아니므로, 노동유인 효과가 크고 노동력의 질도 높일 수 있으며, 특히 저소득집단에는 그 효과가 더 크다(OECD, 2002).

반면, 선별주의적 접근방식에서는 교육복지 서비스를 빈곤아동에게 제한적으로 제공한다(OECD, 2002). 선별적 교육복지 서비스는 대상을 선별해 서비스를 지급하므로 서비스 비용은 많이 들지 않지만, 낙인이나 배제 등 사회적 부작용이 크고 사회통합을 더디게 해 장기적으로 사회 부담을 증가시키며, 서비스 대상을 선별하는 과정에서 행정비용의 낭비도 초래할 수 있다. 또한 선별적 교육복지제도는 법령으로 제정한 최저 수준의 질 이상에 대한 규정이 없고, 다른 재분배제도가 없다면 프로그램을 불평등하게 확산해 지역별 편차를 일으킬 수 있다.

그러나 보편적 복지를 이루려면 재원 마련에 따른 과세 부담이 증가하므로, 자유주의자들은 보통 보편적 복지제도에 반대한다. 이들은 아동 무상급식 논쟁에서 보았듯이 부자에게 지원하는 것은 낭비이며 필요한 사람에게만 주는 것이 비용이 덜 든다고 주장한다. 하지만 실제로는 선별적 복지를 지속하면, 중산층 이상의 증세를 막아 부자에게 더 큰 혜택을 주게 된다. 누진과세제도를 강화해 부유층의 세금 부담을 높인다면, 부유층을 위한 지원도 형평에 어긋난다고 볼 수 없을 것이다.

한편, OECD는 질 높은 교육 · 보육의 제공을 위해 공공 투자를 늘릴 것을 권고한다. 그 이유는 교육 서비스를 제공하면 사회·정치·경제적으로 긍정적인 효과가 있기 때문이다. 이는 먼저 부모, 특히 여성의 사회진출과 노동시장 참여를 돕고, 그 다음으로 노동력 향상은 경제성장을 높이고 숙련된 노동력을 제공하며, 서비스 분야 고용 창출과 조세수입 증가, 개별 가구의 소득 증가와 지출 증가를 가져와 사회 경제적 효과가 크고, 마지막으로 아동교육과 아동 빈곤 퇴치, 아동의 교육적 불이익 극복과 같은 사회의 책임을 완수할 수 있게 한다(OECD, 2011b). 그러나 교육투자를 확대하는 것은 다음과 같은 한계도 있다.

첫째, '교육'의 강조는 빈곤 책임을 개인에게 돌릴 수 있다. 아동 빈곤은 교육과 문화, 보건, 주거, 여가 등 모든 차원에서 다양한 불이익과 연관되므로, 빈곤의 원인을 단순히 교육과 사회화의 결여나 문화 결핍으로 보고 교육 강화를 통해 빈곤을 해결하려는 시각은 문제가 있다. 이러한 시각 이면에는 아동이 개선된 교육 환경에서 열심히 노력하면 빈곤을 탈피할 수 있을 것이라는 전제가 있다. 이는 빈곤을 '열심히 노력하지 않은 결과'로 여길 우려가 있으며, 이런 논리로 국가는 빈곤을 빈민의 책임이라고 여기고 자신의 책임을 간과할 수 있다.

둘째, '교육'의 강조는 신자유주의식 성과주의를 확대할 수 있다. 신자유주의 가치체계에서는 개인의 자아실현보다 경제적인 성장을 중요하게 여긴다. 이런 상황에서는 생산성 향상을 평가 기준으로 하는 성과주의를 강조하게 되며, 교육을 생산성 향상의 도구로 활용할 가능성이 있다. 교육은 노동시장에서 개인의 경쟁력을 높여 주지만, 개인의 경쟁력 강화가 빈곤과 실업의 해결로 바로 이어지는 것은 아니다(Butterwegge, 2008. 6. 13.). 또한 경쟁이 극대화하면서 아동은 학교와 지역사회에서 극심한 긴장과 스트레스를 경험할 수 있고, 그 결과 정신적·신체적·사회적 성장이 저해될 수 있다. 아동의 지적 성장과 시장경쟁력을 강화하는 교육보다는 아동이 행복하게 성장해 건강하고 안정된 사회문화를 구성할 토대를 마련하려는 관점의 교육이 필요하다.

셋째, 교육정책만으로 모든 사회문제를 해결할 수는 없다. 교육에 투자하는 것이 사회정책에 투자하는 것보다 아동 빈곤을 해결하는 데 더 효과적이라는 주장은 교육이 노동시장에서의 성공과 밀접하게 관련되어 있다는 가정에서 비롯한다. 특히 인적자본론에서는 교육을 통해 반사회적 행동을 줄이고 개인의 경제적 생산성을 증강할 수 있음을 언급하면서, 영유아기에 대한 조기교육을 경제적인 투자로 강조한다.

그러나 교육이 개인의 발전에는 도움이 될 수 있지만, 교육만으로 사회문제를 모두 개선하기는 어렵다. 고용시장을 확대하지 않은 상황에서 교육받은 사람이 많아지면, 적은 수의 일자리를 두고 경쟁이 과열될 뿐이다. 교육 부족은 빈곤에 영향을 주지만, 그것은 주된 원인이 아니라 촉발자이며 오히려 빈곤은 그 자체로 아동의 교육적 성과에 큰 영향을 미친다(Butterwegge, 2006). 복잡한 사회문제를 해결하고 예방하려면 교육정책뿐만 아니라, 사회 · 경제정책과의 통합을 통한 재분배 대책이 더 필요하다(European Commission, 2009a, 2009b).

🏠 제3절 교육복지 서비스

1. 교육권과 교육복지 서비스

교육 · 문화 여건이 상대적으로 열악한 빈곤아동에 대한 교육복지는 계층 간 소득 격차가 커지고 가족의 기능 약화로 아동의 성장 환경이 점점 열악해지면서 그 중요성이 점점 더 커지고 있다. 빈곤이 아동의 발달지체와 낮은 학업성취도에 직접적인 영향을 미치는 것은 아니지만, 이들에 대한 지원이 없을 때 아동은 여러 가지 어려움을 겪을 수 있다. 소득이 낮은 부모는 자녀 교육비에 대한 부담을 느끼고 자녀 교육 투자에 제한이 있을 수밖에 없으며, 빈곤한 가족은 사회문화적 자본도 부족해 아동을 보호하거나 아동의 잠재력을 개발할 기회를 충분히 제공하기 어렵다. 실제로, 미국과 영국의 조사에서 저소득층 아동은 평균 성적이 낮고 학교수업에 상대적으로 집중하지 못하는 것으로 나타났으며, 영국의 저소득층 자녀는 부유한 학생보다 GCSE(General Certificate of Secondary Education)[4] 등급이 더 낮았다(McInerney, 2013. 4. 15.). 2007년 미국 앨라배마주의 '전국 교육 진보평가' 중 수리 영역의 결과를 살펴보면, 미국 학교의 무료 또는 감액 급식 기준인 연소득 3만 6천 달러 미만

---

4) 중등교육을 제대로 이수했는지 평가하는 영국의 국가검정 시험이다. GCSE 시험은 학문의 기초이론보다는 ICT(Information and Communications Technologies)나 사회교육 등 실제 사회적용에 필요한 실용적인 측면을 좀 더 강조한다(매일경제용어사전 홈페이지, 2014).

가정의 아동 43%가 최하등급 미만의 점수를 받았으며 차상위 이상 가정의 학생은 14%만이 최하등급을 받았다(Jonsson, 2007).

빈곤한 아동은 그렇지 않은 아동보다 더 많은 위험에 노출될 수 있으며, 부모의 낮은 교육 수준은 아동의 학교적응에 부정적 영향을 미칠 수 있다(Butterwegge, 2006). 결국 사회적 불평등은 교육 불평등으로 이어지기 쉽고, 교육 불평등은 다시 사회적 불평등 격차를 더 확대한다. 따라서 취약아동을 위한 교육복지 서비스가 필요한데, 이는 단지 학습 측면만이 아니라 아동의 사회성과 인성의 향상을 위해서도 중요하다.

교육복지 서비스는 빈곤아동이 교육 상황에서 소외되는 것을 막고 평등한 교육기회를 제공하며, 교육의 질을 적정 수준에서 확보하기 위한 목적이 있다. 1990년 「아동권리협약」에서는 모든 아동의 교육권을 국제법으로 규정했으며, 국제적인 노력의 결과 2011년 전 세계 초등학령기 아동의 91%가 학교에 등록한 것으로 나타났다(UNICEF Data 홈페이지, 2014). 특히 EU 국가와 OECD 국가는 지난 세기 동안 교육에 대한 투자를 지속해서 늘려 왔다. OECD 국가 대부분은 경제위기에도 교육에 대한 공공지출을 줄이지 않았으며, 교육지출을 줄인 벨기에와 에스토니아, 아이슬란드, 이탈리아, 일본, 미국 6개국의 감소폭도 GDP 감소폭보다 크지 않았다(OECD, 2012c). 또한 OECD 국가 대부분은 학교 중도탈락률을 줄이려고 다각적으로 노력하고 있다(Falch & Strøm, 2008).

'교육복지 서비스'는 교육권을 구현하게 돕는 전문 실천 분야이다. 보편적 의무교육이 정착하면서 교육복지 서비스의 일차적인 역할은 모든 아동이 학교에 등록해 학교교육을 완수하게 돕는 것이었다. 그러나 시간이 흐르면서 교육복지 서비스 영역과 범위는 더 확장해 출석 관련 지원 외에도 아동의 정서적 어려움과 가족문제, 학교생활, 또래관계, 지역사회 참여를 지원하는 방향으로 넓어지고 있다.

2. 교육복지와 학교사회복지 서비스

교육복지란 "교육 소외와 교육 불평등 현상을 해소하고 전 국민이 높은 수준의 교육을 누리게 하며, 궁극적으로 국민의 삶의 질 향상과 사회통합을 이루기 위한 다양한 노력"을 말한다(윤철수, 2005, p. 70). 여기에서 교육 불평등 해소란, 첫째, 사회

계층과 지역, 성별과 관계없이 교육 기회를 평등하게 하는 것, 둘째, 학교의 물리적 시설, 교육과정 등의 질적 차이가 없게 하는 것, 셋째, 학생의 사회계층이 학업 수행 결과에 영향을 미치지 않게 하는 것을 뜻한다(석태종, 1993). 교육복지는 일반적으로 교육 기회와 질의 불평등 해소에 초점을 둔 거시적 개념으로 볼 수 있다.

교육 불평등 현상을 해소하려면 교육과정과 결과에 영향을 미치는 가정의 사회·환경적 요인을 변화시킬 필요가 있는데, 이런 변화를 위한 미시적 실천을 '학교사회복지'라 한다. 교육복지는 학령기 이전과 이후를 포함하는 전 생애에 걸친 교육권 보장과 학교만이 아닌 전체 사회에서 이루어지는 교육 관련 정책과 서비스를 포괄하며, 학교사회복지는 이를 달성하기 위해 사회복지방법론을 적용하여 이루어지는 전문적 실천을 뜻한다.

그러나 실천 현장에서는 교육복지와 학교사회복지의 개념을 혼용한다. 영국은 학교사회복지라는 용어를 거의 사용하지 않고 교육복지와 교육복지 서비스라는 용어를 사용하는데, 여기에서 교육복지 서비스는 교육정책의 하위 영역에 포함된 미시적 실천을 의미하며, 이를 실천하는 전문가도 교육복지사로 부른다. 우리나라에서는 교육복지와 학교사회복지라는 용어를 실천 주체와 방법에 따라 다르게 사용한다. 보통 교육복지는 교육부에서 주관하는 교육정책 영역으로 구분하고, 학교사회복지는 학교에서 학생을 대상으로 수행하는 사회복지 영역으로 정의한다. 하지만 교육복지사업은 실제로 많은 사회복지 내용과 미시적 실천을 포함하고, 교육복지사로 활동하는 전문가도 학교사회복지사인 경우가 많다.

이러한 상황에서 교육복지와 학교사회복지의 개념을 통일하기가 쉽지 않지만, 장기적으로는 두 가지 개념을 명확하게 정리할 필요가 있다. 이 책에서는 교육복지를 교육권 보장과 관련한 거시적 제도와 정책으로, 학교사회복지는 그것을 구현하는 미시적 실천으로 정의하고자 한다. 특히 이 장은 주로 학교에서 이루어지는 미시적 실천에 관해 설명하였으므로, 이를 학교사회복지 서비스로 통칭하였다.

3. 학교사회복지 서비스

1) 학교사회복지 서비스의 개념

학령기 아동과 청소년이 가장 많은 시간을 보내는 곳은 학교이다. 학교는 배움을 목적으로 전문가 집단인 교사가 제도적인 교육을 하는 곳이며, 아동과 청소년이 교사 및 친구와의 관계 속에서 자연스럽게 사회화하는 곳이다. 또한 학교는 아동과 청소년의 교육에 대한 권리를 실현하게 돕는 구체적인 장이기도 하다. 이에 따라 「교육기본법」 제9조 제3항은 학교교육은 학생의 창의력 계발과 인성 함양을 포함해 '전인적'으로 이루어져야 함을 강조한다.

그러나 많은 아동은 다양한 이유로 이러한 권리를 누리지 못한다. 아동은 신체적·정신적 어려움이나 장애, 약물남용, 임신 등의 문제를 겪을 수 있고, 가정폭력과 이혼, 아동학대, 빈곤, 노숙, 질병 등으로 고통받기도 한다. 학교 안에서는 또래의 따돌림이나 교사의 학대, 취약한 시설로 인한 어려움을 경험할 수 있으며, 폭력과 범죄가 만연하고 취약한 지역사회 환경, 서비스 부족, 인종차별주의 등도 학교부적응과 학습부진 문제로 연결될 수 있다(Huxtable & Blyth, 2002).

따라서 아동의 건강한 성장을 위해서는 아동을 둘러싼 환경을 이해해야 하며, 아동의 개별 상황에 따라 적절히 개입해야 한다. 이러한 관점에서 우리나라 학교사회복지사협회는 "학교사회복지를 학교에서 일어나는 학생의 문제를 개인의 문제만이 아닌 개인을 둘러싼 환경과의 상호작용 결과로 보고, 이러한 문제를 학생과 학교, 가정, 지역사회의 연계를 통해 예방하고 해결해야 한다."라고 밝히고 있다. 그리고 학교사회복지는 '모든 학생이 자신의 능력을 최대한 발휘할 수 있도록 최적의 교육 환경과 공평한 교육 기회를 제공하여 궁극적으로 교육의 목적을 달성하고, 학생 복지를 향상할 수 있도록 지원하는 교육 기능의 한 부분이며, 사회복지 전문 분야'로 정의하였다(한국학교사회복지사협회 홈페이지, 2014). 미국 국립사회복지사협회(National Association of Social Work: NASW)도 학교사회복지를 "학교에서 학생의 신체적·심리적·사회적 발달을 지원하기 위해 학생과 가족, 학교, 지역사회의 자원을 연계하여 그 영향력을 조정하고 통합하는 활동"으로 명시하였다(NASW 홈페이지, 2014). 즉, 학교사회복지는 학생의 욕구를 충족하고 문제를 예방해 건강하고 행복한 학교생활을 지원하기 위해 학교와 함께 사회복지를 실천하는 전문 분야를 의미한다. 이는 단지 학교 안에서 이루어지는 임상사회복지 실천을 의미하는 것이 아니라 모든 아동의 차이를 존중하고 아동과 부모, 교사를 돕는 것을 뜻한다 (Constable, 2008).

한편, 학교사회복지의 개념은 시대적 · 학문적 발달에 따라 변화했다. 1900년대 초기에는 주로 학교와 가정을 연계하는 '방문교사'의 역할로 정의했고, 1900년대 중반에는 심리치료와 사회적 기능 향상을 중심으로 개념화하였다. 생태학적 관점의 영향을 받은 1970년대 이후에는 학교와 가정, 지역사회를 연계하는 역할을 강조하였으며, 학교사회복지에 대한 최근 경향은 학교를 기반으로 지역사회와 함께 통합 서비스를 제공하는 것이다(한인영, 홍순혜, 김혜란, 2005).

2) 학교사회복지 서비스의 특성

학교사회복지는 다른 사회복지 분야와 다른 몇 가지 특성이 있다(교육복지연구소, 2006).

첫째, 학교사회복지 서비스는 학교라는 특수한 장(setting)에서 이루어진다. 학교는 교육을 목적으로 하는 공적 조직으로, 주요 구성원은 학생과 교사, 행정직원 등이다. 이러한 상황에서 학교사회복지사는 학교 조직의 고유한 목적과 사회복지의 목적을 동시에 고려해야 한다.

둘째, 학교사회복지 서비스를 수행하는 주체는 주로 사회복지사이다. 사회복지사는 사회복지방법론을 활용해 실천하지만, 임상적 전문성과 더불어 행정적 전문성을 모두 발휘해야 한다. 학교에서 근무하는 학교사회복지사는 보통 1명이며, 혼자서 모든 일을 해결해야 할 때가 많기 때문이다.

셋째, 학교 현장은 단지 학교만으로 한정한 물리적 공간이 아니라, 생태체계적 관점에서 아동을 둘러싼 학교와 가정, 지역사회 영역으로 확장한 영역이다. 따라서 학교사회복지사는 학교와 가정, 지역사회 간 연계와 협력이 이루어질 수 있도록 노력해야 한다.

넷째, 학교사회복지를 실천할 때는 학생과 교사, 학부모, 지역사회 전문 인력과 주민이 협력할 수 있어야 한다. 이는 복잡하고 다양한 학생의 문제를 해결하기 위해 이들의 욕구를 충족하는 통합적인 서비스 자원체계를 마련하기 위함이다.

---

3) 학교사회복지의 역할

학교사회복지의 역할은 생태체계적 관점을 토대로 설명할 수 있다. 이 접근은 개인의 상황을 이해하는 데 도움이 되며, 여러 개입방법 간의 관계를 이해하는 데도 유용하다. 예를 들어, 교실 안에서 드러나는 학생의 행동은 다른 환경과의 관계에서 살펴볼 때 더 잘 이해할 수 있으며, 이러한 이해를 바탕으로 적합한 방법을 선택할 수 있다(Constable, 2008).

먼저, 개인 차원에서 학교사회복지는 아동과 청소년의 모든 관심과 문제를 다룬다. 학교사회복지사는 등교 거부와 학업에 대한 흥미 상실, 학습부진, 과잉행동, 폭력 행동과 관련된 문제뿐 아니라, 의사소통이나 갈등해결 기술 향상을 위해 학생과 가족, 교사를 지원하고 서비스를 제공한다. 집단에 대한 서비스로는 일반 학생을 위한 집단 프로그램과 여가활용 지원, 학생모임 지원, 부모를 위한 지지집단, 학교 발전을 위한 직원모임 지원 등이 있다. 지역사회 차원에서 학교사회복지는 학교와 지역사회 혹은 학교와 특정 기관 간 교류를 원활히 하는 역할을 담당한다. 예를 들어, 학교사회복지사는 지역의 보건소나 상담실 등과 협력하는 다학제 팀의 일원이 되어 활동해야 한다. 최근에는 사례관리의 필요성이 증가하면서 학교사회복지사가 사례관리자 역할을 하는 경우도 많아지고 있다(Jozefowicz, Allen-Meares, Piro-Lupinacci, & Fisher, 2002; Schermer, 2014).

제4절 각국 학교사회복지 서비스

1. 미국 학교사회복지 서비스

1) 미국 학교사회복지 서비스의 발달

미국의 학교사회복지는 1906년 뉴욕과 보스턴, 시카고 등에서 처음 시작했으며, 초기에는 '방문교사(visiting teacher)'가 빈곤학생 지원과 가정방문 등을 주로 하다가 1913년 뉴욕주 로체스터 교육 당국이 방문교사 프로그램에 재정지원을 하면서 처음으로 학교사회복지사라는 표현을 사용하였다(Oppenheimer, 1925: Jozefowicz et al., 2002: 39에서 재인용). 1918년 미국의 거의 모든 주에서 「의무교육법」을 제정하고 학교출석을 단순한 권리가 아닌 의무로 규정했으며,「아동노동법」제정과 '지역사회 정착 운동(Settlement Movement)' '정신위생 운동' 등이 일어나면서 취약아동 교육에 대한 관심이 증가하였다. '인보관 운동'으로도 불리는 지역사회 정착 운동은 1880년 대에 시작해 1920년대에 정점에 이른 사회개혁 운동으로, 주로 도시 빈곤지역에 중산층 자원봉사자들이 거주하는 '인보관(Settlement Houses)'을 세우고 지식과 문화를 공유하고 빈곤 감소를 위해 노력하였다. 인보관은 지역 빈민의 삶을 개선하고자 보육과 교육, 보건 등의 서비스를 제공하였는데(Alexandra Neighbourhood House 홈페이지, 2014), 이는 미국에서 학교사회복지가 더욱 발달하게 되는 계기가 되었다.

그러나 1930년대 대공황 시기에 학교사회복지는 큰 폭으로 위축되었다. 방문교사제도를 폐지하거나 감축했고 그 역할도 기본적인 의식주 제공과 관련된 것들로 변했으며, 1940년대에는 학생과 부모, 교직원에게 직접 서비스를 제공하는 개별사회사업 기능에 다시 주목하게 되었다. 1960년대에 이르러서는 학교사회복지사의 미시적·임상적 접근을 비판하는 움직임이 나타났다. 전문가들은 교육 기회의 불평등이 취약아동의 창의력과 교육 동기를 낮추는 악순환을 가져온다는 문제를 제기했으며(Jozefowicz et al., 2002), 이에 따라 학교사회복지사의 역할은 학교의 기능을 재조정하고, 사회 환경에 개입하는 거시적 접근으로 확장하였다. 또한 1975년 「전장애아동교육법(Education of All Handicapped Children's Act)」을 제정하면서 학교사회복지는 '최소제한 환경'으로 장애아동을 배치하는 중요한 역할을 담당하게 되었다. 이 법은 학교사회복지 서비스를 공식적으로 인정한 최초의 법으로, 당시 학교사회복지사의 업무는 여전히 개별학생 서비스 중심이었지만 점차 행정가와 교사, 지역사회, 지역 기관과의 연계가 증가했고, 지역사회가 필요로 하는 교육실천을 지원하는 동시에 학교 안에서 서비스를 제공함으로써 학교와 지역사회 간 가교 역할을 하게 되었다(Jozefowicz et al., 2002).

그러나 1970년대 말 인플레이션으로 사회복지 예산을 삭감하면서 학교사회복지사 업무를 학교의 다른 인력이 대체하는 등의 위기가 나타났다. 이를 계기로 NASW는 학교사회복지 표준화와 전문화 작업을 진행했으며, 1976년 학교사회복지사 표준안을 개발하고 1992년, 2002년에 걸쳐 개정했다. 이는 학교사회복지의 전문성을 인정하고 관심을 확대하는 계기가 되었고 1994년부터 학교사회복지는 NASW의 실천 분야로 정착했다. 또한 같은 해 NASW와는 독립적으로 '미국학교사회복지협회

(School Social Work Association of America: SSWAA)'를 결성했고, 2009년에는 두 번째 전국 조직인 '미국학교사회복지위원회(American Council for School Social Work: ACSSW)'가 만들어졌다(Dupper, 2002; Schermer, 2014).

2) 미국 학교사회복지 서비스의 내용

미국 학교사회복지사는 대부분 학군(school districts) 단위로 고용하며(School of Social Work Association of America 홈페이지, 2014), 사회복지 석사학위 소지자로 학교 안에서 다학제 팀의 일원으로 일한다. 주된 서비스 대상은 학교 내 빈곤학생과 장애학생이지만, 최근에는 헤드스타트 프로그램에서 근무하는 학교사회복지사를 지원하기도 하고, 노숙문제나 약물남용, 폭력근절 등을 위한 서비스에도 적극적으로 관여한다(Jozefowicz et al., 2002).

미국에서 학교사회복지사는 학교 안에서 학생의 교육 욕구를 충족하게 돕고, 학생의 학습 능력을 방해하는 개인적 · 사회 환경적 문제에 개입한다. 또한 사회복지사는 학생과 학교의 어려움을 발견하고 평가 · 개입하며, 학생의 건강문제, 약물이나 알코올 남용, 우울증, 자살 충동, 또래 학생 간 갈등과 폭력, 아동 학대와 방임, 문화적 오해와 갈등, 학교에 대한 두려움, 빈약한 학교 환경, 해로운 학교정책과 빈곤 등의 문제를 다룬다(Jozefowicz et al., 2002). 구체적으로 미국학교사회복지위원회는 학교사회복지사의 역할을 다음과 같이 규정한다.

미국 학교사회복지사의 역할

1. 학교사회복지사는 부모가 자녀의 발달적 · 교육적 욕구를 이해하도록 돕고, 학교에서 아동의 상황을 대변하며 아동에게 필요한 교육복지 서비스를 지원한다.
2. 교사와 교직원이 학생의 문화와 가족 요인을 이해하게 하고, 다양한 학생의 교육목표를 달성하도록 지원한다.
3. 학교행정가와 함께 예방 프로그램과 정책을 만들고 실행한다.
4. 가정과 지역사회를 연계하고, 정신보건, 행동 프로그램, 재입학 등과 관련해 지역사회기관과 학교 간 협력관계를 이끈다.

출처: School of Social Work Association of America(SSWAA) 홈페이지 (2014).

3) 미국 학교사회복지 서비스의 평가

20세기 초 미국의 학교사회복지사는 방문교사로서 학생의 출석을 강제하고 교사와 이민가족 학생 간의 이해를 촉진하는 역할을 담당하였다. 이후 방문교사라는 용어는 점차 학교사회복지사로 변했으나, 일반 대중은 학교사회복지사를 교사나 심리치료사, 가정과 학교중재자 등으로 이해하는 등 학교사회복지사의 개념과 역할은 모호한 상황이었다. 이에 따라 학교사회복지사는 학교 안에서 공식적 · 비공식적 지위와 영향력을 확립하는 데 어려움이 있었으며, 이는 학교 내 다른 전문직과의 갈등을 유발하는 요인이 되기도 했다(Higy, Haberkorn, & Pope, 2012). 미국의 학교사회복지는 오랜 역사가 있음에도 역할 관련 문제가 지속하고 있으며, 다음과 같이 해결해야 할 과제가 많다.

첫째, 전문가로서 독립성과 권위가 약하고 역할이 모호하다. 학교사회복지사는 학교−지역사회−아동−부모 간 상호작용에 초점을 맞추고 아동이 교육 기회를 효과적으로 활용해 잠재력을 발전시키게 돕는 전문가팀의 중요한 일원이다. 그러나 학교사회복지사의 역할은 학교장이 그 서비스의 가치를 인정할 때 비로소 실현할 수 있는 불안정한 위치에서 벗어나지 못하고 있다(Higy et al., 2012).

둘째, 미국의 학교사회복지는 서비스 폭이 좁다는 한계가 있다. 특히 서비스 대부분이 장애아동에 관한 것에 편중되어 있다. 또한 학교사회복지사는 사전 예방과 체계에 대한 개입보다 특정 문제를 지닌 학생에 대한 사후처방 중심의 치료적 개입을 담당한다. 따라서 미국 학교사회복지는 일반집단에 대한 예방책을 개발하고 학교와 지역사회, 학생 간 관계를 돕는 것으로 역할 확장이 필요하다(Jozefowicz et al., 2002).

셋째, 통합교육과 훈련이 부족하다. 학교사회복지사는 교육과 간호, 심리학 등 다른 전문직과 함께 팀원으로 일해야 하지만, 전문 교육과 훈련은 서로 분리되어 진행되고 있다. 최근 아동과 가족을 위한 통합적 보건 · 사회복지 서비스의 등장으로 학교사회복지사의 역할에도 변화가 필요한 상황이다(Jozefowicz et al., 2002).

2. 영국 학교사회복지 서비스

1) 영국 학교사회복지 서비스의 발달

영국에서는 학교사회복지라는 용어를 거의 사용하지 않으며, '교육복지 서비스

(Education Welfare Service: EWS)'와 '교육복지사(Education Welfare Officer)'란 용어를 사용한다(Blyth & Cooper, 2002; Nieslony, 2014). 교육복지사는 학교가 직접 고용하지 않고 지방자치단체 교육복지 서비스국에서 고용함으로 학교와는 독립적인 관계이다(Jozefowicz et al., 2002).

영국의 교육복지사업은 19세기 말 「교육법」 제정으로 보편적 의무교육을 도입한 시기에서 그 뿌리를 찾을 수 있다. 당시 부모들은 의무교육에 관한 법이 있음에도 자녀를 학교에 보내지 않고 일을 하게 하는 경우가 많았다. 이에 따라 교육 당국은 '학교출석관(School Attendance Officer)'을 고용해 학교출석을 강제하였다. 학교출석관은 처음에는 주로 출석 관련 업무만을 담당했지만, 점차 학습 지도와 생활 지원 등의 서비스도 제공하게 되었다. 이후 교육과 복지를 통합해야 한다는 주장이 커지면서 1970년에 교육복지 서비스를 시작하였고, 학교출석관이라는 명칭도 자연스럽게 교육복지사라는 이름으로 바뀌었으며, 자원봉사로 이뤄지던 많은 업무를 정부기관의 책임으로 전환하였다(Williams, 2005).

그러나 1970년대 이후 교육복지 서비스는 공공지출 삭감정책에 따라, 모든 학생을 위한 보편적 방식의 복지 서비스가 줄고 학생의 행동문제와 출석 개선을 목표로 하는 특화된 프로그램만 제공하는 형태로 바뀌었다. 즉, 경찰과 교육복지사가 함께 지역사회를 순찰하면서 결석한 학생을 '무관용 원칙(zero tolerance)'에 따라 관리하는 '무단결석 감시 프로그램(Truancy Watch Programs)'에 한정되었다. 뿐만 아니라 영국의 교육복지 서비스는 아직 학교와 독립적인 관계에 있지만, 2000년 정부는 15개의 지방교육청에서 중등학교 차원의 교육복지 경영 책임을 학교에 직접 부여하는 시범 사업을 시도하였다. 그러나 이러한 사업은 교육복지사의 업무 독립성을 줄이고, 학교와 교육복지사 간 갈등을 증가시키는 요인이 되기도 하였다(Jozefowicz et al., 2005).

영국에는 현재 두 개의 교육복지 관련 협회가 있다. 하나는 '교육에 종사하는 전국사회복지사 협회(National Association of Social Workers in Education: NASWE)'이고 다른 하나는 '교육복지 관리를 위한 협회(Association for Education Welfare Management: AEWM)'이다(Nieslony, 2014).

2) 영국 학교사회복지 서비스의 내용

1996년 개정한 「교육법(Education Act)」은 만 5~16세까지 의무학령기에 속한 자녀가 의무교육을 받는 것을 부모나 양육자의 법률상 의무로 규정했으며, 교육복지사의 주 업무는 부모와 협력해 학생의 정규출석을 지원하고 무단결석과 불필요한 결석을 막는 것으로 규정하였다. 교사는 학생이 출석하지 않으면 부모를 만나 적합한 결석 이유가 있는지 알아본 뒤 출석문제를 해결하고자 노력해야 한다. 만약 이 노력이 실패하고 출석률이 80% 미만이면 학교는 교육복지사에게 의뢰할 수 있으며, 교육복지사는 문서로 앞으로 진행할 절차를 부모에게 알리고 필요한 지원을 한다. 만약 결석률이 전체 출석일의 10%가 넘으면 개별사회복지 서비스를 16주간 제공하며, 이러한 노력에도 결석률이 개선되지 않으면 교육복지사는 부모를 고소할 수 있다(Hoyal, 2012; The Royal Borough of Kensington and Chelsea, 2006). 교육복지사는 학교 안팎의 어려움이 아동의 학급 내 문제나 결석에 영향을 미치는지 파악하고 아동의 학교생활을 돕는 일을 한다. 또한 중도 탈락하거나 졸업한 학생의 교육욕구를 해결하기 위해서도 노력한다. 현재 영국 교육복지 서비스의 역할은 주로 학생의 출결문제 해결에 집중되고 있지만, 점차 사회적 배제나 아동보호, 반사회적 행동, 아동노동, 범죄, 대안교육과 정규학교 이외 배치, 건강과 안전, 난민문제 등 다양한 영역으로 확대하고 있다(Reid, 2006). 영국 교육복지사가 수행하는 구체적인 역할을 정리하면 다음과 같다.

영국 교육복지사의 역할

- 학생의 결석문제 해결을 위해 학교 당국과 접촉하며, 상황을 파악하고 아동, 부모, 학교와 지지계획을 수립한다.
- 학교나 기타 기관에 부모의 요청이 있으면 부모 입장을 대변한다.
- 필요할 경우 의료진이나 교육심리학자와 같은 다른 지원 서비스에 의뢰하고 가족에게 다른 전문적 지원 프로그램에 관한 정보를 제공한다.
- 학교출석 문제가 계속 개선되지 않을 때에는 가족상담회의(family consultation meeting) 참석을 요청하고 학교출석위원회 회의(school attendance panel meeting) 및 사회복지 서비스 기관과 기타 기관도 참여하는 교육계획회의(education planning meeting)를 소집한다. 만약 그래도 개선되지 않으면, 부모나 양육자를 법원에 고소할 수 있다.

- 출석 외 문제의 해결을 위해 부모를 대변해서 학교와 연락하며, 자녀 양육 등과 관련해 부모를 지원한다.
- 공격성과 따돌림, 음주문제, 약물남용, 임신, 학대 등 특별한 욕구가 있는 아동을 지원한다.
- 학생의 전학 상담을 하고, 퇴학학생과 공공부조 수급 아동, 소수인종 출신 아동, 위법행위 아동을 지원한다.
- 아동노동 문제 및 무상급식과 같은 복지혜택에 관한 상담을 한다.

출처: North Eastern Education and Library Board 홈페이지 (2014); Tameside 홈페이지 (2014).

3) 영국 학교사회복지 서비스의 평가

영국의 교육복지는 의무교육의 출석강제를 위해 시작했으며, 현재도 출결 관련 업무가 전체 업무 중 75%에 해당한다. 그러나 출석 개선은 전략적인 접근과 더 많은 자원, 조기 개입과 지원이 필요한 복잡한 업무로, 지금같이 제재중심으로 개입하는 것은 너무 단순한 조처라는 비판이 있다. 부모에 대한 법적 제재보다 더 긍정적인 방법은 사회통합을 강화하는 것이다(Jozefowicz et al., 2002). 그 외에도 영국의 교육복지 서비스가 해결해야 할 과제는 다음과 같이 정리할 수 있다.

첫째, 교육복지 서비스에 대한 법률상 근거가 부족하므로 통일된 교육복지 서비스를 제공하기 어렵다. 지방 교육 당국은 법률상 의무교육 강제와 학령기 아동의 고용규정에 대한 책임이 있지만, 교육복지사를 고용할 책임은 없으므로 교육복지 서비스 자체가 법적 의무는 아니다. 교육복지 서비스 기능은 많은 부분 지방자치단체 정책과 자원에 따르고 있고, 이런 점은 주마다 다른 재정과 인력 수준을 초래하는 원인이 된다(Jozefowicz et al., 2002).

둘째, 교육복지 서비스는 주로 저소득층 아동에 초점을 맞추고 있다. 출석관리 서비스는 과거에 저소득층 아동이 초등학교에 출석하면 급식을 제공함으로써 이들의 출석을 강제하기 위한 목적으로 출발했으며, 부유한 가정 자녀는 그 대상이 아니었다. 또한 당시 출석담당관은 대부분 노동자 계급 출신이었지만, 자원봉사자는 교육을 받은 중산층이나 상류층 출신이었는데, 이는 현재까지 교육복지사의 처우를 열악하게 한 요인이 되었다. 1970년대 이후에도 교육복지사는 저임금 종사자인 경우가 많았으며, 지금까지도 교육복지사는 안정된 직업에 속하지 못한다(Williams, 2005).

셋째, 교육복지 서비스는 주로 학생과 부모 등에 대한 개별적 접근을 하고 있다. 교육 복지사는 개별적 접근보다 결석 행동에 대한 학교의 조처와 학생의 환경조건을 개선하는 것에 더 관심을 가질 필요가 있다. 1999년 영국 '고용교육부(Department for Education and Employment)'는 교육복지사가 정책 개발과 실천에 대한 감독 등을 포함해서 출석문제에 관해 학교에 전략적 조언과 지침을 제공하는 역할을 하는 것이 전통적인 개별 접근보다 더 효과적일 수 있다고 언급하였다.

넷째, 교육과 보건, 사회 서비스 간 긴밀한 협조가 부족하다. 사회통합을 방해하는 요소는 매우 다양하므로 한 기관이나 전문가 집단의 능력만으로는 완전한 해결이 불가능하며, 다기관 · 다학제적 협동이 매우 중요하다. 교육복지는 사회통합을 촉진하는 정책 개발과 협동을 통해서만 그 기능을 수행할 수 있다(Jozefowicz et al., 2002).

3. 독일 학교사회복지 서비스

1) 독일 학교사회복지 서비스의 발달

독일 학교사회복지의 시작은 19세기 말 지방 당국이 '학생보호사(Schulkinderfur-sorge)'를 고용해 빈곤 가족과 학생의 보건위생을 돌보던 것에서 찾아볼 수 있다. 1848년 독일제국(Deutsches Reich)에서 아동과 청소년을 위한 사회보호에 관한 내용이 법으로 규정되었지만, 이때는 주로 학교에 머무는 시간 동안 교사의 학생보호 임무가 중심이었다. 군주제에서 공화제로 전환된 1922년 바이마르 공화국 시기에는 「제국청소년복지법(Reichsjugendwohlfahrtgesetz)」을 제정해 학교와 청소년 지원을 분리하고 학교는 교육을, 청소년 지원은 치료와 훈련을 담당하게 하였다. 이를 계기로 오랫동안 독일은 취약 집단의 어려움과 학교에서의 학습장애 등에 대한 지원 업무를 학교가 아닌 지방의 '청소년 지원부'가 담당하는 방식을 취하였다(Kappler, 2008).

독일의 제도화된 학교사회복지는 1970년대에 시작했다고 볼 수 있으며, 이때부터 '학교사회복지(Schulsozialalrbeit)'라는 용어를 사용하였다. 독일에서 학교사회복지 개념은 다양하게 변화했는데, 1970대 교육개혁 운동과 1980년대 「청소년지원법」의 등장으로 최근에는 학교사회사업(Schulsozialarbeit)이란 용어로 통일하는 경향이 있지만, 독일, 스위스, 오스트리아 등 독일어권 국가에서는 지금도 매우 다양한 용어로 사용한다. 예를 들어, 바이에른주에서는 '청소년 학교사회복지(Jugendsozialarbeit an Schulen)', 헤센주에서는 '학교 사회복지사업(Sozialarbeit in Schulen)' 등의 용어로 불린다(Schulsozialarbeit 홈페이지, 2014a).

한편, 1970년대 독일에서는 '기회균등'이란 기조 아래 새로운 교육개혁 운동의 결과로 '종합학교(Gesamtschule)'가 탄생하였다. 독일의 종합학교는 4학년까지의 초등학교 졸업 이후부터 9학년 또는 10학년까지 5~6년으로 구성된 학교이며, 고등학교(Hauptschule)와 실업학교(Realschule), 김나지움(Gymnasium)으로 분류하는 전통적인 학제의 대안으로 시행한 학교 형태이다. 종합학교는 성적을 중심으로 학생을 선발하는 전통적 학제 대신 초·중등교육을 한 학교에서 지속하게 함으로써 사회 계급을 통합하려는 목적이 있었으며, 당시 '교육과학부(Bundesministerium fur Bildung und Wissenschaft)'는 종합학교 목적에 부합하는 프로그램의 하나로 학교사회복지를 추진하였다. 그러나 1980년대까지도 청소년지원의 주요 업무는 사회배제 위기에 있는 아동과 청소년에 대한 지원이었고 학교사회복지는 부족한 상황이었다. 독일의 학교사회복지는 1990년대 들어서 질적·양적으로 발달했는데, 여기에는 몇 가지 계기가 있었다.

첫째, 독일 통일 이후 구동독 지역을 중심으로 학교사회복지에 대한 정치적 관심이 커지면서 프로젝트 사업이 증가하기 시작하였다. 2000년대부터는 이러한 관심이 구서독 지역에까지 확대했으며, 2000년대 중반부터 학교사회복지는 지방자치단체의 지역 프로그램에서 전국 단위의 교육과 사회정책으로 발달하였다.

둘째, 1990년 「아동·청소년지원법」에 문제가 있는 학생만이 아닌 전체 학생을 지원하는 규정을 포함하면서 연방 차원에서 '청소년지원부'와 학교 간 협조를 원칙적으로 정착시켰다. 또한 학교법은 주마다 다르지만, 많은 주의 학교법에서 학교와 청소년 지원 부서 간 협력을 규정하였다(Kappler, 2008; Schermer, 2014; Schulsozialarbeit 홈페이지, 2014a, 2014b).

셋째, 1998년 연방정부의 '제10차 아동-청소년보고서'는 오랫동안 학교와 청소년지원 부문을 분리해 운영하던 역사를 비판하고, 두 부문이 점차 체계적으로 협조해야 함을 강조하였다. 이후 학교와 청소년 지원 사업 사이에 다양한 형태의 협력 사업이 발전하였다(Schulsozialarbeit 홈페이지, 2014a).

독일에서는 학교사회복지가 영국처럼 교육부서 안에 일원화된 체계로 존재하

지 않고 다양한 형태의 사업기관에서 시행되고 있으며, 학교사회복지사는 연방정
부와 지방정부, 허가받은 청소년지원 민간단체 등에서 고용한다. 업무 영역과 서비
스도 초등학교, 특수학교, 종합학교, 중등학교, 실업학교, 김나지움 등 학교 형태에
따라 다른데, 기본적으로 다음과 같은 세 가지 형태로 시행기관을 구분할 수 있다
(Schulsozialarbeit 홈페이지, 2014a).

(1) 지역 교육 당국과 개별 학교

사회복지사가 지역 교육 당국과 개별 학교에 고용된 경우이며, 학교 위계질서에
따라 학교와 교육 당국에 감독권이 있다. 이런 구조의 장점은 학교와 사회복지사가
긴밀한 관계를 맺고 서로 협조하고 업무를 진행할 수 있다는 점이다. 반면, 사회복
지사가 학교로부터 자율성을 얻지 못하고 종속될 수 있다. 사회복지사는 학교가 요
구하는 업무에 매달리게 되고 정작 사회복지 업무는 뒷전에 밀릴 수 있다.

(2) 지역 청소년국

사회복지사가 '지역 청소년국(Ortliches Jugendamt)'의 직원인 경우로 청소년국에
감독권이 있다. 이런 구조의 특징은 학교와 청소년 지원체계를 강하게 연결할 수 있
다는 점이다. 특히 사회복지사가 청소년국 지휘 아래 서로 다른 학교들에서 공동으
로 집단상담과 집단 토론, 집단교육 등의 서비스를 제공할 때 유용하다.

(3) 민간 청소년지원 단체

사회복지사가 종교기관과 자선기관, 청소년기관 등 다양한 기관에 고용되어 청
소년지원 서비스를 제공하는 경우이다. 학교나 청소년국에 고용된 것보다 불안정
한 형태이다.

2) 독일 학교사회복지 서비스의 내용

독일의 학교사회복지는 제도적 측면에서 청소년지원 영역에 속한다. 법적 토대
는 「사회법 제8권(아동 · 청소년지원법)」이며, 이를 근거로 주마다 학교 내 전문사회
복지 업무에 대한 고유한 법령과 지침, 규정 등을 정하고 있다. 학교사회복지는 학
교 안에서 「아동 · 청소년지원법」의 일반 목적과 과제를 달성하려는 것으로, 학교에

서 교직원과 함께 아동의 개별적·사회적 발달을 지원한다. 이때 사회복지사는 학생의 다양한 생활조건을 고려하며, 부적응 학생을 돕고 강점을 찾아 발전시키고 자원을 연계하고 생활조건을 발달시킴으로써 불이익을 제거하고 예방하는 것에 이바지한다. 이러한 과제를 실현하기 위해 학교사회복지사는 다양한 업무 영역에 관여한다. 업무의 핵심은 각각의 학교와 환경에 따라 다르지만, 「사회법(제8권)」에 따라 다음과 같은 서비스를 제공한다(Potter, 2014).

독일 학교사회복지사의 역할

1. 상담: 학교사회복지사는 상담이 필요한 학생에게 공식적·비공식적 상담을 제공한다.
2. 개별 학생 지원: 학생의 불이익과 낙인을 제거 혹은 감소시키고, 예방을 위한 개별사회복지, 가족복지, 집단사회복지 등을 제공하며, 학생이 겪는 학업의 어려움, 문제 상황, 갈등과 관련해 교직원과 협력하여 필요한 서비스를 제공한다.
3. 청소년복지사업: 표적 집단 중심 혹은 주제중심의 개방된 집단 프로그램을 운영하며, 누구나 참여할 수 있는 문턱이 낮은 서비스를 제공한다.
4. 집단사회복지: 특별한 흥미를 지닌 학생이나 어려움이 있는 학생, 행동장애나 발달지연 학생을 위한 집단 프로그램을 제공한다.
5. 갈등 극복: 학생 간, 학생과 교사 간, 부모와 교직원 간 갈등을 극복하게 지원하고 상담과 집단 서비스 등을 제공한다.
6. 학업 관련 지원: 학생의 학습문제 해결을 위해 지원하고 학생의 인성을 강화하고 자원을 연계하는 등의 서비스를 제공한다.
7. 직업훈련과 직업연계: 학생이 학교를 졸업하고 직업훈련을 받거나 다른 훈련을 받는 과정에서 학생을 돕고 지원한다.
8. 부모를 위한 서비스: 상담, 가정방문, 부모모임, 자원연계 활동 등을 제공한다.
9. 학교 프로그램 협력: 학교발전을 위한 프로그램에 협조한다.

출처: Kooperationsverbund Schulsozialarbeit (2007).

3) 독일 학교사회복지 서비스의 평가

독일은 역사적으로 분리해 시행하던 학교의 교육 영역과 청소년지원 영역을 1990년대 들어 체계적으로 통합한 이후, '학교 관련 청소년 사회복지 사업' '학교 청소년사회복지' '학교사회교육' '청소년사회복지' 등 다양한 이름 아래 학교와 청소년지원부서 간 협력 사업을 시행하였다. 이런 협력 사업은 점차 '학교사회사업(Schulsozialarbeit)'이란 이름으로 통용되는 경향이 있지만, 아직도 프로젝트와 지원 프로그램 등이 다양해 혼란스러운 상황이다(Schulsozialarbeit 홈페이지, 2014b).

독일의 학교사회복지는 문턱이 낮고 직접 이용하기 쉽다는 장점이 있다. 그러나 독일에서 학교사회복지사는 정규직이 아닌 경우가 많으므로 학생 문제에 개입할 권한이 부족한 경우가 있으며, 프로젝트 중심의 서비스 제공에 따라 발생하는 문제도 있다. 비정규직 학교사회복지사가 프로젝트 방식의 서비스를 제공하면, 사회복지사의 잦은 교체로 아동과 신뢰 관계를 맺기가 어렵다. 한편, 학교사회복지의 담당 영역이 명확하지 않고 교사와 사회복지사, 청소년국 직원 간의 협조가 힘든 점도 개선해야 할 점이다(Potter, 2014; Schulsozialarbeit 홈페이지, 2014c; Wikipedia 홈페이지, 2014c).

4. 우리나라 학교사회복지 서비스

1) 우리나라 학교사회복지 서비스의 발달

우리나라 학교사회복지는 1990년대부터 본격적으로 시작하였다. 1990년대 후반 외환위기는 아동의 교육환경과 삶 전반에 부정적 영향을 미쳤다. 생활 전반에 걸친 긴장과 학업 스트레스로 학생의 결석, 따돌림, 폭력 등 학교 부적응 행동이 증가했으며, 이로 인해 학업중단이나 자살 사례도 많아졌다. 또한 사회 양극화가 심화하면서 학생 간 교육 격차와 불평등이 커졌다. 이에 모든 아동과 청소년에게 학교교육을 '충분히 그리고 평등하게' 받을 기회를 제공하기 위한 지원망을 구축해야 할 필요성이 대두했으며, 학교사회복지는 바로 이런 시기 학생의 어려움 해결을 지원하는 새로운 대안으로 제시되었다.

1995년 '국민복지기획단'은 취약아동 예방을 위한 사업의 하나로 학교사회사업을 도입하였으며, 1996년 서울, 대구, 대전, 광주 1개교씩을 선정해 2년간 교육부 시범

사업을 시행했다. 그러나 이 사업은 지원 예산이 적고 학교사회복지사가 학교에 상
주하면서 진행한 사업이 아니어서 큰 효과를 거두지 못했다(오승환, 2000). 1997년
서울시 교육청은 서울대 사회복지연구소를 통해 학교사회복지 연구 사업을 시행했
는데, 연구 결과 학교사회복지 서비스가 학생의 복지 향상에 크게 이바지한 것으로
입증되었지만(김상균, 김연옥, 오정수, 노혜련, 김기환, 1997), 그 효과가 외부에 널리 알
려지거나 보급되지는 못했다. 하지만 연구 사업에 참여한 3학교 중 한 고등학교에서
학교사회복지 서비스의 중요성을 인정하고, 재단의 자체 예산으로 1998년부터 1명
의 전임 학교사회복지사와 2명의 시간제 학교사회복지사를 채용했다. 이는 우리나
라 최초로 학교사회복지사가 탄생했다는 점에서 큰 성과로 볼 수 있다.

2000년부터 2007년까지는 서울시 교육청을 중심으로 5번의 시범사업을 진행했
으며, 매번 시범 사업의 성과를 정리한 보고서를 전국 중·고등학교에 배포함으로
써 학교사회복지 활동을 알리는 데 크게 이바지하였다(노혜련, 2001b). 2002년부터
학교사회복지 서비스는 서울시 교육청 외 다양한 공공과 민간 사업 주체가 시범 사
업을 진행하면서 급속도로 확대하기 시작하였다. 이 중 공동모금회의 학교사회복
지 지원 사업은 교육계에 학교사회복지를 인지시키는 계기가 되었고, 학교사회복
지 실천을 위한 안정적이고 지속적인 장을 마련해 주었다(성민선 외, 2009).

한편, 2003년에는 교육부 산하 시·도 교육청과 교육지원청이 주관해 저소득
층이 밀집한 학교를 우선 선정해 시행하는 교육 불평등 해소와 지원망 구축을 위
한 '교육복지우선지원 사업(이하 교복우 사업)'을 시작하였다. 교복우 사업은 교육취
약 아동과 청소년의 실질적 교육 기회를 보장하기 위해 가정-학교-지역사회가 함
께 교육, 문화, 복지 통합지원망을 구축하고 발전시키며, 학교가 그 중심이 될 수 있
도록 학교의 역할과 기능을 확대·강화하는 '학교중심 지역교육공동체 구축'을 지
향하는 사업이다(교육과학기술부, 한국교육개발원, 2012). 처음에는 서울(6개 지역,
31개 학교)과 부산(2개 지역, 12개 학교)의 총 43개 초·중등학교에서 시작해 2003년
에는 1,600개 이상의 초·중·고등학교로 확대하였다(한국학교사회복지사협회 홈페
이지, 2014). 우리나라에서는 교복우 사업이 확대되면서 교육부에서 주관하는 사업
을 '교육복지'로, 이 외 지방자치단체와 민간 재원 등을 통해 학교에서 진행하는 복
지 사업은 '학교사회복지'로 구분하는 경향이 나타났다. 그러나 교복우 사업으로 학
교와 교육청에 배치한 '지역사회 교육 전문가'와 '프로젝트 조정자'의 80% 이상은 사

회복지사이며, 이들 대부분은 사회복지관이나 학교 등에서 학교사회복지 사업을 수행한 경험이 있는 사람이었다. 그리고 이들의 임금과 근무 형태도 2002년도 공동모금회에서 시행한 학교사회복지 기획 사업의 기준을 근거로 설정한 것으로 '교육복지'와 '학교사회복지'의 경계는 실제로 거의 없다고 할 수 있다(교육복지연구소 편, 2006).

교육복지 우선 지원 사업

'교육복지 우선 지원 사업'은 1990년대 중반 소득 불평등 정도가 심해지고 국제결혼가정과 북한이탈주민 등 취약 계층이 많아짐에 따라 취약 계층의 교육 기회 불평등을 완화하고 교육적 성장을 지원하는 정책의 하나로 추진되었다. 이 사업은 모든 아동의 교육적 성취를 위한 통합지원 시스템과 학교 중심의 교육공동체를 구축하며, 모든 이를 위한 교육을 실현한다는 데 사업 목적을 둔다.

2003년 서울과 부산을 중심으로 한 시범사업에서 출발하여 현재는 전국으로 확대되었으며, 사업 대상은 교육 취약 아동·청소년이 밀집된 지역의 학교로, 사업 학교의 전체 학생을 대상으로 하되 개별 학생의 교육적 취약성 진단에 기초하여 지원 우선순위를 정한다. 사업의 내용은 학습 능력 증진, 문화·체험 활동 지원, 심리·정서 발달 지원, 교사와 학부모 지원, 건강 서비스와 학교 밖 청소년 보호 등 복지 프로그램 활성화, 영유아 교육과 보육 활성화 지원 등이다.

'교복우 사업'의 추진 체계에는 학교와 교육지원청, 시·도 교육청, 교육과학기술부 등이 있으며, 학교에서는 지역사회 관계 기관과의 연계·협력이 가능한 단위학교 담당 조직으로서 교육복지 전담 부서를 설치하고 담당 부장(교육복지부장), 교사, 민간 전문인력(지역사회 교육전문가) 등을 배치한다. 그리고 지원과 협의 체계로 교육복지위원회와 지역사회 기관과의 협의체를 구성·운영하며, 교육지원청에는 사업 전담팀을 구성하고 팀장, 담당 장학사, 담당자, 민간 전문인력(프로젝트 조정자)을 둔다.

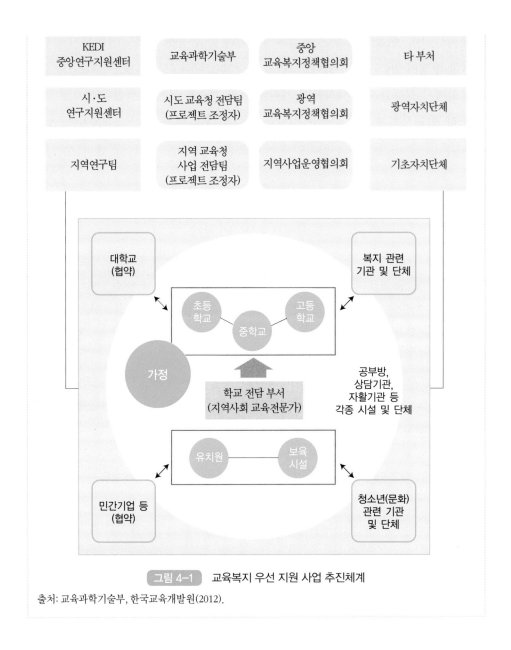

그림 4-1   교육복지 우선 지원 사업 추진체계

출처: 교육과학기술부, 한국교육개발원(2012).

또한 지방자치단체가 조례에 근거해 지원해서 운영하는 사업도 학교사회복지 사업의 발전에 공헌하였다. 최초의 지자체 사업은 2003년 과천에서 시작했는데, 이 사업은 전체 학생을 대상으로 교육·문화·복지 서비스를 지원하고, 개인·가족의 문제나 학교적응 문제가 있는 학생에게 학교사회복지 서비스를 제공하였다. 지방자치단체가 운영하는 학교사회복지 사업은 현재 과천 이외에도 성남, 용인, 수

원, 군포, 의왕, 안양 등 경기도를 중심으로 확대되고 있다. 그 외에도 경기도에서는 2000년대 중반에 지방자치단체와 민간단체가 협력해 추진하는 위스타트 사업을 시작했는데, 위스타트 사업에서는 위스타트 마을을 만들어 마을중심의 통합 접근을 하면서 학교에 학교사회복지 활동을 지원하였다. 이제는 거의 모든 위스타트 사업을 드림스타트 사업으로 전환해서 운영하고 있지만, 그중 학교사회복지 활동을 유지하는 곳은 단 두 곳에 지나지 않는다.

2009년 교육과학기술부는 학생지원을 위한 '위 프로젝트(Wee Project)'를 시작하였다. 위 프로젝트는 정서 불안과 폭력, 학교 부적응, 일탈 행동 등 위기학생에 대한 3단계 '안전망(safe-net) 구축 사업'을 체계화한 것으로 광역교육청 단위에서는 대안학교 형태인 '위 스쿨(Wee School)', 지역교육청 단위에서는 '위 센터(Wee Center)', 학교 단위에서는 '위 클래스(Wee Class)'를 각각 운영하는데, 이 역시 학교사회복지와 관련한 활동이라고 볼 수 있다. 2020년 현재 우리나라의 학교사회복지 사업은 교육복지 우선 지원 사업 3,348개교, 지역자치단체 사업 123개교, 민간 지원 사업 6개교에서 진행하고 있다(한국학교사회복지사협회 홈페이지, 2020).

한편, '한국학교사회복지학회'는 1997년 학교사회복지 이론을 정비하고 연구하기 위해 창립했으며, 2000년에는 학교사회복지 실무자의 전문성 신장과 학교사회복지 제도화를 추진하기 위해 '한국학교사회사업실천가협회'를 발족하였다. 학회와 협회는 서로 긴밀하게 협조하며 학교사회복지 인력 배출과 관리를 위한 교육과 시범 사업을 진행해 왔으며, 학교사회복지의 법제화를 위해 앞장서 왔다(성민선 외, 2009). 그 결과, 2018년 「사회복지사업법」이 개정되어 학교사회복지사 자격을 법적으로 인정받게 되었으며, 수련과정(1급 자격 취득 후 1년간 1,000시간)을 통해 자격을 취득할 수 있는 제도가 마련되었다.

2) 우리나라 학교사회복지 서비스의 내용

우리나라에서는 학교사회복지사의 역할과 직무를 학자마다 다양하게 제시하는데, 대표적인 내용은 다음과 같다(교육복지연구소 편, 2010; 성민선 외, 2009; 홍봉선, 남미애, 2009).

(1) 학생에 대한 상담 서비스

사회복지사는 학생들의 욕구와 강점, 자원을 파악하고, 이를 기초로 개별 실천, 집단 실천의 방법으로 학생복지 서비스를 제공한다. 과거부터 상담 서비스는 사회복지사의 중요한 역할로 여겨졌으며, 상담 서비스의 개념은 정신의료 사회사업과 장기치료 서비스를 제공하는 협의의 개념에서부터 개인, 가족, 소집단에 전달하는 직접 서비스 개입을 의미하는 개념으로 확대되었다. 사회복지사는 학교의 장에서 학생과 그 가족에게 직접 서비스를 제공하는 일차 방어선의 역할을 하며 상담자, 집단촉진자로 활동하는 것이다.

(2) 가정에 대한 사회복지 서비스

사회복지사는 학생의 부모를 대상으로 자녀 양육과 교육에 대한 상담과 자문을 제공하며, 특별한 욕구가 있거나 문제를 경험하는 가족의 문제 해결을 돕기 위해 지역사회 자원을 활용하여 사회복지 서비스를 제공한다.

(3) 가정-학교-지역사회 연계

사회복지사는 학생 개인 또는 집단에 대한 활동뿐 아니라 교사와 부모와의 연계활동, 학교와 지역사회 간의 협력적인 관계 증진, 가족과 지역사회 자원 간 연계활동 등 가정-학교-지역사회를 연계하는 직무를 수행한다. 사회복지사는 학교가 지역사회에 기대하는 내용과 학교교육 목적을 주민에게 홍보하거나, 반대로 지역사회 요구를 학교 당국에 전달하기도 한다(성민선 외, 2009). 또한 학생 자원봉사자와 학교 내 지역 자원봉사자를 교육하고 관리하는 역할을 통해 양자가 협력하게 돕고, 자원이 원활하게 교환될 수 있도록 한다. 이러한 활동은 사회복지사가 개별 학생과 환경의 연계자가 되는 것뿐 아니라, 학생 복지를 구현하기 위해 사회 환경을 조정하고 취약한 상황에 놓인 학생과 가정을 대변하는 옹호자 역할을 하는 것이다.

(4) 교사와의 협력활동

학생에게 일어날 수 있는 문제를 예방하고, 조기에 발견하여 해결하려면 사회복지사와 교사 간의 협력적 활동이 필요하다. 사회복지사는 학생을 효과적으로 돕기 위해 교사에게 자문과 정보를 제공하고, 필요한 경우 교사에 대한 개인적인 서비스와 지지 등의 업무를 수행한다. 또한 학생과 가정에 대한 직간접 서비스를 제공하기 위해 교사를 통해 학급생활에 대한 정보를 얻고 의견을 교환하기도 한다(홍봉선, 남미애, 2009).

(5) 사례관리

사회복지사는 도움이 필요한 사례를 발굴하고 자원을 개발·연계하며 조정하는 등의 활동을 수행한다. 이러한 활동을 효과적으로 수행하기 위해 교사와 학부모, 지역사회 관련자가 참여하는 사례회의를 진행하여, 학생의 문제와 욕구, 자원, 제공된 서비스, 변화 등에 관한 정보를 체계적으로 점검한다. 사례관리는 학생과 가정에 대한 직접 서비스의 제공과 가정－학교－지역사회 연계활동, 교사와의 협력활동 등을 포함한 통합적 서비스라고 할 수 있으며, 최근 들어 그 중요성이 더 강조되고 있다.

(6) 정책 결정 지원과 행정 업무

사회복지사는 학생의 복지에 영향을 미치는 정책과 새로운 사업을 수립하는 데 관여하고, 정책 결정과정에서 현장의 상황을 알리고 지원하는 역할을 한다. 사회복지사는 학생에게 미치는 정책의 영향력을 모니터링하고 그것에 관한 의견을 제시하여 학생을 위한 최선의 정책이 결정될 수 있도록 돕는다. 이러한 활동은 작게는 학교 내에서 학생의 상벌에 대한 결정과 집행이 이루어질 때, 크게는 교육복지정책과 관련된 법령을 수립할 때 이루어지며, 사회복지사는 이러한 과정에서 필요한 각종 행정 업무를 수행하기도 한다.

3) 우리나라 학교사회복지 서비스의 평가

우리나라 학교사회복지는 짧은 시간에 크게 발전했다. 먼저, 학교사회복지의 대상이 취약학생에서 일반 학생으로 확대되었고, 실천 관점도 학생 개인의 치료를 강조하는 '의료 모델'에서 잠재적 역량과 가족의 양육 기능 강화에 초점을 두는 '발달 모델'로 변화하고 있다. 특히 「아동권리협약」의 영향으로 학생의 권리옹호가 사회복지사의 중요한 역할로 대두하였다. 학교사회복지사는 종래의 심리상담 전문가의 역할 외에 지역의 다양한 자원을 연결하고 관리하는 정보제공자, 교육자, 옹호자, 연계자, 조정자의 역할을 수행하는 사례관리자로서 기능하며, 이에 따라 지역사회복지관과 정신보건센터, 건강가정지원센터, 아동보호전문기관 등과 연계해 다양한 활동을 전개한다(이혜원 외, 2009).

이러한 질적 발전에도 불구하고 우리나라 학교사회복지는 사업 주체와 지원 주체가 다양해 지속성과 정체성에 문제를 보인다. 우리나라 학교사회복지는 초창기부터 지금까지 민간 기관과 정부 당국, 교육청 등 지원 · 운영 주체에 따라 다양한 모습으로 전개되었으며, 공동모금회 등 민간 기관과 지방자치단체는 '학교사회복지'라는 이름으로, 교육청은 '교육복지 서비스'라는 이름으로 사업을 수행해 왔고, 이를 수행하는 전문가를 부르는 이름도 '사회복지사' '학교사회복지사' '지역사회 교육 전문가' '프로젝트 조정자' '학교상담사' 등 여러 가지이다. 이러한 상황은 안정적 예산 확보를 어렵게 하므로 아동과 가족에 대한 지속적 · 포괄적 서비스를 제공하는 데 장벽이 된다. 또한 지역마다 서비스의 양적 · 질적 편차가 발생하고, 학교마다 사회복지사의 근무 환경과 처우가 달라 형평성 문제를 일으키기도 한다. 실제로 이들은 대부분 사회복지사 자격을 갖추고 있고 학교사회복지사 자격을 취득한 경우도 많지만, 이들의 직무를 명시할 법적 근거가 없는 상황에서 사업의 안정적 운영에 한계가 존재하였다. 그러나 최근 「사회복지사업법」 개정과 수련과정 도입으로 향후 학교사회복지사가 전문가로서 인정받고 사업을 운영할 기틀이 마련될 것으로 기대한다.

현재 급변하는 사회 속에서 아동의 교육권 보장을 위한 학교와 지역사회의 다양한 노력에도 불구하고 교육 환경은 여러 가지 어려움에 직면해 있다. 아동의 교육권 보장을 위해서는 가정과 지역사회, 교사와 학생, 학부모가 함께 연대하는 과정을 통해 진정한 배움과 돌봄을 실현하는 학교공동체의 회복이 이루어져야 한다. 학교사회복지의 궁극적 목적은 아동의 전반적 삶의 질을 높이기 위한 것이므로, 아동의 어려움을 해결하려면 학교사회복지사뿐 아니라 교사와 상담사, 타 기관 사회복지사 등 다른 영역 전문가와의 협력이 필요하다. 아울러 학교사회복지는 학교 내 서비스뿐 아니라 학생의 가정과 지역사회 등 생태체계를 고려해 학생의 전 생애에 걸친 교육권 보장의 방향으로 확장해야 한다.

제3부

가족지원제도와 서비스

아동은 가정에서 생활하면서 가족의 영향을 크게 받으므로, 아동복지의 대상에는 아동뿐 아니라 아동의 가족을 포함해야 한다. 또한 아동복지의 목표도 위험에서 아동을 보호하는 것뿐만 아니라, 아동의 가족을 지원하는 것으로 확장해야 한다. 이에 따라 아동복지는 '아동'의 영역에만 국한하지 않고 가족과 사회, 경제 제도 등과 연결된 복합적 성격을 띠며, 이렇게 다양한 방법으로 아동을 포함한 가족을 지원하는 것을 가족지원제도와 서비스라 한다.

특히 아동의 복지를 저해하는 요인 중 빈곤은 아동을 지원하는 것만으로는 근본적 해결이 어려우므로, 아동의 가족에게 경제적 지원을 하거나 가족이 경제활동을 할 수 있도록 다양한 서비스를 제공할 필요가 있다. 제3부에서는 아동 삶의 위험 요인 중 주로 빈곤문제를 해결하기 위한 가족지원제도와 서비스를 알아보았다.

먼저, 제5장에서는 가족지원의 필요성과 가족지원제도의 개념 및 목적, 특성을 살펴보고, 아동수당과 바우처 제도, 조세제도, 고용정책 등 가족지원제도의 종류별 특성을 소개하였다.

제6장에서는 아동 양육을 지원함으로써 가족이 노동시장에서 배제되지 않도록 돕는 아동돌봄 서비스를 살펴보았다. 제1절에서는 아동돌봄 서비스의 개념과 원칙을 알아보고, 서비스 형태와 제공 주체, 서비스 대상에 따른 특징을 기술하였다. 제2절에서는 스웨덴과 프랑스, 미국 돌봄 서비스의 특징을 기술하고 평가하였다.

제7장은 아동 · 가족 통합서비스를 설명하였다. 이를 위해 제1절에서 아동 · 가족 통합서비스의 개념을 먼저 정의하고 원칙을 제시하였으며, 통합서비스의 대표적인 모형으로 '사례관리'의 개념과 특성을 설명하였다. 제2절에서는 아동 · 가족 통합서비스의 대표적 예인 미국 헤드스타트와 영국의 슈어스타트를 설명하고 평가하였다.

제5장

가족지원제도

🏠 제1절 가족지원의 필요성

1. 아동과 가족의 위기

현대사회의 급격한 변화는 가족 기능의 상실과 가족 부담의 증가를 가져오고, 이는 가족과 아동의 생활조건을 악화하는 주요 요인이 되고 있다. 아동은 돌보는 부모가 없거나 그 기능을 못할 때 위험에 그대로 노출될 수밖에 없는 취약 집단이다. 아동은 사회의 약자이므로 가족 기능 상실이나 빈곤으로 인한 영향은 어린 아동일수록 그 피해가 심각하다. 부모가 평균 수준의 생활을 누릴 경제적 능력이 없으면, 아동도 평균 생활 수준에서 소외된다. 실업과 비정규직 증가에 따른 가구 소득의 감소, 사회보장급여의 축소 등은 아동 빈곤과 위기의 주요 요인이며, 이주노동자가정, 다자녀가정, 한부모가정, 조손가정 등의 빈곤 위험도 크다.

미시적 관점에서 위기에 처한 아동과 가정을 돕는 대표적인 방법은 이들의 스트레스를 해결하고 건강하게 성장하도록 돕는 것이다. 부모-자녀 간 친밀한 관계, 균형 잡힌 훈육과 양육 방식, 이웃과 친지를 포함한 풍부한 사회망, 안전하고 좋은 학교와 거주 환경은 이들이 취약한 상황에서도 높은 자기효능감을 유지하면서 건전한 생활을 하게 하는 '보호 요인'으로 작용할 수 있다(Groh-Samberg & Grundmann, 2006). 이러한 접근은 아동이 건강하게 자라서 사회에 잘 '적응'하게 하는 것을 목표로 하며, 주로 상담과 자원 연결, 양육 훈련 프로그램 등의 사회복지 서비스 개입을 통해 이루어진다. 일반적으로 취약아동이 큰 갈등 없이 자기 상황을 수용하고 제한된 조건 안에서 노력하는 모습을 보이면, 그 아동은 '건강'하게 문제를 '극복'하고 있다고 평가한다. 그러나 이러한 논리는 위기의 원인과 결과에 대한 사회적 맥락을 바라보지 못하고 문제를 '개별화'할 위험이 있다는 비판을 받는다. 아동과 가족이 빈곤과 실업, 저임금 등 기존 환경과 상황에 맞춰 나가는 것은 '적응'이 아닌 '순응'으로 해석할 수 있기 때문이다(Groh-Samberg & Grundmann, 2006).

따라서 아동과 가족의 위기 극복을 위해서는 미시적 차원의 사회적응 능력 개선뿐 아니라 물질적 차원과 사회·문화 차원을 포함하는 거시적 관점에서 이들이 사회구성원이 누리는 평균 삶의 테두리 안으로 통합하게 도와야 한다. 이를 위해 아동과 가족의 문제를 사회와의 관계에서 이해하고 돕는 가족지원제도가 필요하다.

2. 아동 빈곤의 이해

1) 아동 빈곤의 개념

아동 빈곤은 전통적으로 가구 빈곤과 연계해 '빈곤한 가정에서 사는 만 18세 미만의 아동'으로 해석한다. UNICEF(2012) 연구에 따르면, OECD 35개국에서 약 3,000만 명의 아동이 평균 소득 50% 미만인 가정에서 자라는 상대적 빈곤 상태인 것으로 나타났으며, 표면적으로 드러난 빈곤의 위험 요인은 부모의 실업과 저임금, 저학력, 한부모가정, 이주민가정 등이었다. 우리나라는 다자녀가정, 조손가정, 모자가정, 가족 내 취업인원 수가 적은 가정, 단순노무직과 서비스·판매직에 종사하는 저임금가정에서 빈곤아동 발생 확률이 높은 것으로 나타났다. 우리나라의 아동 빈곤을 악화시키는 요인으로는 불평등의 심화, 노동시장의 불완전성, 가족복지 지출의 미약함, 한부모가정과 조손가정의 증가 등을 들 수 있다(김미숙, 배화옥, 2007). 아동 빈곤을 이처럼 부모의 가구 소득과 연계하는 '화폐중심 접근방식(monetary approach)'은 아동이 속한 가구의 절대적 혹은 상대적 빈곤선을 정하고 소득이 이에 못 미치는

가족의 아동을 빈곤아동으로 정의한다(Roelen & Gassmann, 2008). 이때 절대적 빈곤
은 의식주와 관련해 기본생활을 유지하기 어려운 최저 생활 수준을 말하며, 절대적

	국가
4.7	아이슬란드
5.3	핀란드
6.1	키프로스
6.1	네덜란드
6.1	노르웨이
6.3	슬로베니아
6.5	덴마크
7.3	스웨덴
7.3	오스트리아
7.4	체코공화국
8.1	스위스
8.4	아일랜드
8.5	독일
8.8	프랑스
8.9	몰타
10.2	벨기에
10.3	헝가리
10.9	오스트레일리아
11.2	슬로바키아
11.7	뉴질랜드
11.9	에스토니아
12.1	영국
12.3	룩셈부르크
13.3	캐나다
14.5	폴란드
14.7	포르투갈
14.9	일본
15.4	리투아니아
15.9	이탈리아
16.0	그리스
17.1	스페인
17.8	불가리아
18.8	라트비아
23.1	미국
25.5	루마니아

그림 5-1   아동의 상대적 빈곤율[1]

(국가 중위소득 50% 미만에 해당하는 가구에 거주하는 0∼17세 아동 비율)
출처: UNICEF (2012).

1) 이 그림은 유니세프(2012)가 2009년도 유럽연합 소득과 생활조건통계(European Union Statistics on Income
and Living Condition)를 바탕으로 작성한 것이다. 유럽연합의 27개국과 노르웨이와 아이슬란드를 합쳐 총
29개국과 OECD 국가인 오스트레일리아, 캐나다, 일본, 뉴질랜드, 스위스와 미국을 포함해 비교한 것으로 한
국은 빠져 있다.

빈곤율은 보통 가계소득에서 세금과 사회보험료를 제외한 '순소득'이 최저생계비에 못 미치는 가구의 비율로 측정한다. 상대적 빈곤은 공동체의 평균 생활 수준을 영위하지 못하는 상태로 소득, 교육, 기회 등이 상대적으로 박탈된 불평등한 상태를 의미하며, 상대적 빈곤율은 중위소득(전체 가구 순소득의 중간값) 50% 이하 가구가 전체 가구에서 차지하는 비율로 측정한다.

OECD 국가의 상대적 아동 빈곤율은 2005년보다 전반적으로 높아져 아동 상황이 더 악화한 것으로 나타났다. OECD 국가 전체 아동의 평균 상대적 빈곤율은 약 15%인데, 이 중 북유럽 국가와 네덜란드, 슬로베니아, 사이프러스 등은 7% 미만이지만, 미국은 23.1%, 루마니아는 25.5%로 최하위를 차지하였다(UNICEF, 2012). 빈곤 개념은 개인과 사회의 가치판단과 연결되는 것으로 나라마다 정책 결정의 기준선이 다르다. 예를 들어, 자유주의 가치가 강한 미국과 같은 나라에서는 절대 빈곤선을 정책 결정의 기준으로 삼지만, EU는 빈곤 위험이 중위소득의 60%부터 시작한다고 보고 이를 정책 기준으로 삼을 것을 권장한다[FAKT AUSGABE, 2007; EAPN(European Anti Poverty Network) Goulden & D'Arcy, 2014].

2) 아동 빈곤의 특성

최근에는 아동 빈곤을 부모의 가구 소득과 연계하는 화폐중심 접근방식에 대한 비판이 제기되고 있다. 이러한 방식은 가장 일반적이고 간단한 방법이지만, 소득만으로 아동 빈곤을 측정할 경우 아동의 소비 특성 등 아동 빈곤의 특수한 측면을 보지 못하는 한계가 있다(Roelen & Gassmann, 2008). 특히 주거와 식생활, 의료, 친구 관계, 놀이문화 등에서 취약아동이 사회에서 받는 차별을 파악하기 어렵다(UNICEF, 2006b). 이는 아동의 행복은 안전한 환경에서 살면서 기본적인 보살핌을 받는 '비시장적 특성(non-market)'을 지니기 때문이다. 비시장적 특성은 깨끗한 물과 공기, 안전한 환경과 친밀한 이웃, 가사노동과 같이, 시장에서는 거래되지 않아 가치는 있지만 시장가치로 환산할 수 없는 특성을 말한다.

한편, 빈곤아동은 교육과 여가, 양육 등이 제한된 상황에서 자랄 수 있으며, 또래가 가진 옷이나 장난감을 갖지 못하거나, 여가활동에 참여할 수 없는 등 소비문화에서 소외되어 따돌림의 대상이 될 수도 있다(Butterwegge, 2005). 빈곤가정의 잦은 이사는 아동에게 친구 관계 변화 등에 부담을 주고, 아동은 이러한 '사회 공간 분리'과정을 거쳐 점점 취약한 사회 집단에 속할 수 있다. 또한 부모의 실업과 채무, 음주문제, 약물중독, 부부 갈등 등은 부모의 좌절감과 우울감, 고립감, 스트레스를 높일 수 있으며, 이로 말미암은 양육 행동의 변화는 아동의 생활에 부정적 영향을 준다. 이러한 상황에서 아동은 폭력에 시달리거나 애정과 관심, 보호의 결핍을 경험할 수 있다. 이처럼 아동 빈곤은 물질의 부족뿐 아니라 교육과 소통의 결핍, 미흡한 의료 혜택, 사회·문화활동에서의 소외 등으로 이어진다(Lutz, 2005). 따라서 EU(European Union)는 아동 빈곤을 "아동과 가족이 물질적·문화적·사회적 자원이 부족해 그들이 속한 사회에서 최소한의 생활조건과 사회화 조건에서 소외되는 것"으로 포괄적으로 정의한다(Holz, 2008: 146).

한편, 아동 빈곤을 아동인권 차원에서 이해하는 접근도 있다. 인권 관점에서는 아동 빈곤을 부모 소득이 아닌 아동 고유의 권리와 행복을 기준으로 설명한다. 즉, 아동 빈곤은 물질적·비물질적 자원의 결핍으로 아동인권이 보장되지 않은 상태를 뜻한다. 아동인권이란 아동의 경제권, 사회권, 문화권을 포함하는 개념이며, 제1장에서 설명했듯이 구체적으로 차별금지의 원칙(제2조), 아동 최선의 이익 원칙(제3조), 생명·생존 및 발달의 원칙(제6조), 아동 의견 존중의 원칙(제12조)을 의미한다. 아동은 이 권리 중 하나만 박탈당해도 다른 권리를 행사하지 못할 수 있으므로 이 네 개의 권리는 분리해서 이해할 수 없다(Eurochild, 2007).

UNICEF(2012, 2013a)는 이러한 관점을 반영해 '아동복지(Child Well-Being) 지표'를 개발하였다. 이 지표에서는 아동의 행복을 '물질적 복지' '건강과 안전' '교육' '건강 관련 행동과 위험' '주거와 환경'의 다섯 가지 차원으로 구성하고, 아동 빈곤을 총체적 관점에서 파악하게 하는 다양한 지표를 포함하였다. 예를 들면, 물질적 복지 영역을 '화폐 박탈'과 '물질적 박탈'로 나누고, 화폐 박탈에는 상대적 아동 빈곤율과 상대적 아동 빈곤 격차를 포함했으며, 물질적 박탈은 '아동 박탈률(child deprivation rate)'과 '가족 풍요도 비율(family affluence rate)'을 측정하는 것으로 구성하였다. '아동 박탈률'은 특정 항목을 보유(소유)하지 못한 아동의 비율로, 지표는 유럽 29개국의 소득과 생활 수준에 대한 EU의 통계 자료를 근거로 개발한 것이다. 구체적으로, 하루 세 끼 식사를 하는지, 집에 숙제할 조용한 공간과 교육 관련 교재가 있는지, 인터넷이 연결되어 있는지 등 총 열네 가지 지표가 있으며, 이 중 두 가지 이상이 결여되었을 때 '아동 박탈'의 상태로 본다. 이러한 기준에 따라 루마니아(70%), 불가리아

(50%), 포르투갈(27%) 등은 아동 박탈률이 높은 나라로 나타났다. 프랑스와 이탈리아의 박탈률도 10% 이상으로 나타났지만, 북유럽 국가는 3% 미만으로 매우 낮았다. 한편, '가족의 풍요도 비율'은 특정 항목을 보유(소유)한 아동의 비율로, '가족 풍요 척도(Family Affluence Scale: FAS)'를 통해 파악한다. 이 척도는 많은 아동이 부모의 직업과 교육 수준, 소득을 응답하기 어려워서 개발한 척도로, 아동에게 자동차, 침실, 휴가, 컴퓨터의 4개 항목에 관한 질문을 함으로써 아동의 상대적 박탈 정도를 파악한다(Boyce, Torsheim, Currie, & Zambon, 2006). 각 차원에 속한 지표를 자세히 살펴보면 〈표 5-1〉과 같다.

아동 빈곤은 성인 빈곤과 그 원인과 결과가 다르다. 아동은 성인보다 의식주와 건강 등 기본적인 권리 박탈에 더 취약하며, 박탈 기간이 짧아도 아동의 정신과 신체·정서·영적 발달에 치명적인 해를 끼칠 수 있다. 그러므로 아동 빈곤은 낮은 가

표 5-1 유니세프의 아동복지(Child Well-Being) 지표

물질적 복지	화폐박탈	상대적 아동 빈곤율, 상대적 아동 빈곤 격차(Relative Child Poverty Gap)
	물질적 박탈	아동 박탈률, 가족 풍요도 비율
건강과 안전	출생 시 건강상태	영아사망률, 저체중아 비율
	보건예방서비스	사회 전반의 예방접종률
	아동사망률	1~19세 아동사망률
교육	참여	영·유아기 교육 참여율, 15~19세 아동의 중등 교육 참여율, 15~19세 니트족(NEET)[2] 비율
	학업성취도	읽기, 수리, 과학의 평균 학업성취도 점수(PISA)[3]
건강과 위험 지수	건강 관련 행동	(과)체중, 아침 식사 여부, 과일 섭취, 운동 정도
	위험 행동	10대 임신율, 흡연과 알코올, 대마초 사용
	폭력 노출	싸움, 따돌림
주거와 환경	주거	개인당 방의 수, 주거 문제
	환경안전	살인율, 공기 오염 정도

출처: UNICEF, 2013a; 2013b에서 재구성.

[2] 고용되지 않은 상태에서 교육이나 훈련받을 의사도 없는 사람의 비율(Not in Education, Employment or Training)
[3] 국제학생사정프로그램(Program for International Student Assessment)

계소득이나 소비 수준보다 더 심도 있게 해석할 필요가 있다(UNICEF, 2006b). 또한 아동 빈곤은 상대적인 특성이 강하며 물질적인 제한 이상을 포함하므로, 다음과 같은 특징을 고려해야 한다(Holz, 2008).

- 아동 빈곤은 가족의 경제적 상황에 따라 결정된다. 아동 빈곤은 사회의 평균 복지 수준과 관계없이 발생하며, 부유한 나라에서도 가족의 생활조건에 따라 빈곤 아동이 발생한다.
- 빈곤은 아동의 인지·언어·문화적 능력, 교육 기회 등의 결핍을 초래한다. 이는 계속해서 아동이 필요한 사회·문화적 접촉과 기회를 얻는 데 걸림돌이 된다.
- 경제·사회·문화 자본의 결핍은 결국 아동의 신체와 정신 발달에 악영향을 준다.
- 이 모든 것이 상호작용해 궁극적으로 아동 발달과 기회를 제한하고, 소외와 빈곤을 심화하며 아동의 삶에 부정적 영향을 미친다.

3) 아동 빈곤의 원인

UNICEF(2005a)는 아동 빈곤에 결정적 영향을 미치는 요인으로 '사회정책 요인'과 '인구·가족 구조 요인' '노동시장 요인'의 세 가지를 제시했으며, 구체적인 내용은 다음과 같다.

(1) 사회정책 요인

아동 빈곤은 국가의 복지비용 크기와 명백한 관계가 있다. UNICEF(2005a, 2012)의 연구 결과, 연금과 사회보험, 사회기반시설 등에 정부가 지출하는 '공공 사회복지 지출(public social expenditure)' 비중이 GDP의 5% 미만인 미국은 아동의 상대적 빈곤율이 20% 이상이지만, 벨기에와 덴마크, 핀란드, 스웨덴처럼 10% 이상을 사회복지에 지출하는 나라는 상대적 빈곤율이 10% 미만인 것으로 나타났다. 이처럼 국가가 시장에 적극적으로 개입하는 정책을 펴는 나라와 그렇지 않은 나라가 아동 빈곤문제를 해결하는 정도는 서로 다르다. 예를 들어, 스웨덴은 국가가 적극적으로 시장에 개입하고 보편주의 정책을 시행한다. 그 결과, 부모의 취업률이 높고 아동수당과 같은 급여와 사회보험을 폭넓게 보장하므로 부모가 공공부조 수급자가 될 확률이 매우 낮고 아동 빈곤율도 낮다. 반면, 영국과 미국은 '자산 조사형 공공부조'를 중심으로 한 선별주의 정책을 취하는데, 이는 근로 동기를 저해할 뿐 아니라 아동 빈곤율 감소 효과도 낮은 편이다(김미숙 외, 2007).

또한 국가의 사회복지 지출 규모가 같아도 사회정책 유형에 따라 아동 빈곤율에 차이가 있다. 서유럽 10개국은 가족과 아동에 대한 공적 재정지출로 보건과 주택을 제외한 공적 소득이전과 보육지원, 세제 혜택을 포함하는 '공공 가족복지 지출(public spending on family benefits)'이 GDP의 7~10%로 비슷하지만, 아동 빈곤율은 노르웨이 6.1%, 프랑스 8.8%, 영국 12.1%로 나라마다 다르다(UNICEF, 2012). 이러한 결과는 사회비용의 분배와 활용 방식의 차이에 기인한다. 예컨대, 프랑스와 영국은 사회복지 지출 규모가 비슷하지만, 아동 빈곤율은 영국이 프랑스보다 높다. 이는 프랑스는 넓은 범위의 보편적 사회지원체계를 통해 특정 집단에 국한하지 않고 가정과 아동을 지원하지만, 영국은 어린 자녀가 있는 저소득층 가정에만 서비스를 제한해서 지원하기 때문이다. 정부가 사회복지 지출을 취약빈곤가정에만 집중하면 개인의 노동 의지를 약화할 수 있으며, 빈곤한 부모는 국가의 지원을 받기 위해 노동하지 않고 계속 빈곤한 상태로 남는 문제를 초래해 결국 아동 빈곤율은 감소하기 어렵다.

(2) 인구 · 가족 구조 요인

아동 빈곤의 원인 중 인구 · 가족 구조 요인으로는 자녀와 함께 거주하는 부모 수, 부(父)의 부재, 자녀 수, 부모 학력 등을 들 수 있다. 자녀와 함께 거주하는 부모 수는 자녀를 위한 인적 · 경제적 자원의 양을 결정하므로 아동 빈곤에 큰 영향을 미친다. 특히 여성 임금이 남성보다 낮은 편이므로, 여성 단독 가구주의 자녀가 빈곤에 빠질 가능성은 양친 부모의 자녀나 남성 단독 가구주의 자녀보다 매우 크다(김은정, 2013; Cancian & Reed, 2009).

부모가 저학력이고 미숙련 노동자이거나 형제가 많은 가정의 빈곤율도 높은 편이다. 브라질과 같은 남미 국가에서는 사회의 극심한 양극화와 다자녀 출산, 가족 해체 증가가 아동 빈곤율을 높이는 중요한 요인이다. 이들 나라에서는 부모-자녀로 구성된 가정에서 성장하는 아동의 비율이 다른 나라보다 현저히 낮은데, 아동의 절반 이상이 아버지 없이 어머니와 형제자매와 자라고 어머니도 저임금 직종에 종사하는 경우가 많다. 이러한 가족 구조는 빈곤에 빠질 가능성이 높다(Beisenherz, 2002).

한편, 아동 빈곤은 부유한 나라에서도 나타난다. 유럽 복지국가에서 아동 빈곤은 주로 가족 해체에 따른 한부모가정에서 발생하며, OECD 국가의 한부모가구 빈곤율은 전체 인구의 빈곤율보다 세 배가 높다(OECD 홈페이지, 2014c). 자녀를 홀로 키우는 여성 가구주는 임금보다 노동력의 재생산 비용이 훨씬 더 높은 편이다. 노동력의 재생산 비용은 그 노동력을 생산, 유지 및 재생하는 데 필요한 물질적·문화적·사회적 비용이다. 노동자가 노동 후 다시 같은 노동을 하려면 영양섭취와 휴식이 필요하며, 노동력을 유지하기 위한 훈련과 교육, 여가·문화활동도 필요하다. 임금이 노동력 재생산 비용보다 낮을 경우, 노동의 질은 지속해서 저하할 수밖에 없으며, 개인의 삶도 더 빈곤해질 수밖에 없다(Beisenherz, 2002).

(3) 노동시장 요인

최근 경제 위기와 노동시장의 구조 변화는 부모의 실업과 불완전 고용을 증가시켰고 아동 빈곤을 심화시켰다(UNICEF, 2006. 6. 22.). 현대사회는 경제적으로 풍족해 보이지만, 그 이면에는 실업과 빈곤이 다양한 형태로 존재한다. 정부는 더 큰 성장과 세계 시장에서 자국의 '산업 입지(industrial location)'를 확보하기 위해 임금과 사회보장 축소, 노동 유연화 정책 등을 단행한다. 경제의 세계화는 물질적 풍요를 가져왔지만, 기업에 유리한 분배를 통해 불평등은 더 심해졌으며, 장기 실업자, 장기 빈민, 저소득자와 같은 주변인을 양산하였다(Butterwegge, 1998). 오늘날 '세계화'를 추동하는 기본 동력은 '경제의 세계화'인데, 대표적인 예가 세계무역의 완전 자유화를 주장하는 세계무역기구(World Trade Organization: WTO)의 출범과 초국적 기업(Multinational Corporation: MNCs)의 활동이다. 세계화를 지지하는 입장에서는 국경을 초월한 단일한 시장과 경쟁 원칙을 강화하는 것이 인류 발전을 가져온다고 본다. 그러나 자본은 기업활동에 유리한 조건을 제공하는 지역으로 자유롭게 이동하지만, 노동력이 국경을 넘나드는 것은 쉽지 않다. 기업은 노동비용을 줄이기 위해 자국 노동자의 해고와 감원을 단행하고, 기간제 고용과 시간제 고용, 위탁 고용과 같은 불완전한 고용을 증가시키는 한편, 저개발 국가의 값싼 노동력을 활용해 엄청난 이윤을 축적한다. 또한 국가 개입이 축소된 상황에서 노동조합도 교섭력을 상실하고 자본과 노동 간 힘의 균형이 깨지고 지구적 불평등은 강화된다(Butterwegge, 2010). OECD(2011a)는 지난 20년간 OECD 국가 중 3/4 이상에서 빈부 격차가 더 심화했다고 밝혔다. 최근의 경제성장은 빈곤층보다 부유층에 더 많은 혜택을 주고 있으며, 캐나다, 핀란드, 독일, 노르웨이, 미국 등 많은 국가에서 부유층과 중산층 사이의 격차가 더 크게 벌어졌다고 평가한다. OECD는 불평등은 사회를 양분하고 부자와 빈자 사이의 격차를 확대하며, 세대 간 계층 이동을 막고 한 나라 안에서도 지역을 분열시키게 되므로 이에 따른 사회 위험을 정부가 해결할 필요가 있다고 경고한다.

신자유주의식 사회보장의 축소 재편도 아동 빈곤을 악화한다. 신자유주의(neoliberalism)는 1970년대부터 부각하기 시작한 경제 사조로 경제정책에서는 고전적 자유주의를, 정치적으로는 보수자유주의 가치를 지향한다. 경제 위기에 대한 신자유주의식 해결방법은 재정 안정화인데, 국가는 세제 혜택을 시장 요구에 맞게 수정해 기업의 조세 부담을 줄이는 방식을 취한다. 조세 수입이 감소하면 긴축정책이 불가피하고, 그 결과 사회보장제도와 경기지원 방책도 축소할 수밖에 없다(Huffschmid, 2002).

경제의 세계화와 신자유주의 국가로의 재편은 수많은 부모의 희생을 담보로 진행하므로 아동은 부모의 실업과 빈곤의 가장 큰 희생자가 되고 있으며, 부실한 가족정책은 가족과 아동의 위기를 더 악화한다(Butterwegge, 2003a, 2009). 사회경제적 관계는 연대와 통합의 관계에서 경쟁 관계로 바뀌었으며, 이 과정에서 사회 책임이나 인간 가치도 훼손하고 있다. 그 결과, 많은 사람이 아동기부터 희망을 상실하고 사회적 배제를 경험한다.

🏠 제2절 가족지원제도의 개념과 특성

1. 가족지원제도의 개념

'가족지원정책(family support policies)'은 고령화와 저출산 등의 사회문제를 해결하고 아동의 성장 환경을 지원하기 위해 일과 가정을 양립하게 하려는 정책이다. 좁은 의미에서는 자녀가 있는 취약가정에 대한 지원정책을 의미하지만, 넓은 의미에서는 자녀가 있는 모든 가정에 아동 양육과 교육에 필요한 비용을 국가가 지원함으로써 가족 부담을 사회적으로 지원하고 조정하는 제도를 말한다(Jorg, 2002).

부모는 자녀 출산과 동시에 경제적 그리고 사회·심리적으로 많은 부담을 진다. 아동은 한 개인으로서도 소중하지만, 미래사회를 유지·발전시킬 구성원이기도 하므로, 현대국가는 점차 아동 양육에서 비롯하는 개인과 가정의 부담을 지원할 필요를 인정하고 있다. 아동복지에서 가족지원정책은 가족이 사회를 위해 아동 양육의 책임을 담당하지만, 국가는 가족이 시장을 통해 보상받지 못하는 부분을 지원해야 함을 전제로 한다.

가족지원제도는 '노동시장과 고용에 대한 지원 등으로 가족의 소득을 보장하고, 사회와 교육, 가족, 주택 등 다양한 차원의 지원으로 부모가 일과 가정을 양립하게 돕고, 이를 통해 아동의 성장 환경을 강화하는 제도'이다. 산업국가 대부분에서 가족지원은 공공부조와 아동수당 등 소득지원(현금급여)과 세제 혜택, 사회복지 서비스(현물급여), 노동시장정책 등을 통해 이루어진다(Bundesamt fur Sozialversicherung,[4] 2013; 김미숙, 배화옥, 2007).

2. 가족지원제도의 목적

아동복지는 가족복지와 직결되므로 가족지원정책의 변화가 필요하며, 가족지원정책의 목적은 다음과 같다(Thevenon, 2011).

1) 빈곤 감소와 소득 유지

가족지원제도는 출산 후 부모의 실직을 막고 양육비용을 지원하여, 고소득 계층에서 저소득 계층으로의 '수직적 재분배'와 자녀가 없는 가정에서 자녀가 있는 가족으로의 '수평적 재분배'를 달성하려 한다.

2) 양육비용 직접 보상

양육비용에 대한 보상은 주로 가족에 대한 '소득이전(income transfer)'을 통해 이

---

4) 독일연방 사회보험국.

루어진다. 소득이전은 자녀가 있는 가정과 없는 가정의 생활 수준 차이를 좁히기 위한 것이다. 이 차이는 저소득가정에만 해당하는 것이 아니므로 소득과 관계없이 자녀 수에 따라 급여 혜택을 부여한다.

3) 고용 촉진

가족지원정책은 일과 가정을 양립하게 하는 데 목적을 둔다. 이것은 출산으로 말미암은 소득 상실을 막고 국민경제 차원의 '외부 효과(external effects)'를 창출하기 위한 것이다. 외부효과는 아동과 여성을 통해 발생할 수 있다. 가족지원 정책을 통해, 여성은 노동 참여를 유지하고, 아동은 적절하게 양육받을 수 있다. 건강하게 성장한 아동은 사회보험과 노인복지정책 등의 재정확보에 기여함으로써 자신의 부모뿐 아니라 다른 노인에게까지 기여할 수 있다. 따라서 여성의 노동 참여를 유지 · 증진하기 위한 정책은 매우 중요하며(OECD, 2006), 이를 '가정 친화적 고용제도'라고 한다. '가정 친화적 고용제도'에는 출산 후 소득과 고용을 보장하는 육아휴직 제도와 부모의 근무시간 중 돌봄 서비스의 제공, '근로장려세제(Earned Income Tax Credit: EITC)'와 같이 근로 유인 효과가 있는 세제 혜택 등이 있다. 근로장려세제는 저소득 근로자 가구에 근로장려금을 세금 환급 형태로 돌려주는 일종의 '마이너스 소득세' 제도이다(전영준, 2008).

4) 평등보장

가족지원정책은 가족지원을 통해 빈곤가정 아동과 부유한 가정 아동의 평등, 여성과 남성의 평등, 유급 노동자와 무급 노동자의 평등, 자녀가 없는 가정과 자녀가 있는 가정의 평등을 이루는 것을 목표로 한다.

5) 영 · 유아 발달 지원

영 · 유아 발달 지원은 많은 국가에서 아동 · 가족정책의 주요 목적으로 삼는다. 이를 위해 국가는 부모가 어린 자녀를 돌보고 양육하는 비용을 지원하고, 공공 돌봄 서비스와 학령 전 교육 제공으로 부모의 양육 부담을 덜어 주며, 부모에 대한 고용 지원을 통해 빈곤을 감소시켜 아동의 행복과 발달을 돕고자 한다.

6) 출산율 증가

저출산은 장기적으로 생산인구 감소와 고령화를 초래해 미래 인적 자본의 축적을 저해할 수 있다. 이는 국가의 잠재성장력을 약화하고 복지국가 유지에 영향을 미칠 수 있으므로, OECD 국가 대부분은 출산율 증가를 가족정책의 주요 목표로 둔다.

3. 가족지원제도의 특성

가족지원제도는 사회·경제 환경과 정책목표 등에 따라 다양한 형태로 발달해 왔다. 나라마다 그 종류와 내용, 시행 방식이 다르고 정책목표에서 강조하는 점에도 차이가 있으며, 한 나라에서 시행하는 정책도 제공 대상의 범위와 자격조건, 서비스의 구성 형태 등이 매우 다양하다. 따라서 가족지원제도의 특성은 하나로 기술하기는 어렵고 목표와 지향점에 따라 '북유럽형'과 '대륙형' '영미형'으로 나누어 설명할 수 있다.

북유럽형 국가는 가족지원제도의 초점을 '부모의 가정 양육과 직장 업무의 조화'에 두며, 영미형 국가는 '빈곤가정·한부모가정 지원'에 주된 초점을 둔다. 이에 따라 북유럽형 국가는 영미형 국가보다 다양하고 풍부한 보편적 가족정책을 운용하고 있으며, 독일, 프랑스 등 대륙형 국가는 그 중간 형태를 띠고 있다(김진욱, 2008; Thevenon, 2011). 스웨덴, 노르웨이 등의 북유럽형 국가는 3세 미만 자녀를 둔 부모에게 비교적 관대한 조건으로 출산 후 육아휴직을 보장하고 직업과 가사노동을 조화롭게 유지하도록 실질적으로 지원하며, 다른 나라보다 국가의 가족복지 지출 비중도 큰 편이다. 예를 들어, OECD 국가 평균 육아휴직 기간은 32주인데, 스웨덴은 62주, 덴마크는 50주에 이른다. 또한 덴마크는 육아휴직이 끝나자마자 국가에서 학령 전 아동돌봄 서비스를 제공하며, 0~2세까지 아동 중 70%가 이 혜택을 받고 있다. 0~3세 아동의 아동돌봄기관 활용률은 스웨덴이 44%, 아이슬랜드가 52% 수준이다(Thevenon, 2011). 반면, 영미형 국가는 빈곤가정과 저소득 한부모가정에만 해당하는 선별적 서비스가 많고, 그 외 부모는 자녀 양육과 교육 비용에 대한 사적 부담이 큰 편이다. 영국은 육아휴직 기간이 9주로 매우 짧은 편이고, 육아휴직 시 받는 급여도 적으며, 3세 미만 아동에게 공적으로 제공하는 돌봄과 교육 혜택도 적은 편이다. 대륙형 국가에 속하는 독일과 프랑스는 영미형 국가보다는 가족지원제도

표 5-2 복지국가 유형에 따른 가족지원제도의 특성

복지국가 유형	가족지원제도의 목적	가족지원제도의 특성
북유럽형	양육과 직장의 조화	유급휴가, 보편적 공보육체계 확립
대륙형	여성의 어머니 역할 강조	자녀가 어릴 때 노동시장을 떠나 육아에 전념하게 인센티브를 지원하는 정책을 선호
영미형	가족 책임 강조	국가지원 미흡, 빈곤가족과 한부모가족 지원중심, 영·유아 공보육·교육과 서비스 부족

가 발달했지만, 양육에 대한 가족 책임과 모성 등을 강조하는 등 북유럽형 국가의 제도와는 격차가 있다.

🏠 제3절 가족지원제도의 종류

출산과 양육 등으로 생기는 가족 부담을 조정하기 위한 가족지원제도에는 크게 공공 가족복지 지출로 소득을 보장하는 방식과 부모의 고용 창출을 도와 소득을 보장하는 노동시장정책이 있다. 공공 가족복지 지출을 통한 가족지원제도는 공적 소득이전(public income transfer)과 자녀가 있는 가족을 위한 서비스 공공 지출(public spending on services for families with children), 조세제도를 통한 재정지원(financial support for families provided through the tax system)의 세 종류로 나눌 수 있다(OECD, 2013a). 부모의 고용 창출을 통한 가족지원제도에는 가족 친화적 노동 환경 정책과 직장과 가정이 균형을 이루게 돕고 부모의 고용을 보장하는 고용정책이 있다.

1. 공공 가족복지 지출을 통한 가족지원

1) 공적 소득이전

공적 소득이전은 정부가 제공하는 연금, 생계비·교육비·의료비 지원, 아동수당, 사회보장급부, 조세 혜택 등을 포함한다. 소득이전은 수급자에게 구매력을 제공하므로 소득 재분배 효과가 있다.

(1) 아동수당

아동복지와 관련된 공적 소득이전의 대표적인 형태는 '아동수당(Children's Allowance)'이다. 아동수당은 부모의 소득 수준이나 결혼 여부, 아동의 지위 등과 관계없이 국가가 모든 아동에게 양육과 교육에 필요한 비용 일부를 조세로 지원해 주는 것으로, 아동 양육의 사회적 책임을 가장 잘 반영하는 제도이다(Rainer et al., 2012). 과거에 아동을 키우는 것은 전적으로 가정의 책임이었고, 이를 감당할 능력이 없는 빈곤가정만 지원하는 것이 일반적이었다. 산업사회 발전 초기에는 기업에서 부양가족이 많은 근로자에게 임금을 보충하는 보조금을 지급했으며, 이러한 제도는 자녀 세액공제나 추가 수당 제도로 발전하였다. 각 나라는 출산율을 높이는 목적으로 자녀가 많은 가족에게 조세 혜택을 주고, 일시보조금을 지급하는 제도를 도입하기도 했으며, 제2차 세계대전 이후에는 유럽 국가를 중심으로 아동수당이 보편적 소득이전의 형태로 발전하였다(Rainer et al., 2012).

아동수당은 나라마다 명칭도 다르고 국가의 조세법과 사회법에 따라 대상 연령, 급여 수준, 급여 방식이 다르며, 한 나라 안에서도 아동의 나이, 출생순위 등에 따라 지급하는 금액이 달라지기도 한다. 다만 공통점은 대부분 나라에서 아동수당의 재정을 국가 일반예산으로 충족하며 면세 혜택을 부여한다는 점이다.

나라별로 아동수당의 지급 기준을 살펴보면, 독일과 프랑스, 스웨덴, 영국은 아동 수를 기준으로 지원하고, 노르웨이와 덴마크, 오스트리아는 아동의 나이에 따라 지급한다. 독일은 직업이 없는 경우 21세까지, 직업 훈련 중에는 25세까지 지급하고, 스웨덴과 영국은 학생이면 지급 기간을 연장하고 오스트리아도 전업 학생이거나 장애인이면 만 26세까지 수급 기간을 연장한다. 프랑스의 아동수당제도는 보편주의 형태를 지니고 있지만, 출산 장려 성격이 크므로 자녀가 2명 이상 있는 가족만이 수급 자격을 얻으며, 자녀 수가 증가할수록 급여액이 증가한다. 이는 육아수당에도 해당해 프랑스는 둘째 자녀 출산부터 육아수당을 지급한다(이선주, 박선영, 김은정, 2006). 오스트리아도 기본적으로 연령에 따라 수당액이 다르지만, 자녀 수가 늘면 일곱째 아이까지 수당액을 조금씩 추가하는데 〈표 5-3〉의 내용은 첫째 아이 기준이다.

아동수당의 정책 효과를 평가하면 다음과 같다.

표 5-3 | 각국의 아동수당제도(2021년 1월 기준)

독일(0~18세)[5]		프랑스(0~20세)		핀란드(0~17세)		스웨덴(0~16세)[6]	
아동 수	아동수당	아동 수	아동수당	아동 수	아동수당	아동 수	아동수당
첫째	219€	첫째	0[7]	첫째	95.75€	첫째	120€
둘째	219€	둘째	120.32	둘째	105.80€	둘째	251€
셋째	225€	셋째	274.47€	셋째	135.01€	셋째	411€
넷째 이상	250€	넷째	428.62€	넷째	154.64€	넷째	629€
		다섯째	582.77€	다섯째 이상	174.27€	다섯째 이상	218€
		여섯째 이상	154.15€				

영국(0~16세)[8]		노르웨이(0~18세)		덴마크(0~18세)		오스트리아(0~18세)[9]	
아동 수	아동수당	아동 연령	아동수당	아동 연령	아동수당	아동 연령	아동수당
첫째	105€	모든 아동	129€	0~3세	145€	0~3세	114.00€
둘째 이상	70€	북극 지역 아동	171€	3~7세	131€	3~9세	112.90€
				7~18세	103€	10~18세	141.50€
						19세부터	165.10€

출처: 이선주, 박선영, 김은정(2006); Wikipedia 홈페이지, 2021a, 2021b.

첫째, 아동 양육과 관련한 가족 부담을 완화한다. 아동수당은 국가가 부모 소득과 관계없이 아동 나이와 자녀 수에 따라 보편적으로 지급함으로써, 가족 부담을 낮추고 자녀가 없는 가족과의 형평을 이루게 조정한다(Feustel, 2006).

둘째, 아동수당제도는 소득 재분배 효과가 큰 편이다. 아동수당은 일반조세를 통해 재원을 충당하므로 고소득 계층에서 저소득 계층으로 재분배가 이루어지며, 자녀가 없는 가족과 자녀가 있는 가족의 수평적 재분배도 가능하다. 아동수당은 자산 조사나 부모 취업 여부와 관계없이 아동이 있는 모든 가정에 주어지지만, 부모의 노동

---

5) 직업이 없는 경우 21세까지, 직업 훈련 중인 경우 25세까지 지급한다.
6) 해당 아동이 학생일 경우 20세까지 연장 지급한다.
7) 프랑스의 아동수당제도는 보편주의 형태를 띠지만, 출산 장려의 성격이 있으므로 자녀가 두 명 이상 있는 가족만이 수급 자격을 얻는다. 또한 자녀 수가 증가할수록 급여액이 증가한다(이선주 외, 2006). 이는 육아수당에도 해당하며, 둘째 자녀 출산부터 육아수당을 지급한다.
8) 해당 아동이 학생일 경우 19세까지 연장 지급한다.
9) 전업 학생이거나 장애인일 경우에는 만 26세까지 수급 나이를 연장하여 지급한다. 표 내용은 첫째 아이 기준이며, 둘째 아이인 경우에는 첫째 아이보다 월 12.80유로로, 셋째 아이부터는 월 25.50유로를 더 많이 지급한다.

의사를 억제할 만큼 수당이 높지 않으므로 노동시장 참여를 저해하지는 않는 것으로 나타났다(Feustel, 2006).

셋째, 아동수당은 출산 증가에는 큰 영향을 미치지 못하는 것으로 평가한다. EU 27개 국가의 평균 합계출산율 수준은 2003년 1.47명에서 2009년 1.6명으로 증가했고, 유럽 회원국에서는 여성 1명당 평균 1.3명 이하 자녀를 출산하는 초저출산 국가는 나타나지 않았다는 점에서 아동수당이 중장기적으로 인구 감소의 속도를 완화한 것으로 평가하지만(신윤정, 2013), 그 영향력은 미약한 수준이다. 프랑스와 독일, 스웨덴 등 유럽 선진국은 아동수당을 시행하지만, 1960년대 이후 출산율은 많이 증가하지 않았고 EU 국가 전체의 출산율도 인구 대체 수준인 합계출산율 2.1명에 도달하기에는 매우 부족하다. 이는 자녀 출산이 단순히 가정의 경제조건 개선만으로 결정되는 것이 아니기 때문이다. 출산율 증가는 아동수당 외에도 육아휴직, 탄력적인 노동환경, 노동 시간 등 직업과 가정생활을 조화하는 통합적인 지원제도가 있을 때 가능하다(Kronert, van Olst, & Klingholz, 2005).

넷째, 아동수당은 사회통합 효과가 크다. 다만, 아동수당은 보편적 사회급여 프로그램으로 많은 예산이 필요하므로, 보수주의자는 '부유한 가정의 아동이 아동수당을 받는 것이 낭비'라고 하면서 소득에 따른 선별적 보장 방식을 주장하기도 한다. 아동수당을 저소득가정에만 한정해 지급하면, 빈곤가정과 빈곤아동의 낙인감이 커지고 장기적으로는 사회적 낙인이 찍힌 집단을 위한 재원 조달이 더 어려워져서 사회통합을 해칠 수 있다. 형평성 문제는 부유한 가정에 상대적으로 높은 과세를 부과하는 '누진세제도'를 통해 해결할 수 있다(Butterwegge, 2006).

다섯째, 아동수당은 아동의 권리보장을 위해서 중요한 제도이다. 사회보장제도는 보통 성인중심으로 이루어져 있는데, 아동의 권리를 개선하려면 아동을 자율적 주체로 보는 제도가 필요하다. 아동의 생존권 보장은 부모의 수당청구권과 관계없이 아동의 정체성 그 자체를 통해 시작해야 하므로, 부모의 경제력과 가족 형태 등과는 별개로 모든 아동에게 보편적으로 제공해야 한다(Butterwegge, 2006).

(2) 육아수당

'육아수당(Parental Aallowance)'은 '육아휴직제도'에 포함된다. 육아휴직제도는 자녀를 출산한 부모에게 일정 기간 휴직을 보장하고 양육비용을 지원하는 제도로, 아

동 양육과 여성의 고용을 돕는다는 점에서 가족정책, 아동정책, 노동정책과 연결된
다(이규용, 남재량, 박혁, 김은지, 2004). 육아수당은 출산 후 모성보호 기간을 포함해
일정 기간 국가가 아동 양육비용 일부를 지원하는 것이다. 이 제도의 목적은 일과
가족생활 간 균형을 이루게 돕고, 출산율을 높이며, 성별 부모 역할을 완화해 노동
시장에서 여성의 성차별적인 불이익을 줄이고, 비교적 단기간만 지급해 노동 유인
을 확대하는 것이다(Vogler-Ludwig & Giernalczlyk, 2009).

육아수당은 양성평등 측면에서는 어느 정도 성공적이라는 평가를 받는다(Sadigh,
2012. 7. 3.). 그러나 육아수당은 대개 출산 후 1년까지만 지급하는 경우가 많고, 그
지급액도 최저생계비 미만이므로 아동수당과 마찬가지로 출산율 증가에 큰 영향을
미치지 못하는 것으로 나타났다. 또한 남성이 육아휴직을 신청하는 비율을 늘리는

표 5-4 **각국의 육아수당제도(2020년 말 기준)**

독일	• 2007년 1월 1일 출생 자녀부터 해당 • 육아휴직기간: 아이 탄생 후 12개월간 지급(한부모는 14개월간) • 육아수당 금액: 부모의 순소득에 연계 　-단, 출산 전 실업자나 무소득자는 14개월간 월 최소금액 300유로 지급 　-육아를 위해 부모 한쪽이 휴직하거나 주당 30시간 이하로 근무시간을 단축할 경우, 이로 인 　 한 소득감소분의 67%, 최대 월 1,800유로의 수당을 12개월(교대 시 최장 14개월) 동안 지급
프랑스	• 고용형태에 따라 고정된 수당을 지급 • 육아휴직기간: 첫째 자녀 1년, 둘째부터 3년 • 육아수당 금액: 부모의 육아휴직 기간 중 고용형태에 따라 다름 　-완전 휴직: 월 396.01유로 　-노동시간의 50% 미만 근무: 월 256.01유로 　-노동시간의 50~80% 근무: 월 147.67유로
스웨덴	• 스웨덴 사회보장 제도의 일부인 부모보험을 통해 지급 • 육아휴직기간: 직장이 있는 부모: 총 480일간 육아수당 수령 　-단, 부모 둘 다 의무적으로 90일씩 휴직해야 하며 나머지 300일은 자유롭게 정할 수 있음 　-쌍둥이를 키울 경우 서비스 기간을 180일까지 연장 • 육아수당 금액: 390일간 총 임금의 80%를 대체임금으로 지급. 남은 90일간은 임금과 상관없 　이 하루 180크로나(약 3만 원)를 보장
노르웨이	• 2009년부터 시행 • 육아휴직기간: 출산 후 46~56주(10주간 아버지 휴가 포함) • 육아수당 금액: 56주까지 출산휴가 이전 소득의 80%, 혹은 46주까지 100% 지급

출처: Wikipedia 홈페이지, 2021a, 2021b; Infobest 홈페이지 (2021).

데 실패함으로써 성별, 계층별 재분배 효과가 크지 않다는 비판도 받는다(Leitner, 2009). 이러한 문제점을 극복하기 위해 육아수당을 사회·문화적 최저생계 수준까지 올리는 방안과 가사노동과 임금노동 간 유연한 연결을 위해 육아휴직을 「노동법」상으로 보장하는 방안도 고려하고 있다. 아울러 스웨덴과 노르웨이는 부모휴가의 일정 기간을 부모 중 한 명만 사용할 수 있는 기간으로 할당해 부모 모두 육아휴직에 참여하게 제도화했고, 독일은 부모가 각각 부모휴가를 2개월 이상 사용하면 보너스 2개월을 추가해 전체 기간을 연장해 주는 등 부성휴가를 장려하려는 경향이 있다(장지연, 2013).

한편, 가사노동도 사회적 노동이므로 가사노동자에 대한 개별적 생계보장이 이뤄져야 한다는 제안도 있다. 자본주의적 생산 관계는 '상품의 생산과정'과 '노동력의 사회적 재생산 과정'으로 구성하는데, 생산노동은 상품을 만드는 노동을 의미하고 재생산 노동은 가사노동과 돌봄노동과 같이 노동력을 '재생산'하는 노동이다. 현대 사회에서 육아·가사 도우미, 노인돌봄 서비스 등 일부 재생산 노동은 임금노동으로 편입했지만, 아직도 가사노동 대부분은 임금을 지급하지 않는다. 여성학자 페데리치(Federici)는 재생산 노동도 생산 노동과 같은 임금을 지급해야 하는데, 이는 국가가 해야 함을 주장한다(황석원 역, 2013).

(3) 바우처제도

'복지상품권(voucher, 이하 바우처)제도'는 정부가 직간접으로 소비자에게 구매권을 부여해 필요한 공공 서비스를 구매하게 하는 것으로, 복지 분야에 민영화와 시장원리를 접목한 방식이다(최성은, 최석준, 2007). 즉, 바우처는 정부가 공급자가 아닌 수요자에게 지급하는 용도 제한이 있는 보조금이다(강창현, 문수영, 김기창, 2012). 정부가 기관을 지원하는 '공급자 지원 방식'에서는 중앙정부가 지방자치단체에 보조금과 그에 따른 지급 지침을 제공하고, 지방자치단체는 공급기관을 선정해 사업을 위탁한 후 수요자에게 서비스를 제공한다. 반면, 바우처제도는 수요자가 중앙정부와 지방정부에 서비스를 신청하면 정부가 수요자에게 직접 바우처를 지급하고, 이것으로 수요자가 공급기관에서 서비스를 구매할 수 있다(보건복지부 홈페이지, 2014).

바우처제도는 주로 서비스 이용자의 선택이 중요하다고 여겨지는 교육과 직업훈련, 보육, 가사, 주택 서비스 등에서 활용한다. 바우처는 현물 지급과 현금 지급의 중간 특성이 있는데, 해당 상품이나 서비스만을 구매하게 하므로 형태상 현금 지급과 다르지만, 이용자가 직접 구매할 수 있다는 점에서 현금 지급과 비슷한 효과가 있다(박광수, 김수일, 2009). 이용자의 선택권과 구매력을 보장하는 바우처 방식에는 음식 이용권, 노인 승차권, 교육 이용권처럼 이용권(쿠폰)이나 증서를 개인이 직접 사용하게 하는 '직접 방식'과 사업자와 공급자에게 비용을 지급하고 개인이 구매하게 하는 '간접 방식'이 있다(최성은, 최석준, 2007).

바우처제도는 시장 원리를 적용함에 따라 다음과 같은 이점이 있다.

첫째, 이용자에게 교환권을 제공해 자신이 원하는 것을 구매하게 함으로써 '소비자 선택권'을 강화할 수 있다. 둘째, 이용자 자신이 가장 적합한 서비스를 구매할 수 있어 만족도를 높일 수 있다. 셋째, 지정된 범위의 재화·서비스로만 교환할 수 있으므로 현금지원보다 소비 형태에 대한 사회적 통제가 가능하다. 넷째, 다른 사람에게 권리를 양도할 수 없어서 표적 집단에 효과적으로 서비스를 전달할 수 있다. 다섯째, 공급자 간 경쟁을 강화해 서비스의 질과 다양성을 높일 수 있다. 그 밖에도 정부가 직접 생산할 때 생산성이 떨어지는 재화와 서비스의 생산에 민간부문 생산 체계와 제도를 활용함으로써 서비스 질 저하 문제를 해결할 수 있으며, 바우처라는 새로운 서비스 시장에서 일자리를 창출할 수 있다. 또한 표적 집단에만 선별적으로 증서를 지급할 수 있으므로 보편적 서비스보다 재정 지출을 줄이고 투명성을 늘릴 수 있다(박광수, 김수일, 2009; 배화숙, 2007; 정광호, 2007).

반면, 이러한 바우처제도의 시장 지향성은 그 자체로 다음과 같이 비판받기도 한다.

첫째, 서비스 이용자의 통제를 강화한다는 것이다. 사회복지에서 바우처제도는 신자유주의 재편과정과 맞물려 확대했으며, 사회복지를 상품화·민영화하는 과정에서 복지 서비스를 판매하는 공급자의 이익을 보호하고 사회복지 수요자의 구매 행위를 통제하는 데 기여한다(배화숙, 2007). 바우처를 지급하면, 이용자는 기본적으로 제공하려는 서비스 외 다른 것을 구매하지 못하므로 시장 논리에서는 효율적이지만, 현금 지급보다는 효용 가치와 이용자의 자율성을 위축할 수 있다.

둘째, 바우처제도는 사회복지의 시장화와 민영화를 강화하면서 시장 경쟁에 따른 폐해가 나타날 수 있다는 것이다. 즉, 사회복지 사업의 공공성을 약화하고 상품화하면서 사회복지사와 이용자 간 관계가 서비스를 사고파는 매매 관계로 변화하고, 과중한 행정 업무의 증가로 행정비용이 늘고, 서비스 공급기관 간 과도한 경쟁을 유발할 수 있다. 또한 시장에 충분한 공급자가 존재하지 않으면 해당 서비스 수요가 증가해 서비스 가격이 크게 상승할 가능성도 있다(박광수, 김수일, 2009; 배화숙, 2007).

셋째, 바우처제도는 대부분 특정 인구 집단에만 지급하는 선별적 서비스이므로 소득 재분배 효과가 크지 않고, 이용자에게 낙인을 부여할 수 있으며, 사회통합을 저해할 수 있다는 것이다(박광수, 김수일, 2009; 최성은, 최석준, 2007). 특히 본인 부담금이 있는 바우처제도는 사회 차별을 일으킬 수 있다. 예를 들면, 영국은 1996년부터 보육 바우처 사업을 시행했는데, 이 사업의 목표는 이용자에게 보육시설에 대한 선택권을 주기 위한 것이었다. 그러나 보육 바우처 외에 추가 부담을 할 수 있는 부모는 더 좋은 보육시설에 자녀를 보낼 수 있지만 그렇지 못한 부모는 질 낮은 보육시설에 자녀를 맡길 수밖에 없어서 사회 차별을 악화한다는 비판을 받았다(Kreyenfeld, 1998). 추가 부담금뿐 아니라 서비스 공급에 대한 통제와 질적·양적 확대가 없는 상황에서 취약 계층은 바우처를 받아도 서비스를 이용하기 어렵거나 질 낮은 서비스와 시설을 활용하게 된다(Stemmler, 2003. 8. 3.). 따라서 단순히 시장경제 논리에 초점을 두고 바우처제도를 시행한다면, 사회복지의 공공성은 사라지고 계층 간 차별이 악화하며 서비스 질 향상도 기대하기 어려우므로, 바우처제도의 장점을 활용한 신중한 접근이 필요하다.

(4) 공공부조

'공공부조(Public Assistance)'는 국가나 지방자치단체가 생활 능력을 잃거나 일정한 생활 수준에 미치지 못한 사람의 최저생활을 보장하고 자립을 촉진할 목적으로 마련한 가장 직접적이며 최종적인 사회보장제도의 하나이다. 공공부조는 생계유지의 최종 책임이 개인에게 있다고 보고, 개인과 가족, 친지의 도움으로 생계유지가 어려운 부분에 대해서만 원조한다. 이에 따라 엄밀한 자산 조사로 대상자를 선별한다. 공공부조는 '최저 수준의 보호(national minimum)'로 급여 수준을 한정함으로써, 보호 신청의 매력을 줄이고 노동 의사를 강화하려는 의도가 있다(Tjaden-Steinhauer, 1985).

우리나라 「국민기초생활보장법」 제2조에는 「국민기초생활보장법」이 제공하는 최저생계비란 "국민이 건강하고 문화적인 생활을 유지하기 위하여 필요한 최소한의 비용"이라고 규정한다(법제처 찾기쉬운 생활법령정보 홈페이지, 2014a). 그러나 공공부조는 실제로 빈곤층에게 물질적·문화적·사회적·정치적으로 필요한 부분을 모두 지원해 주지 못한다. 즉, 빈곤의 위험을 줄이지만, 빈곤 탈출을 완전히 보장할 수 없으며, 특히 아동이 있는 가정에서 공공부조만으로는 아동에게 삶의 기회를 보장하기 어렵다. 따라서 아동 빈곤문제 해결을 위해서는 고용과 교육, 가족·사회 정책, 노동과 임금의 재분배정책 등 더 적극적이고 통합적인 정책이 필요하다(Butterwegge, 2005). 2008년 독일 정부가 출간한 「제3차 독일연방 부와 빈곤 보고서(Der Dritten Armuts-und Reichtumsbericht der Bundesregierung)」에서는 복지국가 급여를 통해 독일 빈곤아동의 2/3가 감소했다고 평가한다(SPD, 2008. 6. 10.). 또한 '유럽연합 집행위원회(European Commission)'는 사회 지출을 큰 폭으로 늘리지 않아도 재분배정책만 제대로 운용하면 각국의 아동 빈곤율을 10% 이하로 줄일 수 있다고 제언한다. 재분배정책은 자산세 도입과 상속세 강화 등을 통해 국가의 복지예산을 확보하고, 이렇게 얻은 추가예산을 아동을 위한 사회 지출에 사용하는 방법을 들 수 있다. 또한 적극적 고용정책을 시행해 실업을 줄이고, 돌봄 서비스를 확대해 모자가정의 취업 기회를 늘리며, 교육과 직업 훈련을 지원해 모든 아동이 평등한 교육 기회를 얻고 빈곤에서 벗어나게 돕는 것 등을 제안하였다(Butterwegge, 2005; European Commission, 2009a; OECD, 2011b; SPD, 2008. 6. 10.).

2) 자녀가 있는 가족을 위한 서비스 공공 지출

'자녀가 있는 가족을 위한 서비스 공공 지출'에는 아동보육 서비스에 대한 직접 재정지원, 보육료와 양육수당 지급, 청소년센터 등 이용시설 지원, 가족 서비스에 대한 공공 재정지원, 가사지원 등이 있는데, 이 장에서는 보육료 지원과 양육수당을 중심으로 설명하였다.

(1) 보육료

보육료(Child Care Subsidy)는 학령 전 아동을 보육시설에 보낼 때 정부가 비용을 지원하는 제도이다. OECD(2012a, 2012b)는 부모가 직접 양육을 해도 보육의 질이 낮으면 장기적으로 아동발달에 더 해를 끼칠 수 있는 것으로 보고하였다. 그런 점에서 OECD는 친인척과 이웃에 아동을 맡기거나 어머니가 혼자서 가사노동과 육아를 담당하는 것은 질을 담보할 수 없을 뿐 아니라 여성의 가사노동 부담을 증가시키므로 공보육 서비스를 강화할 것을 권장한다. 물론 공보육 서비스도 질을 보장하지 않는다면, 역시 아동발달에 부정적인 결과를 가져오므로 OECD와 EU는 보육의 질을 높이는 문제에 관심을 기울인다. 즉, 보육시설의 물리적 개선과 확대, 보육교사의 수준과 처우 향상, 보육 서비스를 권리로 인식하는 활동을 진행하고 있다.

(2) 양육수당

양육수당(Home Care Allowance)은 보육시설에 가지 않는 영·유아의 가정 양육을 정부가 지원해 주는 제도이다. 그러나 양육수당의 비용이 너무 커지면 일자리를 포기하고 양육수당에 의존할 가능성을 높일 수 있으므로, 이를 억제하기 위해 국가 대부분은 낮은 수준의 급여를 책정한다. 하지만 실제로 경력이 단절된 여성이 자녀를 양육한 뒤 노동시장에 재편입하기가 쉽지 않으므로, 양육수당을 받으려고 일자리를 포기하는 사례는 드물다. 양육수당은 전업주부에게 유리하고 취업모와 한부모에게 불리하며, 여성이 가사노동에 종사하게 해 노동시장에서 경쟁력을 잃게 한다는 등의 비판을 받기도 한다(Butterwegge, 2003b).

3) 조세제도를 통한 재정지원

자녀 양육으로 발생하는 가정의 부담을 덜어 주기 위한 과세제도에는 '자녀소득공제(Child Income Deduction)'와 '자녀세액공제(Child Tax Deduction)'가 있다.

(1) 자녀소득공제

'소득공제'는 과세 대상이 되는 소득에서 일정 금액을 공제해 과세 표준을 낮춰 주는 방식으로, 과세 대상이 되는 소득액을 결정하기 위해 총소득액에서 법으로 정한 금액을 빼고 나머지 금액에 과세한다. 이렇게 되면 소득액이 줄기 때문에 세율도 함께 낮아져 세금이 적어진다. 소득세율은 누진세율이므로, 과세표준액이 줄면 공제 전보다 훨씬 낮아진 세율을 적용받게 된다. 따라서 소득공제는 보통 고소득자에게 유리하지만, 저소득층에 대한 지원 효과는 상대적으로 낮으며, 면세 대상 저소득층에게는 거의 혜택을 주지 못하는 단점이 있다. 공제 항목으로는 기초 공제와 부양가족 공제, 의료비 공제, 자녀 양육비 공제 등이 있다(이동식, 2004).

(2) 자녀세액공제

'세액공제'는 총소득에 세율을 곱한 금액에서 직접 항목별로 지정한 일정 금액을 공제하는 것이며(유종오, 2013). 자녀세액공제는 노동시장 참여나 소득세 납부와 관계없이 아동을 양육하는 가족에게 일정 금액을 세액 환급을 통해 지원한다. 세액공제는 총소득에 세율을 곱한 금액에서 직접 세금을 차감해 주므로 소득이 높아 과세표준이 높을수록 세금 부담이 크고, 공제액만큼 세금에서 감면해 주므로 저소득자에게는 상대적 혜택이 클 수 있다(전병목, 조찬래, 2006). 그러나 재산세보다 소득세의 과세 비중이 상대적으로 높을 때는 소득세 납부자의 부담을 증가시켜 과세 형평에 어긋날 수 있다(유종오, 2013). 자녀세액공제를 시행하는 나라 중에는 자녀 수 외 소득 수준도 기준으로 삼아 일정 수준 이하 저소득층에만 지원하는 경우도 있다. 예를 들어, 영국의 자녀세액공제는 16세 미만 자녀가 있는 연소득 42,000파운드 이하 가구나 교육이나 훈련을 받는 20세 미만 자녀가 있는 가구를 대상으로 하며, 기본 공제세액은 한 자녀당 연 545파운드이다(Government UK 홈페이지, 2014b).

표 5-5 **소득공제와 세액공제의 차이**

종류	세금계산방법	A의 소득금액이 1천만 원, B는 5천만 원으로, 둘 다 500만 원의 소득공제 항목이 있으며, A에게는 10%, B에게 20%의 소득세율이 적용된다고 가정할 경우,
		• 공제를 고려하지 않고 원래 내야 할 세금
		  A: 1천만 원×10%=100만 원
		  B: 5천만 원×20%=1천만 원

소득공제	• (근로소득−각종 소득공제 항목)×세율 =내야 할 세금
	• 근로소득자가 사용한 의료비, 교육비, 보험료 등을 소득에서 뺀 것이 과세표준액이 된다.
		• 소득공제를 한 후 최종 내는 세금
		  A: (1천만 원−500만 원)×10%=50만 원
		  B: (5천만 원−500만 원)×20%=900만 원
		  저소득자 A는 원래보다 50만 원이 준 반면, 고소득자 B는 100만 원이 줄어 더 이익이다.

세액공제	• 소득×세율=내야 할 세금−세액공제
	• 근로자의 소득 전체를 과세 기준으로 삼아 세금을 매긴 뒤, 쓴 돈의 일부를 인정해 돌려준다.
		* 자녀가 1인일 경우(2021년 현재, 아동당 세액공제액 30만 원) 세액공제를 한 후 최종 내는 세금
		  A: 원래 세액 100만 원−30만 원=70만 원
		  B: 원래 세액 1천만 원−30만 원=970만 원
		  세 감액은 30만 원씩 같지만, 세액비율을 따질 때 상대적으로 저소득자 A에게 유리하다.

출처: YTN(2013. 8. 1.)에서 재구성.

2. 부모의 고용 창출을 통한 가족지원

이상적 복지국가는 모든 사람이 완전고용을 달성해 자기 소득으로 빈곤에서 벗어난 국가라고 할 수 있으며, 이를 위한 가족지원제도로는 가족 친화적 노동 환경을 조성하는 정책과 고용 창출을 도와 소득을 보장하는 고용정책 등이 있다.

1) 가족 친화적 노동 환경 정책

가족 친화적 고용정책에는 시차 출퇴근제, 재택근무제, 시간제 근무 등 탄력적 근무제도와 자녀 출산과 양육·교육 지원, 출산휴직제도, 직장 보육 지원, 부모 돌봄과 가족간호 휴직제 등 부양가족 지원, 근로자에 대한 건강·교육·상담 지원 제도 등이 있다(김미숙, 홍석표, 정재훈, 김기현, 안수란, 2010). 이 중 가족 친화적 노동 환경 조성과 아동 돌봄의 보장을 중심으로 살펴보면 다음과 같다.

(1) '좋은 노동' 보장

현대사회에는 기간제 등 비정규직 고용이 점점 많아지는데, 이는 가족을 형성하고 유지하는 데 어려움을 줄 수 있다. 또한 높아진 노동 강도와 열악한 노동조건은 노동자의 정신적 스트레스와 소진을 심화한다(Holler, 2013). 가족 친화적 노동 환경 조성을 위해 가장 필요한 것 중 하나는 부모에게 이른바 '좋은 노동(gute Arbeit)'을 보장하는 것이다. 좋은 노동이라는 표현은 1990년대 초 독일 금속노조의 단체교섭 과정에서 등장했으며, EU는 이 용어를 2007년 5월 '근로보장과 건강을 위한 공동체 전략'을 결의하면서 처음 사용하였다(Pickshaus, 2007). 이것은 정규직과 적정 임금, 노동권을 사회적으로 보장하는 노동을 의미한다(Pickshaus, 2007; SPD, 2011).

'좋은 노동'은 다음과 같은 조건을 보장하는 노동이다.

첫째, 동일 노동-동일 임금과 최저임금을 보장하는 것이다. 아동 빈곤은 대부분 부모 빈곤의 영향을 받는다. 아동 빈곤을 예방하는 최고의 방법은 부모에게 안정된 일터를 보장하고 최저임금 보장을 통해 저소득층의 가계를 안정시키는 것이다. 또한 여성 임금이 남성 임금보다 낮으면 부부간 가사노동의 분담을 실현하기가 어려우므로, 먼저 성별 간 동일 노동-동일 임금을 보장해야 한다.

둘째, 좋은 노동은 세금을 평등하게 매기는 것을 전제로 한다. 남편을 주소득자로, 아내를 부소득자로 하는 부부합산 소득세는 여성에게 불리하다. 이 경우 여성의 독립적 사회보장이나 연금보장이 불가하므로, 사별이나 이혼 후 여성 가구주 가정이 빈곤에 빠질 가능성이 높아진다. 또한 맞벌이 부부의 소득을 합산해 과세하는 것은 여성의 노동 유인을 낮추고 여성을 남성의 소득에 종속시키는 경향을 강화한다.

셋째, 좋은 노동은 가족과 함께하는 시간을 보장해 주는 노동이다. 아동 양육과 보호, 간호 등은 모두 시간이 많이 필요한 일이다. '좋은 노동'은 직업적 발전 가능성에만 초점을 맞추는 것이 아니라 유급 부모휴가와 부모수당을 개선해 가족이 많은 시간을 같이 보낼 수 있는 환경을 제공하는 것이다.

넷째, 탄력적 고용제도를 지원하는 것이다. 자녀를 둔 많은 여성은 자녀 양육을 위해 비정규직으로 일한다. 비정규직(precarious work)은 불안정한 저임금의 고용 상태로, 한시적 근로자, 기간제 근로자, 시간제 근로자, 비전형 근로자를 포함한다(나라지표홈페이지, 2014a). 비정규직은 병가나 휴가, 해고규정 등 노동법적 보호를 받지 못하며, 한 가지 노동으로 가계소득을 충분히 충당할 수 없다. 비정규직은, 특히 여성과 청년, 노인층, 사회 취약층의 점유율이 높은데(Wilson, 2013), 여성은 탄력적 근무 등으로 자녀 양육을 위한 시간을 보장받지 못하면 불가피하게 비정규직을 선택하게 된다. 따라서 육아 기간의 노동은 특별한 법적 보장이 필요하다.

다섯째, 지역사회 내 아동 돌봄을 보장하는 것이다. 아동 양육은 가능한 한 아동이 익숙하고 신뢰할 수 있는 곳에서 이루어지는 것이 좋다. 이를 위해 거주지와 가까운 종일 보호시설, 시간제 보호시설 등을 확대해 부모가 자녀를 안심하고 맡길 수 있도록 해야 한다.

(2) 공보육제도: 영·유아 보육·교육정책

'영·유아 보육·교육정책(Early Childhood Education and Care: ECEC)'은 역사적으로 노동시장정책과 함께 가족정책의 한 부분으로 발전하였다. ECEC는 취약한 상황에 있거나 특별한 욕구가 있는 학령 전 아동과 학령기 아동을 위한 사회복지 서비스의 하나로, 사회보장과 아동수당과 같은 가족지원제도와 연계해 부모의 양육 역할과 직업의 조화를 돕는다(Gunnarsson, Korpi, & Nordenstam, 2000; OECD, 2006). 즉, 출산과 양육·교육 지원, 출산휴직제도, 직장 보육 지원 등은 큰 의미에서 보호자와 아동의 생활을 보장하며 아동 심신의 건전한 성장·발달을 도모하는 ECEC의 일부라고 할 수 있다.

ECEC의 주요 프로그램은 소득지원과 보육지원이다. 소득지원 프로그램에는 앞서 살펴본 바와 같이 아동수당과 보육료, 양육수당, 육아수당 등이 있으며, 보육지원 프로그램에는 학령 전 아동을 위한 돌봄 서비스와 가정 보육(family day care homes), 보충학습 서비스, 여가활동 서비스, 방과 후 서비스 등이 있다. ECEC는 아동 건강을 위한 서비스를 제공하고, 필요에 따라 다른 서비스 분야로 의뢰하며, 아동의 학교생활 준비를 지원함으로써 이들을 사회에 통합시키는 것을 목적으로 한다. 최근에는 많은 나라에서 보육 서비스의 사회적 효과를 인식하면서 점차 이 제도를 '공공재(public goods)'로 보는 시각이 확산하고 있다(OECD, 2006). '공공재'로서 ECEC는 여성의 노동시장 진출을 확대하고, 부모가 육아와 직업, 학업의 조화를 이루게 도우며, 질 높은 교육을 제공해 아동의 성장·발달을 돕고, 아동이 좋은 조건에서 자랄 수 있게 하는 '외부 효과'를 파생한다. 또한 보육정책을 통해 양질의 교육을 받고 성장한 아동은 사회에 중요한 인적 자원이 된다(European Commission, 2009a; Gunnarsson et al., 2000). 따라서 보육정책은 많은 자원이 필요하지만, 투입비용보다 국가 경제 차원에서 이익이 더 많은 프로그램이 될 수 있다.

그러나 보육정책이 이러한 긍정적 효과를 나타내려면 몇 가지 전제조건이 필요하다.

첫째, 보육정책은 보육 서비스의 '질'에 따라 결정되며, 질을 담보하지 않는 확장은 아동을 위한 긍정적 결과를 낳지 못하고, 장기적으로 사회의 생산성 향상에도 이바지할 수 없다(Library & Research Service, 2012; OECD, 2002). 둘째, 보육정책은 아동을 위한 기반 서비스이므로 보편적으로 접근해야 한다. 유럽위원회(European Commission, 2009a)은 영·유아 보육·교육을 빈곤아동과 취약아동을 중심으로 선별적으로 시행할 때 낙인문제가 생길 수 있고 비효과적이므로 포괄적이고 보편적인 방식의 서비스 제공이 적합하다고 제안한다. 또한 이윤을 목적으로 하는 사설기관은 낮은 질의 서비스를 제공하고 사회계층 문제를 악화할 수 있으므로 보육 서비스를 공공재로 인정하고 그 질을 높이는 것이 보육정책의 주요 화두가 되어야 함을 강조한다.

2) 고용정책

(1) 일자리 나눔

완전고용 붕괴는 아동 빈곤을 심화하는 원인 중 하나이므로 고용보장은 아동 빈곤을 해결하는 중요한 요인이다. 고용을 증진하는 대책으로는 '노동 시간의 탄력성 확보, 초과노동 방지, 주당 노동 시간 감축' 등을 통해 일자리를 나누는 것을 들 수 있다(Butterwegge, 2006).

'일자리 나눔(job sharing)'은 노동 시간 단축과 직무 분할로 기업 부담은 늘리지 않으면서 기존 일자리를 유지하거나 늘리는 것이다. 일자리 나눔의 핵심은 '작업량 (workforce)'의 조정인데, 이는 노동자 수와 노동 시간 조정을 통해 이루어지므로 그에 따른 임금 조정이 불가피하다. 예를 들어, 노동자 한 명이 10시간 일하던 것을 두명이 5시간씩 나눠 일하는 것으로 바꿀 때, 기업은 노동비용을 늘리지 않으려고 임금을 반으로 줄일 것이며, 해당 노동자의 임금은 반으로 줄어든다. 따라서 일자리 나누기는 불가피하게 기존 노동자의 임금 하락을 초래하므로 수용이 쉽지 않으며 (김용성, 2009), 이러한 문제를 해결하려면 시간 단축을 시행하기 전에 소득 감소에 대한 노사 간 해결방법을 먼저 모색해야 한다(변양규, 2012). 또한 기업은 일자리 나누기를 임금을 삭감해 노동비용 부담을 감소하는 방안으로 받아들여서는 안 되며, 숙련된 노동자를 유지하고 대량감원에 따른 퇴직금 등 고용 조정 비용을 절감하는 방안으로 이해해야 한다. 또한 노동자는 단기적 손익 계산에서 벗어나 일자리를 유지하려는 입장으로 전환하고 불황기에 고통을 분담하고 향후 호황기에 고통을 보상하는 계획을 노사가 함께 마련하는 것이 필요하다(김용성, 2009).

(2) 근로연계제도

'근로연계제도(workfare)'는 저소득층에 대한 소득지원과 근로 의무를 연계한 것이다. 근로연계제도는 수급자가 고용이 불가능하거나 일자리를 찾고 있다는 조건만 만족하면 급여를 받을 수 있었던 전통적 사회복지제도가 근로 유인을 저해한다고 보고, 근로해야만 혜택을 제공해 수급권자의 노동시장 참여 의사를 높이려는 것이다. 수급권자가 복지 혜택을 계속 받으려면 재활이나 훈련, 근로 등에 참여해야하며, 국가는 이들이 일정한 요구조건을 충족하게 함으로써 노동력을 높이려 하는 것이다(Lødemel, 2005).

근로연계제도는 전통적 사회보장제도가 복지 지출을 상승시키고 개인의 책임성을 약화하는 문제를 일으킨다는 비판에 대응하려고 논의하기 시작한 것이다. 그러나 근로연계제도는 취약 계층에 대한 가장 낮은 단계의 공적 소득지원(Lødemel, 2005)이므로, 선별적 프로그램의 서비스 오·남용 문제를 피하기 어렵다. 즉, 근로연계제도를 통해 노동비용을 국가가 지원하는 것은 사회적 낭비를 초래할 수 있는데(Butterwegge & Klundt, 2002), 예를 들어, 자활 사업에 참여하는 기초생활보장 수급권자는 일해서 벌어들이는 소득액만큼 정부 지원금이 줄어들기 때문에 소득을 숨기거나 일을 전혀 하지 않을 수 있다. 또한 근로연계 활성화를 위해 저임금 근로자를 고용하는 기업에 정부가 보조금을 줄 경우, 임금 수준의 하락과 정부 예산 증가를 가져올 수 있다. 이 제도는 대부분 일정액 이하 임금에만 정부 보조금을 지급하므로, 기업은 저임금 일자리를 늘려 임금비용을 줄이고 그 부분만큼 정부 예산은 증가하며, 빈곤층은 계속 낮은 임금을 받게 되는 악순환에 빠지게 되는 것이다.

3. 가족지원제도의 평가

가족지원제도의 효과를 종합적으로 살펴보면 다음과 같다. 먼저, OECD(2011a)는 기술과 교육 수준이 낮아 노동시장에서 배제된 사람이나 단독가구, 한부모가구의 증가를 빈곤과 소득 불평등을 악화하는 주요 요인으로 지적한다. 지난 20년간 OECD 모든 국가에서 은퇴한 연금생활자의 빈곤율은 점차 줄어들었지만, 중위소득 50% 미만 아동의 빈곤율은 증가하였다. OECD 국가의 아동과 청년층 약 25% 이상이 빈곤하며, 특히 한부모가구의 빈곤율은 전체 사회의 평균 빈곤율보다 세 배 더 높다. 이를 해결하려고 OECD 국가는 지난 20년 동안 가족정책에서 평균 세 배 이상 공공 지출을 늘려 왔는데, 이런 조처가 없었다면 불평등은 더 빠르게 증가하였을 것이다.

기존 가족지원정책은 다양한 긍정적 효과가 있지만, 아직 빈곤과 불평등을 해결할 새로운 접근도 필요하다. 그중 고용정책은 근본적인 방법이 될 수 있다(OECD, 2011a). 조세제도와 급여 혜택은 소득 재분배와 빈곤 감소에 중요한 역할을 할 수 있지만 그 효과는 크지 않으며, 사회 지출을 늘려 소득 분배 격차를 메우는 방법은 임시방편에 불과하다. 불평등의 많은 부분은 노동시장 변화에 기인하며, 미숙련 노동자는 직업을 찾기가 더 어려워지고 있으므로 고용 확대가 가장 좋은 빈곤 감소 정책이 될 수 있다(OECD 홈페이지, 2014a). 그러나 노동자에게 직업 훈련과 교육 지원, 인적 자본 투자를 집중해 노동시장 진입을 지원하는 방식은 노동시장의 구조적 요인을 고려하지 않고, 빈곤 책임을 개인에게 돌릴 수 있다는 지적도 있다. 또한 고용 수준이 소득 수준을 보장하지 않으므로 고용만으로 실제로 빈곤을 탈출하기는 쉽지 않다(박시내, 2010). 고용률은 단지 취업인구 중에서 고용된 노동력의 수만을 뜻하며, 노동조건과 노동 시간, 임금, 사회보장과의 관계는 고려하지 않으므로, 현재의 열악한 고용정책안에서 고용률을 높이는 것은 오히려 고용 상태를 악화하는 것이 될 수 있다(Huffschmid, 2002).

따라서 아동 빈곤문제를 부모의 노동시장 진입과 관련해 해결하려면, 빈곤의 원인이 복잡한 고용문제와 연관된다는 점을 고려해야 한다. '완전고용'의 본래 의미는 안정된 사회보장과 충분한 소득, 자유로운 일자리 선택 기회를 포함한다. 실질적으로 아동 빈곤 감소를 위해서는 부모 노동의 질과 소득을 고려하지 않는 근로연계형 고용 프로그램보다 노동시장 정책을 강화하고 '욕구중심(bedarfsorientiert) 사회보장제도'를 도입하는 것이 필요하다. 일반적으로 생활의 위기는 실직하거나 공공부조 수급자가 되기 이전에 이미 발생하므로, 아동수당과 같은 보편적 급여와 사회보험, 주택수당 등을 통해 예방하는 것이 필요하다. 그런데도 발생하는 공공부조 수급자에 대한 낙인을 방지하기 위해 비슷한 소득 수준에 있는 모든 취약 집단에 '기초보장(basic social security provision)'을 제공하거나, 가족 전체가 아닌 아동이나 여성 등 개인에게 필요할 때마다 지원하는 방법 등을 고려할 수 있다(Butterwegge & Klundt, 2002). 이러한 방안은 무엇보다 '취약아동에게는 더 많이 지원해야 한다'는 인식을 토대로 한다.

아울러 불안정 고용과 가사노동에 종사하는 사람이 사회보장제도에서 배제되는 것을 예방하기 위해 고소득자에 대한 세금을 늘려 사회보장제도의 재원 기반을 강화해야 한다. 또한 모든 형태의 직업을 보험 가입 대상으로 확대하고, 모든 경제활동인구를 대상으로 최저 보험 의무 납부를 도입해, 실직이나 은퇴 후 실업보험과 공적 연금보험 등 사회보험 혜택을 보장하고 양육과 간호·직업 교육 등을 위한 휴직과 실직 기간을 사회적으로 지원해야 한다(Stolz-Willig, 2002).

제6장

아동돌봄 서비스

🏠 제1절 아동돌봄 서비스의 이해

1. 아동돌봄 서비스의 개념

'아동돌봄 서비스(childcare service)'는 아동을 아동 자신의 집이나 친척, 돌보미의 집 혹은 어린이집(daycare center) 같은 시설에서 돌보는 것을 뜻한다. 넓은 의미에서는 직접 아동을 돌보는 것뿐 아니라, 아동을 돌보는 데 필요한 아동수당과 조세 혜택, 유급 출산휴가, 육아휴직 등을 보장해 아동 돌봄을 지원하는 것도 포함하지만, 이 장에서는 좁은 의미의 개념을 적용해 직접 돌봄 서비스에 관한 내용을 기술하였다.

2. 아동돌봄 서비스의 원칙

1) 질 관리의 중요성

성장과정에 있는 아동은 위험과 결핍 상황에서 자기 의지를 관철할 힘과 능력이 부족하므로 많은 보호가 필요하다. 특히 영·유아기는 자아감(sense of self)이 발달해 자신과 타인을 구분하고 그 사이에서 어떻게 기능할지를 알아 가는 매우 중요한 시기이다. 이처럼 중요한 발달 단계에 있는 아동을 대상으로 하는 프로그램은 이들을 안전하게 보호하고 교육하는 데 세심하게 주의해야 한다.

서비스의 질은 돌봄 서비스의 목표 달성 여부를 결정하는 가장 중요한 요소이다 (Library & Research Service, 2012). OECD(2002)에 따르면, 질 낮은 서비스는 오히려 아동의 건강과 정상적인 발달을 저해하고 심지어는 아동발달에 해악을 끼칠 수 있다. 15세 학생을 대상으로 한 연구 결과, 학령 전 교육을 받은 아동이 받지 않은 아동보다 학업 성적이 높았고, 학령 전 교육 기간이 길수록, 교사 1인당 학생 수 비율이 낮을수록, 아동 1인당 공적 지출이 높을수록 긍정적 효과가 더 많이 나타났다 (OECD, 2002).

따라서 서비스의 확충도 중요하지만, 서비스 종류와 질은 물론 시설 환경과 서비스 제공자의 자질을 관리하는 것은 반드시 필요한 부분이다. 아동돌봄 서비스는 아동과의 직접 만남을 통한 관계 형성을 전제로 하므로 서비스 제공자의 역량이 무엇보다 중요하다. 따라서 돌봄 서비스의 질 관리에서 가장 먼저 고려해야 하는 것은 서비스 인력의 자격과 교육 · 훈련에 대한 철저한 관리이다. 한편, OECD(2002)는 돌봄 서비스를 제공할 때 준수해야 할 원칙을 '안전(safety)과 규모(size), 담당자의 자질(quality), 학습과정(curriculum), 아동 평가(child assessment)' 등의 차원에서 다음과 같이 제시하였다.

돌봄 서비스 제공 원칙

1. 아동이 돌봄 시설을 오가는 과정의 안전을 비롯해 시설 주변의 위생과 안전, 청결을 보장해야 한다.
2. 아동과 교사나 보육담당자의 비율이 낮을수록 아동에 대한 개별적 관심과 처우가 가능하며, 소규모 집단이 아동에게 더 편안한 환경을 제공할 수 있다. 전미영 · 유아교육협회(National Association for the Education of Young Children: NAEYC)는 0~2세 아동의 경우 교사 1인당 아동 수가 4명 이하일 것을 권고한다.
3. 훈련과 교육을 받은 자격 있는 담당자를 고용해야 한다.
4. 아동의 인지와 정서, 언어, 신체, 사회 기술을 개발하는 학습 과정을 시행해야 한다.

5. 아동의 욕구와 발달 과정에 대한 세심한 평가를 통해 아동에게 맞는 학습과 놀이를 제공해
    야 한다.
6. 부모와 지역사회의 참여가 이루어지게 노력해야 한다.
7. 정부 차원의 평가와 지도감독을 통해 책임성과 서비스의 질을 보장해야 한다.

출처: OECD (2002).

2) 부모 역할의 중요성

돌봄 서비스의 공급을 공적 체계로 확장하더라도 부모 역할은 여전히 중요하다. 아동에게 부모는 '가장 중요한 교사(first and best teacher)'이고 가정은 가장 기본적인 양육의 장이므로, 부모는 전체 돌봄 서비스에서 주요 역할을 해야 한다. 아동은 영양이 결핍되거나 부모나 양육자와 상호작용이 불충분할 때 충분히 발달하기 어려우며, 부모나 양육자의 관심과 애정을 받아야 건강하게 성장할 수 있다. 연구 결과, 영·유아가 부모나 양육자와의 접촉이나 경험이 없는 상태에서 2.5시간 이상 교육받으면 오히려 아동발달에 부정적인 것으로 나타났으며(Ruling, 2010), 이는 어린 시절 공식적 교육을 오랜 시간 받는 것이 무조건 좋은 것은 아니라는 점을 보여 준다. 이처럼 돌봄 서비스의 효과는 제공 시간에 비례하지 않으며, 특히 영아에게는 시설에서 돌봄 서비스를 제공하는 것보다 부모에게 육아휴직을 주는 것이 아동과 모성을 보호하는 데 더 효과적일 수 있다.

3) 보편적 접근의 필요성

돌봄 서비스에서 '보편적 접근(universal approach)'은 모든 아동과 가족이 필요한 서비스를 이용할 수 있게 하는 것이며, '선별적 접근(targeted approach)'은 경제적으로 취약한 아동이나 어려움을 겪는 특정 아동을 선정해서 서비스를 제공하는 것이다. 보편적 접근은 가족 환경을 구분하지 않은 채 모든 아동에게 일괄적으로 같은 서비스를 제공해야 한다는 것이 아니라, 보육과 교육 기반을 충분히 조성해 참여를 원하는 가족이라면 누구나 손쉽게 필요한 서비스를 이용할 수 있도록 하는 것이다 (OECD, 2006).

돌봄 서비스에 대한 보편적 접근의 필요성이 점점 더 강조되고 있지만, 이에 대한

찬반 논란은 여전하다. 보편적 접근을 반대하는 입장에서는 저소득층을 포함한 모든 납세자가 중산층 자녀의 서비스 비용을 위해 세금을 내기보다는 선별적 프로그램에만 재원을 집중해 제공하는 것이 더 효율적이라고 주장한다. 반면, 보편적 서비스를 지지하는 입장에서는 표적화한 서비스가 오히려 비효율적이라고 지적한다. 실제로 미국에서는 빈곤아동 대부분이 헤드스타트와 같은 선별적 프로그램보다 주정부의 무상교육 서비스에서 더 많은 혜택을 받는다. 또한 공립학교에서는 여러 사회계층의 아동이 한 교실에서 함께 지낼 수 있어 다양한 사회 경험을 한다. 따라서 정부가 무상교육 서비스는 확대하지 않으면서 소수 빈곤아동만을 대상으로 서비스를 제공하면 전체 빈곤아동을 포괄하지 못해 정책 효과가 떨어질 뿐 아니라 비용 면에서도 효율적이지 못하다는 의견이 많다(OECD, 2006). 돌봄 서비스는 아동에 대한 기본적 서비스로 시장경제에 의존하기보다는 국가가 책임을 지고 관리할 필요가 있다. 정부가 모든 돌봄과정을 책임지는 공적 돌봄제도를 마련하는 것은 출산율과 여성 사회참여율을 높이는 핵심 대안이다.

3. 아동돌봄 서비스의 종류

아동 돌봄은 크게 '공식적 유형'과 '비공식적 유형'으로 나눌 수 있는데, 공식적 유형은 행정 당국의 관리 아래 돌봄 서비스를 제공하는 것이다. 나라마다 세부 규정은 다르지만, 영국에서는 8세 이하 아동을 아동의 집이 아닌 곳에서 하루 2시간 이상 돌보고 보수를 받는 것을 공식적 유형의 돌봄 서비스로 정의한다(Campbell-Barr & Garnham, 2010). 비공식적 유형의 돌봄 서비스는 당국에 등록하지 않고 조부모와 친인척, 돌보미 등을 통해 사적으로 아동을 돌보는 것을 말한다.

1) 서비스 형태에 따른 분류

돌봄 서비스는 프로그램이나 아동의 나이에 따라서도 다양하게 분류할 수 있다. 돌봄 서비스 제공 형태에 따른 종류는 〈표 6-1〉과 같이 정리할 수 있다.

표 6-1 아동돌봄 서비스 형태와 정의

돌봄 서비스 제공 형태	정의
돌보미(Child Minders)	돌보미가 자기 집이나 아동의 집에서 비용을 받고 아동을 돌보는 것임
유아원(Crèches)	주로 영아를 대상으로 정기적 혹은 비정기적 아동돌봄 서비스를 제공함
유치원 (Kindergarten)	초등학교나 독립된 유아교육기관에서 만 5세 미만 아동에게 조기교육을 제공함
아동센터 (Children's Centres)	만 5세 미만 아동을 위한 돌봄 서비스로 보통 3~5세 아동에게 조기교육을 제공함. 센터 성격에 따라 다양한 서비스를 제공함
주간 돌봄시설 (Day Nurseries)	만 5세 미만 아동을 위한 돌봄 서비스로 보통 3~5세 아동에게 조기교육을 제공함
학령 전 놀이 학교 (Preschools/Play-groups)	2~5세 아동에게 놀이와 교육을 제공함
개방학교 (Extended Schools)	돌봄 서비스와 지역사회 서비스를 제공하기 위해 정기 수업일 외에도 개방하는 학교임. 돌봄 서비스는 학교나 계약을 맺은 다른 제공자가 담당하며, 아침식사와 방과 후 클럽, 휴일 클럽 등도 제공함
휴일놀이클럽 (Holiday Play Clubs)	학교나 시설에서 학교 휴업일에 보통 4~14세 아동을 대상으로 돌봄 서비스를 제공함
학교 밖 서비스 (Out-of-School Services)	보통 4~14세 아동 대상으로 하는 서비스로 아침식사 제공클럽(breakfast clubs), 방과 후 클럽 등이 있음

* 표 내용은 영국을 중심으로 정리한 것이며, 나라마다 나이 기준과 명칭이 다름
출처: Campbell-Barr & Garnham (2010).

2) 제공 주체에 따른 분류

아동돌봄 서비스는 서비스를 제공하는 주체에 따라 '전일제 모성 돌봄' '부모 분담 돌봄' '세대 간 돌봄' '아이 돌보미 돌봄' '전문가 돌봄'으로 구분할 수 있다(Kremer, 2006).

첫째, 전일제 모성 돌봄(full-time mother care)은 어머니가 주양육자가 되어 가정에서 자기 아이를 돌보는 것을 말한다. 이 유형은 장시간 돌봄을 통해 모자간 유대감을 형성하는 것이 중요하다는 모성 돌봄의 가치에 부응한다. 그러나 현대에는 여성의 경제활동 증가로 그 실현성이 희박해지고 있으며, 전업주부라 하더라도 전일제로 가정에서 자기 아이를 돌보는 사례가 줄고 있다. 모성 돌봄을 중요시하는 나라에서는 양육수당과 산전·산후휴가, 출산휴가 등을 제공해 일정 기간 전일제 모성 돌봄을 실현하게 지원한다(김윤정, 문순영, 2009).

둘째, 부모 분담 돌봄(parental sharing care)은 부모가 직접 자녀의 돌봄 역할을 분담하는 것이다. 이것은 아버지의 보육 참여가 아동의 건강한 발달과 성장에 중요하다는 점을 강조하는 동시에 남녀가 노동을 분담한다는 점에서 양성평등을 실현하는 모델로 여겨진다. 1980년 중반부터 1990년대에 이르기까지 스웨덴과 네덜란드 등에서 적극적으로 추진한 유형으로, 이들 국가는 남성의 육아휴직과 육아휴가를 적극적으로 권장하는 제도를 마련하였다(이서영, 2013).

셋째, 세대 간 돌봄(intergenerational care)은 아동이나 조부모의 가정에서 조부모가 아동을 돌보는 것을 말한다. 이 유형은 모성 돌봄과 부모 돌봄에 대한 차선책이 될 수 있으며, 자녀 세대가 생산활동에 참여하는 동안 조부모 세대가 손자녀 세대에 돌봄을 제공하고, 이후 조부모 세대에게 돌봄이 필요할 때 자녀 세대가 돌봄을 제공하는 상호교환 형태가 될 수 있다. 일반적으로 이 유형은 신뢰할 만한 공적 돌봄 체계가 갖추어지지 않았을 때 손쉽게 접근할 수 있고 가장 안심하고 선택할 수 있는 유형이다. 최근 벨기에에서는 조부모가 아동을 돌볼 때 세금을 공제해 주는 제도를 도입했으며, 우리나라도 '손주 돌보미 사업'을 통해 공식적으로 세대 간 돌봄을 지원하기 시작하였다(강남구 건강가정지원센터 홈페이지, 2014).

넷째, 돌보미 돌봄(babysitter care)은 영·유아의 가정에서 친척이나 이웃, 아이 돌보미 등이 아동을 돌보는 유형이다(Kremer, 2006). 과거에는 부모가 직장을 이유로 아동을 돌보지 못하는 시간 동안 아동에게 위험이 발생하지 않게 지켜봐 주는(look after or keep an eye on) 수준의 돌봄을 뜻했지만, 현재는 아동의 성장과 발달을 촉진하는 좀 더 적극적인 형태의 돌봄 서비스를 요구한다. 우리나라에서 시행하는 '아이 돌보미 사업'은 이러한 돌봄 유형에 해당하는 형태로, 과거에 사적으로 제공하던 돌보미 서비스를 공적 부문에 적용한 것이다.

다섯째, 전문가 돌봄(professional care)은 전문적 지식과 기술을 지닌 교사가 아동 발달에 필요한 서비스를 제공하는 것이다. 이는 아동의 신체적 보호뿐만 아니라, 교육적 차원에서 아동의 경험과 활동을 자극하거나 발달상 적절한 환경을 제공하는 것을 포함하는데, 이 유형의 돌봄 서비스는 보통 국가의 일정한 기준을 통과한 시설에서 자격을 지닌 종사자를 통해 제공한다(Kremer, 2006).

3) 서비스 대상에 따른 분류

서비스 대상에 따라 돌봄을 분류할 때는 주로 아동의 나이에 따라 구분한다. 먼저, '영·유아 돌봄'은 학령 전인 만 5세 미만 아동을 대상으로 하는 서비스로, 과거에는 보통 어머니가 직장에 가거나 질병 등으로 아동 양육을 책임질 사람이 가정에 부재할 때, 또는 아동이 특별한 도움이 필요한 장애아동일 때 부모와 가정의 아동 양육 기능을 보충하기 위해 제공하는 선별적 서비스 중심이었다. 이 서비스는 18~19세기 프랑스와 영국, 미국 등에서 시작했으며, 점차 모든 계층의 영·유아를 대상으로 가족의 교육 기능을 지원하고 아동 생활의 질을 높이려는 방향으로 변화하였다. 보편적 차원의 영·유아 돌봄 서비스는 아동발달과 아동기 경험의 중요성이 강조되면서 시작했으며, 모든 아동이 동등하게 출발하면 사회적 불평등을 줄일 수 있다는 전제 아래 보육 서비스의 양적·질적 발전이 이루어졌다(허정경, 2013).

'학령기 아동 돌봄'은 주로 초등학교에 다니는 아동을 대상으로 학교의 정규 수업 외 보호와 교육 등 아동복지 서비스를 제공하는 것을 말한다. 이 서비스는 보통 '방과 후 돌봄 서비스(afterschool care)'로 표현하는데, '방과 후'는 '학교 일과를 마친 후(after school)'라는 개념에 충실한 표현이지만 실제로 '방과 전(before school)'이나 공휴일, 방학 중 보호와 교육 서비스도 포함한다. 서구 국가에서는 오래전부터 아동의 방과 후 돌봄 문제에 적극적 관심을 두고 서비스를 수립·수행해 왔다. 미국은 1970년대에 방과 후 돌봄에 대한 정책적 지원을 시작했고, 1980년대에는 16개 주에서 방과 전·후 보육 지원을 법제화해 '지역사회 학습센터'를 설치·운영하였다(김지민, 2010). 독일은 1981년부터 '호르트(Hort)'라는 방과 후 아동 서비스를 전담하는 독립적인 사회교육기관을 설치해 취약아동에게 의무적으로 서비스를 제공하였다. 호르트는 대부분 유치원과 밀접한 관계를 맺으면서 유치원 교사 양성과 프로그램 기획에 관여하고, 호르트 교사와 학부모, 학교 교사가 협업해 축제를 진행하는 등 다양한 활동을 수행한다(윤향미, 2008). 스웨덴은 맞벌이가정과 빈곤가정 아동의 전인적 발달을 위한 프로그램에 주력하여 '레저타임센터'를 중심으로 아동의 흥미와 욕구에 근거한 방과 후 돌봄 서비스를 제공하고(스웨덴사무소, 2011), 우리나라는 현재 '지역아동센터'와 '다함께돌봄센터'를 중심으로 방과 후 돌봄 서비스를 제공한다.

🏠 제2절 각국 아동돌봄 서비스

1. 스웨덴 아동돌봄 서비스

스웨덴과 덴마크, 핀란드 등 사회민주주의를 표방하는 북유럽 국가는 가족지원 정책의 하나로 보편적 돌봄 서비스를 제공해 왔다. 사회민주주의 국가에서는 기본적으로 아동 돌봄을 사회의 책임으로 규정하고 돌봄 서비스를 국가 주도 아래 전 국민에게 차등 없이 무상으로 제공한다. 이에 따라 돌봄 서비스 대부분은 공공기관이 직접 관여하며, 돌봄 서비스를 교육 서비스나 의료 서비스 등과 같이 일상생활을 지원하는 중요한 공적 서비스의 하나로 간주한다(Cameron & Moss, 2007). 이는 양성평등을 추구해 온 사회 분위기에 따라 여성이 경제활동에 참여하는 동안 사회적 돌봄을 제공하는 정책을 추진한 결과라고 할 수 있다.

북유럽 국가 중에서도 스웨덴은 돌봄 서비스를 가장 이상적으로 제공하는 나라로 여겨진다. 스웨덴은 아동돌봄정책을 가족에 대한 전반적 정책으로 확장해 제공한다. 이는 자녀가 있는 가구와 없는 가구의 생활조건을 평등하게 하고, 여성이나 남성이 가족 내·외 일을 양립하게 지원하며, 취약한 상황에 있는 가족에게 특별한 지원을 제공하는 것을 골자로 한다(문유경, 주재선, 2000). 스웨덴은 돌봄 서비스를 가정에 돌보미가 방문해 제공하는 것보다 가정 밖 시설에서 제공하는 사례가 훨씬 많은데(원종학, 전병힐, 2008), 이는 돌봄시설과 돌봄 서비스가 다양하고 충분하게 마련되어 있기 때문이다. 예를 들어, 스웨덴에서는 학령 전 아동을 대상으로 하는 모든 돌봄시설을 10시간 이상 종일제로 운영하고, 시설 중 과반수 이상이 야간보육을 시행한다.

또한 스웨덴은 돌봄시설 대부분이 공적 시설이고 가정 파견 돌봄 서비스 인력도 공적으로 관리하고 있으며, 돌봄시설과 돌봄 서비스 인력 중 공무원의 비율도 높은 편이다. 스웨덴에서는 아동보육시설의 약 18%만이 민간시설이고 국가의 직접보육 서비스 제공 비율이 80%를 상회한다(Aronsson, 2007). 아울러 국가가 보육비용 대부분을 제공하는데, 1~6세 아동을 대상으로 하는 돌봄시설 공급을 의무화하고, 학령기 아동에게도 12세까지 방과 후 여가중심의 서비스를 제공하고 있다. 따라서 스웨덴 가정의 보육비용 부담률은 평균 임금의 4.5% 수준으로 OECD 국가 중 가장 낮은 편이다(Nyberg, 2004).

2. 프랑스 아동돌봄 서비스

프랑스와 독일, 오스트리아 등 보수주의 국가는 아동 돌봄의 책임이 국가에 있다고 보지만, 모성보호를 강조해 주로 가정에서 부모가 직접 아동을 돌보고 이에 대한 비용을 국가가 지원하는 방식을 택하고 있다. 이 중 대표적인 나라인 프랑스의 돌봄 서비스를 살펴보면 다음과 같다.

프랑스의 돌봄정책은 '친가족·친출산정책'을 특징으로 한다. 이러한 정책은 20세기 초 유럽에서 출산율이 가장 낮았던 위기에서 시작하였다. 1935년에 제정한 「영아보호령(Decree for Protection of Young Children)」은 출생부터 3세까지 아동보호를 국가가 책임지는 것에 관한 법령으로, 프랑스 아동돌봄정책의 출발점이 되었다. 이를 확대하여 1945년에는 모자보호에 관한 법을 제정하고, 여성과 아동을 임신부터 6세까지 정부가 책임지는 포괄적 보호지원책으로 개편했으며, 국가가 모든 보육과 교육을 책임지는 공교육제도를 마련하였다. 이러한 노력의 결과, 프랑스는 일정 수준의 출산율과 여성 취업률을 유지하게 되었다.

프랑스에는 만 3세 미만 영아를 대상으로 하는 '유아원'과 3~6세 아동을 대상으로 하는 '유치원'이 있다. 과거 유아원과 유치원은 서로 설립 목적과 대상이 달랐는데, 유아원은 주로 취약아동의 생존과 보호가 목적이었지만, 유치원은 부유한 아동의 조기교육이 목적이었다. 이러한 경향은 근대 국가 시기까지 이어져, 유아원은 돌봄 서비스를 중심으로 주로 보건당국이나 사회보장국에서 담당하고, 유치원은 조기교육정책의 하나로 교육부에서 관장하는 식으로 발전하였다. 이러한 서비스 차이와 책임부서 분리는 지금도 프랑스뿐 아니라 많은 OECD 국가에서 나타나는 현상이다(Bennett, 2011). OECD 국가 대부분은 영·유아 보육과 교육을 분리해 0~3세 미만 아동을 위한 보육 프로그램(care program)과 3~5세 아동을 위한 학령 전 교육(pre-education)으로 나누는데, 이러한 분리는 아동과 가족을 위한 서비스를 통합적으로 제공하지 못하게 한다. 일례로 미국에서는 1999년 예산국(U.S. General Accounting Office)이 시행한 조사를 통해 아동 보육과 교육을 위해 69개의 각기 다른 연방 프로그램이 제공되었으며, 이들 프로그램을 운영하는 데 9개의 다른 연방부서가 관여한 것을 발견하였다. 이는 아동들에게 균등한 교육·보육 서비스를 제공하지 못하고 통합된 관리와 조정도 어렵게 만드는 원인으로 평가된다(Bennett, 2011).

프랑스에서는 유치원보다 유아원의 수가 매우 적은 편이다. 프랑스는 많은 수의 유아원을 증설했지만, 취업여성 증가에 따른 수요를 충족하기에는 역부족인 상황이다. 따라서 3세 미만 아동의 10% 미만이 유아원에서 돌봄을 받고, 대부분 부모가 집에서 양육한다(홍승아 외, 2008). 유치원 프로그램은 프랑스 공보육의 대표적인 모델로, 만 3세 이상 아동의 유치원 취원율이 100%에 이른다. 유치원은 보호와 교육을 통합한 종일제 프로그램을 무료로 제공하는데, 대체로 초등학교 옆이나 안에 설치되어 있고 전국적으로 표준화된 프로그램을 제공한다(서문희, 김미숙, 박세경, 최은영, 임정기, 2004).

한편, 1980년대 경제 위기 이후 프랑스는 돌봄 서비스 제공 방식을 대폭 전환하였다. 이전까지는 공공보육 서비스를 중심으로 보편적 서비스를 강조했지만, 1980년 이후에는 서비스의 개별지원을 지향하였다. 이에 따라 프랑스의 돌봄 서비스는 주로 부모에게 지급하는 수당 형태가 많아졌다(홍승아 외, 2008). 프랑스는 임신 초기부터 아동과 가족에게 보조금을 지원하고 있으며, 1994년부터는 돌봄시설에 지원하는 금액보다 가정 돌봄 지원 금액을 크게 확대하였다. 이는 국가의 돌봄 책임을 서비스 제공에서 비용 분담의 방향으로 전환한 것인데, 현금지원 방식은 국가 책임을 최소화하면서 비용을 줄이는 방안이기 때문이다(홍승아 외, 2008). 가정에 수당이나 유급 휴가를 제공하는 것은, 특히 공적인 아동돌봄시설이 부족할 때 효율적 대안이 될 수 있다. 그러나 현금지원만을 강조하는 것은 개별 가정에 양육 책임을 전가하고 여성을 노동시장에서 양육 전담자 역할로 회귀시키는 결과를 가져오기도 한다.

3. 미국 아동돌봄 서비스

미국, 영국, 캐나다 등 자유주의 국가에서는 돌봄의 일차적 책임이 가정에 있다고 보며, 돌봄 서비스는 시장에서 가장 효율적으로 생산·구매할 수 있다고 여긴다. 따라서 아동 돌봄이 필요한 가정은 직접 비용을 지급해서 적절한 서비스를 찾아야 한다. 아동돌봄 서비스 대부분은 민간에서 제공하고, 이 중 영리 서비스 비율이 빠르게 증가하고 있으며, 비용을 지불해 서비스를 구매하기 어려운 인구 집단에만 현금지원 같은 선별적 서비스를 제공한다(Cameron & Moss, 2007).

예를 들어, 미국은 아동 양육과 관련한 수당제도가 거의 없고 빈곤과 장애 등 취약한 가정에 선별적으로 제공하는 급여나 서비스가 있을 뿐이며, 육아휴직도 무급으로 시행한다(OECD, 2008). 취약아동에 제한적으로 제공하는 서비스도 정부가 직접 서비스를 제공하는 것이 아니고 바우처를 지급해 민간 서비스를 이용하게 하는 경우가 많다(강일규, 김기홍, 변숙영, 김덕기, 2008). 돌봄 서비스가 완전하게 보편적 공공 서비스로 자리 잡지 못했을 때, 이용자에게 직접 서비스 부담금을 제공하는 방식은 이용자의 주도권과 선택권을 보장한다는 측면에서 의미가 있다. 그러나 이러한 체계는 국가가 공보육체계로 전환하는 과정에서 취할 대안일 뿐 궁극적으로 지향해야 할 방식은 아니다.

이러한 상황에서 미국의 1세 미만 아동 50% 이상은 친척이 돌보고, 약 20%는 사적으로 채용한 인력이 가정에서 돌보고 있다. 아동의 나이가 많아짐에 따라 가정 밖 돌봄시설을 이용하는 비율은 점차 증가하지만, 유럽 국가와 비교하면 매우 낮은 수준이다(Kamerman & Gatenio-Gabel, 2007). 미국에서 친인척 돌봄이나 가정 돌봄 서비스의 이용률이 높은 것은 아동 양육에 대한 공식적 지원체계를 제대로 확보하지 않았기 때문이다. 가정에 돌보미를 파견해 아동을 돌보는 방식은 아동이 낯선 보육환경에 적응하지 않아도 되고 가정의 자원을 활용할 수 있다는 장점이 있지만, 가정 돌봄은 시설 돌봄보다 서비스 제공자 역량과 태도의 영향을 받기 쉽고 이에 따른 서비스 편차가 커서 서비스 질을 보장하기 어렵다는 한계가 있다. 이에 따라 미국에서는 주정부에서 재정지원을 하는 돌봄 서비스는 반드시 정부에 등록하게 하고, 민간협회 등을 통해 품질 인증을 요구하고 있다. 그러나 실제로 가정에서 이루어지는 돌봄은 그 과정을 계속 감독할 수 없으므로 서비스 질을 완전히 담보하기는 어렵다.

제7장

아동 · 가족 통합서비스

🏠 제1절 아동·가족 통합서비스의 이해

1. 아동 · 가족 통합서비스의 개념

통합서비스는 이용자의 긍정적 변화를 위해 모든 측면에서 해결 방안을 동원해 접근하는 서비스이다. 즉, 생태체계적 관점에서 개인적 요인과 인간관계 요인, 사회·경제적 요인, 환경적 요인 등을 모두 고려해 종합 대책을 세우고, 기존 서비스를 조정하고 타협·연계·발전시킨다. 이때 통합은 수직적·수평적 차원 모두에서 일어난다. '수직적 차원의 통합'은 개인과 가족, 지역사회, 전체 사회와 연결된 서비스 체계의 조정과 연계를 의미하고, '수평적 차원의 통합'은 기관마다 따로 운영하던 서비스 간 조정과 통합을 뜻한다. 서비스 간 통합은 여러 부문의 종합 팀이 재원 마련과 집행 서비스 전달을 수행하는 것인데, 이때 종합 팀의 구성원은 서로 다른 기관에서 일하는 종사자일 수도 있고, 한 기관에서 일하는 다양한 분야의 전문가일 수도 있다(Robertson, 2011).

WHO(2008)는 보건 영역 통합서비스의 개념을 "서로 다른 차원의 보건제도 간 협동을 통해 시간이 지나면서 변하는 이용자 욕구에 대해 지속적인 예방과 치료 서비스를 제공하게 구성한 보건관리와 제도"로 정의하였다. 사회복지에서 이루어지는 통합적 접근도 이와 비슷하다. 예를 들어, 학대받는 여성은, 먼저 학대 위기 상황에서 벗어나 안전을 확보해야 할 것이며, 신체적·심리적 문제를 해결하고 향후 자립을 위한 준비를 해야 할 것이다. 이때 사회복지사는 이 여성에게 상담이나 치료 등의 서비스를 제공해 개인적 어려움을 극복하게 돕고, 쉼터와 자조 집단 등과 같은 지역사회 자원을 활용·의뢰·창출하며, 거시 차원에서는 법 제도를 개선하거나 개정하기 위한 옹호활동과 캠페인에 참여하는 등 통합적 접근을 할 수 있다(Gray, 1996). 이러한 개념을 적용하면, 아동·가족 통합서비스는 아동과 가족의 문제를 해결하기 위해 개인과 가족, 사회·경제적·환경적 요인을 고려하면서 모든 관련 기관이 협력해 필요한 서비스를 조정·연계·제공하는 것으로 정의할 수 있다.

아동과 가족에 대한 통합서비스는 최근 생태체계적 관점과 아동에 대한 투자를 강조하는 인적자본론 관점에서 더욱 주목받는다. 생태체계적 관점에서 보면 빈곤 아동은 발달과정 중 일반적인 경제·교육·문화적 경험에서 소외되거나 건강과 행동, 정서 등에서 어려움을 겪을 수 있으며, 이런 불평등한 경험은 아동의 교육 기회와 발달 가능성을 저해해 이후 성인이 되었을 때도 저임금과 실업 등으로 빈곤과 사회적 배제를 겪게 할 수 있다. 또한 빈곤한 부모는 부부 갈등과 스트레스 등으로 어려움을 경험할 뿐 아니라, 기본적인 생계유지를 해야 하므로 자녀에게 더 많은 시간을 할애하지 못하고 자녀와의 관계도 원활하지 못할 수 있다(김효진, 2008). 이처럼 빈곤은 아동과 그 가족의 현재와 미래 삶에 다양한 차원에서 영향을 미치므로, 아동의 문제 해결을 위해서는 개인과 가족, 지역사회를 포함하는 다차원적이고 통합적인 접근이 필요하다(Groh-Samberg & Grundmann, 2006).

한편, 인적자본론 관점은 '지식기반 사회'(교육부, 한국직업능력개발원, 1998)의 대두와 밀접한 관련이 있다. 지식기반 사회는 지식이 개인과 국가 경쟁력의 핵심 요소이자 가치 창출의 원천이 되므로 지식과 정보를 창의적으로 활용할 수 있는 노동력이 필요한 사회를 뜻한다. 아동은 '인적 자원 투자' 면에서 미래사회의 노동력으로 중요하게 인식되었고, 이러한 경향은 아동에 대한 통합서비스 확대에 이바지하였다. 교육과 훈련을 통해 노동자의 임금과 생산성을 높일 수 있다고 보는 인적자본론 관점에서 초기 아동기 투자는 경제적으로 매우 효과적이라는 것이다(Hammond &

Plesca, 2010; European Commission, 2009a). 많은 연구(OECD, 2011b, 2012b, 2012c)는 아동에 대한 투자가 아동의 행복과 학습 능력 증진, 양성평등 향상, 빈곤 감소 등을 가져와 장기적으로 사회 전반의 발달을 도모한다고 보고하였다. 빈곤으로부터 아동을 보호하고 성장 기회를 마련하는 것은 사회의 빈곤 완화를 위해 비용 대비 효과성이 높은 공공정책이다. 따라서 유아기부터 노령기까지 적절한 교육과 훈련 기회를 제공하고, 노동시장에서 소외된 집단이 보육과 출산, 육아휴직 제도 등을 통해 다시 경제활동에 참여하게 하는 투자가 필요하며(양재진, 2007), 이는 아동과 가족에 대한 통합서비스를 통해 가능하다.

2. 아동 · 가족 통합서비스의 원칙

아동 · 가족 통합서비스의 원칙은 '포괄성'과 '조기 개입' '협력 관계 구축'의 세 가지이며 구체적인 내용은 다음과 같다.

1) 포괄성

통합서비스 제공의 첫 번째 원칙은 포괄성이다. 아동이 균형 있게 성장하도록 지원하려면, 아동 삶의 다양한 영역과 관련된 교육 · 보건 · 복지 등의 서비스를 종합적으로 확보 · 제공해야 하며, 다양한 서비스를 유기적으로 운영할 필요가 있다. 또한 아동 개인 차원의 서비스와 가족 차원의 서비스, 지역사회 차원의 서비스를 모두 포괄하는 서비스를 제공해야 한다.

빈곤아동의 경우 교육과 보건, 복지 등을 포괄하는 통합서비스 제공을 통해 아동에게 미칠 빈곤의 직접적인 영향을 최소화하고 아동이 균형 있게 성장할 기회를 제공할 수 있다. 아동은 당면한 문제를 해결할 뿐 아니라, 이 과정에서 책임감과 자존감, 효능감, 자율성, 대인관계 기술 등이 발달해 빈곤으로 인한 부정적 영향을 덜 받을 수 있다(Borman & Overman, 2004). 부모도 경제적 어려움을 해결하고 경제적 여건을 개선할 역량을 키울 뿐 아니라, 양육 기술을 습득해 긍정적 부모−자녀 관계를 유지할 수 있게 된다. 또한 지역사회는 아동과 가족에게 중요한 지지원이 될 수 있다(박현선, 1998; Borman & Overman, 2004).

2) 조기 개입

아동은 빈곤을 경험하는 기간이 길수록 의존적이고 우울하며 분노 수준이 높고, 인지발달에도 부정적 영향을 받는다. 빈곤아동에 대한 개입은 빠를수록 빈곤의 영향을 더욱 완화할 수 있으므로 가능한 한 아동기 초기부터 하는 것이 중요하다. 이런 이유로 아동과 가족에 대한 통합서비스에서는 보통 학령기 이전의 영·유아(임산부 포함)를 중요한 서비스 대상으로 삼는다. 학령 전 교육의 인적·재정적 가치에 관한 대표적인 연구라 할 수 있는 '페리 유치원 연구(HighScope Perry Preschool Study)'에서는 미시간주 입실런티 지역의 총 128명을 '헤드스타트 프로그램(Head Start Program)'에 참여한 실험 집단과 참여하지 않은 통제 집단으로 나누어 종단 연구를 하였다. 그 결과, 실험 집단이 통제 집단보다 고등학교 졸업률과 소득이 더 높고 10대 임신이나 혼외출산율, 범죄율, 공공부조 의존율은 더 낮았다. 즉, 아동에 대한 조기 개입 프로그램은 사회적으로나 재정적으로 효과가 큰 것으로 나타났다(Heckman, Moon, Pinto, Savelyev, & Yavitz, 2010; Wikipedia 홈페이지, 2014b).

3) 협력 관계 구축

통합서비스는 아동과 관련한 가족과 지역사회, 행정 부처 간 협력 관계를 기반으로 필요한 자원을 제공하거나 연계한다. 통합서비스에서는 아동에게 서비스를 직접 지원할 뿐 아니라 가족 환경과 기능을 강화하려 한다. 이 서비스에서는 가족을 아동 욕구를 충족하고 문제를 해결하는 자원이자 원동력으로 보며, 가족의 변화야말로 아동 변화를 이끌 수 있다고 전제해 가족 참여를 독려하고 가족의 독특한 상황을 반영한 개별화된 서비스를 제공한다(Petr, 2004).

또한 통합서비스를 제공할 때는 전문 분야 간 협력 관계를 구축하는 것이 중요하다. 이는 아동·가족 통합서비스가 아동의 건강과 복지, 조기교육, 보육, 발달, 빈곤, 여성 취업, 기회 평등, 노동시장 공급 등을 동시에 고려해야 하는 매우 복잡한 특성이 있기 때문이다(OECD, 2006). 통합서비스를 제공하는 기관은 서비스를 직접 제공하는 것 외에도 지역사회 안에 존재하는 다양한 서비스와 자원을 발굴하고 조정해 아동과 가족이 좀 더 효과적으로 접근하게 하는 역할을 한다. 이와 더불어 다양한 분야가 협력할 때 정책의 일관성을 유지하고 서비스의 질적 수준을 높이려면 정부 부처 간, 중앙정부-지방정부 간, 공공 서비스 전달자 민간 서비스 전달자 간

공동 목표를 공유하고 상호 역할과 책임을 분배하는 유기적 연계체계를 구축해야
한다(최균 외, 2012; OECD, 2006).

3. 아동·가족 통합서비스 모형

OECD는 [그림 7-1]과 같이 서비스 이용자가 한 장소에서 필요한 지원을 받을 수
있는 '원스톱 센터 모형'의 구심이 되는 서비스로 '사례관리(case management)'를 제
시하였다. 이 모형에서 서비스 이용자는 사례관리자를 통하거나 혹은 사례관리자
가 없을 때 처음 방문한 기관을 통해 통합 모형에 접근한다. 통합 모형이 없다면 서
비스 이용자는 자신의 다양한 욕구를 충족하기 위해 여러 기관을 스스로 찾아가 서
비스를 신청해야 한다. 하지만 이 모형에서처럼 사례관리자가 이용자가 원하는 변
화를 파악하고 기관 간 협동과 협업을 통해 서비스를 제공하면, 비용과 시간 낭비를
줄이고 서비스 제공자와 수급자 모두의 만족도를 높일 수 있다.

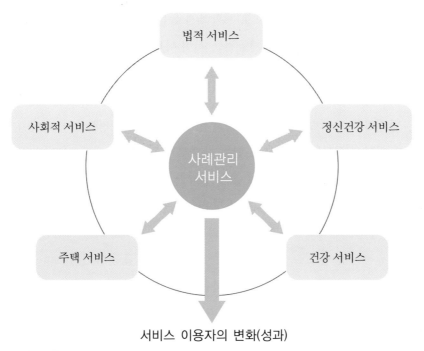

그림 7-1   통합서비스 전달 기본 모형(A basic model for integrated services delivery)

출처: Richardson & Patana (2012).

사례관리는 아동과 가족에 대한 통합서비스를 적절하게 제공하기 위해서도 필요하다. 아동과 가족에게 다양한 자원을 포괄하는 서비스를 적기에 제공하려면, 사례관리를 통해 이들의 문제와 욕구를 구체적으로 파악하고 욕구에 맞는 서비스를 계획·제공할 수 있으며, 자원의 효율적 활용과 효과적 배분을 강화할 수 있다.

사례관리는 특히 빈곤아동처럼 복합적 문제가 있는 이용자에 대한 '통합적 관리체계'로 매우 유용한 서비스 전달 방식이다. 그러나 하나의 사례에 단순히 여러 기관이나 집단이 관여한다고 해서 사례관리가 되는 것은 아니다. 사례관리에 참여하는 기관이나 집단을 총괄적으로 책임지고 조정·연계·협업하는 사례관리자가 꼭 필요하고, 이러한 사례관리자의 전문적 상담과 개입이 있어야만 시간과 비용, 인력의 낭비를 예방할 수 있다. 사례관리의 개념과 특성을 살펴보면 다음과 같다.

1) 사례관리의 개념

사례관리란 서비스 전달체계의 다양한 요소를 연결하고 조정해 이용자의 욕구를 충족하는 포괄적인 서비스 제공방법이다. 사례관리는 이용자에게 필수적인 자원을 연결하는 동시에 이들이 독립적으로 생활하게 돕는 역량강화에 초점을 두며, 도움을 요청한 사람에게만 서비스를 제공하는 것이 아니라 사각지대에 있는 사람을 발굴해 서비스를 제공하는 것을 강조한다(노혜련, 김윤주, 2014).

빈곤 가족과 아동 대부분은 복합적 어려움을 지니며, 복지 사각지대에 놓여 있는 아동은 발견하기가 어렵다(김미숙, 우국희, 양소남, 이주연, 이정현, 2011). 예를 들어, 실업으로 직장을 찾는 어린 자녀가 있는 한부모가정, 음주문제가 있고 가정폭력을 행사하는 아버지를 둔 빈곤가정, 빈곤과 열악한 주택 문제를 지닌 가정 등이 있을 수 있다. 이때 한 가지 문제만 다루거나 도움을 요청한 사람에게만 서비스를 제공하면, 가정의 다양한 문제와 욕구를 해결하기가 어렵다. 사례관리는 이러한 한계를 극복하게 지원하는 방법으로, 사례관리자는 이용자를 직접 찾아가서(outreach) 자신이 원하는 변화를 결정하게 돕고, 그 변화를 이룰 수 있게 이용자와 지속해서 협력하면서 서비스를 연계·조정해 나간다. 따라서 사례관리는 고위험이나 위기에 처한 아동을 발견해 적절한 서비스와 보호를 제공하는 통합지원체계로 유용하다.

2) 사례관리의 특성

사례관리는 미국에서 1970년대 후반 만성 정신장애나 약물 문제가 있는 사람의 지역사회 보호와 서비스 조정을 위해 시작한 것이다(Rapp, 2005). 현재 사례관리는 복합적 욕구로 집중적 도움이 필요한 사람을 대상으로 지역사회 내 공식 · 비공식 자원을 연계 · 활용해 통합적이고 체계적인 서비스를 제공하는 방편으로 주목받고 있으며(이금진, 홍선미, 2004), 사례관리의 공통 특성은 다음과 같다.

사례관리의 특성

1. 사례관리는 성공적인 결과 달성을 위해 다양한 체계를 조정하고 이용자와 서비스 체계를 연계하는 것을 목적으로 한다.
2. 사례관리는 융통성이 없거나 분절된 서비스, 잘못된 시설 이용이나 접근이 쉽지 않은 문제를 극복하고 서비스 지속성을 보장하기 위해 고안한 것이다.
3. 사례관리는 이용자에 대한 제도 내 서비스를 조정하면서 제공하는 전략이다.
4. 사례관리는 특정 서비스에 대한 개인의 욕구를 파악하고 그 서비스를 얻게 돕는 이용자 중심의 목적 지향적 과정이다.

출처: Hahn, Aaron, & Kingsley (1989).

이 네 가지 공통 특성을 고려할 때, 사례관리는 '통합성(integrated), 이용자중심(client-centered), 가족중심(family-centered), 조정(coordinated), 목적 지향(goal oriented), 책임의식(accountable), 융통성(flexible), 연속성(sequenced), 비용 효과(cost effective), 포괄성(comprehensive)'을 지향하는 접근방식이라고 볼 수 있다(Hahn et al., 1989). 아동 · 가족 통합 사례관리에서 통합적 접근은 문제 해결을 위해 아동을 둘러싼 다양한 환경의 차원에서 접근하는 것뿐 아니라, 아동 개인의 변화부터 가족, 집단, 지역사회, 더 나아가 제도의 변화를 지향하는 것을 말한다. 이용자중심 접근은 아동과 가족이 원하는 것에 서비스 초점을 맞추고 이용자가 원하고 가능한 방법으로 해결방법을 모색하는 것이다. 이용자중심 실천을 위해 사례관리자는 아동과 가족을 존중하고 공감하며 그들의 삶에 관심을 두어야 한다. 가족중심 접근은 개인적 차원의 원조만으로는 문제 해결에 한계가 있으며, 가족이 건강해야 아동도 건강한 삶을 누릴 수 있음을 전제로 한다. 따라서 서비스 제공은 가족 전체에 초점을 맞춰야 하며, 가족과 함께 가족의 강점과 자원을 탐색하고 활용해서 해결방법을 마련한다.

🏠 제2절 각국 아동·가족 통합서비스

각국·아동·가족 통합서비스의 사례로 미국의 헤드스타트와 영국의 슈어스타트 서비스를 살펴보았다.

1. 미국 헤드스타트 서비스

1) 미국 헤드스타트 서비스의 발달

헤드스타트(Head Start)는 경제적 자원과 교육, 사회복지 서비스 등에 대한 접근이 취약한 저소득가정의 신생아부터 5세까지의 아동을 대상으로 보건과 영양·학습·사회·정서 발달 관련 서비스를 제공하는 미국의 전국 단위 프로그램이다. 헤드스타트 프로그램은 1965년 미국 정부의 '위대한 사회'와 '빈곤과의 전쟁' 캠페인을 바탕으로 시작하였다. 헤드스타트는 1964년 제정한 「경제기회법(Economic Opportunity Act)」에 따라 '경제기회국(Office of Economic Opportunity)'의 지역사회 행동 프로그램 중 하나로 만들어졌으며, 1965년 8주간 여름 캠프 프로그램으로 처음 시작하였다. 당시 이 프로그램은 빈곤의 악순환 타파를 목적으로 저소득가정의 학령 전 아동에게 정서·사회·보건·영양·심리적 욕구를 충족해 주는 포괄적 프로그램으로 고안하였다. 1966년 연방의회는 이 프로그램을 1년 단위 프로그램으로 재가했으며, 1969년 '보건교육복지부(Department of Health, Education, and Welfare)'의 '아동발달국(Office of Child Development)'으로 이관했다가, 현재는 '보건복지부(DHHS)'의 '아동가족국(Administration for Children and Families: ACF)'에서 담당한다. 헤드스타트 프로그램은 1980년까지도 특별 프로그램 형식으로 시행했는데, 1981년 「헤드스타트법(Head Start Act)」이 통과하면서 처음으로 독립 재량권을 가진 프로그램으로 인정받았다. 또한 1998년에는 「헤드스타트법」을 수정해 이 프로그램의 중심 목적을 저소득층 아동의 학교 준비로 명시하였다. 수정한 법에 따르면, 헤드스타트의 핵심은 저소득층 아동의 사회·인지발달을 통해 이들이 학교에 잘 적응하게 준비하는 것이며, 이를 위해 아동과 그 가족에게 보건과 교육·영양·사회복지 서비스 등을 제공한다. 이런 특성은 2007년 「학교준비를 위한 헤드스타트법(Head Start for School Readiness Act)」이 통과하면서 더욱 강화되었으며(Diversity Data Kids 홈페이지, 2014), 헤드스타트 프로그램은 미국의 빈곤문제를 체계적으로 해결하려는 장기 프로그램의 하나로 정착하였다(Barnett & Hustedt, 2005; Paheadstart 홈페이지, 2014; Saltlakeheadstart 홈페이지, 2014; Wikipedia 홈페이지, 2014b). 1994년에는 '조기 헤드스타트 프로그램(Early Head Start Program)'을 만들어 출생부터 3세까지의 아동을 대상으로 하는 프로그램을 도입했는데, 조기 헤드스타트는 지역의 비영리 조직과 교육기관이 운영한다. 1965년 헤드스타트 프로그램 시작 당시 약 56만 명 이상의 아동이 혜택을 받았으며, 2012~2013년에는 96만 4,000여 명으로 등록 아동 수가 증가했고, 등록 아동의 약 90%는 헤드스타트에, 약 10%는 조기 헤드스타트에 참여한 것으로 나타났다(Child Trends Data Bank 홈페이지, 2014).

2) 미국 헤드스타트 서비스 목적과 대상

헤드스타트의 목적은, 첫째, 아동의 신체와 사회·정서·인지발달을 도모하고, 둘째, 부모가 자녀에게 더 좋은 양육자이자 교사가 되게 도우며, 셋째, 부모의 경제적 독립을 포함해 부모 자신의 목적을 달성하게 돕는 것이다(「헤드스타트법」 제636조; Ursuline 홈페이지, 2014). 그러나 헤드스타트의 세부 목표는 사회 변화에 따라 달라졌는데, 초기 핵심 목표는 '부모의 고용 확대'였지만, 시간이 갈수록 '아동의 교육과 학습 준비'에 더 초점을 두었다. 최근에는 아동발달뿐 아니라 저소득가정과 고소득가정 간 불평등 감소와 형평성 제고가 중요하다는 인식 아래 '부모 세대와 자녀 세대 동시 접근(dual generation approaches)'을 강조하면서, 부모의 고용이 다시 중요한 목표가 되었다.

헤드스타트 서비스의 대상은 아동과 부모이며, 참여 자격은 나이와 가구 소득에 따라 정하지만, 특별히 교육과 가족 지원, 건강 서비스가 필요한 때에는 서비스를 추가로 제공한다. 지역마다 약간 차이는 있지만 헤드스타트 서비스 자격 요건은 다음과 같다.

헤드스타트 서비스 자격 요건

1. 가구 소득이 연방정부의 절대 빈곤선 이하여야 한다.

2. 헤드스타트 대상은 만 3~5세까지이며, 조기 헤드스타트의 대상은 임산부와 3세 미만의 영·유아다.

3. 신청자는 헤드스타트를 시행하는 지역 거주자여야 한다.

4. 만 4세 아동과 장애아동에게 우선권을 부여한다. 특히 등록 아동의 10% 이상이 장애아동이어야 한다.

5. 가족 소득에 변화가 있어도 일단 등록한 아동은 연령 조건이 맞으면 프로그램을 계속 이용할 자격이 있다.

6. 발달지체나 다른 장애가 있는 아동, 가정폭력 피해 아동, 부모의 약물의존이나 투옥으로 보호가 필요한 아동, 보호관찰 아동은 가족 소득이 절대 빈곤선보다 높아도 헤드스타트의 대상이 될 수 있다. 그 밖에도 이민자와 계절 노동자, 원주민 가족과 아동도 소득 수준과 관계없이 프로그램을 이용할 수 있다.

출처: Center for Family Services 홈페이지 (2014); Office of Head Start 홈페이지 (2014); Washington State of Early Learning 홈페이지 (2014).

3) 미국 헤드스타트 서비스의 내용

헤드스타트 서비스는 연방정부 보건복지부 아동가족국에 속한 헤드스타트 부서(Office of Head Start: OHS)에서 담당하며, 아동가족국은 주마다 설치한 지역사무소를 통해 지역의 헤드스타트 운영기관에 재정을 지원한다. 재정은 기본적으로 전체 예산의 약 75% 정도를 연방정부 지원에 의존하며, 나머지는 지방에서 부담한다(드림스타트 홈페이지, 2014).

헤드스타트는 지역사회 욕구에 따라 다양한 서비스 모델이 있으며, 주된 서비스는 헤드스타트 센터나 학교, 돌봄기관 등에서 제공한다. 헤드스타트 서비스는 반나절 혹은 종일 서비스가 있으며, 헤드스타트에 참여하기를 원하는 가족이 지역사회 헤드스타트 센터에 신청하면 프로그램 배치를 담당하는 직원(program locator)이 신청자가 거주지에서 가장 가까운 곳에 있는 프로그램을 찾게 돕는다. 또한 가족 담당 사회복지사(family worker)는 사례관리를 담당한다(Miller, 2014). 사례관리자는 교사와 협력하고 가족옹호자의 역할을 하면서 필요한 서비스를 지원하며, 특히 가정방

문을 통해 부모의 음주와 약물남용 문제, 양육 기술, 가족 욕구를 파악해 부모 모임
과 치료 프로그램 등 다양한 자원에 연계한다(Miller, 2014).

2007년 통과한「학교준비를 위한 헤드스타트법」에 따라 헤드스타트 프로그램은
저소득가정 어린 자녀의 학교 준비에 초점을 맞추고 있다. 학교 준비란 '아동은 학
교에 적응할 준비를 하고, 가족은 아동의 학습을 지원할 준비를 하며, 학교는 아동
을 교육할 준비를 하는 것'을 의미한다(Office of Head Start 홈페이지, 2014). 아동의 학
교 준비는 언어와 일반 지식, 학습에 대한 접근성, 신체발달과 건강, 사회·정서 발
달의 총 다섯 부문에서 진행하며, 부모는 아동의 일차적 교사이자 옹호자 역할을 하
고, 학교는 헤드스타트 및 부모와 함께 협력해 아동이 이후에 다닐 유치원이나 학
교에서 잘 적응하게 준비한다. 또한 교육 외에도 건강과 발달, 행동에 대한 조기 검
진과 추적, 보건과 안전, 사회·정서적 건강, 영양, 가족의 목표 설정 지원, 사회복
지 서비스, 장애아동 서비스 등을 제공한다(Office of Head Start 홈페이지, 2014). 한
편, 만 3세 미만 아동을 대상으로 하는 조기 헤드스타트는 아동의 가정에서도 서비
스를 제공한다. 부모가 가정에서 아동을 돌볼 경우, 직원이 일주일에 한 번 아동의
집에 직접 방문하며 부모가 적절하게 양육자 역할을 할 수 있게 지원하며, 월 2회 다
른 가족과 만나 집단학습 경험을 하게 연계하기도 한다(Office of Head Start 홈페이지,
2014).

미국 정부는 헤드스타트 프로그램 시행 초기부터 프로그램 개발과 평가를 강조
했는데, 이것은 성과 달성에 대한 책임성을 도모하는 데 중요한 역할을 한 것으로
평가된다. 헤드스타트는 1995년 프로그램 수행 척도를 개발하기 시작했고, 1997년
'가족·아동 경험 조사(Family and Child Experiences Survey)'를 시행해 자료를 수집
했으며, 1998년부터는 국가 보고서를 제출하고 있다(Administration for Children &
Families 홈페이지, 2014).

4) 미국 헤드스타트 서비스의 평가

헤드스타트의 효과와 지속 여부에 대한 논쟁은 도입 초기부터 있었다. 1969년에
시행한 연구는 이 프로그램의 효과가 거의 없다고 평가했지만(Cicirelli, 1969), 이후
연구에서는 헤드스타트가 장기적으로 효과가 있다는 평가가 많았다. 연구 결과, 단
기적으로 높아진 지능지수와 자존감, 학습 동기 등은 시간이 지나면서 줄어들어 큰

효과가 없었지만, 헤드스타트에 참여한 학생의 유급 비율이나 특수교육 배치는 감소했으며, 학습 준비도를 높이고 사회 행동을 개선하는 데도 효과적인 것으로 나타났다.

예를 들어, 플로리다주에 거주하는 22세 저소득층 청년 중 헤드스타트에 참여한 집단과 참여하지 않은 집단을 비교한 연구에서 헤드스타트에 참여한 여성의 고등학교 졸업률이 통제 집단의 여성보다 높았고(95% vs 81%), 경찰에 체포된 경험도 적다(5% vs 15%)는 결과가 나타났다(Oden, Lawrence, Weikart, Marcus, & Xie, 2000: Barnett & Hustedt, 2005: 20에서 재인용). 비록 다른 부분에서는 통계적으로 유의미한 차이가 거의 없었지만, 이런 결과는 헤드스타트의 장기 효과를 간접적으로 보여 주는 것이라고 평가된다. 그 밖에 연방정부가 중심이 되어 진행한 대규모 평가에서도 조기 헤드스타트에 참가한 아동의 발달과 부모의 행동·사고방식 등이 완만하게 개선했음을 보여 주었다(Barnett & Hustedt, 2005).

그러나 헤드스타트의 전반적 효과에 대해서는 보수주의 입장과 개혁주의 입장 모두 여전히 부정적 평가를 하고 있다. 우선 보수주의자는 헤드스타트 프로그램의 혜택을 받은 아이들이 초등학교 진학 후 다른 아이들과 비교해 크게 좋은 성적을 받지 못했다는 연구를 바탕으로 영·유아 프로그램에 연방 예산을 쓰는 것은 낭비라고 비판한다. 반면, 진보주의자는 보수주의자들의 주장에 대해서는 반대하지만, 헤드스타트의 성과가 부족한 원인에 대해 비판한다. 헤드스타트는 빈곤아동만을 대상으로 하는데, 이처럼 빈곤층만을 대상으로 하는 프로그램은 내용이 빈약해 효과가 낮을 수밖에 없으므로, 헤드스타트가 '반(反)빈곤'의 프레임을 벗어나야 비로소 성공할 수 있다고 말한다. OECD(2011b)도 헤드스타트와 같은 선별적 프로그램의 한계를 지적한다. 빈곤아동을 표적으로 해 서비스를 제공할 때 낙인 효과가 생겨 대상 집단이 서비스 이용을 꺼릴 수 있으며, 표적 프로그램을 초·중등학교와 연계할 경우 낙인과 사회 차별이 초·중등학교 시기까지 계속 이어질 수 있다. 또한 선별적 프로그램에서는 비슷한 자격조건을 가져도 프로그램을 시행하지 않는 지역에서는 서비스 혜택을 받지 못한다. 실제로 미국 헤드스타트 프로그램에는 저소득층과 소수인종 집단 아동의 36%만이 참여하고 있다. 이런 이유로 헤드스타트는 비용은 많이 들지만, 서비스 질은 낮고 사회통합 효과도 높지 않은 프로그램이라고 비판받는다.

2. 영국 슈어스타트 서비스

1) 영국 슈어스타트 서비스의 발달

영국의 슈어스타트는 1990년대 말 지역사회를 강화하고 사회 배제와 아동 빈곤을 타파하려면 보건과 교육에서 '지역기반 접근(area-based initiatives)'이 중요하다는 인식에 따라 개발한 사회정책의 하나이다. 1998년 의회에서 공표해 1999년부터 시행하였으며, 처음에는 영국의 하위 20%에 속하는 빈곤지역에서 가족 지원과 보건 서비스, 아동 돌봄, 교육 등을 제공하였다(Bouchal & Norris, 2014). 당시 이 프로그램의 목적은 사회 배제 위험이 큰 집단의 영·유아기에 대한 투자를 늘려 아동을 지원하며, 그들의 진학 준비를 돕는 것이었다(Lewis, 2011; National Literacy Trust 홈페이지, 2014).

이러한 빈곤지역 중심의 '슈어스타트 지역 프로그램(Sure Start Local Programmes: SSLP)' 체제는 2003년부터 보편적 방식의 '슈어스타트 아동센터(Sure Start Children's Center: SSCC)' 체제로 변화하였다. 슈어스타트 지역 프로그램(SSLP)을 슈어스타트 아동센터(SSCC)로 바꾸게 된 이유는 다음과 같다.

첫째, 슈어스타트 지역 프로그램이 아동 돌봄 역할을 충분히 하지 못했다는 점이다. 이 프로그램에서는 부모의 슈어스타트 활동 참여를 고무하기 위해 돌봄 서비스를 제공했지만, 주로 일시 보호와 놀이활동 수준이었고 아동 인지 프로그램이 많이 부족하였다. 특히 직장에 다니는 부모를 위한 공공 아동돌봄 서비스는 매우 낮은 수준이었다. 이와 관련하여 정부의 2003년 「아동보호 행동 강령(Every Child Matters Agenda)」에서는 아동의 교육성취도뿐 아니라 보호와 예방의 중요성을 강조하였다.

둘째, 슈어스타트 지역 프로그램과 중앙정부 간 프로그램 조정이 부족했다(Bouchal & Norris, 2014; Lewis, 2011). 이에 따라 슈어스타트 지역 프로그램을 슈어스타트 아동센터로 전환하고 지방자치단체의 관할권을 강화할 것을 권고하였다.

2004년 고든 브라운 정부에서 제출한 「포괄적 지출 보고서(Comprehensive Spending Review)」에서 정부는 '아동보호를 위한 10년 전략(Ten-Year Strategy for Childcare)'을 발표했는데, 2008년까지 2,500개, 2010년까지 3,500개의 아동센터를 세우고 정부가 재원을 제공할 것을 약속하였다. 이에 따라 아동센터 수가 늘어났고 기존 슈어스타트 지역 프로그램 대부분을 슈어스타트 아동센터체제로 변경하였다

(Department for Education of UK 홈페이지, 2014; Lewis, 2011; National Literacy Trust 홈페이지, 2014; Williams, 2005).

2) 영국 슈어스타트 서비스의 목적과 대상

슈어스타트 지역 프로그램(SSLP)의 목적은 취약지역에서 성장하는 어린 아동을 위한 기회를 증진하는 것이다. 이러한 지역 아동은 낮은 학교 성적과 또래·부모·교사 등과의 갈등, 실업, 건강 문제 등을 겪을 가능성이 크며, 이는 아동뿐 아니라 그들 가족과 지역사회, 나아가 사회 전체에 심각한 영향을 미친다. 이런 이유로 슈어스타트 지역 프로그램은 취약아동의 건강과 복지를 증진하고 아동이 학교에서 잘 적응하게 학습 준비를 도우며, 지역사회에서 잘 적응하고 성인이 되었을 때 직업 생활에서도 성공할 기회를 증진하는 데 힘썼다. 또한 슈어스타트 지역 프로그램을 통해 세대 간 빈곤 세습과 학교생활 부적응, 사회 배제를 타파하는 데 목적을 두었다[The National Evaluation of Sure Start (NESS) Team, Institute for the Study of Children, Families and Social Issues, & Birkbeck University of London, 2010].

이후 슈어스타트 아동센터(SSCC) 체제로 들어서면서 프로그램의 목적은 취약 가족과 아동의 욕구를 충족하는 것뿐 아니라, 가족의 환경이나 출신 배경과 관계없이 모든 아동의 완벽한 학교 준비를 돕는 것으로 확대하였다(Department for Education, 2013b). 이에 따라 지역사회 아동센터는 아동의 학습 준비 외에도 가족에게 부모 역할과 고용, 사회복지, 건강 등에 관해 조언하고, 가족이 올바른 지원을 받게 도와주며, 지역의 특별한 욕구에 부합하는 프로그램을 제공하게 한다(WHO Euroupe, 2014).

한편, 슈어스타트 서비스 대상도 체제 변화에 따라 달라졌다. 슈어스타트 지역 프로그램은 저소득층 아동을 대상으로 했지만, 현재 슈어스타트 아동센터는 보편적 서비스로서 영국에 거주하는 모든 아동을 대상으로 하며, 신청 자격은 다음과 같이 영국의 무료 조기교육 자격 요건에 따른다.

슈어스타트 서비스 자격 요건

1. 모든 만 3~4세 아동은 연 570시간 무료 조기교육과 돌봄 서비스를 받을 자격이 있다. 이는 해당 연도 기준 38주 동안 매주 15시간의 서비스를 받을 수 있음을 의미하며, 특별한 경우 만 2세 아동에게도 같은 자격을 부여한다. 무료 조기교육과 돌봄 서비스에는 유치원과 아동센터, 탁아, 놀이 집단, 학령 전 보육모 지원, 슈어스타트 아동센터 이용 등을 포함한다.
2. 만 2세 아동은 부모가 공공부조와 실업부조 등 소득 지원 대상이거나 이민 혹은 난민법의 지원 대상일 때, 무료 조기교육 서비스 대상이 된다.
3. 보호 대상이거나 특수교육이 필요한 아동, 장애수당을 받는 아동, 입양아동 등도 서비스 대상이 된다.

출처: Government UK 홈페이지 (2014a).

3) 영국 슈어스타트 서비스의 내용

2014년 현재 영국에는 3,500개의 아동센터가 있다. 아동센터는 새로 신설한 곳도 있지만, 대부분 초등학교와 같은 기존 시설을 활용한다. 이는 기존 시설이 지역사회 보건과 부모교육, 부모지원, 아웃리치(outreach) 서비스, 조기교육, 아동 돌봄을 통합하는 데 접근성이 높다고 여겨지기 때문이다(Bouchal & Norris, 2014).

사업 초기에는 '교육기술부(Department for Education and Skills)'가 2010년까지 3,500개 아동센터를 건립하는 책임을 지녔지만, 이후 중앙정부는 아동센터를 위한 비용을 제공하고 아동센터 프로그램을 계획·운영하는 책임을 지방정부에 위임하였다. 이는 2006년 「아동돌봄법(Childcare Act)」에 따른 것으로, 이 법은 아동센터 건립과 운영에 대한 지방정부의 책임을 규정한 것이었다(Bouchal & Norris, 2014). 이에 따라 지방정부가 아동센터 계획을 수립하고 서비스를 개발해 아동센터에 제공하면, 아동센터는 가족 관련 기관과 지역사회 단체, 입법기관, 고용 관련 기관, 아동 관련 기관, 사회복지사 등과 협력 관계를 유지하면서 아동과 가족에게 서비스를 무료로 제공한다.

또한 교육기술부는 아동센터 업무 지침에 아동센터의 역할을 제시하였다. 이에 따르면, 아동센터의 임무는 아동 돌봄과 조기교육, 부모에 대한 정보 제공과 조언, 가족에 대한 아웃리치 서비스와 가족지원 서비스, 부모 상담과 활동, 아동과 가족

보건 서비스, 직업센터(Jobcentre Plus)와의 연계, 부모를 위한 노동력 강화 훈련, 아동 돌보미 지원 등이다(Bouchal & Norris, 2014). 아동센터장이나 중간관리자는 가족으로부터 정보를 수집해 욕구를 파악하며, 지역의 다른 기관과 신뢰 관계를 형성하고 전문가들의 협조를 얻는다. 또한 센터를 이용하지 않지만 도움이 필요한 부모를 발굴하고, 가족이 필요한 서비스를 받게 도우며, 맞춤형 지원을 지속하게 한다(Lord, Southcott, & Sharp, 2011). 구체적으로 슈어스타트 아동센터는 다음과 같은 서비스를 제공한다.

슈어스타트 아동센터 서비스

1. 가장 취약한 지역 30%에 속한 센터: 통합적 조기교육, 하루 최소 10시간, 주 5일 연 48주의 아동 돌봄 서비스, 보육 연결망 지원 등
2. 덜 취약한 지역 70%에 속한 센터: 조기교육 등의 서비스를 제공하지 않아도 되며, 주로 아동을 위한 놀이방 운영, 정보 등을 제공
3. 가족 지원: 육아 지원과 조언 제공, 지역 안에서 이용할 서비스 자원에 대한 정보 제공, 전문가 등에 의뢰, 아웃리치 서비스 등
4. 아동과 가족 보건 서비스: 일반의, 가정간호사 등과 연계된 보건간호사의 가정방문, 산전·후 지원, 수유, 건강, 영양에 대한 정보와 지도, 금연 지원, 언어 치료, 기타 전문가 지원, 취업센터 연계, 부모의 직업 훈련과 고용 지원 등

출처: Wikipedia 홈페이지 (2014d).

4) 영국 슈어스타트 서비스의 평가

영국 정부는 사업을 시작한 지 3년이 지난 2001년부터 '슈어스타트 국가 평가(National Evaluation of Sure Start: NESS)'를 시작했는데, 슈어스타트 지역 프로그램(SSLP)에 대한 초기 평가는 그다지 긍정적이지 않았다. 통제 집단과 실험 집단을 구성해 조사한 연구에서 프로그램에 참여한 20대 이상 부모 집단에서는 긍정적 양육 방법이 증가했고, 아동의 언어 능력과 사회 행동의 향상, 아동의 독립심 증가, 예방접종률의 증가 등 긍정적인 결과가 나왔지만, 10대 부모 집단에서는 아동의 언어 능력과 사회성 등이 오히려 비교 집단보다 낮았으며, 모자가정과 실직가정 아동의 언

어 능력 역시 향상하지 않은 것으로 나타났다. 그뿐만 아니라 슈어스타트 지역 프로그램의 효과에 대한 종단 연구에서도 3세 아동을 조사했을 때 나온 긍정적인 결과가 이후 5세 아동 조사에서는 나타나지 않았으며, 부모의 우울감은 더 심해졌고 학교 부모 모임 출석률도 비교 집단보다 낮았다(Melhuish, Belsky, & Barnes, 2010; NESS, 2005).

아동센터 체제로 전환한 이후 평가는 초기보다 긍정적인 면이 많아졌지만, 여전히 비판도 많다. 2010년 슈어스타트 국가 평가(NESS)에서는 아동의 신체건강 지수 증가, 비만도 감소, 부모의 긍정적 자극 증가, 안정적인 가정환경과 훈육, 삶의 만족도 증가 등 긍정적 효과가 나타났다. 반면, 어머니의 우울감과 학교 부모 모임 출석률은 여전히 초기와 같은 상태였다. 특히 2008년 더햄 대학에서 진행한 평가에서 아동의 학교 준비도는 거의 개선되지 않은 것으로 나타났다. 읽기 능력은 하락했고, 수리 능력이 약간 향상했지만 유의미하지 않았다. 물론 이런 결과로 슈어스타트는 효과가 없다고 단언할 수 없지만, 효과적이라고 말할 수도 없다(Merrell & Tymms, 2013. 2. 1.).

이처럼 슈어스타트의 효과가 불분명한 이유에 대해 명확한 분석은 아직 부족하다. 다만, 슈어스타트를 지지하는 입장에서는 슈어스타트가 지역마다 다른 프로그램을 운영하므로 평가 결과를 전체에 적용할 필요는 없으며, 표본의 대표성도 부족하므로, 전체적으로 실패한 프로그램이라고 볼 수는 없다고 주장한다(Melhuish et al., 2010; NESS, 2005).

반면, 슈어스타트를 비판하는 입장에서는 프로그램 효과가 크지 않다는 점 외에도, 이 프로그램이 아동 빈곤 감소에 큰 역할을 하지 못한다고 지적한다. 오히려 슈어스타트가 '사회문제'인 아동 빈곤을 빈곤한 부모의 '개인문제'로 여긴다고 비판한다. 블레어 정부의 '제3의 길'[1]은 '사회적 배제'와 이를 해결하려는 것이 핵심이었다.

---

1) 1997년 총선에서 승리한 블레어 총리는 자본주의뿐 아니라 노동당이 추구하던 '전통적 사회민주주의'를 모두 버리고 '제3의 길'로 나가는 것이 '사회민주주의'를 근대화하는 것이라고 주장하였다. 블레어 총리는 시장경제의 효율성을 해치지 않는 범위에서만 분배를 강조하고, 친기업적 경제정책을 펼쳤으며, 역동적 시장경제와 일자리를 향한 복지를 강조하면서 복지국가 개혁을 추진하였다. 이 같은 블레어 정부의 '제3의 길' 정책에 관해서는 경제 호황과 고용 확대, 아동과 노인 빈곤의 감소를 가져왔다는 긍정적 견해와 시장과 기업의 힘이 지나치게 커지면서 권력과 재산의 불평등이 심각한 상황에까지 이르렀다는 부정적 견해가 있다. 실

블레어는 이를 위해 슈어스타트 사업을 도입했고, 부모 교육이나 조언, 부모 역할 강화, 가족 관계 개선과 같은 방법을 통해서 사회적 배제를 해결하고자 하였다. 즉, 아동 빈곤과 사회적 배제를 해소하기 위해 복지국가체제를 강화하는 대신, 빈곤 아동과 가족을 개별적으로 돕는 개입방법을 택한 것이다. 그리고 이런 정책 변화의 이면에는 빈곤가정이 직면하는 가장 큰 문제를 고용이나 경제적 결핍보다 그들의 부적응 행동이라고 생각하는 '제3의 길' 자체의 보수성이 있었다. 슈어스타트는 궁극적으로 빈곤의 '원인'이 아닌 '결과'에 초점을 맞춘 정책이다. 실제로 슈어스타트 국가 평가(NESS)의 평가 항목은 슈어스타트를 시행하는 지역 아동의 예방접종률과 사고율, 언어발달, 사회 행동, 독립심, 가정 내 학습 분위기, 부의 참여도, 모의 흡연 여부, 체질량 지수, 생활만족도, 가족의 서비스 이용도 등으로 구성되어 있다. 이런 점에서 슈어스타트가 변화시키려는 것은 빈곤 자체가 아니라 빈민의 행동과 건강이라고 비판하기도 한다(Bristow, 2010. 6. 22.).

또한 슈어스타트가 보편적 제도로서 역할을 하려면 비용이 더 필요하지만, 오히려 재정 삭감이 이루어졌다. 슈어스타트 지역 프로그램(SSLP) 시행 초기인 1991년에는 아동당 900파운드를 사용했으나 슈어스타트 아동센터(SSCC) 체제로 전환한 후 이 비용의 66~70%로 감소하였다. 보편적 서비스 추구를 강조하지만, 비교적 잘 사는 지역의 아동센터 중 70% 이상은 놀이방과 정보 서비스만을 제공하는 실정이다. 또한 2011년 이후부터는 정부의 예산 삭감으로 1년 동안 250여 개 센터가 사업을 종료했고, 계속 예산이 감소하고 있어 지방자치단체는 센터 운영에 위기를 맞고 있다(Lewis, 2011). 이런 상황에서 슈어스타트의 정책 초점은 '어떻게 개인이 자신의 빈곤 상황에 잘 대처해 나갈까?'가 아니라 '어떻게 빈곤을 없애고 그것이 미치는 영향을 개선할 수 있을까?'로 바뀌어야 한다는 주장이 나오고 있다(Bristow, 2010. 6. 22.).

제로 영국에서 소득불평등과 최상층의 소득은 급속히 증가했지만, 저임금의 서비스직 일자리가 증가하고 노동시장의 이중화가 심화하였다. 2010년 이후 30만 명 이상의 공공부문 근로자가 정리 해고되었으며, 새로운 민간부문 일자리가 제공되었지만 대부분 저임금과 기간제, 시간제 등 불안정한 고용 상태였다(McInerney, 2013. 4. 15.). 결국 고용 창출 효과는 단지 일하는 빈민의 수가 증가한 것에 불과했다. 이런 점에서 '제3의 길'은 사회민주주의의 핵심 가치인 사회적 평등을 제대로 실현하지 못했고, 오히려 불평등을 심화시켰다는 지적을 받는다(김윤태, 2014. 4. 7.; Petras, 2000).

제**4**부

아동보호제도와 서비스

제8장
·
아동보호제도

제9장
·
아동보호 서비스

제4부는 2개의 장으로 나누어 아동보호제도와 서비스를 기술하였다. 제8장 '아동보호제도'에서는 아동보호제도의 개념과 필요성, 아동보호제도의 방향과 과제를 살펴보았다. 아동보호의 방향은 예방을 강조하는 것인데, 예방은 아동과 가족의 문제가 더 악화하기 전에 개입해 심각한 문제의 발생을 줄일 수 있고, 비용 면에서도 효율적이다. 예방은 모든 가족에 대한 보편적 서비스를 제공하는 것부터 위기가족에 대한 서비스, 학대피해아동과 가족에 대한 서비스를 모두 포함하고 이에 따라 예방적 아동보호제도의 대상도 다양하다.

제9장 '아동보호 서비스'에서는 먼저 아동보호 서비스의 개념과 특성, 기본 원칙을 기술하면서, 아동보호의 국제적인 기준으로 삼는 「UN 아동권리협약」과 2009년 UN 총회에서 결의한 「아동 대안양육에 대한 지침」, 「헤이그 국제아동입양협약」을 살펴보았다. 제2절에서는 아동보호 서비스의 유형을 가족보존 서비스와 학대피해아동보호 서비스, 일시대안양육 서비스, 영구대안양육 서비스로 나누어 개념과 특성, 서비스 유형과 내용을 설명하였다. 또한 미국과 스웨덴의 아동보호 서비스를 제시하고 평가하였다.

제**8**장

아동보호제도

🏠 제1절 아동보호제도의 개념과 필요성

1. 아동보호제도의 개념

아동보호제도는 아동의 안전한 성장과 발달 환경을 조성하기 위한 사회제도로, 폭력과 착취, 방임, 유기, 질병, 빈곤 등에서 아동을 보호하는 국가와 민간의 업무 및 법령, 조직 등을 포함하는 포괄적 개념이다. 그러나 아동보호제도의 개념은 '아동보호'를 어떻게 정의하는지에 따라 달라진다. 일반적으로 '좁은 의미의 아동보호'는 주로 가정 내 학대로부터 아동을 보호하는 것을 뜻한다. 이 개념에서 아동보호제도는 가족 안에서 부모나 주양육자의 학대와 방임, 유기 등에서 아동을 보호하는 것을 의미하며, 위험이 발생한 후 개입하는 치료중심의 소극적 접근방식이라고 할 수 있다. 반면, '넓은 의미의 아동보호'는 학대피해아동의 보호뿐 아니라 일반 아동의 행복과 성장의 조건을 직간접적으로 개선하고 이후에 있을지 모를 위험을 가능한 한 줄이는 것까지 포함하는 개념이다(Buhr, 2012). 넓은 의미의 아동보호는 아동권리를 보장해야 비로소 아동보호가 효과적으로 이루어진다고 보고 아동의 시민권을 보호하고 예방하는 차원으로 그 개념을 확장한다(Carini, 2013). 이때는 취약 가족과 아동을 위한 조기 지원과 일반 가정에 대한 보편적 서비스 제공, 지원체계의 질 향상과 이용자중심의 낮은 문턱, 신뢰할 수 있는 지역사회 지원망 구축을 통한 예방, 국가와 지역사회의 조기 경보체계 강화 등에 초점을 둔다(Blum-Maurice, 2012; Bundesministerium fur Familie, Senioren, Frauen, & Jugend,[1] 2009). OECD 국가의 아동보호제도는 '아동보호 관점(child protection orientation)'과 '가족 서비스 관점 (family service orientation)'으로 분류하기도 한다. 아동보호 관점은 좁은 의미의 아동보호제도라고 볼 수 있으며, 가족 서비스 관점은 넓은 의미의 아동보호제도라고 볼 수 있다(Gilbert, Parton, & Skivenes, 2011; Hetherington, 1998; The Allen Consulting Group, 2008).

아동보호 관점에서는 부모와 자녀의 개인적 권리를 중요시한다. 정부는 부모의 자녀 양육권과 책임, 사생활을 강조하며, 학대나 방임을 포착하면 그때부터 정부의 아동보호 권리와 책임이 작동하기 시작한다. 이 관점에서 아동보호의 주된 업무는 학대나 방임 사례에 대한 치료적 개입과 아동학대를 방지하기 위한 제도적 노력이다. 이것은 위험도가 높거나 학대가 이미 발생한 가족에게 아동 안전과 관련한 집중 서비스를 제공하는 것인데, 이때 사법적 조치도 포함할 수 있다. 국가는 아동보호 차원에서 학대나 방임을 한 부모로부터 아동을 격리·보호하고 사법적 개입을 시행하곤 하는데, 이때 국가와 가족은 갈등 관계에 놓이기 쉽다(Luscher, 2000; The Allen Consulting Group, 2008).

반면, 가족 서비스 관점에서는 가족이 '처음부터' 아동을 가장 잘 보호·양육하도록 적극적으로 개입한다. 이때 개입의 초점은 가족 전체에 맞춰지며, 부모-자녀 관계와 가족복지를 강화하고 지원하기 위해 국가는 가족과 협력 관계를 맺는다. 이 관점에서 정부와 지역사회는 모든 가족을 대상으로 공공보건과 사회복지 제도를 활용한 일상적인 서비스를 제공해 보편적인 아동보호를 실천하려 한다(The Allen Consulting Group, 2008).

이처럼 다른 접근방식은 아동보호 역할에 대한 정책 방향의 차이에 기인하며, 정책 방향은 다시 사회·경제적, 문화적 맥락 및 가족과 아동에 대한 견해에 따라 결

[1] 독일 연방 가족, 노인, 아동, 청소년부.

정된다. 어떤 접근방식을 채택하느냐에 따라 아동과 가족에게 서비스를 제공하는 방식과 서비스 형태, 법·제도의 역할, 가족 외 보호(out of home service) 등에서 매우 다른 제도를 운용하게 된다(The Allen Consulting Group, 2008). 일반적으로 영미권 국가는 아동보호 중심인 좁은 의미의 아동보호제도를, 유럽 국가는 가족 서비스 중심인 넓은 의미의 아동보호제도를 채택하고 있다. 현대 아동보호제도는 나라마다 다른 개념과 실천 방식이 있지만, 전반적으로 점점 더 좁은 의미에서 벗어나 모든 아동을 해악에서 보호하는 동시에 아동에게 위협이 될 환경조건을 미리 제거·개선하려는 적극적 개념으로 발전하고 있다.

2. 아동보호제도의 필요성

아동보호제도는 아동이 위험에 노출되는 것을 예방할 뿐 아니라 위험에 처한 아동의 회복력을 높여 주는 데도 이바지한다. 따라서 아동을 보호하고 아동의 권리를 확보하고 강화하는 것은 아동이 살아가는 현재와 앞으로 살아갈 미래 사회의 건강성을 위해서도 필요한 일이다.

아동은 어떤 사회에서 사는지와 관계없이 취약하며, 누구나 학대와 착취, 방임의 희생자가 될 수 있다. 이는 아동의 성장과정에 성인의 복잡한 세상이 영향을 미치기 때문이다. 물질중독 부모와 사는 아동은 폭력에 취약하고, 교육받지 못한 아동은 빈곤에 취약하며, 거리에서 사는 아동은 매춘과 구걸 등에 이용되거나 질병에 걸릴 수 있다. 보건의료제도가 취약하거나 여가활동이 부족할 때 아동은 비만과 당뇨, 외과적 문제를 겪을 수 있고, 과도한 학업 부담은 아동의 신체와 정신 건강을 위협한다. 아동은 언제나 잠재적 위험에 노출되어 있으며, 아동이 겪는 잠재적 위험은 한 측면만으로는 이해하기 어려운 복합적이고 역동적인 문제이다(Wenke, 2010).

이처럼 아동 문제의 원인은 매우 다양해서, 부모의 심리적 문제가 원인일 수도 있고, 부모-자녀 간 관계의 문제, 또는 빈곤이나 배제와 같은 사회적 문제 때문일 수도 있다. 또 이 모든 문제가 결합해 새로운 문제를 일으키기도 한다. 따라서 최근에는 아동 문제의 원인을 생태학적 시각에서 접근하고 해결방법을 모색하고자 하는데, 이러한 관점에서 아동 문제는 개인 차원에서만 설명할 수 없고, 사회·환경·경제적인 요인에 따라 발생하는 '사회문제'로 보아야 한다(Bruckner & Meinhold-

Henschel, 2002). 실업과 열악한 노동조건, 낮은 임금과 같은 노동 환경 문제, 비싼 집값, 취약한 주거문제, 복잡한 교통 환경, 고도화된 소비문화, 경쟁의 심화 등은 가족의 스트레스를 높인다. 또한 가족 기능을 보충하는 보육시설의 부족은 핵가족이 직업과 가사를 조화롭게 꾸려 나가는 데 어려움을 준다. 생태학적 관점에서 가족이 극복해야 하는 이러한 부담들이 아동 문제를 일으키고 심화하는 가장 큰 요인이다. 이런 점에서 '아동 문제는 사회문제'라는 점을 인식하고, 아동뿐 아니라 가족과 사회·문화의 보호체계를 강화하는 포괄적 제도가 필요하다.

🏠 제2절 아동보호제도의 방향과 과제

1. 예방의 개념과 관점

최근 아동보호제도의 목적, 실천 전략과 프로그램은 '치료'와 '사후 대책' 중심에서 '예방(prevention)'과 '조기지원(early help)' 중심으로 변하고 있다. 예방은 개인의 문제와 결핍에 일차적 관심을 두는 대신, 구조적 조건, 개인과 집단의 강점, 어려움을 극복하려는 노력과 그 가능성에 더 초점을 맞추는 개념이다. 따라서 예방은 '개인 행동 변화를 위한 전략'과 '구조·제도·환경 변화를 위한 전략'을 모두 포함한다. '개인 차원의 예방'은 개인이 행동 이행 능력과 의사소통 능력, 갈등 해결 능력, 자존감, 자기신뢰, 자기효능감 등을 갖추게 도와줌으로써 인성의 긍정적 변화에 초점을 둔다. '구조적 예방'은 법적·경제적·환경적 조건의 변화를 통해 개인이 건강한 인성을 갖추고 살아갈 사회조건을 조성하는 데 주력한다(Ziegler & Dardel, 2005).

예방에 대한 이러한 접근은 생태학적 관점과 역량강화 관점, 건강 증진 관점의 세 가지 관점에서 출발한다. 생태학적 관점은 아동의 '생물학적·개인적 발달 요인', 가족과 친구, 동년배, 동료 등 '관계 요인', 학교와 직장, 이웃 등 '지역사회 요인', 사회·문화 규범이나 사회·경제적 조건 등 넓은 범위의 '사회적 요인'의 네 가지 차원을 모두 고려해 아동 문제에 접근하는 것을 말한다(WHO Europa, 2002). 이러한 접근은 문제를 가진 개인에서 사회 경제망의 일부이자 생태 환경과 상호작용하는 개인으로 시각을 넓힌다.

역량강화 관점은 개인과 집단의 성장과 보호를 지원함으로써 개인의 생활환경에 대한 통제 능력을 강화하는 것을 말한다. 예방 프로그램의 강조는 아동학대에 대한 관점이 '결핍 모델(Deficit Model)'에서 '역량 모델(Competency Model)'로 변화하는 것과 관련이 있다. 결핍 모델은 문제와 질병, 증상에 초점을 맞추는 의학적 치료 모델에서 시작했는데, 이는 개인에게 초점을 두는 전문가중심의 모델이다. 반면, 역량 모델은 다양한 인간의 생활공간과 각자가 지닌 능력을 존중하고, 강점과 약점이 있는 여러 형태의 집단을 그대로 수용하고, 그들의 삶의 질을 높이는 데 초점을 맞춘다. 이러한 관점에서 개인의 생활공간은 그가 생활하는 모든 공간적 · 물질적 · 사회적 관계를 포함하는 구조적 개념이다. 따라서 아동학대 예방은 인간의 통제 능력을 저해하는 모든 장해조건을 해소하는 것으로 확대된다(Ziegler & Dardel, 2005).

한편, 건강 증진 관점은 특정 사회 환경 안에서 개인의 생활조건과 생활방식을 개선하는 것을 말한다. 이는 규범적 차원뿐 아니라 주관적 차원에서도 개인의 건강을 개선하고 향상하려는 목적이 있다(Ziegler & Dardel, 2005).

2. 예방의 필요성

아동보호에서 예방을 강조하는 이유는 다음과 같다.

첫째, 아동 양육과 관련한 가족의 역기능과 문제가 더 악화하기 전에 개입해야 하기 때문이다. 조기에 아동과 가족에게 적합한 지원을 해 삶의 질을 유지하게 돕는다면 문제 발생과 악화를 막을 수 있으며, 부모의 부정적인 아동 양육 방식과 행동이 고착되기 전에 개입할 수 있으므로 부모의 행동 변화가 쉬워진다(Leventhal, 1997; Southwark Council 홈페이지, 2014).

둘째, 예방적 접근으로 아동 사망 등 심각한 결과를 줄일 수 있기 때문이다. UNESCO 등에서 시행한 많은 연구의 결과는 치명적 상해와 신체 학대, 유기 등으로 발생하는 위험도가 나이 든 아동보다 영 · 유아에게 더 심각하다고 밝히고 있다. 아동보호제도는 지난 30년간 많은 나라에서 개선되었지만, 학대로 말미암은 유아 사망률은 많이 감소하지 않았다. 학대받은 아동이 사망하거나 장애를 입는 일을 방지하려면, 신생아 시기부터 보건과 사회 서비스를 제공해 조기에 예방하는 것이 매우 중요하다(Browne et al., 2007).

셋째, 아동학대로 말미암은 장기적인 부정적 영향을 줄일 수 있기 때문이다. 학대 사례는 드러난 것보다 드러나지 않은 것이 훨씬 많으며, 이는 종종 아동의 심리와 행동, 신체, 생식 기능 문제를 초래하기도 한다(Browne et al., 2007). 학대의 상처와 스트레스는 아동의 인성과 생활 경험에 부정적 영향을 미치면서 평생에 걸쳐 후유증을 남길 수 있다. 아동은 아직 심신이 미약하므로 폭력에 대처하기 어렵고, 폭력과정을 객관화해 이해하지 못하는 경향이 있다. 특히 성 학대 피해아동은 폭력을 자기 잘못 때문으로 생각하면서 왜곡된 자아상을 형성하기도 하고, 부모와 헤어져 다른 보호시설로 보내지는 과정에서 집과 가족을 잃고 버림받은 느낌을 받기도 한다. 따라서 이미 학대가 일어났다면 조속히 개입해 그 후유증을 최소화해야 하지만, 이러한 일이 가능한 한 발생하지 않게 예방 프로그램을 강화하는 것이 더욱 중요하다(Wenke, 2010).

넷째, 비용 면에서도 예방적 접근이 효율적이기 때문이다. 학대가 일단 발생하면, 희생자를 위한 의료 서비스와 가해자 처벌, 공공 아동 양육 비용 등 겉으로 드러나는 비용뿐 아니라 전문가 교육, 정신보건 서비스 비용 등 드러나지 않는 비용도 필요하다. 여기에 학대가 아동과 가족, 사회에 미치는 영향까지 고려한다면 예방 서비스가 비용 효과 면에서 훨씬 효율적이다(Browne et al., 2007).

3. 예방적 아동보호 단계

예방적 아동보호란 가족이 위험에 처하기 전에 그들에게 필요한 지원을 해 아동학대나 방임의 발생을 방지하는 것이다. 완전한 예방은 아동의 생활공간 안에서 사회·경제적 여건과 교육, 의료 등 아동에게 필요한 모든 것을 개발하고 지원할 때 비로소 가능하다. 이를 위해서는 아동과 가족의 참여가 필수적이고, 사회적 지지 체계를 구축해야 한다. 예방적 아동보호는 보편적 서비스와 위기가족에 대한 서비스, 학대피해아동과 가족에 대한 서비스의 3단계로 구성된다. 좁은 의미에서는 첫 단계의 예방만을 예방 차원으로 보고, 두 번째와 세 번째 단계의 예방은 치료와 재활 차원으로 보지만, 넓은 의미에서는 모든 단계를 예방 전략으로 간주한다. 세 단계의 예방 전략은 함께 상호작용할 수 있게 구성해야 가장 효과적인 아동보호가 이루어질 수 있다. 이러한 접근방식은 '보건의료 모델'을 아동보호제도에 접목한 것으

1차 예방 (보편적 서비스)	2차 예방 (위기가족에 대한 서비스)	3차 예방(학대피해아동과 가족에 대한 서비스)
아동이 있는 모든 가족	취약 아동과 가족	학대피해아동과 가족

그림 8-1   예방의 단계

로, 흔히 '아동보호제도의 공공 보건의료 모델(Public Health Model)'이라고 한다(The Allen Consulting Group, 2008; Ziegler & Dardel, 2005).

1) 1차 예방: 보편적 서비스

1차 예방은 '보편적 서비스(universal services)'로, 모든 가족에게 공공 자원을 투입해 아동학대를 일으키는 사회적 요인을 억제하는 것이다. 1차 예방은 주로 아동이 있는 가족을 대상으로 일상적이고 지속적인 보건의료 서비스와 사회복지 서비스를 제공하는 것으로 이루어진다. 이를 위해 양육자와 아동 간 관계와 아동발달의 전반적 상황, 아동의 필요에 적절하게 대응하는 부모의 능력 그리고 그 능력에 영향을 미치는 사회 환경 요소 등을 평가한다. 이 평가 결과를 통해 도움과 지지가 필요하다고 판단되는 부모에게는 부모 프로그램과 교육, 사회 서비스, 보건의료 서비스 등을 제공해 아동학대 등을 미리 방지한다. 특히 1차 예방 단계에서는 아동 양육에 대한 가치와 규범, 제도를 '친아동적'으로 변화시키고, 안정적인 주택과 보건, 환경을 보장하며, 소득보장을 통해 빈곤에 처하지 않도록 하는 등의 조처들이 중요한 개입 전략이 된다(Browne et al., 2007; Leventhal, 1997).

2) 2차 예방: 위기가족에 대한 서비스

2차 예방은 아동학대 위험이 큰 취약 가족과 아동, 청소년에게 '표적 서비스(targeted services)'를 제공해 그들의 욕구를 충족하는 것이다. 보편적 서비스만으로는 취약가족의 특별한 문제를 해결하기 어려우므로, 개별화된 서비스를 제공하는 것이 필요하다. 2차 예방은 학대 위험이 큰 아동을 파악한 후 이들을 먼저 지원하는 일종의 '위험관리 접근(risk approach)'이다. 이는 먼저 생태체계적 관점에서 빈곤과 질병에서 비롯된 스트레스 등 학대 위험 요인을 아동과 부모, 환경 등 포괄적인 차원에서 찾고, 가장 시급하게 지원이 필요한 가족에게 집중적으로 물적 자원과 상담, 부모 훈련·교육 프로그램 등을 제공해 아동학대의 발생 가능성을 줄이는 것이다 (Browne et al., 2007).

3) 3차 예방: 학대피해아동과 가족에 대한 서비스

3차 예방은 아동학대가 일어난 후 개입하는 것으로, 이 단계의 초점은 이미 아동에게 가해진 상처를 최소화하고 재발을 막는 것이다. 효과적인 1차, 2차 예방 서비스가 있더라도 아동의 장애와 질병, 사망을 예방하려면 먼저 아동이 지속해서 학대받는 상황을 파악해야 한다. 이를 위해 병원에 검진하러 온 아동의 발달 정도와 예방접종, 신체 손상, 질병 등을 파악하는 '표준 검사 절차'를 진행하고, 의사와 간호사가 과거력을 살피면서 아동 상태를 파악하는 것 등이 필요하다. 3차 예방에는 아동의 치유 프로그램과 아동학대 신고 의무제도, 가해자 처벌제도, 친권 제한이나 박탈과 같은 법적 제재, 시설이나 위탁가정에 학대피해아동의 보호를 의뢰하는 것 등이 있다(Browne et al., 2007; Hunter, 2014; The Allen Consulting Group, 2008).

4. 예방적 아동보호제도

WHO를 비롯한 많은 국제기구와 학자는 효과적인 예방 모델을 개발·제시하고 있다. 이러한 모델은 공통으로 생태체계적 관점에서 아동 보건과 사회복지, 가족, 지역사회 등을 파악하고, 자녀 욕구에 대응하는 부모의 능력과 이러한 능력에 영향을 미치는 가족·환경 요소에 관심을 둔다(Browne et al., 2007).

1) WHO의 예방적 아동보호제도

WHO는 2002년 폭력과 건강에 대한 첫 번째 보고서를 발간하면서 예방적 아동보호제도를 〈표 8-1〉과 같이 제시하였다. WHO의 프로그램은 생태체계적 관점에 따라 개인 차원과 관계 차원, 지역사회 차원, 사회 차원의 아동보호제도를 제안한 것이다.

표 8-1 WHO의 예방적 아동보호제도

개인 차원	교육 프로그램	졸업 지원, 사회 취약 청소년을 위한 직업교육, 약물남용 관련 교육
	사회 발달 프로그램	집단따돌림 방지, 인성발달 프로그램, 학업성취 능력과 관계 능력 개선 프로그램
	치료 (therapy& treatment)	폭력 피해와 우울증, 자살 시도, 정서장애 등에 대한 심리치료, 행동치료, 집단치료
관계 차원	부모 역할 학습	부모의 훈육방식 지원, 부모와 자녀 관계 지원
	멘토 프로그램	반사회적 행동장애 청소년에 대한 멘토 연결
	가족치료	가족구성원의 의사소통과 문제 해결능력 강화
	가정방문	보건 간호 인력의 정기적 가정방문
	관계기술 훈련	평등한 성 역할, 부부와 부모–자녀 관계 개선
지역사회 차원	계몽 캠페인	전체 인구, 학교, 직장 등을 대상으로 한 캠페인 시행
	환경 개선	거리 조명과 등굣길, 환경 유해 물질에 대한 감시
	학외 활동	스포츠, 극장, 미술, 음악 활동
	시민경찰제도	시민과 경찰의 파트너십 활동
사회 차원	법·제도 개정	성 폭력, 아동 체벌에 대한 법 개정
	빈곤과 분배불평등 방지/ 가족 지원 정책	공공부조, 사회보장 제도, 고용 정책, 교육 기회 개선, 부모의 육아휴직, 여성 고용 안정화, 아동보육 서비스 제공
	사회·문화 규범의 변화	성차별, 인종차별 금지, 아동권리 인정
	무장 해제와 병력 철수	전쟁 중인 나라의 무장 해제, 제대 군인의 고용 창출

출처: WHO Europa (2002).

2) 유럽평의회의 예방적 아동보호제도

'유럽평의회(Council of Europe)'는 아동학대 예방을 위해 다음과 같은 권고안을 제안하였다(Europarat, 2011; Ziegler & Dardel, 2005). 이 권고안은 태내기부터 유아기, 청소년기까지 아동의 생애주기를 포괄해 아동과 가족에 대한 보편적 지원을 명시하였다.

유럽평의회의 예방적 아동보호제도에 대한 권고사항

1. 일반적 사회경제적 조건을 개선하고, 특히 경제 · 사회적으로 취약한 가족을 위한 원조방법을 개발한다.
2. 부부가 원하지 않는 임신을 피할 수 있게 가족계획 상담소를 건립한다.
3. 사회에서 폭력을 저지하는 모든 방법을 지원하고 발전시킨다.
4. 학교 수업과 청소년을 포함한 전 인구를 대상으로 하는 대중매체를 통해 청소년이 성인이 되어서 맡게 될 부모 역할을 교육하고 준비한다.
5. 첫아이를 임신했을 때부터 부모가 아동의 발달 단계에 맞는 양육방법을 배우게 돕는다.
6. 출산 전후 시기를 특별히 보호하고 부모와 신생아의 관계 형성을 돕는다.
   −부모가 출산과 부모 역할에 심리적으로 준비하게 할 것
   −산모를 이해하고 도와줌으로써 어머니와 자녀 관계에 부정적 영향을 미칠 가능성을 막을 것
   −출산한 병원에서 아기와 엄마가 같은 방에서 입원하게 할 것
   −부모가 양육에 대한 자신감을 느끼게 하고, 필요하면 전문가의 지원을 제공할 것
   −모유 수유를 지원하고 정보를 제공할 것
   −출산 시 아빠가 함께 있게 하고 육아 휴직비의 지원 등을 통해 산모와 신생아에 대한 아버지 역할의 중요성을 강조할 것
7. 질병, 저체중, 장애 등을 갖고 태어나 특별병동에 입원한 신생아의 경우 부모와 아기의 접촉을 도와주고 의료, 간호, 상담 서비스 등을 지원한다.
8. 효율적인 예방 대책을 포함한 포괄적인 건강보장제도를 만든다. 특히 모든 아동이 학령 전까지 정기적으로 검진을 받게 하고 가족이 필요로 하는 적합한 지원 서비스를 제공한다.
9. 취약가족을 출산 전후부터 조기에 파악하고 도울 대책을 마련하고 필요한 연구를 시행한다.
10. 부모가 중독이나 심신장애와 같은 문제를 지니고 있어 양육문제가 있다고 예견되는 경우 출산 직후부터 아동과 가족을 특별 지원한다.
11. 많은 부모가 아동의 성장을 충분히 이해하지 못하며 따뜻한 가족 관계를 형성하는 데 어려움을 겪는다는 사실을 인정하고 이것으로부터 정책을 시작한다.
    −아동의 각 성장 단계에서 필요로 하는 것과 행동양식을 부모가 이해하게 할 것
    −심리지원 등을 통해 부부 문제를 해결하게 지원할 것

5. 예방적 아동보호제도의 대상과 과제

1) 학대피해아동

아동보호제도의 전통적 과제는 모든 학대로부터 아동을 보호하는 것이다. UNICEF(2006a, p. 1)는 "아동보호란 상업적인 성 착취, 인신매매, 아동 노동, 여아 할례, 조혼과 같은 폭력, 착취, 학대로부터 아동을 보호하는 것이며, 부모의 보호 없이 살거나 법을 어겼거나 전쟁의 피해를 받는 취약아동 역시 아동보호의 대상"이라고 명시하였다. 아동 폭력과 착취, 학대, 방임은 사망, 신체적·정신적 장애, 질병, 교육 문제, 노숙과 부랑 문제를 초래할 수 있다. 따라서 폭력과 방임, 착취를 예방하고 이에 대처해 안전한 보호 환경을 만드는 것은 아동보호제도의 중요한 과제이다.

2) 빈곤

빈곤은 아동 문제의 가장 큰 원인 중 하나이며, 아동을 빈곤에서 보호하는 것은 과거부터 지금까지 아동보호제도의 가장 대표적인 주제이다. 빈곤한 상황에서는 아동의 기본 인권을 보장하기 어렵다. 극심한 빈곤은 아동에게 신체적·정신적 측면에서 상처를 입히고 발달을 지연·왜곡하며 성인이 되어서도 가족과 사회에서 기대하는 역할을 수행하기 어렵게 한다. 빈곤가정의 아동은 사망률과 유병률이 높고 신체·정서적 발달 모두 지체될 가능성이 크며, 학대 피해율도 높다(Downs, Costin, & McFadden, 1996). 반면, 아동을 위한 기본적 사회 서비스는 빈곤을 줄이는 가장 효과적인 투자인 것으로 나타났다. 「빈곤 감소는 아동과 함께 시작된다 (Poverty reduction begins with children)」라는 UNICEF의 보고서(2000)에서는 아동 빈곤을 줄이는 것이 아동의 권리보장과 발달에 얼마나 중요한지를 보여 준다.

아동 빈곤은 선진국에서도 여전히 해결하지 못한 문제이다. EU 국가에 관한 연구에 따르면, 자녀가 있는 가정, 특히 한부모가정과 다자녀가정, 노인가정, 이주가정, 장애인가정 등의 빈곤 위험이 높다(Halmer, 2012). 여기에서 아동 빈곤은 의식주의 결핍뿐 아니라 부족한 교육 기회와 놀이·문화·스포츠에서의 소외, 사회적 배제 등 여러 모습으로 나타난다. 실제로 1980년대 미국에서는 집을 잃은 가족이 비어 있는 건물이나 창고, 차 안에서 생활하면서, 아동이 적절한 보건 서비스를 받지 못하거나 정규교육의 기회를 상실한 경우도 많았다. 현재 EU 각국은 아동을 빈곤으로부터 보호해 인권을 보장하고 사회 갈등을 해소하며, 장기적으로 사회와 노동시장에 통합하는 정책을 강조한다.

3) 질병

질병은 아동 생존이나 건강권 보장과 직결되는 문제이므로, 아동보호의 주요 과제 중 하나이다. 20세기 들어 의료 서비스와 위생조건의 개선으로 아동 사망률은 급격히 감소했지만(UNICEF, 2008), 알레르기와 선천성 질환, 암, 비만, 운동 부족, 만성질환, 간접흡연, 심리·정신 장애 등은 증가하고 있다. 따라서 아동을 위한 기초보건의료 서비스를 강화하고 조기 검진 제도를 도입하는 등의 노력을 확대하고 있다. 특히 2020년에는 코로나19 바이러스의 확산으로 전 세계가 큰 피해를 보면서 아동도 부정적인 영향을 받았다. 이에 따라 각 나라는 감염병과 관련한 아동정책을 발표했으며 우리나라도 '제2차 아동정책 기본계획'에 코로나19에 대한 아동보호 대책을 제시하였다.

4) 아동 노동

아동 건강에 해가 되는 아동 노동과 아동 착취를 금지하는 것도 아동복지의 과제이다. 특히 어린 아동의 노동과 유해 노동은 아동의 신체 발달과 건강을 저해하고 아동의 놀이권과 교육권을 박탈할 수 있다. UNICEF는 전 세계 5~14세 아동 중 약 1억 5,000만 명이 노동하고 있고 이 중 많은 아동이 농장, 광산 등에서 착취당하고 있다고 밝히면서, 아동 노동을 금지할 뿐 아니라 이들에게 교육 기회를 제공하고 해당 정부에 압박을 가하는 등의 조처가 필요하다고 한다(UNICEF 홈페이지, 2014a). 우리나라는 「근로기준법」에서 15세 미만 아동을 근로자로 채용하지 못하게 하며, 18세 미만인 자는 도덕상 또는 보건상 유해하거나 위험한 사업에 종사할 수 없음을 명시하고 있다. 또한 15세 이상 18세 미만인 자의 근로시간은 1일 7시간, 주 40시간을 초과하지 못하게 규정하고 있다.

5) 태아와 신생아 보호

최근 아동과 여성 인권 차원에서 태아와 신생아 보호에 대한 관심도 높아지고 있다. 전 세계 임산부 중 1/3은 계획에 없는 임신을 하며, 이 중 많은 여성이 낙태를 선택해 모성 건강과 태아인권을 침해하는 것으로 나타났다(Singh, Sedgh, & Hussain, 2010). 원치 않은 임신은 출산 후 영아 살해나 유기의 원인이 될 수 있으며, 이를 방지하는 방법으로 '베이비박스(Baby Box)'가 등장하기도 하였다. 그러나 베이비박스는 버려진 신생아의 생명을 살릴 수도 있지만, 오히려 아동 유기를 조장할 수 있으며(Reeves, 2013. 2. 18.), 아동이 자신의 뿌리를 알 권리를 침해한다는 점에서 비판받는다. 또한 정부가 아동보호와 같이 아동 일생에 영향을 미치는 중요한 일에 대한 책임을 미인가 민간기관에 방기하고 있는 것 자체도 문제이다.

이런 점에서 UN은 가족계획이 가장 기본적인 인권보호 프로그램임을 강조한다(Pecquet, 2012. 11. 14.). 아울러 태아건강권과 관련해 특정 약물남용과 음주, 흡연 등에서 태아를 보호하자는 주장도 강해지고 있다. 한 예로, 독일 '아동보호국'은 임산부의 흡연과 음주를 아동 신체를 위해하는 행동으로 처벌할 것을 요구하고 있다(Deutche Kinderhilfe[2] 홈페이지, 2014).

베이비박스

베이비박스는 부득이한 사정으로 아이를 키울 수 없게 된 부모가 아이를 두고 갈 수 있게 한 박스로, 베이비박스에 남겨진 영아는 경찰 조사 등을 거쳐 일시대안양육시설로 보내진다. 현재 우리나라를 포함한 미국, 독일, 일본 등 약 20개국에서 이를 운영하고 있으며, 베이비박스의 운영에 대해서는 찬반 논란이 꾸준히 이어지고 있다. 찬성하는 측은 아이의 생명을 구하는 데 필요하다는 입장이고, 반대하는 측은 베이비박스는 아이를 쉽게 버릴 수 있는 환경을 제공하고 아이를 버리는 부모의 죄책감마저 덜어 줄 우려가 있다는 입장이다. 'UN 아동권리위원회'는 2011년 8월 체코에 "베이비박스는 「아동권리협약」에 명시한 부모를 알고 부모로부터 양육받을 권리를 침해하므로 중단해야 한다."라고 권고한 바 있으며, 독일 윤리위원회에서는 연방정부에 폐지를 권고한 바 있다(시사상식사전 홈페이지, 2014).

---

[2] 독일 어린이구호: 독일 베를린에 본사를 둔 비영리 단체로 취약아동과 가족을 돕는 전국 단위의 프로젝트들을 운영하고 있다.

한편, 태아와 신생아 보호 문제에서 중요한 것 중 하나가 출생 등록에 관한 것이다. 국가의 모든 보호는 출생 등록을 통해 국민이 되는 것으로 시작하므로, 출생 등록은 아동보호를 위한 가장 기초적이고 필수적인 일이다. 그러나 우리나라에는 여전히 출생 후 등록하지 않은 아동이 존재하며, 최근에는 출생 등록을 하지 않은 채 사망한 아기를 박스에 몇 년간 보관한 사례와 출생 등록을 하지 않은 아기 시신이 냉장고에서 발견된 사례도 있었다(서민선, 2020. 12. 9.). 「가족관계등록법」에는 출생 신고 의무자가 부모로 되어 있으며, 부모가 신고하지 않으면 아동의 출생을 알기 어려울 뿐만 아니라 출생 미등록 사례를 발견하더라도 신고를 강제할 수 없다. 결국 현행 출생신고제도로는 모든 아동의 출생 등록에 대한 권리를 보장하기 어려운 상황이다. 이에 따라 '출생통보제 도입'이 거론되고 있는데, 출생통보제는 의료기관이 직접 신생아를 누락 없이 국가기관에 통보하게 하는 제도를 말한다. 정부는 2019년 '포용국가 아동정책', 2020년 '제2차 아동정책 기본계획'을 통해 출생통보제를 도입하겠다는 계획을 밝혔다.

6) 교통사고

교통사고는 현대 산업사회에서 아동이 사망하고 장애를 입게 되는 대표적 요인이다. 따라서 정부는 교통사고를 비롯한 각종 사고로부터 아동을 보호하는 노력을 강화하고 있다. 예를 들어, '시속 30km 지역, 보행자 전용거리, 안전한 교차로, 자동차 안전운행 의무, 아동용 안전시트·안전장구 착용' 등을 법적으로 규정하고, 아동을 위한 교통교육, 캠페인 활동을 한다(세이프키즈 홈페이지, 2014).

우리나라는 2014년 자신이 다니는 어린이집 통학 차량에 치여 아동이 사망한 사건을 계기로 어린이 통학차량 안전 기준을 강화한 법안(일명 세림이법)을 제정하였다. 이에 따라 어린이 통학 차량 내 안전벨트 착용, 인솔 교사 동승, 하차 후 차량 내부 점검을 의무화했으며, 2019년에는 체육 교습 학원의 통학버스도 어린이 통학버스 신고 대상에 포함하는 내용으로 법 개정을 추진하였다(일명 태호·유찬이법). 또한 2019년에는 어린이보호구역(스쿨존)에서 교통사고로 아동이 사망한 사건이 일어나자, 어린이보호구역 내 신호등과 과속단속 카메라 설치 의무화, 어린이보호구역 내 안전운전 의무 부주의로 사망이나 상해 사고를 일으킨 가해자를 가중 처벌하는 내용을 담은 법안(일명 민식이법)을 마련하였다.

7) 자살

청소년기 자살 방지는 현대 아동보호의 중요한 과제이다. 청소년 자살의 주요 원인으로는 방임과 유기, 불신, 따돌림, 지속적 비난, 과도한 기대와 성적 압력, 가족관계의 파괴 등이 있다. 따라서 이러한 원인을 방지하고 예방하는 프로그램도 중요한 아동보호 의제이다(Kinderschutz-Zentrum Berlin e.V.,[3] 2009).

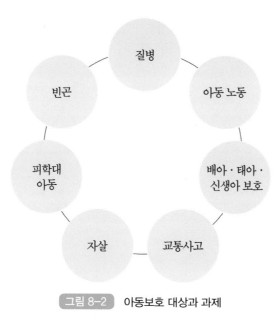

그림 8-2 아동보호 대상과 과제

---

3) 베를린아동보호센터.

제9장

아동보호 서비스

🏠 제1절 아동보호 서비스의 개념과 특성

1. 아동보호 서비스의 대상

1) 보호대상아동의 개념

'보호대상아동'이란 보호자가 없거나 보호자로부터 이탈된 아동 또는 보호자가 아동을 학대하는 경우, 기타 보호자가 아동을 양육하기에 적당하지 않거나 양육하기 어려운 경우의 아동을 의미한다(「아동복지법」 제3조). 넓은 의미로는 빈곤이나 수감, 실직 등으로 경제적 · 정서적 어려움을 겪거나, 겪을 위험이 높은 취약아동을 포괄한다(보건복지부, 아동권리보장원, 2020d). 보호자는 아동을 보호 · 양육 · 교육할 의무가 있는 자로 주로 아동의 부모 등 친권자를 의미하지만, 부모가 이러한 역할을 할 수 없는 경우 후견인이나 업무 관계로 사실상 아동을 보호 · 감독하는 자가 보호자가 될 수 있다(「아동복지법」 제3조).

2) 보호대상아동의 특성

보호대상아동은 부모와 분리되는 슬픔과 상실감, 새로운 생활과 미래에 대한 불안감을 느낄 수 있고, 부모와의 재결합에 대해 의문을 지닐 수 있다. 일반적으로 아동은 부모와 분리되면서 버려지거나 거부당했다고 여기고, 부모가 자신을 버렸다는 생각에 수치감과 죄책감을 느끼기도 한다. 그러면서 자신을 무력하고 가치 없는 존재로 느끼는데, 이러한 감정은 아동의 자아상과 현실 감각에 영향을 미칠 수 있다(Freud, 1955: Downs, Costin, & McFadden, 1996: 25에서 재인용). 그러나 부모와 분리되더라도 자신에게 어떤 일이 있으리라는 것을 분명히 아는 아동은 그렇지 않은 아동보다 고통이 덜할 수 있으며, 부모의 상황과 존재를 있는 그대로 인정하고 수용하는 아동이 부모와의 관계를 더 효과적으로 조절할 수 있다.

아동이 부모를 떠날 때 상실감을 느끼는 것처럼 부모도 고통의 감정을 느낀다. 생부모가 자녀를 양육해야 한다고 기대하는 사회 분위기 속에서, 그렇게 하지 못하는 부모는 아동과 헤어질 때 '부모로서의 박탈감(filial deprivation)'을 경험한다(Jenkins & Norman, 1975: Kadushin & Martin, 1988: 358에서 재인용).

표 9-1 **부모와 분리될 때 아동이 느끼는 감정**

슬픔	"나는 우리 가족을 사랑하고, 부모가 보고 싶다."
외로움과 버림받았다는 느낌	"나의 부모는 나를 원치 않는다." "과연 나를 원하는 사람이 있을까?"
죄책감	"나는 부모가 버렸을 정도로 나쁜 아이이다."
적대감	"부모가 나를 거부한 만큼 고통당했으면 좋겠다." "나를 충분히 사랑해 줄 사람은 아무도 없어."
생존에 대한 두려움	"이제 누가 날 먹여 주고 입혀 줄까?" "아직도 날 보살펴 줄 사람이 있을까?"
수치심	"왜 나의 부모는 다른 부모들처럼 날 보살펴 줄 수 없을까?"

출처: Freud (1955); Littner (1978).

2. 아동보호 서비스의 개념과 특성

국가는 보호대상아동을 발견하거나 보호자로부터 의뢰받았을 때, 아동 최상의 이익을 위해 필요한 조치를 해야 하며(「아동복지법」 제15조), 이때 취하는 모든 조치를 아동보호 서비스로 볼 수 있다. 앞 장에서 설명한 바와 같이, 아동보호 서비스에서 1차 대상은 모든 가족이며, 2차 대상은 위험 상황에 노출된 아동, 3차 대상은 학대받거나 방임된 아동이다. '아동 최상의 이익'을 위해서는 3차 대상인 피학대나 방임 아동에 대한 사후 처방적 접근에서 1차 대상인 모든 가족에 대한 예방적 접근으로 서비스의 초점을 전환할 필요가 있으며, 이러한 예방적 서비스는 가족보존을 우선적인 목표로 한다. 그러나 현재 미국을 비롯한 많은 나라에서 여전히 3차 예방 중심의 아동보호 서비스를 시행하고 있으며, 우리나라에서도 가족보존 서비스보다는 학대받거나 방임 또는 유기된 아동에 대한 사후 대책으로 제공하는 아동보호 서비스가 주를 이룬다.

3. 아동보호 서비스의 기본 원칙

1) 아동보호에 대한 국제 기준[1]

국제사회는 아동보호 책임이 국가에 있다고 보고 아동을 보호하고 아동이 바람직한 환경에서 성장하는 데 필요한 기준에 관해 합의해 왔다. 대표적인 것은 「UN 아동권리협약」이라고 할 수 있으며, 이 외에도 2009년 UN 총회에서 결의한 「아동 대안양육에 대한 지침(Guidelines for the Alternative Care of Children, A/RES/64/142)」과 「헤이그 국제아동입양협약」이 있다. 우리나라가 1991년에 비준한 「아동권리협약」은 국내법에 준하는 효력을 가지므로 국내에서 협약에서 규정하는 것과 같거나 더 나은 수준의 제도를 국내에서 입법하고 시행해야 한다. 「헤이그협약」은 우리나라가 2013년에 가입했지만, 아직 비준과정이 이루어지지 않았다. 여기에서는 「아동권리협약」과 「아동 대안양육에 대한 지침」 「헤이그협약」의 내용 중 보호대상아동의 보호와 관련된 사항을 살펴보았다.

---

1) 이 내용은 김형태, 노혜련, 김진석, 이수천, 조소연(2017)의 「아동복지시설 기능개편 연구」 내용 일부를 수정·보완한 것이다.

입양과 관련된 아동의 권리

「아동권리협약」과 「헤이그협약」에서는 입양과 관련된 아동의 권리에 관해 다음과 같이 밝히고 있다.

- 「아동권리협약」은 아동의 출생등록에 관한 권리, 친생부모를 알고 친생부모에 의하여 양육받을 권리(제7조), 법률과 절차에 따라서 부모로부터의 분리가 아동 최선의 이익을 위해 필요하다고 판단한 경우 이외에는 아동의 의사에 반하여 분리되지 않을 권리(제9조), 국가로부터 부모 또는 기타 아동에 대하여 책임 있는 자가 아동발달에 필요한 생활여건을 확보할 책임을 수행할 수 있도록, 특히 영양, 의복과 주거에 대하여 물질적 보조와 지원계획을 제공받을 권리(제27조)와 입양이 아동의 이익을 먼저 고려할 것을 보장받고, 국외입양은 아동이 어떠한 적절한 방법으로도 국내에서 양육될 수 없을 때에만 대체수단으로 고려되어야 함(제21조)을 명시하고 있다.
- 「헤이그협약」은 국외입양에 관한 가장 구속력 있는 협약으로, 보호가 필요한 아동에 대한 원가정 보호 원칙을 명시하고 있다. 즉, 아동이 원가정에서 양육될 수 있도록 적절한 조치를 취해야 하고, 원가정 보호가 불가능할 경우 국내입양을 우선적으로 추진해야 하며, 적절한 가정을 찾지 못했을 경우에만 국외입양을 고려해야 한다는 것이다. 아울러 아동 출신국 주무관청은 아동 출생에 관한 정보, 특히 아동 친생부모의 신분과 병력에 관한 정보를 보존해야 하고, 아동 또는 그 대리인이 그 정보에 접근할 수 있도록 보장해야 함(제30조)을 명시하고 있을 뿐 아니라 어느 누구도 국제입양을 통해 부당한 재정적 또는 기타 이득을 얻어서는 안 된다는 것(제32조)을 강조하고 있다.

(1) 「아동권리협약」에서의 아동보호

「아동권리협약」은 18세 미만 아동의 권리를 포괄적으로 규정하고 있다. 협약에서는 아동을 '보호 대상'이 아닌 '권리 주체'로 보고 보호대상아동에 대한 가정 외 보호에 관해 다음과 같이 규정한다.

① 원가정 우선 원칙

먼저, 협약 제9조 제1항에서 "부모와의 분리가 아동 최상의 이익이 된다고 결정한 경우 외에는, 아동이 자기 의사에 반해 부모와 떨어지지 않게 보장해야 한다."라고 언급하면서, "이러한 결정은 부모에 의한 아동 학대나 유기, 부모 별거로 인한 아동의 거취 결정 등 특별한 경우에 필요할 수 있다."라고 명시해 아동 의사에 반해 부모 편의와 임의적 결정에 따라 아동을 가족에서 분리하는 것을 경계한다. 제3항에서는 "아동 이익에 반하는 경우 외에는, 부모의 한쪽이나 양쪽 모두에게서 분리된 아동이 정기적으로 부모와 관계를 맺고 만남을 유지할 권리를 존중해야 한다."라고 규정해 아동이 부득이하게 부모에게서 분리되어 가정 외 보호를 받는 경우에도 부모와 관계를 유지하게 하고 있다.

② 보호자의 양육 책임과 국가 지원

협약 제18조 제1항은 "아동 양육과 발달에 있어 양쪽 부모가 공동 책임"을 져야 하며, "부모 또는 때에 따라 법정후견인은 아동 양육과 발달에 일차적 책임"을 져야 한다고 명시한다. 부모는 "아동에게 무엇이 최상인가에 관심을 가져야 하며" "이 협약에 규정된 권리 보장과 증진을 위해 당사국은 아동에 대한 양육 책임을 잘 이행하게 부모와 법정후견인에게 적절한 지원을 제공"해야 한다(제18조 제2항). 또한 "아동보호를 위한 기관과 시설, 서비스가 발전할 수 있도록 보장해야 한다."라고 규정함으로써 국가의 책임과 역할을 제시하고 있다.

③ 아동학대 예방

협약 제19조 제1항은 "아동이 부모나 법정후견인, 다른 보호자로부터 양육되는 동안 모든 형태의 신체적·정신적 폭력, 상해나 학대, 유기, 부당한 대우, 성적인 학대를 비롯한 착취로부터 아동을 보호하기 위해 모든 적절한 입법적·행정적·사회적·교육적 조치를 해야 한다."라고 명시하였다. 제19조 제2항에서는 "이러한 보호 조치 속에는 아동과 아동의 양육 책임자에게 필요한 지원을 제공하기 위한 사회계획의 수립과 이 조 제1항에 규정한 아동학대 사례에 대한 다른 형태의 방지책, 학대 사례를 확인·보고·조회·조사·처리·추적하고 필요한 경우 사법적 개입이 가능한 효과적인 절차를 포함해야 한다."라고 하여 아동학대 예방과 사후조치에 대한 근거를 마련하였다.

④ 보호대상아동에 대한 대안적 보호 방안 마련

협약 제20조 제1항은 "일시적 또는 영구적으로 가정을 박탈당했거나 아동에게 이롭지 않은 가정환경으로 인해 가정에서 분리된 아동은 국가로부터 특별한 보호와 원조를 부여받을 권리가 있다."라고 하여 아동권리와 국가 책임의 관계를 규정하였다. 또한 "당사국은 국내법에 따라 이러한 아동을 위한 대안적 보호 방안을 확립해야 하며"(제20조 제2항), 이러한 보호는 위탁양육, 회교법의 카팔라(Kafalah)[2] 입양, 필요한 경우 적절한 아동보호시설에서의 양육까지를 포함한다(제20조 제3항). 또한 양육방법을 모색할 때는 아동의 인종 · 종교 · 문화 · 언어 등 아동 배경을 고려할 것과 양육을 중단하지 않고 안정적으로 아동을 보호해야 함을 언급하고 있다.

⑤ 입양 시 아동 최상의 이익 보장

협약 제21조에서는 입양에서 아동 이익 최우선 원칙을 준수해야 하고, 입양 절차를 관계 당국이 해야 함을 명시하였다. 또한 입양은 부모나 친척 등 관계자가 충분히 숙고해 결정해야 하고, 국제입양은 국내에서 모든 방법을 알아본 후 마지막 대안으로 고려해야 하며, 입양관계자가 부당한 금전적 이익을 취하지 못하게 해야 한다는 점 등을 언급하였다.

⑥ 장애아동에 대한 특별지원

협약 제23조에서는 "당사국은 정신적 · 신체적 장애아동이 인격을 존중받고 자립과 적극적 사회참여를 장려하는 여건에서 여유롭고 품위 있는 생활을 누려야 한다."라고 언급하면서, "특별한 보호를 받을 장애아동의 권리"를 인정하고 있다. 국가는 장애아동의 특별한 어려움과 욕구를 인식하고 활용 가능한 재원의 범위에서 아동과 부모 그리고 다른 아동 양육자의 사정에 맞게 지원해야 하며, 부모 등 아동 양육자의 재산을 고려해 가능한 한 무상 지원해야 한다.

(2) 「아동 대안양육에 대한 지침」에서의 아동보호

2009년 12월 18일 제64차 UN 총회에서 결의한 「아동 대안양육에 대한 지침」의 주요 내용은 다음과 같다.

---

2) 빈곤아동, 고아 등을 위한 회교국의 위탁양육 방법

① 아동보호에 대한 국가 책임

결의안 제3조에서는 "가정은 사회의 근본이 되는 집단이고 아동의 성장과 복지, 보호를 위한 기본 환경"이라고 정의하고, "아동이 가정에 남거나, 가정으로 돌아가거나, 가까운 가족구성원에게 돌아갈 수 있게" 노력을 기울여야 한다고 언급하고 있다. 제5조에서는 가족이 적절한 지원을 받았음에도 아동을 적절하게 양육할 수 없거나 포기·유기한다면, 국가는 정부기관 또는 권한을 위임받은 시민사회기관의 대안양육을 통해 적절히 양육함으로써 아동권리를 보호해야 할 의무가 있음을 명기하였다. 또한 국가는 보호를 받는 모든 아동의 안전과 복지, 발달을 감독하고, 아동에게 제공한 양육 환경이 적절한지 주기적으로 검토할 책임이 있음을 밝히고 있다.

② 대안양육 시 아동 최상의 이익 보장

결의안 제14조에서는 "아동을 가족에서 분리할 때는 이것이 최후 수단이어야 하며, 가능하다면 일시적이어야 하고, 최소한의 기간에 한해야 함"을 명시하였고, 제21조에서도 "가정 외 양육시설 보호(residential care)를 고려할 때는 그러한 환경이 아동 개인에게 구체적으로, 적절하게 그리고 건설적으로 아동 최상의 이익에 부합할 때만 제한적으로 이루어져야 함"을 강조하였다. 특히 어린 아동, 특히 만 3세 미만 아동에게는 가족 기반의 보호를 제공해야 하고(결의안 제22조), 아동보호가 제공자의 정치적·종교적 또는 경제적 목적을 위해 이루어져서는 결코 안 된다(결의안 제20조)고 명시해 아동이 이익을 위한 수단이 되어서는 안 된다는 점을 강조하였다.

아동의 분리 결정은 주기적으로 다시 검토해야 하며, 아동의 분리 이유가 해결되었거나 사라졌으면 아동 최상의 이익과 결의안 제49조(가족 재결합 절차)의 평가에 따라 가정복귀를 결정해야 한다. 아동을 대리 양육하는 곳은 원칙적으로 아동이 살아온 주거지에서 가까운 곳으로 하여, 아동이 가족과 접촉하거나 재결합할 가능성을 촉진하고 아동이 살아온 교육과 문화, 사회적 삶을 최소한으로 훼손해야 한다(결의안 제11조). 형제나 자매는 원칙적으로 학대와 같은 명백한 위험이 있지 않거나 아동 최상의 이익을 위한 정당한 이유가 있지 않은 한 분리하지 않으며, 형제나 자매가 서로 연락을 유지할 수 있도록 모든 노력을 다하여야 한다(결의안 제17조).

③ 원가정 양육 촉진

결의안 제32조에서는 "국가는 가족이 아동에 대한 의무를 다할 수 있도록, 그리고 아동이 양부모와 관계를 유지할 권리를 촉진할 수 있도록 지원정책을 마련하여야 한다."라고 하면서 국가가 가족이 아동 양육의 역할을 잘 수행하고 아동과 관계를 유지할 수 있게 지원해야 함을 명시하였다. 국가는 출생 등록과 적절한 주거, 기본적인 건강, 교육, 사회복지 서비스 접근에 대한 권리를 보장하며, 빈곤과 차별, 주변화, 낙인, 폭력, 아동학대, 성 학대, 물질남용 등에 대한 방책을 제공함으로써, 아동을 유기ㆍ포기하거나 아동이 가정에서 분리되는 것을 근본적으로 예방할 방안을 마련해야 한다. 제33조에서는 "국가는 부모가 자신의 자녀를 보호할 능력을 촉진하고 강화할 수 있는 가족 기반의 정책을 개발하고 이행하여야 한다."라고 하여 부모와 가족 지원을 위한 정책 개발의 필요성을 규정하며, 제34조는 국가는 아동 양육ㆍ교육과 갈등 해결 기술, 취업과 수입 창출 기회, 사회적 지원 등의 가족 역량강화 서비스, 보육, 약물남용 치료, 경제적 지원, 장애아동과 부모를 위한 서비스 등의 지지적 사회 서비스, 자립과 부모가 되기 위한 준비 등의 청소년 역량강화정책을 통해 아동을 유기ㆍ포기하거나 아동의 가정 분리를 예방하기 위한 효과적인 수단을 이행해야 한다고 재차 강조한다.

④ 아동과 가족의 신중한 분리

결의안 제39조는 "관공서나 기관에서 아동의 복지가 위험에 처해 있다고 믿을 만한 합리적인 근거로 사용하기 위하여, 아동과 가족 상황을 사정할 수 있는 전문적이고 적절한 원칙을 개발해야 한다."라고 언급하였고, 제40조에서는 "아동의 분리나 재결합은 이러한 사정 결과에 따라야 하며, 사정은 자격 있고 훈련받은 전문가에 의해 이루어져야 한다."라고 명시하였다. 또한 국가는 아동이 유기되었을 때 비밀을 유지하고 아동의 안전을 확보한 상태에서 관련 절차를 수행하고, 아동이 가족에 대한 정보에 접근할 권리를 법으로 보장해야 한다(결의안 제42조)고 규정하고 있다.

한편, 결의안 제44조와 제45조는 부모나 후견인이 아동 양육을 원치 않는 경우에 관해 언급하고 있다. 부모나 법적 후견인이 아동을 영구적으로 포기하기를 원하더라도 국가는, 먼저 가족이 아동을 계속 양육할 수 있게 상담과 사회적 지원을 제공하여야 한다. 그런 노력이 성과가 없다면, 사회복지사나 다른 관련 전문가의 사정을 통해 아동을 영구적으로 양육할 다른 친가족이나 친척이 있는지 찾고, 그것이 아동 최상의 이익에 부합하는지를 결정해야 한다. 그런 방안이 가능하지 않고 아동 최상의 이익에도 부합하지 않을 때, 합리적인 기간 내 영구적으로 보호해 줄 가족을 찾기 위해 노력하여야 한다(결의안 제44조). 그리고 부모나 법적 후견인이 아동을 일시적으로 또는 한정된 기간 동안 맡기고 싶어 한다면, 국가는 가족이 아동을 계속 양육할 수 있게 상담과 사회적 지원을 제공하여야 한다. 이러한 노력이 충분히 이루어진 후에도 수용할 만한 타당한 이유가 있을 때만 아동을 위한 가정 외 보호를 제공해야 한다(결의안 제45조).

⑤ 가족 재결합의 촉진

아동의 가정복귀를 준비하고 지원하려면 아동의 상황을 평가해야 한다. 평가는 지정된 개인이나 팀이 다학문적 전문가의 조언을 구하고, 아동, 가족, 보호 서비스 제공자 등 관련 당사자와 의논하며 이루어져야 한다. 평가를 통해 아동이 가정으로 돌아갈 수 있는지 그리고 그것이 아동에게 최상의 이익이 되는지, 어떤 절차를 통해 누구의 지도·감독 아래 이루어져야 하는지를 결정한다(결의안 제49조).

⑥ 최적의 보호체계 선택

양육 환경이 자주 바뀌면 아동의 발달에 부정적인 영향을 미치고 애착 형성에 어려움을 초래할 수 있다. 따라서 결의안 제60조는 양육 환경이 자주 바뀌지 않도록 해야 하며, 지체 없는 원가족이나 확대가족과의 재결합을 통해 아동을 영구 보호해야 하며, 그것이 가능하지 않을 때는 가정 기반 보호체계를 우선 이용하고, 안정적인 주거보호가 더 적절한 아동에게는 해당 보호체계를 이용할 것을 명시하고 있다.

⑦ 아동과 부모의 알 권리

결의안 제64조는 아동의 가정 외 보호 시 아동과 부모나 법적 후견인은 아동을 위한 대안양육은 어떤 종류가 있으며, 각 대안양육이 자신들에게 미칠 수 있는 영향이 무엇이고, 이와 관련해서 자신들에게 어떤 권리와 책임이 있는지 소상하게 알 권리가 있음을 명시하고 있다.

⑧ 아동양육시설의 소규모화

결의안 제123조에서는 아동양육시설(residential care facilities)은 반드시 소규모여야 하고, 아동의 권리보장과 욕구 충족을 중심으로 이루어져야 하며, 가능한 한 원가정에서 가까운 곳에 있어야 함을 강조한다. 일반적으로 아동양육시설의 목적은 일시적인 보호를 제공하면서 아동이 가족과 재결합할 수 있게 적극적으로 노력하고, 이것이 가능하지 않을 때는 가정과 같은 대안양육 보호를 확보하는 것이어야 한다. 제23조에서도 역시 "아동양육시설과 가족 기반 보호는 아동 욕구 충족에 있어 서로를 보완해 줄 수 있지만, 아직 대규모 양육시설이 존재하는 곳에서는 점진적인 시설 폐쇄로 이어지게 하는 명확한 목표를 세운 탈시설화 전략의 맥락에서 대안을 마련해야 한다."라고 하여 소규모 보호 환경의 중요성을 강조하고 있다. 또한 국가는 아동양육시설에 양육자를 충분히 배치해 아동에게 개별적인 관심을 기울일 수 있게 하고, 적절한 때는 아동이 특정 양육자와 유대관계를 맺을 기회를 제공하여야 한다(결의안 제126조).

(3) 「헤이그협약」에서의 아동보호

「헤이그협약」은 1993년에 작성되었으며, 우리나라는 2013년에 가입했지만, 아직 국회에서 통과되지 않아 비준하지는 않았다. 이 협약은 주로 국제입양에 관한 사항을 다루고 있는데, 아동의 대안양육과 관련해 강조하는 원칙은 다음과 같다.

① 원가정 보호 우선 원칙

이 협약에서 아동은 원가정에서 성장하는 것이 가장 중요하며 아동의 행복과 건강한 발전을 위한 근본이 됨을 먼저 밝히고 있다. 또한 국제입양은 자국에서 적절한 가정을 발견할 수 없을 때 영구적인 가족으로서 장점을 제공할 수 있으므로 최후의 수단으로 고려하게 하고 있다.

② 보충성 원칙

이 협약에서 보충성 원칙은 원가정 보호 우선 원칙과 같은 맥락에서 아동은 가능하면 친가족이나 확대가족이 양육해야 하지만, 그것이 가능하지 않을 때는 아동이 태어난 국가에서 영구적으로 보호해야 하는 원칙을 말한다. 국제입양은 자국에서 아동을 보호하기 위해 입양을 포함한 모든 노력을 충분히 한 후에도 아동 최상의 이익에 부합할 때만 비로소 고려해야 한다는 것이다. 시설보호는 일반적으로 마지막 수단으로 고려한다.

③ 입양 시 아동 최상의 이익 보장

아동 최상의 이익을 위해, 국가는 먼저 자국 안에서 입양을 고려해야 하며, 아동과 친부모에 관한 정보를 보존해야 하고, 아동 또는 그 대리인이 그 정보에 접근할 수 있게 보장해야 한다. 또한 정부 당국은 입양부모가 될 사람의 자격을 철저히 평가하고, 아동의 욕구를 가장 잘 충족할 가정과 연결하고 사후관리가 이루어질 수 있게 하는 등 아동 최상의 이익을 보장하는 입양이 이루어질 수 있게 필요한 조처를 해야 한다.

④ 아동보호를 위한 장치 마련

협약에서는 국가는 아동을 유괴, 매매, 밀매 등에서 보호하기 위해 보호 장치를 마련해야 하며, 이를 위해 다음과 같은 사항이 지켜져야 함을 명시하고 있다. 첫째, 아동이 친생가정에서 보호받지 못할 때 아동의 입양 적격성과 최종 입양에 관한 결정은 정부 당국이 해야 하며, 둘째, 아동의 원가정을 부당한 압력이나 착취로부터 보호해야 하고, 셋째, 누구도 아동의 국제입양 절차를 통해 부적절한 재정적 이득 또는 기타 이득을 얻어서는 안 된다.

2) 아동보호의 기본 원칙

이상에서 살펴본 국제사회의 기준에 따라 보편적 아동보호의 원칙을 정리하면 다음의 여덟 가지로 정리할 수 있다.

(1) 아동 이익 최우선 원칙

아동 이익 최우선 원칙은 아동보호에서 가장 중요하고 기본적인 원칙이라고 할 수 있다. 이는 아동과 관련된 국제 협약과 우리나라의 「아동복지법」에서도 아동복지의 핵심 원리로 삼고 있다. 「아동복지법」 제2조에서는 아동에 대한 상담과 보호조치를 결정하는 등 아동보호의 전 과정에 걸쳐 아동 이익을 최우선으로 고려해야 함을 명시하고 있다. 아동은 이익이나 권리를 스스로 인식하거나 권리보장을 주장하고 획득하기 어려우므로, 아동 이익이 다른 주체의 이익과 상충할 때 먼저 아동 이익을 고려해야 한다. 또한 아동보호는 '시급성'과 '시의적절성'이 무엇보다 중요하므로, 긴급한 보호가 필요한 아동이 있을 때는 즉시보호 원칙에 따라 '선보호 후행정처리'가 가능할 수 있다(보건복지부, 아동권리보장원, 2020d).

(2) 원가정 우선 보호 원칙

원가정 우선 보호 원칙은 모든 아동은 태어난 가정에서 보호받고 성장하는 것이 가장 바람직하며, 이를 위해 국가와 사회는 아동이 원가정에서 부모의 보호 아래 성장하게 지원해야 한다는 것이다. 이는 아동의 이익은 원가정 안에서 성장할 때 가장 잘 지켜질 수 있다고 보기 때문이다. 이를 위해서는 위기가정 지원을 통해 가족해체를 예방해 보호가 필요한 아동이 발생하는 것을 사전에 차단하는 것이 중요하다. 국가는 취약한 가정을 조기에 발견하게끔 애써야 하며, 위기가정에 상담과 복지급여, 서비스를 지원해야 한다. 조기 발견을 위해서는 아동 학대나 방임에 관한 정보뿐 아니라, 아동의 보육시설이나 학교 출석 상황 등을 살펴볼 필요가 있다.

또한 보호자가 아동의 아동복지시설에 입소나 입양을 희망하더라도, 바로 시설 입소나 입양기관 의뢰 절차를 진행하기보다는, 먼저 원가정이 아동을 보호할 수 있게 최대한 필요한 지원과 조처를 해야 한다. 아동을 가정에서 분리할 때는 가능하면 일시적이고 최대한 단기간 해야 하며, 분리 결정을 주기적으로 다시 검토해야 한다. 그리고 분리 후에도 아동이 조속히 원가정에 복귀할 수 있게 원가정의 양육 능력 회복을 위한 지원을 지속해야 한다.

(3) 국가 책임의 원칙

「아동권리협약」을 포함한 주요 아동 관련 국제협약은 보호대상아동에 대한 책임의 주체를 국가로 명시한다. 아동의 건강한 성장을 위한 아동보호는 아동이 반드시 보장받아야 하는 기본 권리이다. 아동의 가족이 위기에 놓이고 어려움을 경험하면 아동보호에 공백이 생기게 되므로, 국가는 가족이 아동을 잘 보호하고 양육하게 지원해야 한다. 특히 취약한 가족이 경험하는 문제는 단지 개인의 문제로 볼 수 없으며, 사회 구조의 영향을 크게 받기 때문에 향후 발생할 사회적 비용 감소를 위해서 국가가 나서서 아동과 가족의 문제를 조기에 해결하는 데 도움이 되는 제도와 서비스를 마련해야 한다. 특히 사회에서 가장 취약한 집단인 아동의 보호를 기관 이익을 추구하는 특성이 있는 민간기관에 맡길 때 발생할 수 있는 아동권익 침해의 가능성을 방지하려면 아동보호 관련 업무를 국가가 주도하는 것이 매우 중요하다.

(4) 아동과 가족 중심 원칙

아동보호 조처과정에서 아동 최상의 이익을 보장하려면 아동과 가족이나 보호자는 아동보호 절차와 영향, 결과, 자신들이 받을 수 있는 서비스 등에 관한 충분한 정보를 받아야 한다. 또한 초기 상담과 아동보호계획 수립, 보호조치 등 전 과정에 참여하면서 자신들의 의견을 표명할 권리를 보장받고, 그 의견이 최대한 반영되어야 한다. 「아동권리협약」 제12조는 자신의 견해를 형성할 능력이 있는 아동은 자신에게 영향을 미치는 모든 문제에 관해 자신의 견해를 자유롭게 표현할 권리를 보장해야 함을 명시하고 있다. 아동의 견해는 아동의 나이와 성숙도에 따라 적절한 비중을 부여해 결정에 반영해야 할 것이다.

(5) 대안양육 한시성의 원칙

대안양육 한시성의 원칙은 아동을 가족에서 분리해 보호할 때 대안양육 기간은 최대한 짧게 하고 가능한 한 빨리 원가정으로 복귀할 수 있게 하는 것을 말한다. 그러나 이는 아동의 대안양육 기간을 무조건 단축해야 한다는 것을 의미하는 것은 아니다. 아동이 가정으로 복귀하려면 원가정이 아동 양육 능력을 충분히 회복해서 아동을 안전하게 양육할 수 있다는 것을 완전히 보장할 수 있어야 하며, 이를 아동보호를 담당하는 사회복지사나 관련 전문가가 확인하는 절차가 필요하다. 따라서 아동의 대안양육 기간을 단축하려면 아동을 분리 보호하는 순간부터 원가족 복귀를 목표로 원가족 기능 회복을 위한 집중적인 지원이 이루어져야 한다.

(6) 소규모 가정환경 보호의 원칙

소규모 가정환경 보호의 원칙은 아동이 살아온 가정에 최대한 가깝고 유사한 환경에서 아동을 보호해야 한다는 것이다. 아동은 지금껏 살아온 지역에서 최대한 가까운 곳에 배치해 보호받게 함으로써, 아동이 살면서 맺어 온 가족 관계와 또래 관계를 유지할 수 있어야 한다. 그리고 아동보호의 환경은 대규모 시설을 지양하고 위탁가정이나 공동생활가정 등 가정환경과 유사한 소규모 집단을 선택하는 것이 좋다. 이는 최소제한 대안의 원칙을 반영한 것으로, 아동의 자율적 결정과 자유로운 생활을 최대한 보장할 수 있는 환경을 제공하는 것이 새로운 환경에서 아동 적응을 돕고 건강한 성장·발달에도 도움이 되기 때문이다. 어떤 이유로든 가정을 떠나 가정 외 보호에 맡겨진 아동은 심리·정서적으로 어려움을 겪을 수 있으므로, 아동을 대리 양육하는 곳에서는 아동에게 최대한 익숙하고 편안한 환경을 마련해 줘야 한다.

(7) 통합적 서비스 제공 원칙

취약가구 대부분은 빈곤이나 질병, 가정 해체 등 복합적인 어려움을 경험하면서 아동보호에서도 문제를 보이게 된다. 따라서 취약가구의 아동에 대한 보호조치를 취할 때는 개별 가구의 욕구와 특성에 따라 통합적으로 개입할 필요가 있다. 이때 집중적인 사례관리를 통해 아동과 가족이 원하는 변화를 종합적으로 알아보고 이들이 가진 강점과 자원을 활용해 그 변화를 만들어 나가는 데 도움이 되는 개입계획을 함께 세우는 것이 중요하다.

(8) 취약아동 특별지원 원칙

취약아동 특별지원의 원칙은 장애아동이나 경계선 지적 지능 아동, 심리·사회·정서적으로 불안정한 아동 등에 대해 특별한 보호와 지원이 이루어져야 한다는 원칙이다. 아동의 개별 특성에 따라 보호 유형과 기간, 방법은 달라질 수 있으므로, 아동의 상황과 욕구를 정확히 파악하고 아동 최상의 이익을 보장할 수 있는 아동보호계획을 수립해야 할 것이다.

4. 아동보호 서비스의 절차

국가는 아동보호 서비스의 절차를 체계화해 모든 해당 아동과 가족에게 일관되게 적용해야 한다. 아동보호 서비스는 다음 그림과 같이 아동과 가족에 대한 '상담·조사·사정' '보호계획과 결정' '보호조치' '종결' '사후관리' 단계로 진행하며, 세

상담 · 조사 · 사정	보호계획 및 결정	보호조치	종결	사후관리

-접수상담
-일시보호
-욕구조사/상황점검
	-개별보호관리
	  계획수립
	-사례회의
	-보호조치 결정
		-아동보호 및
		  서비스 계획
		  수립 및 제공
		-양육상황 점검
			-종결	-사후관리
				-자립지원

그림 9-1   아동보호 서비스 절차

출처: 보건복지부, 아동권리보장원(2020d).

부적인 내용은 [그림 9-1]과 같다(보건복지부, 아동권리보장원, 2020d).

1) 상담 · 조사 · 사정

보호대상아동을 발견하거나 부모가 의뢰하면, 아동과 부모는 물론 다른 관련된 사람에 대한 상담이 필요하다. 먼저, 최초 의뢰자나 방문자를 통해 아동과 가족에 관한 기초 정보 및 어려움과 욕구를 알아보며, 상담 결과에 따라 대상 아동과 가족 · 보호자를 접수하고 서비스를 연계한다. 이때 보호자가 가정에서 아동을 보호 · 양육할 수 있게 필요한 복지급여와 서비스 등을 연계하는데, 이는 아동이 먼저 원가정에서 보호받을 수 있는 환경을 마련하려는 것이다. 예를 들어, 부모나 보호자의 약물이나 알코올 문제, 아동의 정서 · 행동 · 발달상 문제 등이 발생할 가능성이 있는 가정에는 예방 차원의 조처를 강구해야 하고, 양육 여건이 취약한 가정에는 경제적 지원이나 돌봄, 교육, 상담 서비스 등을 종합적으로 지원해야 한다.

이러한 조처는 학대피해아동을 발견했을 때에도 마찬가지로 이루어진다. 아동학대 신고를 받은 후에는 일단 학대와 방임 및 가정이 처한 위기 상황의 심각성을 파악해 아동이 가정에 머물러도 안전한 보호와 양육이 가능한지를 파악한다. 접수과정에서 긴급하게 아동을 분리 보호할 필요가 있다면, 일시보호시설이나 일시위탁가정 등에서 보호하면서 아동의 가족이나 보호자에 대한 필요한 긴급지원과 상담을 통해 아동이 가정에서 안전하게 보호받을 수 있다고 판단될 경우 가능한 한 빨리 원가정으로 돌아가게 한다. 하지만 원가정으로 복귀하면 당장 아동의 안전이 보장될 수 없다고 판단할 경우 아동과 가정에 대한 조사와 상담을 통해 학대 수준과 아동 · 가정의 상황을 좀 더 자세히 파악하고 해당 아동에게 적합한 보호 유형을 결정해야 하는데, 이때도 어떤 지원이 있으면 안전한 원가정 보호가 가능할지를 우선으로 검토하고 불가피한 상황일 때만 분리보호를 결정해야 한다.

원가정 우선 보호의 원칙에 따라 아동과 가족을 상담하는 것은, 아동이 원가정에서 살 수 없는 이유를 찾는 것보다, 아동이 원가정에서 안전하게 살 수 있으려면 어떤 조건이 필요한지를 검토하는 방향으로 초기 상담과 조사를 진행하는 것이다. 그 과정에서 부족한 자원과 환경을 발견하면 최대한 지원 방법과 서비스를 찾아 연계하고, 그것이 당장 아동을 분리하지 않고는 해결할 수 없는 문제일 때만 아동과 가족의 분리를 고려해야 한다.

2) 보호계획과 결정

두 번째 단계는 조사와 상담 결과를 바탕으로 보호조치의 유형과 보호 기간, 사례 관리 등의 계획을 수립하는 것이다. 아동에 대한 보호계획은 원가정 보호를 최우선으로 하되, 원가정 분리가 불가피한 경우에는 연고자 가정이나 가정위탁, 공동생활가정, 아동양육시설 입소, 입양 등의 대안양육을 고려해야 한다. 앞서 언급한 대로, 원가정 분리 시 사례를 담당하는 실무자는 아동과 부모에 대한 상담과 가정환경 조사, 외부 자원과 환경에 대한 검토를 면밀히 시행하여, 분리가 필요한 이유와 근거를 충분히 소명할 수 있어야 한다. 그리고 계획수립 단계에 아동과 가족이 참여하게 해서, 그들의 욕구를 반영하고 가족이 가진 강점과 자원을 충분히 활용하게 해야 한다. 이러한 결정은 실무자가 단독으로 결정하지 않고 다양한 전문가가 참여한 회의를 통해 결정하는 구조를 만드는 것도 중요하다.

3) 보호조치

아동에 대한 보호조치는 부모가 있는 경우 원가정 복귀를 목표로 일시적으로 보호하는 가정위탁, 공동생활가정, 시설 등 '일시대안양육'과 부모가 없거나 친권을 포기한 경우 이루어지는 입양과 같은 '영구대안양육'이 있다. 일시대안양육은 원가정이 아동을 안전하게 양육할 수 있을 정도로 양육 기능을 회복하면 아동이 가정으로 돌아가는 것을 전제하므로, 아동을 분리 보호하는 시점부터 원가정 복귀를 목표로 개별 원가정의 특성과 상황에 따라 필요한 자원을 연계하고 서비스를 제공해야 하며 사회복지사의 지도 아래 원가족과 아동 간 만남도 정기적으로 유지할 수 있게 조처해야 한다. 원가정에 대한 지속적인 지원과 아동-가족 간 관계 회복과 유지를 통해 아동이 조속히 가정에 복귀하게 지원하는 서비스를 '원가정 복귀 서비스'라고 한다. 이때 보호조치를 한 아동과 가족의 심리·정서 상태는 물론 서비스 지원 실태와 효과 등을 수시로 점검해, 보호조치와 서비스 계획 변경의 필요성을 검토해야 한다. 한편, 입양은 아동의 부모가 자녀를 양육할 수 없을 때 법적·사회적으로 생부모와의 관계를 단절하고 새로운 부모-자녀 관계를 형성하는 것이다. 따라서 아동의 입양 절차가 완료되면, 원가정 복귀를 위한 노력을 더는 하지 않으며, 아동이 입양가정에서 잘 적응해 살아가게끔 돕는 것을 지원한다.

아동의 대안양육은 가정위탁부터 공동생활가정, 아동양육시설의 순으로 고려해야 한다. 단, 부모의 친권 포기나 상실로 원가정 복귀가 불가능할 때는 일시대안양육보다 먼저 국내입양을 고려해 아동이 영구적으로 보호받을 방안을 마련해야 한다. 이는 '최소제한 대안(Least Restrictive Alternative) 원칙'과 '영구보호(Permanency Planning) 원칙'을 토대로 한 우선순위이다. '최소제한 대안 원칙'은 아동과 가족이 아동보호 서비스를 받을 때 개인의 자유에 대한 권리를 최소한으로 제한받아야 한다는 것으로, 이에 따라 보호가 필요한 아동은 먼저 원가정에서 보호받아야 하며, 아동을 원가정에서 보호하기 어려운 경우 가정위탁, 소규모 공동생활가정 등과 같이 가정과 유사한 환경을 제공해야 한다. '영구보호 원칙'은 아동을 한 가족의 일원으로서 성인이 될 때까지 계속 보호해야 한다는 원칙이다. 이 원칙에 따라 아동보호 서비스를 수행할 때 가정위탁과 공동생활가정, 시설 등에서의 일시보호보다 원가정 복귀와 입양 등 영구보호를 먼저 고려해야 한다.

4) 종결

보호조치의 목적이 달성되면, 아동에 대한 보호조치를 종결한다. 아동과 원가정의 상황이 개선되어 원가정이 아동을 안전하게 양육할 수 있다고 판단되면, 아동은 가정으로 복귀하게 된다. 만약 일시대안양육을 하고 있는 아동이 원가정에 돌아갈 수 없다면 보통은 보호가 종료되는 만 18세까지 보호받을 수 있다. 입양은 아동이 입양부모의 가족관계등록부에 기재되면 절차가 종결된 것으로 본다.

5) 사후관리

원가정 복귀를 통해 보호가 종료된 아동의 경우 담당자는 가정을 방문해 아동의 상황을 주기적으로 점검하고 다양한 지역사회 서비스 기관을 통해 아동과 가족에게 필요한 서비스와 자원을 연계해야 한다. 반면, 위탁가정이나 공동생활가정, 양육시설에서 만 18세가 되어 홀로 독립하는 아동은 보호 기간부터 일상생활 기술 등 여러 방면에서 자립을 준비하게 지원하고, 자립 후에도 지속 가능한 지지체계를 형성하는 것이 중요하다. 원가족이나 친인척, 후원자, 멘토 등 아동에게 애정과 관심을 두고 지지해 주고 어려움이 있을 때 도와줄 수 있도록 아동이 자립한 후에도 별도의 인력을 통해 점검·지도하는 것이 중요하다. 입양가족에 대해서는 입양 후 아동과 가족이 잘 적응하게 사후관리를 통해 지원하고, 아동의 발달 단계에 따라 나타날 문제와 어려움에 대처하게끔 도움을 주는 지원체계를 마련하는 것이 필요하다. 입양 삼자는 개인의 성량과 환경에 따라 도움이 필요한 시기와 정도가 다를 수 있으므로, 일시적인 서비스보다는 필요할 때 언제든지 도움을 요청할 체계를 안내하는 것이 중요하다.

🏠 제2절 아동보호 서비스의 유형

1. 가족보존 서비스

1) 가족보존 서비스의 개념과 특성

'가족보존 서비스(Family Preservation Service)'는 아동이 가족과 헤어지지 않고 함께 살 수 있게 돕는 것을 목적으로 한다. 병리적 관점에 기반을 둔 실천에서는 학대와 방임 등 아동이 경험하는 어려움의 원인이 그 부모와 가족에게 있다고 보고, 가족과 아동을 분리하는 방법으로 이 문제를 해결하고자 한다. 이러한 관점에서 일하면, 분리보호가 필요 없는 사례에 가정 외 보호 서비스를 제공하기도 하고, 보호 기간이 필요 이상으로 장기화하기도 한다. 그 결과 아동보호 건수와 비용은 날로 증가할 수밖에 없다(김혜란, 1993). 또한 분리 보호된 아동은 그렇지 않은 아동보다 심리·사회적 적응에서 더 많은 문제를 경험하고, 위탁가정에 오래 머물게 될수록 원가정 복귀가 더욱 어려워진다(Fanshel & Shin, 1978: Bagdasaryan, 2005: 616에서 재인용).

아동이 건강하게 성장하려면 영구적 가족 관계가 필요하고, 가족은 아동의 주양육자가 되어야 하며, 사회 서비스는 가족이 이러한 기능을 수행할 수 있게 지원해야 한다(Scannapieco, 1994). 즉, 심각한 아동학대를 통해 아동의 안전이 위험한 상황이 아니면 가능한 한 아동을 자기 가정에서 분리하지 않고 가정 내 서비스를 통해 가정이 문제를 해결하게 원조하는 것이 필요하다. 이는 아동은 가족과 함께 있을 권리가 있으며, 가족은 아동의 발달과 성장에 관여해야 하고, 모든 가족은 장점이 있고 문제 있는 가족도 변화할 수 있다는 신념을 토대로 한 것이다(Pecora et al., 2000). 사회복지사는 아동과 가족이 함께 있을 수 있게 노력해야 하며, 아동을 가족 안에서 안전하게 보호할 수 없을 때만 가족 외부에 배치해야 한다. 또한 서비스를 제공할 때도 부모와 협력 관계를 형성하고 그들을 대변하고 옹호해야 한다.

 사례

두 남매를 키우는 아버지 이야기

두 번의 결혼과 한 번의 죽을 고비, 제게 남은 건 병든 몸과 3세, 5세 된 두 아이가 전부였습니다. 언제 다시 암이 재발할지 모르는 상황에서 도저히 혼자 키울 엄두가 나지 않아 아이들을 시설에 맡겨 달라고 동사무소를 찾아가기도 했습니다. 그러던 어느 날 희망센터 사회복지사(사례관리자) 선생님이 찾아와 내가 아이들을 양육할 수 있게 도와주겠다고 했습니다. 사회복지사는 아이들을 어린이집과 공부방으로 데려가 주었고, 아이들이 규칙적인 생활을 하자 저도 숨통이 트이는 것 같았습니다. 그때부터 재활운동도 하고 집안 살림도 하게 되니 한결 마음의 짐이 덜어진 기분이더군요. 그래도 아이들 키우는 게 서툴러 힘들어하면, 사회복지사 선생님이 언제든 달려와 도와줬고, 그래도 부족한 것은 이웃의 도움으로 해결했습니다. 막내가 어린이집 끝나고 돌아오면 제가 도착할 때까지 봐 주시는 슈퍼 아주머니, 제 출근이 빨라 아이들 깨우고 아침밥 먹여 등교시켜 주시는 동네 아주머니, 무료로 아이들 지도해 주시는 검도 학원 원장님, 아이들 인사를 받아 주시는 경찰관님, 큰 녀석 공부 봐 주는 대학생 멘토 선생님…… 이제는 살 만합니다. 애들도 초등학교 들어가고 저만큼 컸으니 혼자 키울 자신도 생겼습니다. 사람들이 그럽니다. 제 목소리와 눈빛이 달라졌다고…… 어려움을 견뎌 냈다는 자신감이 담긴 것 같다고요.

출처: 우리아이 희망 네트워크(2011)에서 재구성.

앞의 사례는 지역사회의 다양한 기관과 사람들이 함께 노력해서 한 가족의 해체를 예방하고 가족보존에 성공한 이야기이다. 건강과 경제적 어려움으로 아이를 키울 수 없다고 생각하던 아버지는 사회복지사의 지지와 이웃의 도움을 받으면서 아이를 직접 양육하게 되었다. 이렇게 사회복지사와 부모 간 협력 관계를 구축하려면, 부모와 가족을 바라보는 사회복지사의 관점이 부모의 문제보다는 강점에 초점을 맞추는 방식으로 바뀌어야 하며, 자녀에 대한 부모의 마음이 다음과 같다고 믿어야 한다.

사회복지사가 부모에 대해 가져야 할 신념

- 부모는 자녀에 대해 자부심을 가지기 원한다.
- 부모는 자녀에게 긍정적인 영향을 주고 싶어 한다.
- 부모는 자녀에 관해 좋은 이야기와 무엇을 잘하는지를 듣기 원한다.
- 부모는 자녀에게 좋은 교육과 성공 기회를 주고 싶어 한다.
- 부모는 자녀의 미래가 자신보다 더 나아지기를 바란다.
- 부모는 자녀와 좋은 관계를 맺고 싶어 한다.
- 부모는 자녀에 대한 희망을 품고 싶어 한다.
- 부모는 자신이 좋은 부모라고 느끼고 싶어 한다.

출처: Berg & Steiner (2003).

---

2) 가족보존 서비스의 내용

 사례

강물에 떠내려온 아기

강가에 작은 마을이 있었다. 어느 날 강둑을 걷고 있던 한 사람이 아기가 강물에 떠내려오는 것을 발견했다. 그는 얼른 강에 뛰어들어 아기를 구했다. 다음 날에도 그 사람은 강 위에 아기가 두 명 있는 것을 발견했다. 그는 사람들에게 도와달라고 했고 사람들은 아기를 빠른 물살에서 건져 냈다. 그다음 날 거친 물살 속에서 아기를 네 명 발견했고, 그다음 날은 여덟 명, 열 명, 스무 명……. 그 수는 점점 불어났다.

마을 사람은 재빨리 아기를 건져 내는 조직을 만들었다. 강물을 감시하는 망루를 만들고, 강에서 아기를 구조할 사람을 훈련했다. 구조대는 곧 24시간 일하게 되었다. 강물에 떠내려 오는 아기의 숫자가 매일 늘어났기 때문이다. 그래서 매일 많은 아기를 구조했다. 마을 생활 은 이렇게 계속되었다.

그러던 어느 날 어떤 사람이 질문했다. "이 아기들은 어디에서 오는 것일까요? 누가 이 아 기들을 강에 던지는 것일까요? 왜 그럴까요? 우리 상류로 올라가서 누가 이런 일을 하는지 알아봅시다." 마을 지도자는 "우리가 상류로 올라가면 누가 아기들을 건져 냅니까? 우리는 모두 여기에서 이 일을 해야 합니다."라고 반박했다. 한 사람은 다시 울부짖으며 말했다. "그 렇지만 우리가 강에 아기를 던지는 사람을 찾아낸다면 문제를 해결할 수 있고, 다시는 아기 가 강물에 빠져 죽지 않아도 됩니다." 지도자는 다시 말했다. "그건 너무 위험한 일입니다."

강물에 떠내려오는 아기는 매일 더 늘어났다. 구조되는 아기도 늘었지만, 빠져 죽는 아이 도 더 늘었다.

출처: McCormack (1989).

앞의 사례는 아동보호체계가 근원적인 문제의 예방보다는 사후대책에만 집중할 때 발생할 수 있는 상황을 비유로 보여 준다. 사례에서 강물에 떠내려오는 아기가 원래 있던 곳인 강의 상류에는 아마도 아동이 살던 원가정이 있을 것이다. 원가정 에서 아동 양육에 어려움이 생겼을 때 아동을 가정에서 분리해서 보호할 필요가 생 긴다. 즉, 아동이 강물에 빠지게 되는 것이다. 사람들은 날로 늘어나는 강물에 빠진 아기를 열심히 구조하는데, 이는 원가정에서 아동을 안전하게 보호·양육하는 것 이 힘들다고 판단해 분리한 아동을 위탁가정이나 그룹홈, 양육시설과 같은 대리보 호체계에 배치하는 것과 같다. 강 상류로 올라가면 아기가 강물에 빠지는 것을 멈출 수 있을 것으로 이야기하는 것은 바로 아동의 원가정에 어떠한 어려움이 있어 아동 이 분리되는지를 파악하고 가족보존 서비스를 통해 그 어려움을 해결하게 도우면 아동의 분리 배치를 예방할 수 있을 것으로 주장하는 것과 같다. 아동과 가족의 개 별 특성과 상황, 욕구에 따라 부모교육이나 돌봄 서비스, 경제적 지원, 치료 등의 서 비스를 그들이 처한 상황과 욕구에 따라 제공하면 아동의 분리 배치 자체, 즉 아동 이 강물에 빠지는 것을 막을 수 있다. 또한 아동을 시급히 분리할 필요가 있을 때도

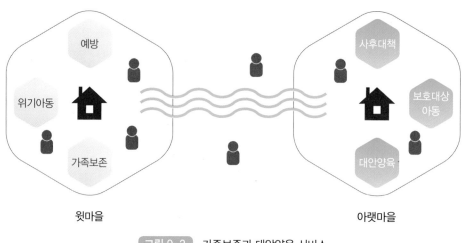

그림 9-2 가족보존과 대안양육 서비스

가족이 양육 능력을 회복하는 데 필요한 서비스를 제공함으로써 아동의 원가정 복귀를 돕고, 원가정 복귀 후에도 지속해서 지원함으로써 아동의 보호와 양육이 안전하고도 효과적으로 이루어지게 해야 한다.

강물에 빠진 아기를 신속히 구조해 보호하는 것도 중요하지만, 가능하면 아기가 왜 강물에 빠지는지를 알아보고, 빠지기 전에 문제를 해결하는 것이 더 중요하다. 즉, 앞의 사례는 아이를 분리 보호하는 것보다 원가정을 지원하는 것이 먼저임을 강조하는 것이다. 이 이야기를 그림으로 그리면 [그림 9-2]와 같다.

가족보존 서비스는 가족을 하나의 단위로 보고 아동이 가족 안에서 안전하고 건강하게 성장하는 변화를 만들어 내는 것을 목표로 삼는다. 이 서비스는 위기가정에 예방적으로 제공해야 하며, 보호대상아동의 가족에게도 필요하고, 아동이 원가정으로 복귀해 재결합한 가정에도 필수적으로 지원해야 한다. 사회복지사는 부모와 가족에게 다양하고 집중적인 서비스를 제공함으로써 가족의 양육 능력을 향상하고, 아동을 가족과 분리해 가정 외에서 보호할 때에도 이러한 노력을 계속해 가족이 재결합하게 돕는다. 구체적으로 가족보존 서비스는 개별상담과 부모교육, 위기개입(crisis intervention), 옹호 서비스(advocacy service), 가족상담, 약물치료 등 상담·치료 서비스뿐 아니라 물질적 지원과 교통수단 제공, 의료지원, 가사도우미 서비스, 주택 서비스 등의 포괄적 서비스 등을 포함한다. 이러한 서비스는 사회복지사가 직접 제공하거나 지역사회 자원을 활용해 이루어진다(Children's Defense Fund, 1993).

그 과정에서 가족은 목표 설정과 의사결정에 함께 참여하고, 사회복지사는 가족이 이미 지닌 강점과 자원을 탐색하고 활용해야 한다. 이를 위해 사회복지사는 가족과 협력 관계를 이루고, 욕구에 즉각 반응하고 혁신적이고 창조적이면서도 융통성 있게 일해야 한다(Berg, 1994).

가족보존 서비스는 시설이 아닌 가정에서 서비스를 제공하므로 가족의 욕구에 따라 즉각적·일상적 서비스가 가능하다는 점에서 전통적 아동보호 서비스와 큰 차이가 있다. 과거의 문제중심 실천에서는 가족 개인의 증상에 초점을 맞춰 사회복지사 주도로 서비스를 제공했지만, 가족보존 서비스에서는 가족의 전체 기능에 초점을 맞추고 가족이 선택한 해결 방안을 따른다. 따라서 사회복지사는 전문가에서 협력자로 역할을 전환하며, 서비스 내용도 상담과 치료뿐 아니라 다양한 물질적·정서적 서비스를 포함한다. 효과적인 가족보존 서비스를 위해서는 다음과 같은 요소를 고려해야 한다(Lloyd & Sallee, 1994).

가족보존 서비스 제공 시 고려할 점

- 기본적 욕구 충족(basic needs): 의식주와 의료 등 기본 욕구를 충족할 서비스를 제공한다.
- 지속적 위험 사정(ongoing risk assessment): 가정과 함께 가족의 문제와 능력을 지속해서 관찰하고 관련 상담을 한다.
- 욕구 충족의 유연성(flexibility in meeting unique needs): 아동과 가족에게 다양한 서비스를 유연하게 제공한다.
- 지속적 지원(ongoing support): 공식적·비공식적 자원을 개발하고 지속해서 서비스를 제공한다.
- 동반자 관계(service partnership): 서비스 제공 시 협력관계를 구축하고 통합적인 서비스를 연계한다.
- 옹호(advocacy): 아동과 가정을 보호하고 옹호한다.

출처: Lloyd & Sallee (1994).

2. 학대피해아동보호 서비스

1) 아동학대의 개념과 특성

(1) 아동학대의 개념

아동학대의 개념은 사회의 문화와 가치, 가족의 의미, 아동 폭력에 대한 해석에 따라 다양하게 정의한다. 과거에는 아동학대 정의를 신체적·정신적·성적 폭력 행위에 국한했으므로 학대피해아동에 대한 보호 서비스는 주로 성인으로부터 폭력이나 위해를 당한 아동에 대한 서비스를 의미했다. 그러나 최근 아동학대는 "아동의 복지나 잠정적 발달을 위협하는 넓은 범위의 행동"(중앙아동보호기관 홈페이지, 2014)으로 그 개념을 확대해, 빈곤과 질병, 노동의 위험에 노출되었거나 적절한 보호를 받지 못한 아동도 '방임아동'으로 간주하고 정의하는 경향이 있다. 1999년 WHO는 아동학대를 "아동 양육을 책임지고 있거나, 아동과의 관계에서 신뢰나 권위가 있는 사람에 의한 모든 형태의 신체적·정서적 가혹한 처사, 성 학대, 방임, 보호의 태만을 포함해, 상업적인 착취 결과로 아동의 건강과 생존발달, 존엄성에 실제로 해를 끼치거나 그 가능성을 초래한 것"으로 정의하였다. 이는 아동에게 가해진 실제 피해뿐 아니라 잠재적인 피해까지 포함하는 포괄적인 정의로 볼 수 있다(안재진, 2002).

우리나라 「아동복지법」에서는 아동학대를 "보호자를 포함한 성인이 아동의 건강 또는 복지를 해치거나 정상적 발달을 저해할 수 있는 신체적·정신적·성적 폭력이나 가혹 행위를 하는 것과 아동의 보호자가 아동을 유기하거나 방임하는 것"으로 정의하고 있다. '피해아동'은 아동학대로 피해를 본 아동을 의미한다(「아동복지법」 제3조). 「아동복지법」에서는 아동학대로 간접적으로 피해를 본 아동도 '피해아동'에 포함해 이들에 대한 지원을 보장하며, 「아동학대처벌법」에서는 '피해아동'을 아동학대 범죄로 직접적으로 피해를 본 아동으로만 한정하고 있다.

(2) 아동학대의 유형

「아동복지법」에서는 아동학대를 '신체 학대'와 '정서 학대' '성 학대' '방임'의 네 가지 유형으로 분류하고 있다(「아동복지법」 제3조).

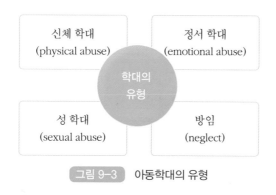

신체 학대 (physical abuse)	정서 학대 (emotional abuse)
학대의 유형	
성 학대 (sexual abuse)	방임 (neglect)

그림 9-3   아동학대의 유형

 '신체 학대(physical abuse)'는 아동의 건강과 복지를 해치거나 정상적 발달을 저해하는 신체적 폭력과 가혹 행위를 말한다(「아동복지법」 제3조). 그러나 신체 학대는 문화에 따라 인식 차이가 크므로 훈육과 학대를 구분하기가 쉽지 않다. 우리나라에서는 체벌을 훈육의 한 방식으로 인식해 서구 사회보다 신체 학대에 대해 더 허용적인 편이었지만(안동현, 박현선, 이현정, 1998), 2021년 1월 「민법」에서 1958년 법 제정 당시부터 63년간 유지해 왔던 '아동징계권' 조항을 삭제하면서 자녀에 대한 부모의 체벌을 원칙적으로 금지하게 되었다. 기존 「민법」 제915조는 친권자가 아동의 보호나 교양을 위해 필요한 징계를 할 수 있다고 규정해 부모의 체벌을 합법화하는 규정으로 오인될 여지가 있었다. 「민법」의 징계권 조항을 삭제함으로써 자녀에 대한 체벌을 금지한다는 점을 명확히 했으며, 같은 조항에 친권자가 법원 허가를 얻어 감화나 교정기관에 아동을 위탁할 수 있다고 규정하고 있었지만, 개정안에서는 이 부분도 삭제하였다.

 '정서 학대(emotional abuse)'는 직접적인 신체 손상을 초래하지는 않지만, 아동의 정신건강과 발달에 해를 미치는 학대 행위를 말한다. 아동에게 행하는 언어적 모욕, 정서적 위협, 감금이나 억제, 기타 가학적인 행위를 포함하며 언어 학대, 심리 학대라고도 한다(중앙아동보호전문기관 홈페이지, 2014). 정서 학대는 쉽게 눈에 띄지 않고 학대 결과가 당장 나타나지 않으므로 더 주의가 필요하다.

 '성 학대(sexual abuse)'는 성인이 자신의 성적 충족을 목적으로 아동에게 행하는 모든 성적 행위를 뜻한다. 성 학대는 성인과의 신체적 접촉뿐 아니라, 아동에게 성적 행동과 매체를 보게 하는 것 등 신체적 접촉이 없는 행위도 포함한다. 성 학대는 은밀하게 이루어지고 아동이 자신이 겪은 일의 의미를 잘 모를 수 있으므로 오랫동안 드러나지 않는 경우가 있다(안애선, 1996; 정옥분 외, 2012). 한편, 성 학대 가해자는 아동에게 공포와 힘을 행사하면서 한편으로는 아동이 좋아하는 선물이나 선심으로 아동을 심리적으로 조종하기도 하는데, 이를 '그루밍(grooming) 성범죄'라고한다. 그루밍 성범죄는 가해자가 피해자를 성적으로 학대하거나 착취하기 전 대상의 취미나 관심사 등을 파악해 호감을 얻고 신뢰를 쌓는 등 피해자를 심리적으로 지배한 상태에서 자행하는 성범죄를 가리킨다. 교사와 학생, 성직자와 신도, 복지시설운영자와 아동, 의사와 환자 등의 관계에서 나타나는 사례가 많으며, 피해자가 성적가해 행동을 자연스럽게 받아들이게 길들이고 피해자가 이를 벗어나려고 하면 회유하거나 협박하면서 폭로를 막기도 한다. 이때 피해자가 보통 자신이 학대당하는것을 인식하지 못하며, 피해자가 실제로는 그렇지 않음에도 표면적으로는 성관계에 동의한 것처럼 보인다는 점 등 때문에 수사나 처벌이 어려울 때가 많아 그 문제가 심각하다(시사상식사전 홈페이지, 2021).

'방임(neglect)'은 아동의 건강, 교육, 정서발달, 영양, 거주 환경과 관련해 가족이나 보호자가 적합한 의무를 소홀히 해 아동을 돌보지 않는 것이고, '유기(abandonment)'란 보호자가 아동을 보호하지 않고 버리는 행위를 말한다. 아동에게기본적인 의식주를 제공하지 않는 것, 상해와 위험에서 아동을 보호하지 않는 것,불결한 환경이나 위험한 상태에 아동을 내버려 두는 것 등은 '물리적 방임'에 해당하고, 보호자가 아동을 학교(의무교육)에 보내지 않거나 아동의 무단결석을 허용하는것, 학교 준비물을 챙겨 주지 않는 것 등은 '교육적 방임'에 해당한다. '의료적 방임'은 아동에게 필요한 의료적 처치나 예방접종을 하지 않는 것, 장애아동에 대한 치료적 개입을 거부하는 것 등을 포함한다(중앙아동보호전문기관 홈페이지, 2014).

아동학대 대부분은 가정 내에서 발생하고, 학대 행위자 중 가장 많은 수를 차지하는 사람은 아동의 부모나 주양육자이다. 가정 안에서 양육자가 하는 학대는 증명하거나 즉시 대처하기 어렵고, 정서 학대나 성 학대는 학대 징후를 발견하고 인과관계를 밝히기 쉽지 않다. 이는 아동학대에 대한 사후 대응이 현실적으로 한계가 있음을보여 준다.

(3) 아동학대의 원인
학대의 원인을 과거에는 부모와 아동의 개인적 특성에서 찾는 경우가 많았다. '정

신병리학적 관점'에서는 아동학대의 원인을 부모의 성격적 결함과 정신질환, 알코
올과 약물중독 등 양육자의 특성에서 찾는다. 학대하는 부모는 아동을 관리하는 기
술과 사회적 문제 해결 능력이 부족하고, 아동의 문제 행동에 예민하게 반응하며,
아동의 행동에 대해 잘못된 기대를 하고, 충동성이 크다는 관점이다(Burgess, 1985).
또한 '발달론적 관점'은 아동의 신체적·정신적 장애와 기질 등 발달 특성을 학대의
주요 원인으로 보는 것이며, 학대는 아동의 기질이 까다롭고 반항적이거나 정서적
으로 안정감이 부족할 때 일어날 수 있다고 여긴다. 그러나 부모와 아동의 특성을
학대 원인으로 연결 짓는 것은 무리가 있다. 학대하는 부모의 특성이 있는 사람이
모두 아동을 학대한다고 말할 수 없고, 학대받는 아동의 특성은 학대의 원인이기보
다 결과일 가능성이 크기 때문이다.

아동학대의 원인에 대한 또 다른 관점은 '사회학습이론(social learning theory)'에
근거한 관점으로, 아동기에 학대받았거나 학대가 자주 일어났던 가정에서 성장한
부모는 다른 사람보다 자녀를 학대할 확률이 높다는 것이다(노혜련, 2001a). 즉, '역
기능적 가족' 환경에서, 학대부모는 공격적 성격을 형성하고, 경제적 어려움이나 부
부간 불화 같은 상황적 요인이 반복해서 축적되면서 폭력을 학습하게 된다는 것이
다(이종복, 이배근, 1997; O'Leary, 1988). '아동학대는 세대 간에 전승된다'는 주장은
바로 이 관점에 근거를 둔다. 그러나 아동학대에 관한 종단 연구 결과는 과거에 학
대받은 경험이 현재의 아동학대 행위에 영향을 미친다는 경험적 증거를 충분히 제
공하지 못하고(Peter & Jean, 2001), 학대의 세대 간 전이를 중단하는 보호 요인이 존
재한다(Langeland & Dijkstra, 1995)고 언급하고 있어 이러한 논리를 주장하는 데 한
계가 있다.

또한 '사회심리학적 관점'에서는 빈곤이나 실직 등에 따른 부모의 스트레스와 가
족의 부정적인 상호작용, 부적절한 부모의 양육 태도 등을 학대 원인으로 강조하며,
'사회문화적 관점'은 폭력에 대한 민감성이 부족하고 폭력 행위가 잦은 사회환경과
체벌을 허용하는 문화 등을 학대 원인으로 보는 관점이다.

학대 원인을 설명하는 데 최근 주목받는 이론은 아동학대를 개인과 환경 간 상호
작용의 결과로 보는 '생태학적 이론(ecological theory)'이다. 이 이론에 따르면, 아동
학대는 미시체계, 중간체계, 외체계, 거시체계의 요인이 다양하게 얽혀 발생한다
(Barak, 2003). 즉, 아동학대는 앞서 설명한 모든 개인, 가족, 지역사회, 전체 사회,

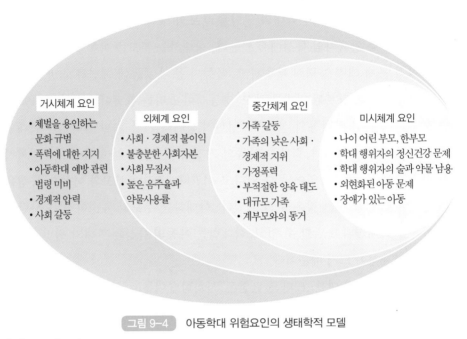

거시체계 요인
• 체벌을 용인하는 문화 규범
• 폭력에 대한 지지
• 아동학대 예방 관련 법령 미비
• 경제적 압력
• 사회 갈등

외체계 요인
• 사회 · 경제적 불이익
• 불충분한 사회자본
• 사회 무질서
• 높은 음주율과 약물사용률

중간체계 요인
• 가족 갈등
• 가족의 낮은 사회 · 경제적 지위
• 가정폭력
• 부적절한 양육 태도
• 대규모 가족
• 계부모와의 동거

미시체계 요인
• 나이 어린 부모, 한부모
• 학대 행위자의 정신건강 문제
• 학대 행위자의 술과 약물 남용
• 외현화된 아동 문제
• 장애가 있는 아동

그림 9-4 아동학대 위험요인의 생태학적 모델

출처: WHO (2013).

문화 요인 등이 상호작용하면서 일어난다는 것이다. 부모와 아동의 특성이나 신체적 · 정신적 건강 상태 등과 같은 미시체계 요인은 가족구성원 간 관계, 가족의 사회 · 경제적 지위, 가족 구조 등의 중간체계 요인과 직접적인 영향을 주고받는다. 또한 부모와 아동이 속한 지역사회의 공식적 · 비공식적 자원과 지지망, 사회 질서와 안전 등과 같은 외체계 요인과 전체 사회의 문화적 신념과 가치 등의 거시체계 요인이 아동학대의 간접적 원인이 되기도 한다. 실제로 우리나라에서 아동학대가 발생한 가족의 상황을 살펴보면, 한부모가정의 비율이 높고, 경제적으로 어렵고 소득이 낮은 가정이 많다(보건복지부, 2010). 이는 전반적 복지 상태가 취약한 부모의 미시체계 요인뿐 아니라 경제적 자원과 지지망이 적은 외체계 요인이 결합해 아동학대를 일으킨 결과라 할 수 있다. 또한 전통적으로 체벌을 훈육 수단으로 인정해 온 우리나라(안동현 외, 1998)는 아동학대에서 체벌에 대한 관습과 훈육 규범 등 거시체계 요인이 크게 작용하고 있다고 볼 수 있다.

(4) 아동학대 결과

아동학대는 아동발달의 모든 측면에 영향을 준다. 아동은 학대 행위가 더는 일어나지 않을 때도 장기간 학대 후유증을 겪을 수 있다. 신체 학대로 말미암은 타박상이나 골절, 장기 손상으로 오랜 시간 고통받을 수 있고, 발달이 지연되거나 장애를 지니고 살아갈 수 있고, 극단적인 상황에서는 사망에까지 이른다. 학대피해아동은 정서적으로 불안정해 집중력이 짧거나 부산하고, 학업 수행이나 학교적응에 어려움을 겪기도 한다. 아동학대로 심리적 후유증이 반복되면 정신병리가 나타날 수도 있는데, 학대피해아동은 감정 조절 기능이 저하되어 과도하게 순응적이거나 공격적으로 행동하는 등 정서적 어려움을 겪을 수 있으며, 자아개념이 왜곡되고 자아존중감이 저하하기도 한다(김연옥, 박인아, 2000; 김평화, 윤혜미, 2013). 반복적인 처벌과 구타, 위협으로 아동은 실제로는 잘못이 없는데도 자신의 행동 때문에 벌을 받는다고 생각하고 결국 부정적인 자아개념을 갖게 되는 것이다. 특히 생애 초기에 폭력과 거부에 노출된 아동은 인간관계에 대한 기본적 신뢰감 형성에 결함이 있을 수 있어 성인이 되어서도 사회생활에 어려움을 겪을 수 있다. 심각한 학대를 받은 경우, 피해아동은 자살시도나 위협, 자해 행동 등 자기파괴 행동을 하기도 한다. 지능과 인지 기능에 손상이 있을 수도 있으며, 특히 방임이나 영양 결핍은 두뇌발달에 악영향을 준다(김광혁, 2009; 박명숙, 송사리, 2011). 일반적으로 학대받은 연령이 낮고 기간이 오래될수록, 학대 정도가 심각할수록 이러한 후유증은 심각하게 나타난다(보건복지부, 아동권리보장원, 2020e).

2) 학대피해아동보호 서비스의 개념과 특성

(1) 학대피해아동보호 서비스의 방향

아동이 학대와 방임 환경에서 보호받는 것은 아동이 누려야 할 당연한 권리이다. 「아동권리협약」은 이를 아동 기본권의 하나로 명시하고 있으며, 각국의 아동 관련 법에서도 아동보호가 사회 책임임을 강조한다. 이에 따라 사회는 아동을 위험 상황에서 보호하는 사회적 안전망으로 '아동보호 서비스(Child Protective Services: CPS)'를 구축하고 있다.

아동보호 서비스는 '아동학대' '아동 안전(safety)' '위험(risk)'의 세 가지 개념을 토대로 논의할 수 있다(Loman, 2006). '아동학대'는 주로 과거에 관한 것으로, 아동학대가 실제로 발생했는지를 파악하는 것과 피해자와 가해자를 회고적으로 조사하는 일과 관련된다. '아동 안전'은 현재 상황과 미래 위험에 관한 것으로, 양육자와 지역사회의 보호 능력과 관련한 예방적이며 포괄적인 개념이다. '위험'은 과거의 학대행위와 미래의 안전 간에 직접적 인과관계를 설정할 수는 없지만, 현재 상황을 토대로 미래 상황을 어느 정도 예측할 수 있게 한다. 그러나 그러한 예측은 통계적 가능성일 뿐이므로 판단에 주의하여야 한다. 예를 들어, 취약한 가족의 특성과 가족구성원, 가족 상황은 아동학대의 위험 요인으로 여겨지지만, 이러한 요인만으로 아동학대가 발생한다고 할 수 없다. 이 세 가지 개념은 서로 순환적으로 영향을 미치므로 명확하게 구분하기가 어렵다. 학대와 안전, 위험의 개념은 아동보호 서비스에서 과거와 현재, 미래의 시간을 고려한 장기적이고 다차원적인 접근이 필요하다는 점을 시사한다. 다시 말해, 과거와 현재에 초점을 둔 학대 행위의 확인과 치료뿐 아니라 미래 안전에 초점을 둔 예방적 접근이 중요하고, 위험 환경과 요인을 최소화하는 포괄적인 보호체계를 마련해야 한다.

(2) 학대피해아동보호 서비스의 내용

학대피해아동보호 서비스는 아동학대 예방 강화와 피해아동에 대한 적극적인 보호를 통해 아동의 안정적 성장 환경을 조성하고 권리를 증진하려는 목적으로 수행한다. 학대피해아동에 대한 직접적인 서비스는 신고접수를 통해 시작한다. 담당자는 접수된 신고에 대해 피해아동의 안전, 피해 정도, 피해아동과 아동학대 행위자의 인적 정보, 신고자 관련 상황 등을 파악한 후 아동학대 의심 사례에 대해서는 즉시 현장으로 출동해 아동학대 조사를 하고, 그렇지 않은 때는 일반상담을 제공하고 필요하면 유관기관 등의 정보를 안내한다. 단, 아동학대는 성인이 아동의 건강과 복지를 해치는 폭력이나 방임을 행한 경우를 의미하며, 성인이 아닌 사람이 가한 폭력은 아동학대에 해당하지 않지만, 관련 내용에 따라 신고접수와 현장출동을 하고 이미 성인이 된 피해자가 신고한 사례에 대해서는 개입하지 않는다.

아동학대 조사는 담당자 2인 이상이 동행 조사하는 것을 원칙으로 하고, 피해(의심)아동, 아동학대 행위자, 신고자, 피해아동의 보호자와 형제자매, 피해아동이 이용하는 보육 · 교육기관 종사자 등은 필수적으로 대면해서 조사해야 한다. 또한 아동학대 행위자의 영향력을 배제하고 아동 진술의 신빙성을 확보하기 위해 아동과 행위자는 반드시 분리해서 조사해야 한다. 특히 가족과 주변인에 대한 조사는 매우 중요하다. 이때 실천가는 아동과 가족을 존중하면서 이용자중심으로 일해야 하는데, 이는 가족과 환경의 강점을 발견하고 가족이 성장하고 존엄성을 유지하게 하는 방법이 될 수 있다. 부모가 학대(의심) 행위자일지라도, 부모를 존중하고 협력하면서 개별화된 서비스를 제공해야만 부모가 자녀의 안전을 스스로 책임지게 함으로써 가족 내 아동의 안전을 지속해서 보장할 수 있기 때문이다. 또한 주변인과 주변 환경에 대한 조사를 통해 가족의 안전을 도모하고 위험 요인을 감소하는 데 도움되는 자원을 충분히 확보하는 것이 필요하다(Berg & Kelly, 2000).

아동학대 조사 후에는 아동학대 판단척도와 전문가 의견, 관련자가 참여한 사례회의를 통해 사례를 판단하는 절차를 진행하고 아동에 대한 보호계획을 수립한다. 사례판단 시에는 아동학대가 일회성이거나 경미한 사례라도 아동복지 관점에서 신중하게 검토해야 한다. 다만, 아동학대 사례로 판단하는 것은 단지 학대 행위자를 처벌하기 위한 것이 아니라 취약한 가정에 사회복지 서비스를 제공하기 위한 것임을 기억해야 한다. 따라서 학대로 판단한 사례라도 아동의 분리는 가정이 아동을 안전하게 보호·양육하게 돕는 데 필요한 모든 서비스를 제공한 다음에도 가정 내 아동의 안전에 대한 확신이 없을 때만 마지막 대안으로 고려해야 한다. 그리고 아동을 분리 보호한 후에도 아동의 가정 복귀가 가능하면 빨리 이루어질 수 있게 가족의 변화를 위해 부모와 함께 협력하면서 개입해야 한다. 그러나 상황이 심각해 회복 가능성이 희박할 때는 아동이 영구적으로 안전하게 거주할 친인척 가정이나 입양가정을 찾아 아동이 안정감을 확보하게 해야 한다(Berg & Kelly, 2000).

아동과 가정에 대해 가정 내 보호 혹은 가정 외 보호 서비스를 제공한 후 사례 종결이 적합하다고 판단할 때는 종결 전 모니터링 기간을 두고 가정에 대한 안전 평가와 가정의 변화 등을 면밀히 검토해야 한다. 검토 결과 안전 상태가 일정 기간 유지되면 사례 종결을 결정한다.

3. 일시대안양육 서비스

1) 일시대안양육 서비스의 개념과 특성

'일시대안양육 서비스'는 부모가 아동을 양육·보호할 능력을 상실했거나 그 역할을 회피할 때 원가족이 아닌 어른이 함께 거주하면서 아동을 일정 기간 보호하는 서비스를 말한다. 아동의 대안양육이 필요한 상황은 크게 세 가지로 분류할 수 있다. 첫째는 아동 학대·방임·유기와 심각한 부부 갈등, 알코올 의존, 복역 등 '부모의 상황'과 관련된 것이고, 둘째는 지적장애와 비행, 신체적·정서적 장애, 문제 행동 등 '아동의 상황'과 관련된 것이며, 셋째는 빈곤과 불량한 주택, 부모의 실직, 사회적 지원 체계의 결핍 등 '환경'과 관련된 것이다(Kadushin, 1988).

일시대안양육 서비스는 아동을 원가정에서 분리해 일시적으로 보호하면서 아동과 그 가족에게 서비스를 제공함으로써 아동을 가족으로 복귀하게 하는 것을 목적으로 한다. 일시대안양육 서비스를 제공할 때 지켜야 할 원칙은 다음과 같다. 첫째, 아동에게는 부모-자녀 관계와 부모의 적절한 양육이 무엇보다 중요하므로 사회의 일차적 책임은 아동의 원가정 보존이다. 둘째, 아동의 원가정이 아동을 보호할 최소한의 양육 수준을 회복할 수 없는 상황이라면, 아동에게 영구적 생활환경을 제공하기 전까지는 가정의 양육과 사회화 기능을 대신할 서비스를 마련해야 한다. 셋째, 가정위탁과 공동생활가정, 시설 등 대안양육 유형에 따라 서비스 제공 내용이 다르므로, 일시대안양육 서비스를 결정할 때는 아동의 욕구와 상황에 맞는 형태를 선택해야 한다. 넷째, 일시대안양육 서비스 대상은 가족이며, 사업목표는 가족의 재통합 또는 대안이 되는 영구가정을 아동에게 제공하는 것이다. 다섯째, 일시대안양육 서비스 제공자는 아동을 위한 서비스 제공체계의 핵심 일원으로서 아동의 보호계획 수립과정에 반드시 참여해야 한다. 이 과정에서 보호 서비스 제공자는 아동과 원가족 간 복잡한 역할과 관계를 관리하고, 원가족의 역할 모델이 되고 가족의 재통합을 돕는다. 여섯째, 아동의 장래에 큰 영향을 미칠 사항을 결정하기 전에는 반드시 아동의 권리를 먼저 숙고해야 한다. 동시에 가족과 보호 서비스 제공자의 권리도 균형 있게 고려해야 한다(Costin, Bell, & Downs, 1991).

2) 일시대안양육 서비스의 내용

아동을 가족과 분리해 일시적으로 보호하는 것은 아동과 가족에게 중요하고 심각한 조치이므로, 부모가 아동을 보호·양육할 수 없다는 것이 명확할 때에만 해야한다. 또한 보호 서비스 제공자는 부모를 아동 양육의 협력자이자 소중한 자원으로봐야 한다(Blumenthal & Weinberg, 1983; Maluccio, 1991). 부모는 아동이 분리되어 일시대안양육 서비스를 받는 과정에 최대한 참여해야 하며, 아동이 일시대안양육 서비스를 받는 동안 계속 모든 측면에서 관여해야 한다. 대체로 부모는 아동에 관한정보를 가장 많이 아는 사람이므로, 보호 서비스 제공자는 부모와 관계를 잘 형성해아동에 관해 자세하고 실질적인 정보를 얻고, 아동을 보호하는 데 도움을 줄 친척과친지가 있는지 확인해야 한다. 그리고 부모에게도 위탁가정이나 시설에서의 아동생활에 관해 정기적으로 알려 줘야 한다(Pecora et al., 2009). 사회복지사는 부모가가정을 재건할 수 있게 돕고, 그것이 불가능하면 아동과 부모가 건강한 관계를 유지하게 하면서 아동을 친척과 친지에게 위탁하거나 입양을 고려해야 한다.

일시대안양육 초기에 사회복지사는 아동이 부모와 헤어지면서 느끼는 복잡한 감정에 대처할 수 있게 개입해야 한다. 그러므로 보호 서비스를 제공하기 전에 부모가 직접 아동에게 아동을 일시대안양육 체계에 맡겨야만 하는 상황과 미래 계획을이야기해 주는 것이 좋다. 보호 서비스 제공자는 이러한 기회를 마련해 아동의 걱정과 상실감이 덜하도록 돕고, 보호 기간에 아동과 부모에 관한 이야기를 수시로 하면서 아동이 처한 현실을 이해하고 자기 삶을 받아들일 수 있게 도와야 한다(노혜련, 1999). 또한 사회복지사는 부모가 아동과 헤어지는 과정에서 느낄 고통을 예상하고, 슬픔과 불안의 감정을 잘 극복할 수 있게 도와야 한다.

사회복지사는 아동을 일시대안양육하는 동안 부모가 어떠한 역할을 할 것인지를조정하고, 부모와 아동의 정기적 만남에 대한 계획도 세워야 한다. 많은 연구는 일시대안양육 시 부모와 아동 간 접촉이 가족 재결합에 매우 중요한 요인이라고 보고한다(Child Welfare Information Gateway, 2011; Gibson, Tracy, & DeBord, 1984; Lindsey, 1982). 부모와 아동의 만남은 양자 간 유대감을 유지할 뿐 아니라 부모가 아동 양육에 대한 책임감을 느끼게 한다. 아동이 의사나 학교 선생님을 만날 때 부모가 함께가거나, 아동의 생일 등 행사에 부모가 참여하는 것은 부모의 자존감을 높이고 양육 능력의 향상에 이바지할 수 있다. 따라서 사회복지사는 초기부터 부모에게 정기적인 아동 방문의 중요성을 전달하고, 대안양육 서비스 제공자가 참여하고 협조할 수 있게 부모와 아동 간 지속적인 접촉을 보장해야 한다. 그리고 부모가 사전계획 없이 갑자기 방문하거나 방문을 취소하는 것은 아동에게 불안과 좌절을 경험하게 하므로(Festinger, 1983: Downs, Costin, & McFadden, 1996: 337에서 재인용), 부모의 방문이 계속해서 정기적으로 이루어지게 해야 한다. 이를 위해 사회복지사와 부모는 아동의 가정 복귀를 목적으로 하는 다양한 활동과 방문 계획을 문서로 공식화할 필요가 있다. 사회복지사는 부모의 정기적인 방문을 칭찬하고, 부모에게 아동이 어떻게 지내고 있는지 알리고, 참여하게 함으로써 부모 역할을 계속하게 해야 한다. 미국에서는 보호 서비스 제공자가 아동의 부모 방문에 적극적으로 관여한다. 방문을 촉진하기 위해 교통편을 마련해 주거나 교통비를 제공하고, 부모에게 아동을 직접 데려다주기도 한다. 또한 부모와 함께 방문계획을 짜고, 부모 방문을 위해 아동과 함께 준비한다. 예를 들면, 아동이 부모에게 보여 줄 그림을 그리게 하거나 추억이 담긴 물건을 내놓거나 음식을 장만하기도 한다. 사회복지사는 부모 방문 시 아동과의 관계를 관찰하고 조언하기도 하고, 부모가 방문 약속을 지키지 않았을 때는 부모를 탓하기보다 아동을 위로하고 지지함으로써 아동이 실망감을 잘 처리할 수 있게 돕는다.

일시대안양육 서비스의 대상은 대체로 빈곤한 가정이다. 우리나라에서도 아동을 맡기는 부모 대부분이 빈곤하며, 아동을 맡긴 후에도 그러한 상황은 호전되기 어려워 가정 복귀가 점점 어려워진다(장윤영, 2012). 미국의 한 연구에서는 사회복지사와 부모가 모두 아동의 일시대안양육 시 가장 도움이 된 것은 경제적·물질적 지원이었다고 평가하였다(Aldgate, 1976: Kadushin & Martin, 1988: 29-39에서 재인용). 이러한 결과는 아동의 가정 복귀를 위해서는 경제적 지원을 포함해 부모의 욕구와 강점에 초점을 맞춘 사례관리가 필요하다는 점을 보여 준다. 이러한 개입은 원가정의 양육 능력을 향상해 아동의 가정 복귀를 앞당길 수 있을 것이다. 아울러 일시대안양육이 끝나고 아동이 가족과 재결합한 후에도 사회복지사는 지속해서 부모와 함께 일해야 한다. 아동과 재결합한 다음에도 가족 대부분은 아동을 잘 양육하기 어려운 스트레스 상황에 놓일 때가 많으므로 특별한 관심과 지원이 필요하다.

원가정에서 분리된 아동 중에는 다시 집으로 돌아가지 못하는 아동도 있다. 이러한 때에는 비록 가족과 떨어져 살더라도 아동이 원가족과 긍정적인 관계를 유지할 수 있게 도와야 한다. 아동이 부모가 아니더라도 형제나 친척과 관계를 유지하게 돕는 것이 필요하다. 이러한 노력은 아동이 자기 뿌리를 알 수 있게 한다는 점에서 매우 중요하다. 아동은 나이가 들수록 어떤 집단이나 공동체에 소속해 역사와 연대감을 공유하고 싶어 하며, 이는 아동이 정체성을 형성하는 데 영향을 준다.

3) 일시대안양육 서비스의 종류

일시대안양육 서비스의 종류는 가정위탁보호 서비스와 공동생활가정보호 서비스, 시설보호 서비스의 세 가지가 있다.

(1) 가정위탁보호 서비스

① 가정위탁보호 서비스의 개념과 특성

'가정위탁보호(foster family care)'란 부모의 학대와 방임, 질병, 수감, 경제적 이유 등 여러 가지 요인으로 인해 원가정에서 아동을 양육할 수 없는 경우, 일정 기간 위탁가정에서 아동을 보호하고 양육함으로써 아동이 건전하게 성장하게 도우며, 원가정이 가족 기능을 회복하게 지원하는 서비스를 말한다(Kadushin & Martin, 1988). 가정위탁보호는 아동이 원가정을 떠나 다른 가정에서 보호받는다는 점에서 입양과 같지만, 그 기간이 일시적이라는 점에서 입양과 구별된다. 가정위탁보호는 부모가 아동을 다시 양육할 상황이 되면 아동을 가정으로 돌려보내고, 그렇지 않더라도 아동이 입양될 때까지만 아동을 보호하는 것을 원칙으로 한다(Pecora et al., 2010). 따라서 가정위탁보호는 부모의 사망으로 장기보호가 필요한 아동보다 부모의 이혼과 별거, 경제적인 파탄, 학대나 방임으로 단기보호가 필요한 아동에게 더 적합한 보호 방법으로 여겨진다(Kadushin & Martin, 1988).

가정위탁보호 서비스는 다음과 같은 원칙을 토대로 제공해야 한다(Downs, Moore, McFadden, & Costin, 2007).

첫째, 위탁부모가 적절한 부모 역할을 하는 것과 아동과 위탁부모 간 애착 관계를 형성하는 것이 아동발달에 매우 중요하다. 위탁부모의 역량은 위탁보호 서비스의 질에 큰 영향을 줄 수 있으므로, 위탁부모의 선정과 훈련, 관리에 관심을 기울여야 한다. 둘째, 위탁부모를 아동에게 직접 서비스를 전달하는 인력으로 인식하고, 위탁아동을 위한 서비스 계획을 수립할 때부터 사회복지사와 함께 참여하게 해야 한다. 셋째, 가정위탁은 궁극적으로 아동이 원가정으로 복귀하는 것을 목표로 하므로, 부모가 아동을 양육할 여건을 마련하도록 가족지원을 함께해야 한다. 또한 아동이 위탁가정에 있는 동안 부모와 관계를 유지하고 아동과 부모 간 정기적 만남을 통해 쌍방의 정서적 안정을 도모해야 한다.

현재 서구의 일시대안양육 서비스는 주로 가정위탁을 중심으로 이루어진다. 이는 위탁가정에서 생활하는 것이 일반 가정생활과 비슷해 아동에게 안정감을 줄 수 있기 때문이다. 또한 가정위탁은 아동보호 비용을 절감할 수 있다는 장점이 있다. 위탁가정은 보통 가정위탁을 담당하는 민간기관의 모집과 평가를 통해 선정하며, 국가에서 일정 금액의 양육비와 아동의 생계비, 세제 지원 등을 받는다.

② 가정위탁보호 서비스의 발달

가정위탁보호의 역사는 부모가 양육할 수 없는 아동을 친척 집에서 양육한 것에서 유래한다. 현대적 의미의 가정위탁보호 서비스는 '보스턴아동구호협회(Boston Children's Aid Society)'의 책임자였던 찰스 버트웰(Charles Birtwell)이 시작하였다. 그는 '어디에 아동을 배치할 것인가?'보다 '아동 개인의 욕구가 무엇인가?'를 중시해, 위탁가정에 대한 현장 조사와 사후관리, 아동과 부모의 재결합 등을 고려하면서 위탁보호를 수행해야 한다고 강조하였다(이배근, 문선화, 박상열, 1993).

또한 19세기 말부터 20세기 초까지 선진 외국의 아동복지계에서는 시설보호와 가정위탁보호에 대한 논쟁이 있었다. 이때 미국을 중심으로 시설보호가 아동에게 미치는 악영향에 관한 연구 결과가 발표되었고, 이는 '탈시설화' 운동의 시발점이 되었다. 아동복지계에서는 '아무리 나쁜 환경의 가정이라도 위탁가정보다 낫고, 아무리 나쁜 위탁가정이라도 보육원과 같은 시설보다는 낫다'는 생각이 지배하게 되면서 아동양육시설이 점차 사라지기 시작했고, 가정위탁보호 서비스가 주된 서비스로 등장하였다(Kadushin & Martin, 1988). 「아동권리협약」에서는 '선가정보호, 후시설보호'의 원칙을 제시하고 있으며, 우리나라에서는 2005년 「아동복지법」에도 이에 관한 법적 근거를 마련하였다.

우리나라에서는 대규모 양육시설을 중심으로 아동을 보호하고 있고, 가정위탁을 시작한 것은 비교적 최근의 일이다. 우리나라 가정위탁은 주로 부모가 없는 아동만으로 세대를 구성해 독립생활을 한 '소년소녀가장 세대'에 대한 지원 방식을 전환하면서 확대한 것이라고 할 수 있다. 아동에게는 부모와 성인 보호자의 양육이 필수적이므로 '소년소녀가정 세대' 지원에 대한 지적이 거듭되었고, 이에 따라 정부는 2001년 친인척이나 조부모와 동거하는 아동을 가정위탁으로 전환해 지원하고, 돌보아 줄 친인척이 없는 아동은 일반위탁가정에서 보호하게 하였다(윤혜미, 김혜래, 신영화, 2005). 우리나라의 가정위탁 서비스는 이때부터 본격화되었다고 할 수 있으며, 정부는 2003년부터 각 시·도에 가정위탁 지원센터를 설립해 위탁가정을 선정하고 교육하고 관리할 책임을 부과하였다.

③ 가정위탁보호 서비스의 유형과 내용

가정위탁보호 서비스의 유형은 나라마다 다른데, 우리나라와 미국은 대표적으로 혈연과 비혈연으로 그 유형을 구분하고, 영국과 호주 등 그 밖의 나라에서는 위탁 기간과 아동 상황을 고려한 다양한 위탁제도를 운용한다(구현아, 백혜정, 안효금, 2010). 미국에서는 가정위탁 유형을 크게 '일반가정위탁'과 '친인척가정위탁'으로 구분한다. 일반가정위탁은 아동과 아무런 혈연관계가 없는 사람이 위탁부모가 되어 아동을 돌보는 것을 말하며, 친인척가정위탁은 아동의 친인척이 아동을 보호하는 것이다. 아동의 친인척은 아동과 애착 관계를 형성하기 쉽고, 문화적·심리적 안정감을 줄 수 있다는 장점이 있으며, 친인척위탁가정이 일반 위탁가정보다 아동보호 기간이 길고 아동을 입양하는 비율이 더 높다(Testa, Rolock, Liao, & Cohen, 2010). 따라서 미국에서는 위탁부모를 찾을 때 먼저 친인척위탁을 고려한다.

우리나라 역시 미국의 가정위탁보호 서비스와 유사하게 친인척위탁과 일반위탁을 중심으로 가정위탁보호가 이루어진다. 우리나라의 가정위탁보호는 대다수가 친인척위탁보호이며, 친인척위탁은 친조부모와 외조부모 등 친권이 있는 보호자가 위탁하는 '대리양육가정위탁'과 친·외조부모를 제외한 친권이 없는 친척이 위탁하는 '친인척가정위탁'으로 다시 구분한다(「아동복지법」 제10조).

영국과 호주에서는 응급위탁, 단기위탁, 장기위탁, 휴가위탁, 부모-자녀 위탁, 재구류 위탁, 난민아동 위탁, 장애아동 위탁 등 다양한 위탁보호 서비스를 시행한다(Farmer, Moyers, & Lipscombe, 2004). '응급위탁(emergency placement)'은 며칠 이내 위급한 보호가 필요한 아동을 위탁하는 것이며, '단기위탁(short-term placement)'은 보통 몇 주에서 몇 달 정도 아동을 보호하는 것으로 일정 기간이 지난 후 아동은 원가정으로 돌아가거나 장기위탁가정이나 입양가정에 배치된다. '장기위탁(long-term placement)'은 돌아갈 가정이 없는 아동 중 부모와 정기적으로 만나는 아동이나 나이가 많은 아동을 주로 보호한다. 장기위탁을 하는 아동은 법적으로 원가정에 속해 있지만, 보통 성인이 되어 독립할 때까지 위탁가정에서 생활한다. '휴가위탁(respite placement)'은 원가정이나 위탁가정이 특별한 이유로 아동을 돌볼 수 없을 때, 주말이나 한두 주의 짧은 기간만 다른 가정에서 아동을 위탁 보호하는 형태이다.

한편, 특별히 집중적인 보호와 지원이 필요한 아동은 위탁보호 과정 중 전문가의 교육과 치료를 받기도 하는데, '부모-자녀 위탁' '재구류 위탁' '난민아동 위탁' '장애아동 위탁' 등이 이에 해당한다. 이때 위탁보호 제공자는 특별한 훈련을 받아야 하며, 위탁보호 제공자 중 일부는 아동 원가족의 양육 능력에 대한 공식적 평가를 수행하는 전문가로 활동하기도 한다. '부모-자녀 위탁(parent and child placement)'은 위탁부모 등 위탁 서비스 제공자가 아동뿐 아니라 아동의 생부모와도 함께 살면서 보호 서비스를 제공하고, 부모에게 양육 기술을 전수하는 방식이다. '재구류 위탁(remand placement)'은 범법 행위를 한 아동 중 법원이 보호를 요구한 아동을 대상으로 하며, 이 경우 주로 단기위탁을 하면서 사법기관과 긴밀한 협조체제를 구축한다(Farmer et al., 2004). '난민아동 위탁(placements for sanctuary seeking children)'은 부모나 가족과 헤어져 난민 자격을 받은 아동을 위탁하는 것이다. 이때 아동은 의사소통이 어렵고 정서적으로 두려움과 혼란감, 문화적 괴리감을 느낄 수 있으므로, 위탁보호 제공자는 아동의 안정과 정체성 확립에 도움을 주기 위해 노력해야 한다. '장애아동 위탁(placement for disabled children)'은 장애가 있는 아동을 위탁 보호하는 것이다(구현아 외, 2010).

(2) 공동생활가정보호 서비스

① 공동생활가정보호 서비스의 개념과 특성

'공동생활가정'은 "보호가 필요한 아동이 사회복지사 등 성인 보호자와 함께 가정의 형태를 구성하고, 가정과 비슷한 주거여건과 보호를 제공하는 시설"이다(「아동복지법」제52조). 공동생활가정은 일반 가정과 유사한 가옥이나 아파트에 거주하며, 부모 역할을 하는 직원과 적은 수의 아동을 묶어 가족과 유사한 구조와 규모의 집단을 구성한다. 대규모 시설보다 보호와 생활 내용이 자유롭고, 소집단이므로 아동과 양육자 간 물리적 · 심리적 거리가 가까울 수 있다는 장점이 있다(김현용 외, 2001).

② 공동생활가정보호 서비스의 발달

공동생활가정은 탈시설화 운동의 확산에 따라 시설이 아닌 가정에서 아동을 양육해야 한다는 관점이 대두하면서 만들어졌다(Kadushin & Martin, 1988). 우리나라에서도 공동생활가정은 기존 시설보호의 단점과 폐해에서 탈피한 가정중심, 지역사회 중심의 새로운 보호 형태로 논의되다가 2004년에 제도화되었다. 2004년 「아동복지법」 개정 시 명칭의 개정도 이루어졌는데, 이전에 '그룹홈'으로 불리던 것을 '공동생활가정'이라는 용어로 바꾸었다.

③ 공동생활가정보호 서비스의 유형과 내용

공동생활가정은 규모와 운영 방식에 따라 '집단 공동생활가정'과 '단독 공동생활가정'으로 구분할 수 있다. 여러 개의 공동생활가정이 전체적으로 한 개의 시설을 이루거나, 한 단체에 소속해 운영하는 형태를 '집단 공동생활가정'이라 하고, 한 개의 공동생활가정을 별도로 조직 · 운영하는 형태를 '단독 공동생활가정'이라 한다. 또한 아동을 보호 · 양육하는 보육사 유형에 따라 공동생활가정을 구분하면, 개인이 공동생활가정을 혼자서 운영하는 '단독제', 부부가 함께 운영하는 '부부제', 부부는 아니지만 남녀 보육사가 부모 역할을 분담해 운영하는 '병립제'와 보육사가 교대하며 지도하는 '교대제' 등으로 분류할 수 있다(김광수, 2013; 이상순, 1997).

공동생활가정에서는 보호가 필요한 아동에게 가정과 유사한 환경에서 의식주 등 생활 서비스를 제공해 아동의 안전한 생활 여건을 보장하고, 교육과 여가, 상담 등 지역사회에 적응할 수 있게 도와주는 다양한 활동과 프로그램을 시행한다. 각 공동생활가정은 별개 시설로 운영하며, 최종 목적은 아동의 원가정 복귀와 자립이다. 생활교사는 아동과 함께 생활하면서 보호 서비스를 제공하고 계획한 프로그램에 따라 아동이 가족적인 환경에서 독립적인 생활 기술을 습득하며 아동의 잠재 능력을 높이게 돕는다. 공동생활가정의 장점은 지역사회에서 가정과 비슷한 환경에 생활하고, 입소아동들과 생활교사가 함께 대안적 가족 관계를 경험할 수 있다는 점이다.

(3) 시설보호 서비스

① 시설보호 서비스의 개념과 특성

'시설보호 서비스'는 아동의 부모가 자녀를 양육할 능력이나 의사가 없는 경우 타인이 부모의 역할을 대리해 시설에서 아동을 일시적 또는 장기적으로 집단 보호하는 것을 말한다. 시설보호 서비스는 아동보호 서비스 중 최후 안전망에 해당하는 서비스로, 또 다른 일시대안양육 서비스인 가정위탁이 실패했거나 부적절하다고 판단되었을 때만 대안으로 사용해야 한다. 이는 시설에서 장기간 성장한 아동이 그렇지 않은 아동보다 발달상 문제를 경험할 확률이 높다는 지적과 관련이 있다. 학자들은 시설아동이 '모성 박탈(maternal deprivation)'을 경험하며, 이 상실 경험은 성장 후에도 타인과 정서적 관계를 확립하는 데 어려움을 가져오고 정신병리 요인이 될 수 있다고 주장한다(Bowlby, 1973; Gottfried, Gottfried, & Bathurst, 1995; Nash, 1997). 또한 이것은 아동권리와도 관련이 있는데, 시설에서는 아동의 사생활에 대한 권리, 아동의 의사 존중, 자율권 등이 가정에서보다 보장하기 어렵다고 보기 때문이다.

따라서 시설보호는 기본적으로 일시적이라는 가정에 따라 다음과 같은 아동에게만 제공한다.

첫째는 부모의 심한 질병이나 상해로 가정에서 보호받을 수 없지만, 부모와의 정서적 밀착 관계로 다른 가족과 같이 지내기를 거부하는 아동이다. 둘째는 아동의 긴장 수준이나 문제가 심각해 위탁가정에서 건전한 정서 관계를 맺기 어렵다고 판단된 아동이다. 셋째는 과거에 위탁가정에서 크게 실망했거나 상처를 입어 새로운 가정에 적응하기 어려운 아동이다. 넷째는 통제된 환경에서 의료적 치료가 필요한 아동이다. 다섯째는 형제가 너무 많아 여러 위탁가정으로 분리해야 하지만, 서로 헤어지기를 원하지 않는 형제 집단이다. 여섯째는 원가정뿐 아니라 위탁가정에서도 독립하기를 원하는 청소년이다. 일곱째는 단기간 보호할 때 집단생활을 경험하는 것이 유익하다고 판단된 아동이다(Friedlander & Apte, 1980).

시설보호 서비스를 제공할 때 시설과 시설 내 거주 단위(unit)는 소규모여야 한다. 시설에서 사는 아동이 종종 '시설병(hospitalism)'이라고 간주하는 특수한 문제 행동과 습관을 보이는 것은 시설아동 수보다 아동을 보호하는 성인의 수가 절대적으로 부족해 적절한 양육과 지도를 할 수 없다는 점이 이유가 될 수 있다(김현용 외, 2001).

이러한 문제는 단지 시설 규모와 관련된 것만은 아니지만, 대규모 시설에서는 소규모 시설이나 가정위탁보다 양육자의 관심이 분산되고 일상생활을 경험하기 어려우며, 다수 아동 간 갈등이 발생할 수 있다. 이러한 문제를 예방하려면, 시설보호 시 소규모 시설을 지향하고 직원 수를 늘려 아동과 양육자 간 거리를 가깝게 할 필요가 있다(윤혜미 외, 2005). 그리고 시설을 선정할 때는 아동이 살던 지역사회와 가까운 거리에 있는 곳으로 해 부모와 지속해서 만나기가 쉬워야 하며, 시설은 지역사회에 통합되어 시설보호를 받는 아동도 일반 아동이 경험하는 일상생활이 대부분 가능하게 해야 한다(Kadushin & Martin, 1988).

② 시설보호 서비스의 발달

시설보호 서비스는 오랜 역사가 있다. 중세부터 국가는 유기된 아동을 위한 보호처를 마련했으며, 전쟁이나 질병으로 고아가 발생했을 때 시설에서 집단으로 보호하였다. 과거에는 시설 대부분이 '구빈원'으로, 아동을 노인과 신체장애인, 정신장애인, 환자와 함께 수용하였다. 19세기 후반 미국에서는 아동을 구빈원에 성인과 함께 수용하는 것을 금지하는 법령을 제정했고, 자선기관이나 종교단체를 중심으로 아동을 위한 독립시설을 설립하기 시작하였다. 그러나 현재 서구 국가에서는 시설을 대부분 가정위탁으로 전환했는데, 이는 앞서도 언급했듯이 탈시설화 운동과 함께 대형 시설에서 아동을 보호하는 것은 인권 침해라는 관점이 대두하였기 때문이다(Garrett, 1998).

우리나라의 시설보호 서비스는 1950년대 한국전쟁 이후 대량 발생한 고아를 집단 수용하기 위해 시작되었다. 당시 아동복지시설은 보호가 필요한 아동을 긴급 구호하는 역할을 했고, 시설 운영과 예산 대부분을 외국 원조에 의존했다. 이때까지는 시설에 대한 국가 개입이나 별도 규정이 없다가 1961년「아동복리법」을 제정함으로써 시설보호에 대한 법적 근거를 마련하였다(김현용 외, 2001). 그러나 1960년대 후반부터 보호 대상 아동의 국외 입양이 증가하면서 시설아동 수는 줄기 시작했고, 1970년대 중반부터 외국 원조가 감소하면서 아동복지시설 수도 감소하였다.

③ 시설보호 서비스의 유형과 내용

시설보호 서비스의 목적은 시대에 따라 변화하였다. 과거에는 부모가 없는 아동을 장기적으로 집단 수용하는 것이 목표였다면, 현재는 아동을 일시적으로 보호하면서 아동과 그 가족에 대한 다양한 서비스를 제공함으로써 아동을 가정으로 복귀하게 돕는 것을 목표로 한다(Kadushin & Martin, 1988). 시설보호 시 서비스 제공자는 아동의 의식주에 관한 기본적 보호 외에도 아동의 정서적·신체적 문제를 치유하고, 가정 복귀와 사회화를 돕는 서비스를 제공해야 한다.

이에 따라 아동복지시설은 아동의 상황과 욕구에 따라 다양하게 운영되고 있다. 그중 대표적인 것은 보호가 필요한 아동에 대한 주거와 생활 서비스 제공을 주된 역할로 하는 '거주시설(양육시설)'이다. 또한 장애가 있는 아동에게 교육·의료·사회화 서비스를 제공하는 '특수시설'이 있으며, 비행청소년의 통제와 교정을 위한 시설, 정서장애아동과 그 가족의 치료를 위한 시설이 있다(Kadushin & Martin, 1988). 미국에서는 '상담(counseling), 보건(health), 영양(nutrition), 교육(education), 일상생활 경험(daily living experience), 자립생활 기술(independent living skill), 재결합 서비스(reunification service), 퇴소 후 서비스(aftercare service)'의 여덟 가지 서비스를 아동복지시설의 표준 서비스로 제시하고 있다(Barker & Aptekar, 1990).

4. 영구대안양육: 입양지원 서비스

1) 입양의 개념과 특성

(1) 입양의 개념

입양은 생부모가 자녀를 양육할 수 없을 때 새로운 가정을 통해 아동을 영구적으로 보호하는 방식이다(Kadushin & Martin, 1988). 하지만 입양은 부모-자녀 관계가 새롭게 맺어지는 과정이라는 측면에서 아동보호 서비스로만 이해해서는 안 된다. 입양은 출산이 아닌 방법을 통해 새 가족이 구성되는 사회적·법적 과정으로(Costin et al., 1991), 아동과 생부모 간 관계를 단절하고 혈연관계가 없는 사람들 사이에 새 부모-자녀 관계를 구축하는 것이다. 이 결과로 입양아동은 새 가족의 영구적 구성원이 되고, 친생자녀에게 주어지는 모든 혜택과 권리를 부여받게 된다(McGowan & Meezan, 1983). 즉, 아동이 입양가정에서 자라는 것은 보호 서비스를 받는 것이 아니라 가정의 일원으로 살게 되는 것이다. 다만, 국가는 입양의 전 과정에서 보호대상

아동 최상의 이익을 보장할 수 있게 해야 한다. 이를 위해 입양 준비 단계부터 입양 삼자에 대한 상담과 교육, 결연 절차를 정비해야 하며, 입양 후에도 입양가족이 어려움을 해결할 수 있게 적절한 서비스를 제공해야 한다.

(2) 입양삼자의 개념과 특성

입양은 입양아동, 아동의 생부모와 양부모로 구성된 세 집단을 대상으로 이루어지며 이들을 '입양삼자'라 한다(Kadushin & Martin, 1988). 이들은 특별한 심리적 어려움을 경험하며, 그 특성을 살펴보면 다음과 같다.

① 입양아동

우리나라 「입양특례법」상 입양아동은 "보호자로부터 이탈된 아동, 부모 또는 후견인이 입양에 동의해 입양기관에 보호를 의뢰한 아동, 법원이 친권 상실 선고를 한 사람의 자녀"를 포함한다. 입양아동은 주로 '건강한 유아(healthy infants)'와 '특수한 욕구를 지닌 아동(special needs children)'으로 분류하는데, 특수한 욕구를 지닌 아동에는 소수인종 집단의 아동과 혼혈아동, 같은 가정에 함께 입양 보내려는 두 명 이상의 형제, 장애아동, 나이가 많은 아동 등이 포함된다(Kadushin & Martin, 1988).

입양아동은 일반 아동보다 많은 분리 경험을 하게 되는데, 아동이 애착 관계를 맺은 사람과 분리되면 아동의 신뢰감과 자존감 형성에 해로운 영향을 미치고, 다른 사람과 정서 관계를 형성하는 능력을 저해할 수 있다(뿌리의 집, 2013). 특히 입양 사실을 공개한 가정에서 입양아동은 보통 6세 정도부터 출산과 입양의 차이를 이해하기 시작하는데(Brodzinsky, Singer, & Braff, 1984), 이때 입양아동은 자신에게 두 쌍의 부모와 가족이 있다는 사실을 수용해야 한다. 입양아동은 생부모가 자신을 포기한 현실을 직면해야 하고(Moskowitz-Sweet, 1985: 노혜련, 2001a: 322에서 재인용), 입양부모를 배신하는 것 같은 생각 때문에 생부모에 대해 충분히 애도하기 어렵다(Berman & Bufferd, 1986). 또한 입양아동은 생부모가 자신을 포기하는 것을 전제로 새로운 가족과 부모가 생기게 되는 "필연적 모순(paradox)" 속에서 살아가게 되며(Wood, 1989), "유전학적 당혹감(genealogical bewilderment)"을 경험하기도 한다(Sants, 1964: 노혜련, 2001a: 323에서 재인용). 생부모와 헤어져 성장하는 사람은 누구나 인간으로서 완전함을 느끼기 위해 자신의 배경과 가계, 개인력을 알고자 하는 욕구가 있는

데, 그것을 충족하지 못하면 유전학적 당혹감을 느낄 수 있다. 입양아동 대다수는 타고난 신체적·개인적 특징 등 자신을 더 이해하고 공허한 마음을 채우기 위해 생부모에 대한 정보를 얻기를 원한다. 그러나 그것이 곧 입양부모가 아닌 또 다른 부모를 원하는 것이라고 할 수는 없다(Triseliotis, 1984).

② 입양부모

입양부모는 임신하지 못하는 '전통적(traditional) 입양부모'와 아이를 낳을 수 있지만 입양을 선택하는 '선택적(preferential) 입양부모'로 분류할 수 있다(Kadushin & Martin, 1988). 우리나라 대다수의 입양부모는 전통적 입양부모 유형에 속하지만, 미국은 선택적 입양부모가 더 큰 비중을 차지한다. 미국에서는 특수한 욕구를 지닌 아동 중 영구적인 가정을 원하는 아동이 증가함에 따라 이들에 대한 독신부모 입양과 위탁가정 입양도 허용하고 있다(노혜련, 2001a).

입양부모는 자신이 아동의 생물학적 부모가 아니라는 사실 때문에 입양아동이 자신에게 완전하게 속해 있지 않다는 불안감을 느낄 수 있다. 이러한 태도는 아동에게도 불안감과 긴장감을 유발할 수 있고, 결과적으로 전체 가족 관계에 영향을 미치게 된다. 입양을 난임으로 자녀 출산과 양육의 사회적 역할 수행에 실패한 것에 따른 대안으로 여기는 입양부모는 이러한 불안을 더 심하게 느낀다(노혜련, 2001a). 난임은 입양부모에게 큰 상실감을 주는데, 입양부모는 난임으로 자존감이 저하하고 자신이 잉태한 아동에 대한 상실과 임신과 출산·수유로 느낄 수 있는 신체적 만족감의 상실, 친생자녀 양육 경험의 상실, 인생에 대한 통제력 상실 등을 경험한다(Johnston, 1984). 따라서 부부가 난임을 수용하는 단계에 이르렀을 때에만 입양을 준비해야 한다. 그렇지 않으면 입양아동을 차선책으로 생각하게 되어 입양아동에게 부정적인 영향을 줄 수 있다. 또한 입양부모는 복잡한 과정을 거쳐 얻은 입양아동에게 완벽한 부모가 돼야 한다는 부담을 느낄 수 있고, 입양을 '비정상적'이거나 '특별한' 것으로 여기는 사회의 시선에 따라 부모 역할에 대해 두려움을 느낄 수 있다(Howard, 1990). 입양부모는 입양아동이 생부모를 찾거나 생부모를 더 좋아할 것이라고 걱정하기도 하는데, 이런 부모는 아동이 생부모에 대해 갖는 궁금증과 호기심을 자신들이 부모로서 실패한 증거로 여기거나 아동이 자신을 사랑하지 않기 때문이라고 생각하기도 한다(Panner & Nerlove, 1989: 노혜련, 2001a: 324에서 재인용).

③ 생부모

생부모는 입양아동의 생물학적 부모로서 자발적으로 혹은 비자발적으로 친권을 포기한 사람을 의미한다. 자발적으로 친권을 포기한 부모는 법률상 혼인 관계가 아닌 상태에서 자녀를 출산한 미혼부모가 주를 이루는데, 이들은 주로 경제적인 이유나 가족의 반대, 사회적인 낙인 등의 이유로 아동 양육을 포기한다. 비자발적인 친권 포기는 주로 심각한 아동학대로 본인 의사와 관계없이 친권을 박탈당하는 경우가 많다(노혜련, 김수영, 조소연, 2017).

아동의 생부모는 임신과정에서부터 주변인의 반대, 자신을 둘러싼 사회적 시선에 대한 두려움, 불투명한 앞날에 대한 걱정 등 수많은 사회적 제약에도 생명을 지켜 내고 아이를 낳은 어머니이다(노혜련, 강미경, 김수영, 2020). 그러나 이들 대부분은 입양 이외 대안과 생부모의 권리, 입양과정에 관한 정보, 친권 포기 후 겪을 상실감과 심리적 고통을 어떻게 준비하고 대처할지에 관한 정보를 충분히 받지 못한다(연합뉴스, 2014. 5. 10.; 충청매일, 2014. 6. 11.). 또한 아동을 입양 보낸 부모는 큰 고통과 슬픔을 느끼지만, 자신의 슬픔이 입양부모에게는 기쁨의 원천이 되는 복잡한 현실에 직면해야 한다. 생부모가 친권 포기 후 경험하는 반응은 식욕 상실이나 수면장애와 같은 신체적 문제, 포기한 아동에 대한 비현실적인 생각이나 환상, 죄책감, 분노, 절망감, 슬픔과 같은 정서적 반응, 냉담, 강박적이고 과도한 활동과 같은 문제 행동으로 나타나기도 한다. 친권 포기를 한 여성이 보이는 독특한 행동 양상을 '생모 증후군(birth mother syndrome)'이라고 한다(Johns, 1993: 백연옥, 1995: 127에서 재인용).

생모 증후군(birth mother syndrome)

친권 포기를 한 여성이 보이는 독특한 행동 양상은 '생모 증후군(birth mother syndrome)'이라고 하는데 대표적인 특성은 다음과 같다.

1. 충격적인 회상, 악몽, 불안, 기피나 공포 반응과 같은 외상후 스트레스 장애(Post-Traumatic Stress Disorder: PTSD)
2. 손상된 자존감과 수동적인 자세

3. 겉으로는 완벽하고 '정상'인 것처럼 행동하면서 내적으로는 수치심, 자기저주나 고립감을
   느끼는 정체감의 이분화 현상
4. 친권 포기 순간에 고착된 것 같은 감정 상태의 정지
5. 학대받는 관계 형성, 약물이나 음주 남용과 같은 자기학대
6. 정상적인 성관계를 하고 있고, 의학적인 이상이 없는 상태에서의 난임
7. 애정 관계, 가족 관계, 자녀 양육, 직무 태도, 자아상 등 삶 전반에 걸친 감정과 행동이 극단
   을 오가는 생활(예: 무절제한 성생활을 하는 생모도 있지만, 전혀 성관계를 하지 않는 생모
   도 있음)

출처: Winkler, Brown, Van Keppel, & Blanchard, 1988: 백연옥, 1995: 127에서 재인용.

2) 입양의 발달

입양은 오래전부터 시작되었다. 세계 최초 법전으로 알려진 함무라비 법전은 입양에 관한 자세한 법규를 싣고 있으며, 고대 그리스와 로마, 중국, 인도 문화에서도 입양이 광범위하게 이루어졌고 이를 관리하는 법도 있었다. 고대사회에서 입양은 주로 부계의 대를 잇고, 가족의 정치적 권력을 극대화하려는 목적으로 이루어졌다. 따라서 입양은 대부분 친척 간 입양이었고, 입양아동은 대부분 남자였다(Winkler et al., 1988). 이때 입양은 아동을 보호하는 서비스가 아니라 성인의 필요와 욕구에 따라 가족을 성립하는 한 방법이었다.

입양은 국가들이 「입양법」을 제정하면서부터 아동보호 서비스로 간주하기 시작하였다. 1890년대에서 1920년대 사이에 영국과 호주 등에서 처음 「입양법」을 제정했는데, 이는 입양을 합법적인 사회 절차로 인정하고 부적절한 입양을 예방하기 위한 것이었다. 특히 제2차 세계대전 이후에는 전쟁고아가 대량 발생해 기관을 통한 입양이 시작되었다. 이에 따라 입양지원 서비스를 제공하려면 특별한 훈련과 준비가 필요하다는 인식이 생겼고, 사회복지기관은 입양지원 서비스를 제공하는 책임과 권한을 부여받았으며(Kadushin & Martin, 1988), 이러한 과정을 거쳐 입양이 영구 대안양육 서비스로 자리 잡게 되었다.

우리나라도 조선시대 이전부터 가계 계승을 목적으로 한 양자제도가 있었다. 현대적 의미의 입양제도는 한국전쟁 중 발생한 전쟁고아와 혼혈아동을 보호하기 위해 시작되었는데, 이 시기에는 입양에 관한 법 규정이 없었으므로 주로 친척 입양이

이루어졌고, 개인 사무실을 중심으로 국외입양이 이루어졌다. 입양을 위한 법률상 조건은 1961년에 국외입양을 위한 「고아입양특례법」을 제정하면서 마련했으며, 그 후 여러 차례 법 개정을 통해 국외입양에서 국내입양 활성화 방향으로 정책 기조가 변화하기도 하였다. 특히 2011년에는 「입양특례법」을 전면 개정하면서 입양 절차에 대한 법원의 개입을 명시해 입양정책을 획기적으로 전환하였으며, 2019년 「포용국가아동정책」과 2020년 발표한 제2차 아동정책기본계획에서는 지금까지 민간 입양기관에서 담당하던 입양부모와 입양아동의 결연 업무를 공공화해야 한다는 내용을 명시하기도 했다.

3) 입양지원 서비스의 유형과 내용

(1) 입양지원 서비스의 원칙

입양지원 서비스는 다음과 같은 원칙을 전제로 제공해야 한다(Kadushin & Martin, 1988).

첫째, 아동은 자신의 가족과 지역사회 그리고 국가에서 양육하는 것이 가장 바람직하다. 입양은 아동의 원가정을 대신해서 이루어지는 것이므로, 아동을 원가정에서 보호할 수 없다는 것이 명백할 때만 적용해야 한다. 우리나라는 「아동복지법」에 모든 아동은 태어난 가정에서 건강하게 양육될 권리가 있으며, 국가와 지방자치단체는 아동을 태어난 가정에서 양육할 수 있게 요보호아동의 발생 예방에 필요한 시책을 마련해야 한다는 규정을 두고 있다.

둘째, 입양가정은 아동이 속한 인종 집단과 국가, 문화 집단, 종교 집단에서 먼저 찾아야 한다. 이러한 원칙은 「아동권리협약」에도 나타나 있는데, 「아동권리협약」에는 아동의 출신국에서 아동을 양육할 수 없을 때만 국외입양을 아동 양육의 대체 수단으로 고려해야 한다고 명시하고 있다(안재진, 2008; 홍순혜, 박미정, 2007). 따라서 아동을 입양 보내야만 하는 불가피한 상황이 발생했을 때는 국외입양보다는 국내입양을 우선하여야 한다.

셋째, 입양의 일차적 목적은 생부모가 양육할 수 없는 아동에게 영구적인 가족을 제공하는 것이어야 한다. 따라서 입양은 아동의 복지와 욕구, 관심을 기초로 이루어져야 하며, 아동을 위해 입양가정을 선택해야 하고, 입양가정을 위해 아동을 선택해서는 안 된다.

280

넷째, 원가정 보호를 위한 모든 노력을 기울인 후에도 아동을 원가정에서 보호할 수 없어 아동의 가정을 대신할 영구보호가 필요할 때는 입양이 가장 바람직한 방법이다. 입양부모가 아동에게 영구적인 안정과 친밀하고 애정이 담긴 보호를 제공할 수 있다면, 입양은 어떠한 보호보다 안정된 보호방법이 될 수 있다.

다섯째, 아동을 원가정에서 보호할 수 없다는 것이 분명한 상황에서는 아동을 위한 입양 결정을 가능한 한 빨리 내리고 이행해야 한다. 입양을 원하는 가족에 대한 양육 능력 평가와 입양을 위한 준비는 장기간에 걸쳐 철저히 해야 하지만, 아동의 관점에서 이루어지는 입양 절차는 가능하면 빨리 완결하는 것이 좋다. 단, 이러한 결정은 아동의 원가정 보호를 위해 최상의 노력을 한 후에도 입양이 불가피한 상황이라는 것을 전제로 한다.

(2) 입양지원 서비스의 내용

입양은 크게 '친족입양'과 '비친족입양'으로 구분한다(Kadushin & Martin, 1988). '친족입양(related adoption)'은 아동의 친인척이 아동을 입양하는 경우를 말하며, '비친족입양(nonrelated adoption)'은 아동과 친인척 관계가 아닌 사람이 아동을 입양하는 것을 말한다. 또한 아동을 어느 국가의 부모가 입양하는지에 따라 '국외입양(intercountry adoption)'과 '국내입양(incountry adoption)'으로, 입양이 기관을 통해 이루어지는지, 아니면 개인적으로 이루어지는지에 따라 '사적 입양'과 '기관입양'으로 분류하기도 한다([그림 9-5] 참조).

입양과정은 입양대상아동의 발견, 혹은 생부모의 입양 의뢰 그리고 입양 희망 가족의 신청으로 시작한다. 생부모와 입양부모는 모두 초기부터 충분한 상담과 교육을 받아야 한다. 생부모에게는 아동을 직접 양육하는 데 필요한 정보와 자원을 먼저 제공하고, 아동의 원가정 양육을 위한 노력을 했음에도 입양이 불가피할 때만 입양에 관한 정보를 제공한다. 이때 상담과 교육 등을 통해 아동 양육과 입양의 장단점,

친족입양		비친족입양
국외입양	VS	국내입양
사적 입양		기관 입양

그림 9-5 입양의 종류

예상되는 어려움 등을 비교하고 충분히 심사숙고할 시간과 기회를 마련해야 한다. 특별히 출산 전 입양을 선택한 생부모는 출산 후 입양과 양육 간 숙고할 기간을 두어 입양 결정을 재고할 수 있게 한다. 우리나라는 양육과 입양 간 숙려 기간이 1주일로 매우 짧은 편이지만, 필리핀에서는 12주, 체코에서는 6주의 숙려 기간을 두며, 이 기간에 아동을 직접 양육하기로 결정하는 생부모가 7~80%에 이른다(중앙입양원, 2016). 입양부모 역시 입양으로 발생할 가정의 긍정적 변화와 부정적 변화를 미리 알고 가정과 부모의 준비도와 상황을 점검해 보는 시간을 가져야 한다. 이는 예비 입양부모에 대한 준비와 교육, 지지가 미흡할수록 입양이 실패할 가능성이 커지며(McRoy, 1999; Nelson, 1985: Child Welfare Information Gateway, 2012: 4에서 재인용), 입양가족의 입양에 대한 비현실적인 기대는 입양의 실패 요인이 될 수 있기 때문이다(Barth & Berry, 1988; McRoy, 1999: Child Welfare Information Gateway, 2012: 4에서 재인용). 이러한 과정을 마친 후 생부모와 입양부모는 입양을 최종 선택하게 된다.

생부모가 최종적으로 입양을 결정하면, 아동은 입양될 때까지 생부모가 직접 키우거나 일시대안양육 체계로 편입해 국가의 보호를 받아야 한다. 한편, 예비 입양가정은 철저한 교육과 전문가의 면접, 가정 조사, 가정 방문, 다양한 자료 검토를 통해 입양 적합성을 평가하는 절차를 수행한다. 대부분의 나라는 중앙당국에서 입양부모의 적격성을 평가하고 국가 인증 후 결연을 추진하며, 미국과 스웨덴, 영국 등은 입양부모가 한평생 입양아동을 건강하고 안정적으로 양육할 가정환경을 제공할 의지와 능력이 있는지를 평가하는 데 필요한 조사 내용을 항목별로 기술한 표준화된 가정조사서를 활용해 체계적인 입양부모 적격성 평가를 시행하고 있다(Crea, Barth, Chintapalli, & Buchanan, 2009; The Swedish National Board of Health and Welfare, 2009; UK Department for Education, 2013). 이러한 검증 절차를 마친 후에는 공적인 결연위원회를 통해 입양대상아동과 예비 입양부모를 결연하는데, 결연위원회는 보통 다양한 분야의 전문가 7인 이상으로 구성하며, 영국에서는 '입양과 아동법 등록체계'를 통해 공공 입양기관 간에 입양아동과 예비 입양가정에 관한 정보를 공유해 아동에게 가장 적합한 결연이 이루어지게 한다(UK Department for Education, 2013).

입양아동에게 입양가족을 연결하면, 아동이 예비 입양가정에서 생활하는 '입양 전 위탁'을 진행할 수 있다. 입양 전 위탁의 목적은 입양가정이 입양아동의 욕구를 잘 충족하면서 양육할 수 있는지를 판단하기 위한 것이다. 입양 전 위탁은 철저한 가정 조사와 예비 입양부모 교육을 통해 예비 입양가정으로 승인받은 경우에만 허가해야 하며, 법원의 입양 허가는 아동이 예비 입양가정에서 잘 적응하는 것을 확인하는 보고서를 받은 후에만 이루어지게 해야 한다. 프랑스, 영국 등에서는 예비 입양부모의 철저한 가정 조사와 교육, 준비가 이루어진 후 위탁가정과 입양가정으로 동시에 승인받은 다음에만 입양 전 위탁을 할 수 있다.

입양 전 위탁을 통해 예비 입양가정이 입양아동의 욕구를 충분히 충족할 능력이 있다고 인정되면 입양 전 위탁을 종료하고, 법원에 입양 허가를 위한 신청을 할 수 있다. 우리나라에서는 2011년 개정한 「입양특례법」을 통해 입양 시 가정법원의 허가를 받게 하였다. 법원이 입양 허가를 결정하면, 입양 아동을 입양부모에게 인도한다. 현재 전 세계 모든 국가는 입양아동의 인수와 보호를 국가에서 담당하며, 영국과 스웨덴, 네덜란드 등 대부분 유럽 국가는 입양부모에 대한 교육과 준비 결연의 모든 절차도 공공기관에서 담당한다. 그러나 우리나라에서는 현재 입양과 관련한 대부분의 절차를 민간 입양기관에서 담당하고 있다.

입양부모에 대한 평가 기준

1. 전체 성격: 가족 관계, 직장 적응도, 친구 관계와 지역사회 내 활동
2. 정서적인 성숙도: 사랑을 주고받는 능력, 성 역할에 대한 수용, 다른 사람을 보호하고 지도하는 책임을 감당할 능력, 적당한 정서적 안정감, 융통성, 자아존중감, 실망감과 좌절감에 대한 대처 능력
3. 부부 관계의 질: 아동에게 의존하지 않는 성공적인 결혼생활, 서로에 대한 존중과 존경, 다른 부모가 출산한 아동을 수용하는 능력
4. 아동에 대한 감정: 아동을 사랑하는 마음, 발달 단계상 나타날 문제에 대한 대처 능력, 입양아동의 어려움을 민감하게 이해하고 포용하는 능력, 아동을 개별화하는 능력
5. (난임 부부일 때) 아이가 없는 것에 대한 감정과 입양 준비 정도: 난임에 관한 죄책감의 부재, 입양 결정에 대한 부부간 합의, 입양 사실을 아동에게 말해 줄 능력, 생부모와 혼외 출산에 대한 비판단적 태도
6. 동기: 좀 더 풍부한 인생을 영위하고 싶은 욕구, 부모 책임을 다하고 싶은 욕구, 한 인간의 발전에 이바지하려는 욕구, 사랑을 주고받고자 하는 욕구

출처: Kadushin & Martin (1988).

입양기관이 입양부모 자격을 결정하는 기준은 신체적 안정성과 정서적 안정성, 경제적 안정성, 결혼 관계의 안정성 등이다. 입양기관은 입양아동에게 영구적인 가정을 보장하기 위해 안정된 가정을 선별해서 입양아동이 성장하면서 갖게 될 다양한 욕구를 잘 충족하면서 양육할 수 있게 준비하고 감독할 책임이 있다. 이를 위해 미국에서는 입양부모에 대한 평가 기준을 명확히 마련해 두고 있다(Kadushin & Martin, 1988).

입양기관은 입양이 성립된 후에도 입양부모와 입양아동 간 적응과정을 돕기 위해 일정 기간 사후관리를 해야 한다. 사후 서비스는 입양아동의 전 생애에 걸쳐 체계적으로 이루어져야 하며, 교육과 훈련을 받은 전문가를 통해 제공해야 한다. 사후 서비스 담당자는 입양아동과 입양가족의 상호적응 상태를 관찰하고, 아동 양육에 필요한 서비스와 정보를 제공한다. 영국에서는 상담과 자문, 정보 제공, 치료 서비스, 경제적 지원, 입양 관련 대화, 관계유지 서비스, 생부모와의 만남 지원 등의 사후 서비스를 제공하며, 모든 지방정부에 '입양지원 서비스 자문관'을 지정하도록 법으로 규정하고 있다(UK Department for Education, 2013).

🏠 제3절 각국 아동보호 서비스

국가별 아동보호 서비스는 어디에 더 초점을 두는지에 따라 '아동보호 중심 서비스'와 '가족보호 중심 서비스'로 구분할 수 있다. 아동보호 중심 서비스는 주로 보호가 필요한 아동의 발견과 사후 대처에 관심을 두는 것으로, 아동의 보호는 기본적으로 가정에서 담당해야 하며 국가는 아동에게 위험이 있을 때만 개입한다. 이러한 접근은 영국, 미국, 캐나다 등에서 '자유주의' 이념과 결합해 소극적 아동보호 서비스로 전개되었다. 가족보호 중심 서비스는 아동을 보호할 때 가족의 보호력을 강화하는 예방적 측면이 중요하다는 인식에 따라, 가족 전체에 초점을 맞춘 적극적 서비스를 제공한다. 이는 사회복지에 대한 '국가책임주의' 이념을 토대로 하여 스웨덴, 독일, 네덜란드 등에서 발달하였다(박세경 외, 2005; The Allen Consulting Group, 2008). 이 장에서는 두 가지 이념을 대표하는 나라인 미국과 스웨덴의 아동보호 서비스를 살펴보았다.

1. 미국 아동보호 서비스

1) 미국 아동보호 서비스의 특성

미국 아동보호 서비스는 자유주의 이념에 따라 아동에 대한 일차적 책임과 양육권을 부모(가족)에게 둔다. 아동에게 최상의 양육 장소는 가정이며, 사회는 부모가 아동 양육 책임을 잘 수행하지 못한 때만 개입하는 것을 원칙으로 한다. 즉, 미국의 아동보호 서비스는 개인과 가족의 사생활을 중시하는 사회 분위기에 따라 아동이 매우 취약한 상태에 도달했을 때만 최소한의 공적 개입을 한다. 이에 따라 아동보호 서비스 대상은 학대나 방임, 착취, 폭력 등으로 보호가 필요한 아동, 대안가정이 필요한 아동 등으로 제한하며, 아동보호 서비스 대부분은 '아동학대 예방 서비스' 중심으로 이루어진다. 과거에는 주로 학대와 방임 수준이 심각한 아동에 대해서만 개입했고, 개입방법은 아동을 가정에서 분리 보호하는 것이었다.

그러나 미국은 아동을 가정에서 분리하는 것이 궁극적으로 아동발달과 복지에 도움이 되지 않는다는 결과가 나타나면서, 아동보호 서비스를 점차 원가정을 지원하는 방향으로 전환하였다. 사회복지사는 가정에서 아동의 안전을 강화하기 위한 다양한 자원을 제공하며, 아동이 가정 외에 거주할 때에도 원가정으로 복귀해 살 수 있는 환경을 마련하도록 지원한다. 이러한 서비스는 '가족보존 원칙'에 따라 가족의 '안전성(safety)'과 '영구성(permanency)'을 보장하는 것을 기본으로 하는데, 이는 보호가 필요한 아동이 발생할 때 아동을 원가정에서 분리하는 것이 아니라, 먼저 가족보존 서비스를 제공하는 방식이다(박세경 외, 2005).

그런데도 미국의 아동보호 서비스는 여전히 사후처방적 성격이 강하며, 가족보존 서비스 역시 문제가 발생한 가족만을 대상으로 하는 선별주의적 특성을 띤다. 실제로 미국 아동보호 담당 사회복지사의 역할은 일시·영구대안양육 등의 조처를 결정하는 것이 대부분을 차지하며, 예방 차원의 서비스와 보호조치 이후의 서비스 제공은 상대적으로 부족한 편이다(박세경 외, 2005). 미국의 이러한 소극적 접근은 아동 문제의 배경이 되는 가정의 빈곤과 해체 등 가족의 위험 요인을 사전에 예방하지 못한다는 한계가 있다.

2) 미국 아동보호 서비스의 발달

미국의 아동보호 서비스는 종교단체를 중심으로 이루어진 시설보호에서 시작하였다. 1727년 뉴올리언스에 부모를 잃은 아동을 위한 보호시설을 최초로 설립했으며, 1740년에는 베데스다 고아원을 설립하였다. 19세기 후반에는 각종 유해 환경에서 아동을 구출하는 운동의 하나로 위탁가정 운동을 전개했는데, 1853년 뉴욕에 설립한 '아동구호협회'는 뉴욕의 노숙아동과 보호대상아동을 중서부 지역의 농가로 위탁하는 활동을 전개하였다(공계순, 박현선, 오승환, 이상균, 이현주, 2008). 그러나 이 운동은 아동의 의식주를 제공할 가정을 찾아 연결하는 것에만 초점을 두었고 무료 노동력을 확보하려는 위탁가정의 필요에 따라 아동보호가 결정되는 경우가 많아 비판을 받았다(장인협, 오정수, 2001).

미국의 아동보호정책과 서비스가 발달하는 계기가 된 것은 미국에서 1909년부터 대통령 주제로 열린 '백악관회의(White House Conference)'이다. 이 회의는 대규모 아동수용시설의 문제가 제기되면서 소집했으며, 아동발달에서 부모 역할과 가정생활의 중요성을 언급하면서 아동보호 원칙을 제시하였다. 그것은 가난하다는 이유만으로 아동을 가정에서 분리해서는 안 되며, 불가피하게 분리할 때는 위탁가정을 엄선해 차선책으로 고려하고 시설을 이용할 때는 소숙사 형태가 바람직하다는 내용이다. 1909년 1차 백악관회의는 '가족보존'에 대한 개념을 처음으로 언급했다는 데 의의가 있으며, 가정환경의 안정과 지속이 아동발달에 큰 영향을 미친다는 학계의 연구 결과는 이 주장에 더 힘을 실어 주었다(배화옥, 2010). 1차 백악관 회의를 계기로 1912년 아동 문제를 전담하는 아동국을 설립해 아동 문제를 전담하게 되었다. 백악관 회의는 이후로도 10년마다 열리면서 아동보호의 원칙과 방향을 정하고 미국의 장기적인 아동보호정책을 수립하는 데 큰 역할을 했다.

1970년대에 이르러, 미국 아동보호의 초점은 입양에 맞춰졌다. 이때는 아동을 영구가정에서 양육해야 함을 강조했고, 입양을 중심으로 한 아동보호가 이루어졌다. 비슷한 시기, 미국은 1974년 「아동학대 예방과 조치법(Child Abuse Prevention and Treatment Act: CAPTA)」을 제정하면서 아동보호의 법적 근간을 마련하기도 했다. 「아동학대 예방과 조치법」은 아동보호에 대한 정부 개입과 재원에 관한 전반적 사항을 명시하고 있으며, 실질적 아동보호 서비스는 주정부 차원에서 제공하지만, 서비스의 기준과 책임을 연방법으로 규정함으로써 책임성을 강조하였다. 그러

표 9-2   20세기 미국 아동복지 발달

단계	연대	개혁 내용	초점	아동복지 실천 함의
1	1909~1970년 백악관 회의	가정위탁보호	위탁가정	아동은 시설보다 가정에서 양육하여야 함
2	1970년대	영구 계획	입양가정	아동은 영구 가정에서 양육하여야 함
3	1980년대 「입양지원과 아동복지법」	가족 보존	친생부모	아동은 친생부모(birth parents)가 양육하여야 함 (입양 전 원가정 유지를 위한 적절한 노력이 필요함)
4	1990년대	가족의 지속	확대가족	아동은 장기간 지속하는 가족 관계 속에서 양육하여야 함

출처: McFadden & Downs (1995).

나 이 법을 시행하고 아동보호제도가 확대하면서 가족과 분리해 보호하는 아동 수
가 폭발적으로 증가하고 아동이 위탁가정을 장기간 전전하는 문제점이 나타났다.
이에 따라 아동복지를 위해 영구가정을 보존하고 구성할 필요성이 다시 대두하였
다. 이때는 입양중심 아동보호보다 가족보존의 중요성을 더 강조하였다. 정부는
1980년 「입양지원과 아동복지법(Adoption Assistance and Child Welfare Act)」을 제정
해 가족에서 아동의 분리를 예방하고, 분리했을 때도 원가정 복귀를 위한 '합리적
노력(reasonable efforts)'을 다하도록 명시하였다(Bagdasaryan, 2005). 그러나 이 법에
는 가족보존 서비스를 효과적으로 제공하기 위한 사회적 지원과 재원 마련에 관한
구체적 조항이 없었다. 따라서 1993년 「가족보존과 가족지원법(Family Preservation
and Support Act)」을 제정해 지역사회를 기반으로 원가족은 물론 필요하면 확대가족
과 친척, 이웃에게도 제공하고, 서비스 재원을 국가가 부담해야 함을 명기하였다(임
동호, 2008).

3) 미국 아동보호 서비스의 유형과 내용

(1) 미국 학대피해아동보호 서비스

앞서 언급했듯이 미국 아동보호 서비스는 부모에게서 적절한 보호와 양육을 받
지 못한 아동을 대상으로 하며, 주로 학대받은 아동을 중심으로 이루어진다. 「아동
학대신고법(Mandatory Child Abuse Reporting Law)」에 따라 교사, 사회복지사, 의사,

간호사, 상담가, 법률가 등 아동과 접촉하는 모든 분야의 전문가는 아동학대를 발견하면 신고할 의무가 있다. 미국 전역에서 공통으로 각 주의 아동보호국으로 아동학대 신고가 가능하며 아동보호 담당 사회복지사(Child Protective Service worker: CPS worker)는 신고받은 아동학대 사례를 조사·사정해 그에 따라 조처한다.

미국에서 아동보호를 담당하는 주무부서는 연방정부의 '보건복지부(Department of Health of Human Service: DHHS)' 산하에 있는 '아동보호국(Child Protective Service Department: CPS)'이다. 주마다 세부 내용은 다르지만, 기본적으로 아동보호국을 통해 아동학대 신고가 이루어지고, 아동보호국의 아동학대 담당 부서는 '아동학대조사과(Intake and Investigation Service)' '아동보호 서비스과(Child Protective Service)' '위탁가정과(Foster Care Service)'로 구성된다. '아동학대조사과'는 아동학대의 신고와 접수를 담당하고, 아동학대 사실 여부를 조사해 사례를 아동보호 서비스과로 이전할 것인지를 결정한다. 아동학대는 신고 후 24시간 이내에 조사하는 것을 원칙으로 하며, 조사의 두 가지 핵심 사항은 아동학대 발생 사실 여부와 아동보호 서비스 필요 여부에 관한 것이다. 조사 결과, 아동학대로 판정하지 않은 때는 부모의 선택에 따라 부모 교육과 상담 등 가족지원 서비스를 제공하고, 아동의 안전에 문제가 있다고 판단하면 아동보호 서비스과로 사례를 이전한다. 가족지원 서비스는 아동과 분리하지 않은 채 가정에 제공하는 서비스이며, 주마다 '가족보존 서비스(family preservation service)' '집중가족기반 서비스(intensive home based service)' '위기가족 서비스(family crisis service)' '가족중심 서비스(family centered service)' '가족재결합 서비스(family reunification service)' 등으로 그 명칭이 다양하다(Child Protective Service Department, 2014). 아동보호 서비스과로 이전한 모든 사례는 사례마다 '아동보호 담당 사회복지사'를 한 명 배정하며, 사례를 종결할 때까지 아동과 가족에 대한 서비스를 담당하게 한다. 가벼운 학대를 받은 아동은 보통 원가정에서 의료적·심리적 치료 서비스를 받게 하고, 사례관리를 통해 부모와 아동에게 지역사회 자원을 연계한다.

심각한 학대가 있었을 때는 먼저 가족과 회의를 통해 친척이 보호하는 방안을 찾고, 이것이 어려울 때는 법원 허가를 받아 아동을 원가정에서 분리해 위탁가정(foster family home)으로 보내게 된다(김형모, 2000). 미국에는 위탁가정 외에도 원가정을 떠난 아동을 위한 친인척 보호(kinship care), 응급 쉼터(emergency shelter),

치료위탁가정(therapeutic foster home), 공동생활가정(group home), 주거치료센터 (residential treatment center), 청소년을 위한 독립생활(independent living arrangement for older youth) 등의 서비스가 있다(Child Welfare Information Gateway 홈페이지, 2014).

(2) 미국 일시대안양육 서비스

미국에서 일시대안양육하는 아동 대부분은 가정위탁을 통해 보호한다. 미국의 아동양육시설은 대부분 폐쇄했고, 현재는 가정위탁을 아동을 위한 대표적 일시대안양육 서비스로 인식한다(Pecora, Whittaker, Maluccio, & Barth, 2012). 실제로 2012년 전체 위탁아동 중 대다수를 위탁가정에서 보호했으며(일반위탁 47%, 친인척위탁 28%), 그룹홈 6%, 시설 9%, 사전 입양가정 4%, 기타(독립생활, 이탈 등) 7%를 차지했다(US Department of Health and Human Services, Children's Bureau 홈페이지, 2014).

'가정위탁보호'는 원가정에서 분리한 아동을 안전한 가정환경에서 일시보호하는 것으로, 미국의 가정위탁은 크게 '친인척위탁'과 '일반위탁'으로 구분하며, 이 밖에 특수한 상황에 놓인 위탁아동을 위한 '전문가정위탁(specialized foster home care)'과 '치료가정위탁(treatment foster care)'이 있다. '전문가정위탁'은 신체·정서·발달 장애나 질환이 있는 아동이나 부모의 심한 학대나 방임 경험이 있는 아동, 영아기 자녀를 둔 10대 미혼모 등과 같이 특수한 어려움이 있는 아동과 부모를 대상으로 한다. 전문가정위탁부모가 되려면 일정한 교육과 훈련을 받은 후 자격증을 취득해야 한다. 치료가정위탁은 양육과 동시에 치료 개입을 하는 형태로, 양육자이자 치료 제공자인 위탁부모는 사회복지사, 심리학자, 예술치료사, 아동보호 전문가 등과 한 팀을 이루어 활동한다.

미국에서는 아동 위탁보호 기간이 짧고 위탁보호 후 원가정 복귀와 입양 비율이 높은 편인데, 이는 미국의 아동보호 서비스가 아동의 영구보호를 지향함을 보여 준다. 미국 정부자료(Child Welfare Information Gateway, 2020)에 따르면, 2019년 9월 말 현재 보호 중인 아동은 약 42만 4,000명이며, 위탁아동의 평균 연령은 8.4세이고, 위탁보호 기간은 평균 19.6개월이다. 아동의 평균 보호 기간은 19.6개월이지만, 위탁아동의 반 정도는 1년 미만의 비교적 짧은 기간 동안(1개월 미만 5%, 1~5개월 21%, 6~11개월 20%) 보호되고 있다. 또한 2019년에 원가정에서 분리된 아동(약 25만

1,000명)의 부모 중 39%가 약물남용(34%)과 알코올남용(5%) 문제가 있었고, 7%
는 수감 중이었다. 한편, 2019년에 위탁이 종료된 아동(약 25만 명)의 53%는 원
가정(47%)이나 친척 집(6%)으로 돌아갔으며, 26%는 입양되었다(Child Welfare
Information Gateway, 2020).

　미국 가정위탁보호는 공적 전달체계를 중심으로 민간기관과의 협력을 통해 이루
어진다. 이는 가정위탁보호에 관한 전체 관리를 주정부 사회복지국에서 담당하고,
민간기관은 아동보호에 관한 세부 서비스를 제공하는 형태이다. 미국 가정위탁보
호 체계를 그림으로 표현하면 [그림 9-6]과 같다.

　연방정부는 아동보호에 관한 전반적인 정책을 수립하며, 주정부는 이를 토대로
프로그램을 개발하고 운영한다. 주정부 사회복지국은 주로 학대피해아동에 대한
신고 접수 후 아동을 배치하는 역할을 하는데, 이때 아동 배치에 관한 사항은 법원
을 통해 승인받아야 한다. 또한 아동의 원가정을 조사하고 사례관리를 하며 위탁가
정에 대한 관리와 서비스를 제공하기도 한다. 민간 위탁보호기관은 주로 위탁가정

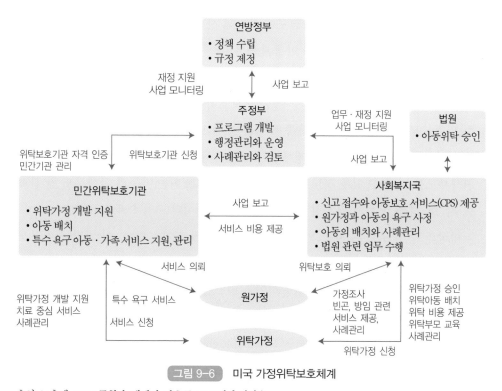

그림 9-6　미국 가정위탁보호체계

출처: 노충래, 2007: 구현아, 백혜정, 안효금, 2010에서 재인용.

의 개발과 관리 역할을 담당하는데, 지역사회의 다양한 위탁가정을 모집·교육·
훈련하고, 훈련받은 가정이 일정 자격을 갖추면 위탁가정 면허를 제공하며, 위탁가
정에 대한 정기적 감독과 모니터링을 수행한다. 위탁가정에 요구하는 조건은 주마
다 다르지만, 일반적으로 다음과 같은 조건을 충족해야 한다(구현아 외, 2010).

위탁가정의 조건

- 부모는 21세 이상이어야 한다.
- 범죄 기록이 없어야 한다.
- 안정된 가족이어야 한다.
- 안정적 수입이 있어야 한다.
- 가정에 대한 안전 점검이 이루어져야 한다.
- 가족 환경을 평가해야 한다.

위탁부모가 되려면 위탁부모 연수에 참가해 사전교육을 받아야 하며, 주(州) 위탁
부모협회에 가입하여 지방정부 아동가족서비스부의 사회복지사와 연계해 활동해
야 한다. 위탁가정은 아동을 위탁 보호할 때, 양육비와 함께 아동의 나이와 상황에
따라 피복수당, 교육비, 활동비 등 아동을 보호하는 데 필요한 서비스를 받는다. 특
히 위탁부모는 위탁아동이 원가족을 방문할 때 드는 비용과 위탁아동이 친생부모
를 만날 때 필요한 교통비를 주정부에서 받는다. 주마다 최소 2주에 한 번씩 아동이
친생부모를 만날 수 있을 정도로 예산을 편성하는데, 이는 아동과 친생부모 간 관계
를 지속하게 해 아동의 원가정 복귀를 돕기 위한 것이다(구현아 외, 2010).

미국의 주 대부분은 '가정 외 보호'를 12~18개월로 제한하며, 이 기간에 친부모
에 대한 상담, 교육, 치료 등을 제공해 가정의 아동학대 위험을 제거하고 아동이 가
정에 복귀하게 돕는다. 그러나 집중적인 서비스를 제공한 후에도 일정한 기간 내 가
정의 위험이 해결되지 않은 때는 법원의 협조로 아동을 그 부모로부터 영구적으로
분리하는 법적 절차(Termination of Parental Right: TPR)를 진행하고 입양을 고려한
다. 또한 아동학대 수준이 생명을 위협할 정도로 심각하고 원가정의 양육 가능성이
희박하면, 일시보호를 하면서 아동이 영구적으로 살 가정을 찾는 작업을 동시에 진

행(concurrent service plan)하기도 한다. 사회복지사는 친생부모의 양육권이 소멸되기 전에 입양가정을 확보하는 작업을 동시에 진행하며, 필요에 따라 입양을 원하는 가정에 아동을 미리 위탁하는 입양 전(pre-adoption) 절차를 진행하기도 하는데, 이는 아동의 일시보호 기간을 최소화하고 가능한 한 빨리 영구가정을 찾기 위한 대안이다.

(3) 미국 입양지원 서비스

입양지원 서비스는 친생부모의 친권 포기와 상실을 전제로 아동에게 혈연이 아닌 영구가정을 연결하는 것이다. 미국 입양제도는 주마다 다르지만, 기본적으로 다음과 같은 네 가지 사항을 포함한다. 첫째, 아동 친생부모의 서면 동의, 둘째, 입양부모의 입양 신청, 셋째, 입양 적합성과 타당성에 대한 판사의 결정, 넷째, 아동과 친생부모 간 법적 분리이다(Carp, 2000). 현재 미국의 입양제도는 입양기관을 거치지 않은 임의입양을 제한하고, 국외입양에 관한 규정을 강화하고 있으며, 입양과정에서 입양아동의 권리를 강조한다(윤은영, 2013).

미국의 입양 유형은 일반적으로 '계부모입양(stepparent adoption)' '독립입양(independent adoption)' '양도 또는 기관 입양(relinquishment or agency adoption)' '국외입양(intercountry adoption)'으로 분류할 수 있다. '계부모입양'은 배우자의 자녀를 입양하는 것을 말하며, 현재 미국에서 가장 높은 비율을 차지하는 입양 형태이다(Shuman & Flango, 2013). '독립입양'은 친생부모가 기관의 중개 없이 자신이 선택한 입양가정에 자녀를 맡기는 것으로, 1960~1970년대에는 20% 정도의 비율로 꾸준히 이어졌지만, 현재는 여러 주에서 독립입양을 불법 입양으로 간주하면서 그 비율이 줄고 있다. '양도 또는 기관 입양'은 아동에 대한 부모의 권리를 자의 또는 타의로 상실했을 때 기관의 감독 아래 이루어지는 입양을 말한다. 최근에는 이러한 입양 중 아동의 일시대안양육을 맡았던 위탁가정에 입양되는 아동 수가 점점 큰 비중을 차지한다. '국외입양'은 외국에서 태어난 아동을 입양하는 것으로, 몇 년 전까지 한국 입양아동의 수가 가장 많았지만, 최근에는 동유럽과 중국 아동의 입양이 증가하는 추세이다(윤은영, 2013).

미국에서 입양부모는 21세 이상, 입양아동은 16세까지로 나이를 제한하고 있으며, 친생부모가 사망·행방불명이거나, 친생부모의 아동 학대·유기로 양육권을 박탈한 경우 등 친생부모의 아동 양육이 불가능한 상황에서만 입양이 가능하다(장복희, 2010). 또한 미국은 2000년 「헤이그협약」을 비준함으로써 국외입양에 대한 기준을 강화하였다.

한편, 입양기관은 첫 6개월 동안 입양가정과 긴밀한 접촉을 유지하면서 아동이 과거의 삶과 연속성을 유지하게 하고, 입양가정이 원활하게 적응하게 돕는다. 이를 위해 같은 지역의 입양가정과 아동이 자조 모임을 형성해 서로 현실적 조언과 도움을 주고받을 수 있게 지원하기도 한다.

2. 스웨덴 아동보호 서비스

1) 스웨덴 아동보호 서비스의 특성

스웨덴 아동보호 서비스는 보호가 필요한 아동뿐 아니라 모든 아동을 서비스 대상으로 하며, 서비스 내용도 가정의 보호·양육 기능을 보완함으로써 보호가 필요한 아동의 발생을 예방하는 데 초점을 둔다. 스웨덴은 기본적 사회 서비스 투자를 강화하는 것이 곧 아동을 보호하는 것으로 보고, 모든 아동에게 제공하는 보편적 서비스를 통해 아동이 더 안전한 환경에서 자신의 잠재력을 발휘할 기회를 마련하고 아동의 부모는 안정적 경제활동이 가능하게 지원한다. 이러한 면에서 스웨덴의 아동보호 서비스는 아동의 복지뿐 아니라 성평등을 동시에 지향하는 것이라고 할 수 있다. 이는 스웨덴 아동보호 서비스가 아동과 가정을 조기에 돕는 것이 중요하다는 인식과 더불어 여성의 사회 참여가 확대하는 시대 상황에서 사회 운동을 통해 형성·발전하였기 때문이다(박세경 외, 2005).

스웨덴은 미국과 마찬가지로 아동 보호와 양육에 대한 일차적 책임과 권리가 가족에게 있다고 보지만 그 성격이 매우 다르다. 미국은 이미 문제가 발생한 가정을 보호하기 위한 사후 대책을 세우는 데 초점을 맞추는 반면, 스웨덴은 아동 문제가 발생하기 전 가족의 보호력과 양육 능력을 증진하는 방안을 적극적으로 마련한다. 또한 미국의 가족보존은 주로 아동과 혈연으로 연결된 전통적 의미의 가족 유지에 초점을 맞추지만, 스웨덴의 가족보존은 혈연이 아니더라도 아동과 밀접한 관계가 있는 친인척, 친지, 동거가정 등 다양한 유형의 가족을 보존하는 것으로 그 범위를 확장한다. 즉, 미국에서는 아동과 친생부모의 관계를 중요시하지만, 스웨덴은 혈연이 아니더라도 실제 양육자의 보호·양육 능력 개발에 더 관심을 둔다.

최근 스웨덴 정부는 '안전한 가정환경과 아동 양육·보호'에 대한 내용을 주요 정책과제로 삼는 등 아동보호에 대한 국가의 책임성을 더욱 강조하는데(Government Offices of Sweden 홈페이지, 2014a), 이는 우리나라에 시사하는 바가 크다. 스웨덴은 모든 보육과 교육, 의료 서비스를 무료로 제공하며, 가족지원 서비스 제공을 통해 궁극적으로 부모가 아동 양육을 잘하게 돕는다. 스웨덴 지방정부의 전체 예산 중 아동 관련 예산은 약 30% 이상을 차지하며 이 중 절반 정도를 아동보호에 사용한다(박세경 외, 2005)는 점은 아동에 대한 스웨덴 정부의 관심을 반영하는 것이다. 이러한 과감한 투자와 지원은 아동보호에 대한 포괄적이고 체계적인 접근을 가능하게 한다. 또한 스웨덴 아동보호 서비스에서 주목할 점은 「아동권리협약」의 비준 후 법률에 '아동 최상의 이익' 원칙을 명시하고, 모든 아동 관련 서비스에 아동의 의사를 반영하는 장치를 마련하는 등 그 내용을 전체 정책과 서비스에 적용하기 위해 온 힘을 기울였다는 것인데, 2020년 1월부터는 세계 최초로 「아동권리협약」을 아예 스웨덴의 법률로 채택해서 이행하고 있다.

2) 스웨덴 아동보호 서비스의 발달

스웨덴에서 근대적 의미의 아동복지를 시작한 것은 1902년 「아동복지법」을 제정한 이후부터이다. 이 법은 1934년 「청소년보호법」과 함께 지금까지 스웨덴 아동보호제도의 기초가 되고 있다. 그러나 스웨덴 아동보호 서비스가 앞서 제시한 바와 같이 아동에게 초점을 둔 법령과 제도만으로 이루어지는 것은 아니다. 스웨덴은 기본적인 사회보장제도와 교육제도를 토대로 여러 법과 제도를 연결해 서비스의 기본 방향과 규칙을 마련하고 있다. 또한 모든 법령에서 아동보호의 중요성과 필요성을 명백하게 규정함으로써 「아동권리협약」에서 명시한 '아동 최상의 이익' 원칙을 적용하게 한다. 아동 관련 업무를 담당하는 기관에서도 아동과 관련한 의사결정을 할 때 협약 내용을 기초로 삼는다(박세경 외, 2005).

스웨덴 아동보호 서비스는 아동수당, 부모보험, 아동보건 서비스 등 아동·가족에 대한 기본 서비스 제공에서 시작한다. 특히 다양한 유형의 '돌봄 서비스 체계'를 구축해 부모가 아동 양육과 경제활동 사이에서 유연하고 적절한 선택을 할 수 있게 하고, 정부는 부모의 역할과 책임을 강화하는 구체적인 교육과 훈련을 지원한다. 임신기부터 부모는 지역마다 설치한 '아동보건서비스센터'에서 출산과 보건에 관한 교육을 받을 수 있고, '아동보육센터'와 돌봄 서비스 기관 등을 통해 아동 양육에 관한 문제를 수시로 의논할 수 있다. 부모 교육·훈련 서비스는 부모에게 아동 양육에 관한 지식을 제공할 뿐 아니라, 다른 부모와 만나 의견을 교환하면서 부모의 양육 스트레스를 완화하고 양육 능력을 길러 아동을 잘 돌볼 수 있게 한다(박명숙, 2005).

3) 스웨덴 아동보호 서비스의 유형과 내용

(1) 스웨덴 학대피해아동보호 서비스

스웨덴은 아동학대에 관해서도 예방적 접근을 중시하며, 아동학대 예방은 '교육'에서부터 시작한다. 먼저, 아동에 대한 교육을 통해 아동이 자기 권리를 인식하고 학대 상황 등을 인지·판단하게 하며, 부모는 정부와 지역 내 모성보호센터, 아동의료센터, 아동복지센터, 유치원 등 지역사회기관에서 교육과 훈련을 받고, 각종 모임을 통해 지속적인 협력 관계를 유지한다. 대표적으로 '개방 유아학교(open preschool)'는 취학 전 아동에게 무료로 제공하는 유아교육 서비스로, 아동과 양육자가 함께 참여해 교육·토론의 시간을 갖는 프로그램이다. 정부는 부모를 지원하는 효과적인 방법을 개발하고 실천 사례를 보급하기도 한다. 예를 들어, '반아동학대위원회(Committee against Child Abuse)'에서는 스웨덴 부모를 위해 전국의 약국과 출산 전 클리닉, 아동복지 클리닉, 사회복지 서비스 기관에 『부모의 책』을 보급하고, 학교와 사회복지기관의 다양한 부모교육 프로그램에 활용하게 하였다(Government Offices of Sweden 홈페이지, 2014b).

아동 학대와 방임이 일어났을 때는 먼저 가족보존 원칙을 토대로 가족의 양육력과 보호력을 강화하는 가족지원 서비스를 시행한다. 그러나 스웨덴 아동보호 서비스 대부분을 '가족보존 원칙'에 입각해 시행해도, 원가정 보호가 '아동 최상의 이익'을 추구하는 원칙에 어긋나는 상황일 때는 아동을 가정에서 분리해 보호한다. 1979년 제정한 「부모와 후견법(Code of Parenthood and Guardianship)」에서는 아동에게 체벌을 가하거나 아동의 자존심을 훼손하는 모든 처우를 금하고 있으며, 아동 관련 업무를 하는 사람은 모두 아동학대 신고 의무자가 된다. 지방정부의 아동보호 담당 사회복지사는 아동학대 신고가 접수되면, 즉시 가정을 방문해 아동과 부모의 욕구를 사정하고, 그 결과를 '사회서비스위원회'에 넘겨 아동의 보호조치 여부를 결정한다. 가벼운 아동학대의 경우, 부모는 가정이나 '부모 교실' 등에서 아동 양육방법에 대한 지도와 교육을 받고, 아동은 한 달에 1~2주씩 사회서비스위원회에서 선정한 다른 가정에 머물기도 한다. 필요하면 부모와 아동은 공공이나 민간 기관에서 제공하는 치료 서비스를 받는데, 그 비용은 국가가 부담한다(박명숙, 2005).

스웨덴 아동보호 서비스 전달체계는 관련 법에 따라 공공기관을 중심으로 구성되며 아동보호 서비스 담당자는 모두 공무원이다. 서비스의 기획과 결정은 중앙정부의 보건사회부(Ministry of Health and Social Affairs)와 영역별 '국가위원회(National Board)' 간 협력과 연계를 통해 이루어진다. 스웨덴의 아동보호 서비스를 관장하는 주요 국가위원회는 '보건복지(Health and Welfare) 국가위원회'를 중심으로, '시설보호(Institutional Care) 국가위원회' '경찰(Police) 국가위원회' '교육(Education) 국가위원회' 등이 있다. 이들은 아동보호에 관한 전체적 체계를 기획하고 법률 제안을 하며, 구체적인 서비스를 개발·보급하는 프로젝트를 진행하기도 한다. 이러한 국가위원회는 주로 포괄적인 서비스 체계를 기획하고, 시·군·구의 '사회서비스위원회(Social Services Committee)'를 통해 구체적인 서비스 방안을 마련한다. 부분적으로 민간에서 서비스를 제공할 때도 있지만, 이는 '사회서비스위원회'의 결정이 이루어진 후에만 가능하다. 민간기관은 보통 아동학대에 대한 교육과 캠페인 등의 활동을 진행하거나 공공기관에서 의뢰한 치료 서비스를 제공한다(박명숙, 2005; 박세경 외, 2005).

(2) 스웨덴 일시대안양육 서비스

가정위탁을 중심으로 하는 스웨덴의 일시대안양육 서비스는 법적 규제를 통해 매우 엄격하게 운용되는데, 「사회서비스법」에서는 아동의 '가정 외 보호'를 할 때, 먼저 아동의 가까운 친척이 위탁 가능한지 살펴보고, 가정과 인접한 환경에서 시설이 아닌 다양한 보호 서비스를 모색할 것을 명시하고 있다. 따라서 지방정부 대부분은 위탁보호를 긴급하거나 단기간 배치가 필요한 경우에 활용하고 있으며, 이때 사회복지사는 위탁보호 기간을 단축하기 위해 힘쓰고, 위탁보호 기간 중 아동과 부모 간 긴밀하고 정기적인 접촉 기회를 마련해 아동이 가정에 재결합할 수 있게 돕는다. 사회복지사는 아동을 보호하기 전 부모 등 양육자와 충분히 토의해야 하고,

아동의 의사를 서비스 결정에 반영하도록 노력해야 한다. 특히 아동이 15세 이상일 때는 서비스 대책을 당사자인 아동과 꼭 합의해야 한다는 것을 법에 규정하고 있다. 또한 법원은 '아동 양육권'과 '거주지 접근권'과 관련한 합의가 필요할 때 부모와 아동이 모두 참여한 대화 시간을 마련하도록 '사회서비스위원회'에 지시하기도 한다. 이 대화 시간은 아동 최상의 이익을 보장하기 위한 방안으로, '협력을 위한 대화 (Dialogue for Cooperation)'라고 부른다. 이러한 방법 중 대표적인 것은 1995년부터 운용하는 '가족 회의(Family Conference)'인데, 가족 회의는 가족과 가족 주변에 있는 사람이 함께 모여 아동을 위한 대안을 의논하고 제안하는 회의이다. 이 회의는 가족이 직접 아동을 어떻게 교육하고 양육할지를 결정하고 실천하는 것을 목표로 한다. 가족 회의를 통해 이루어진 계획은 사회서비스위원회의 승인을 받은 후 그것을 실현할 수 있게 지원받는다. 사회서비스위원회는 아동과 가족에게 도움을 줄 사람을 임명하거나 그 활동 내용을 점검한다(Government Offices of Sweden 홈페이지, 2014b).

단, 부모 동의를 받을 수 없거나, 아동 의사를 반영할 수 없는 예외 상황에는 법률상 '보호 명령(care order)'에 따라 사회복지사가 강제 개입할 수 있다. 사회서비스위원회는 폭행, 부당한 착취 등 아동에게 해가 되는 명백한 위험이 있을 때, 아동을 위탁가정이나 전문위탁가정 등에 배치한다(박세경 외, 2005).

(3) 스웨덴 입양지원 서비스

스웨덴에서는 1960년대까지 국내입양을 합법화하지 않았다. 그래서 지역 아동복지국은 미혼모가 자녀를 입양 보내지 않게 설득하는 일에 초점을 두었고, 입양을 원하는 가족은 주로 국외입양에 의존해 왔다. 현재는「부모와 후견법」에 따라 입양을 허용하지만, 전반적으로는 입양을 장려하지 않으며 입양을 하더라도 법원의 엄격한 심사를 거치게 한다. 입양을 원하는 가정은 아동을 잘 양육할 능력이 있고 아동에게 좋은 환경을 제공할 수 있는지를 증명해야 하며, 일단 입양이 결정되면 파기할 수 없다. 법원은 입양이 '아동 최상의 이익'을 보장하는 일인지를 판단하며, 아동의 나이와 성숙도를 고려해 아동이 원하는 바를 수용하려고 노력해야 한다. 법적으로 18세 미만인 아동은 친생부모의 동의 없이 입양할 수 없고, 12세 이상 아동은 본인의 동의 없이 입양할 수 없다(박세경 외, 2005).

또한 스웨덴은 국제입양 당국과 국가 보건복지위원회가 함께 예비 입양부모 교육과정을 개발해 자격을 갖춘 강사를 훈련해 교육을 진행한다. 스웨덴의 예비 입양부모는 3시간씩 7번, 총 21시간의 교육을 받아야 하며, 교육 내용은 '입양아동의 특수한 욕구와 취약점에 관한 이해, 입양아동을 양육하면서 겪을 수 있는 다양한 상황에 대한 인식과 준비, 입양 동기, 입양 시 고려할 윤리적 이슈 성찰, 정체성 문제, 상실에 대한 애도' 등의 다양한 주제로 구성된다.

제5부

우리나라 아동복지제도와 서비스

이 책의 제5부에서는 우리나라 아동복지제도와 서비스를 정리하였다. 우리나라의 주요 아동복지제도와 서비스는 가족지원제도와 돌봄 서비스, 보호 서비스로 크게 구분할 수 있으며, 이를 세부적으로 나누어 우리나라 가족지원제도(제10장), 우리나라 아동돌봄 서비스(제11장), 우리나라 아동·가족 통합서비스(제12장), 우리나라 아동학대예방 서비스(제13장), 가정위탁과 공동생활가정, 아동양육시설을 포함하는 우리나라 일시대안양육 서비스(제14장), 입양을 중심으로 한 우리나라 영구대안양육 서비스(제15장)로 기술하였다. 아울러 서비스별 설명에 앞서 전체 제도와 서비스를 생애주기별, 지원체계별로 구분해 설명하였다.

우리나라 아동복지제도와 서비스를 아동의 생애주기별로 그림으로 정리해 보면 다음과 같다. 우리나라 아동복지 서비스는 보통 영·유아기와 학령기, 청소년기의 3단계로 구분되며, 자립지원을 제외한 서비스 대부분은 「아동복지법」상 아동의 나이인 만 18세를 기점으로 종결된다. 양적으로만 비교하면 영·유아기에 제공하는 제도와 서비스가 가장 많고, 청소년기로 갈수록 서비스 수는 줄어든다. 아동기 전체를 아우르는 제도에는 자녀세액공제와 근로장려세제가 있으며, 서비스에는 일시대안양육 서비스(가정위탁, 공동생활가정, 아동양육시설)와 영구대안양육 서비스(입양지원)를 포괄하는 보호 서비

생애주기별 아동복지제도와 서비스(2021년 기준)

스와 아동보호전문기관의 학대피해아동을 위한 사례관리, 지역아동센터의 돌봄 서비스가 있다.

앞의 그림에서는 우리나라 아동복지제도와 서비스를 기능과 역할로 구분해 보호 서비스와 사례관리, 돌봄 서비스, 가족지원제도의 네 가지로 정리하였다. 그림에서 아래로 갈수록 모든 아동에게 보편적으로 제공하는 제도와 서비스가 있으며, 위로 갈수록 취약아동과 보호대상아동을 중심으로 한 선별적 제도와 서비스가 있다. 이 중 취약아동에 대한 제도와 서비스를 살펴보면 가족지원제도에는 근로장려세제가 있고, 돌봄 서비스에는 지역아동센터와 청소년방과후아카데미, 사례관리에는 드림스타트와 학대피해아동 대상 사례관리, 보호 서비스에는 일시 및 영구 대안양육 서비스, 자립지원 서비스가 있다.

각 제도와 서비스를 좀 더 구체적으로 살펴보면, 먼저 가족지원제도의 아동수당은 만 7세 미만 모든 아동에게 제공하는 수당이며, 육아수당은 만 8세 이하, 또는 초등학교 2학년 이하 자녀가 있는 근로자에게 지급하는 수당이다. '자녀세액공제'는 자녀가 있는 근로자의 세액을 공제해 주는 제도이고, '근로장려세제'는 저소득 근로자가구의 세금을 환급해 주는 제도이다.

돌봄 서비스는 주로 영·유아와 학령기 아동을 대상으로 이루어지는데, 어린이집과 유치원을 이용하는 만 5세 이하 아동에게는 보육료와 유아학비를 지원하고, 이러한 유아교육·보육기관을 이용하지 않는 영·유아에게는 양육수당을 지급한다. 또한 만 12세까지는 가정에서 아동을 돌봐 주는 아이돌봄 서비스를 이용할 수 있으며, 만 18세 미만의 아동은 지역아동센터를 이용할 수 있다. 그러나 지역아동센터는 일부 센터를 제외하고는 대부분 초등학생 학령기 아동을 대상으로 서비스를 제공하며, 이용 대상도 시설별 신고 정원의 60%를 돌봄취약아동으로 한정하고 있다. 돌봄취약아동은 소득과 가구특성, 연령 기준을 모두 만족하는 아동을 의미한다. 아울러 학령기 아동을 대상으로 한 돌봄 서비스로는 다함께돌봄센터와 초등돌봄교실 서비스가 있다. 다함께돌봄센터는 초등학생을 대상으로 지역사회 안에서 방과 후에 상시돌봄 및 일시돌봄 서비스를 동시에 제공한다. 초등돌봄교실은 초등학교 공간을 활용해 학교 정규 수업 전후에 돌봄 서비스를 제공한다. 한편, 청소년방과후아카데미는 초등 4학년부터 중등 2학년까지 취약 계층 아동을 대상으로 방과 후 돌봄 서비스를 제공한다.

아동에 대한 사례관리를 제공하는 기관(팀)은 아동의 상황에 따라 구분할 수 있다. 초·중·고등학교를 다니는 아동은 학교에 배치된 교육복지 전문인력을 통해 사례관리와 복지 서비스를 받을 수 있다. 단, 교육복지 서비스는 현재 일부 학교에서만 진행하고 있다. 드림스타트는 0세(임산부)부터 만 12세 이하(초등학생 이하) 취약 계층 아동과 가족에 대한 통합 사례관리를 하며, 아동보호전문기관은 학대피해아동에 대한 사례관리를 한다. 그림에는 표시하지 않았지만, 2020년 10월부터는 기초자치단체를 중심으로 아동보호전담요원이라는 새로운 종사자를 배치했는데, 아동보호전담요원은 가정위탁, 공동생활가정, 아동양육시설에서 보호하는 아동의 관리를 담당한다.

마지막으로, 보호 서비스에는 가정위탁과 공동생활가정, 아동양육시설을 포함하는 일시대안양육 서비스와 아동에게 입양가정을 연결하는 영구대안양육 서비스가 있다. 보호 서비스는 만 18세까지 모든 아동을 대상으로 이루어지며, 일시대안양육 서비스를 받는 만 15세 이상 아동부터 자립교육을 실시하고, 18세가 지나 보호가 종료된 자립 준비 청소년에게는 보호 종료 후 5년까지 자립지원 서비스를 제공한다. 입양은 18세 미만 아동을 대상으로 이루어지고 입양 후 1종 의료급여와 입양아동 양육수당을 제공한다. 단, 입양아동은 만 18세까지만 경제적 지원을 받을 수 있지만, 18세 이상이 되어도 필요하면 상담과 교육 등 사후 서비스를 받을 수 있다.

한편, 우리나라 아동복지제도와 서비스는 2019년 5월 정부가 「포용국가아동정책」을 발표하면서 전반적인 체계를 개편하였다. 「포용국가아동정책」은 보호가 필요한 아동에 대한 국가 책임을 강화하고 아동의 안전한 돌봄을 강화하는 것을 주요 내용으로 한다. 이에 따라 요보호아동에 대한 상담을 지자체가 직접 수행하도록 시·군·구에 아동보호전담요원을 배치했으며, 지자체의 아동복지심의위원회(사례결정위원회)를 통해 아동에 대한 보호조치와 종결을 결정한다. 아동보호전담요원은 아동이 가정 밖에서 보호되는 동안 일시대안양육 서비스 기관과 협업해 아동의 시설적응과 원가정과의 관계 회복 및 복귀를 지원해야 한다. 한편, 지자체에 아동학대전담공무원을 배치해 아동학대에 대한 조사를 공무원이 직접하게 했으며, 아동보호전문기관은 더는 아동학대 조사 업무를 하지 않고 학대피해아동에 대한 사례관리를 전담하게 되었다.

이러한 아동복지 전반에 대한 통합 실천을 위해 기존 8개 중앙단위 지원기관을 통합해 아동권리보장원을 설립하였다. 아동권리보장원은 정부의 아동복지정책 수립을 지원하며, 돌봄과 보호 서비스 전반에 걸친 아동복지시설의 서비스 지원과 종사자 교육 등을 수행한다. 현행 아동복지 전달체계를 나타내는 그림은 다음과 같다.

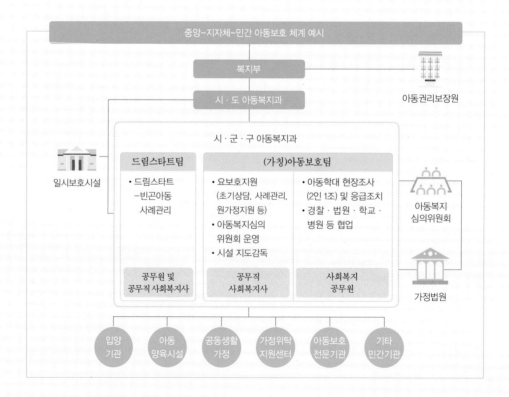

제10장

우리나라 가족지원제도

가족 기능을 지원하기 위해 현재 시행하는 우리나라 제도는 〈표 10-1〉에서 보는 바와 같이 아동수당, 육아수당, 바우처제도, 「국민기초생활보장법」에 따른 현금과 현물 급여, 영·유아 보육료와 양육수당, 세제 혜택 등이 있으며, 그 밖에 육아휴직과 근로장려세제 등의 노동 환경과 고용정책이 있다. 이 장에서는 현물급여(사회복지 서비스) 부분을 제외한 나머지 부분을 간단히 살펴보고자 한다.

표 10-1 우리나라 가족지원제도

구분			서비스 종류와 내용
공공 가족복지 지출을 통한 가족지원	공적 소득이전	아동수당	• 만 8세 미만 모든 아동 대상
		육아수당	• 자녀를 둔 근로자 대상 • 산전·후 휴가급여, 육아휴직 급여
		바우처제도	• 저소득층 대상 • 사회서비스 바우처, 보육·교육 바우처, 문화·여행·스포츠 바우처, 직업훈련 바우처

		현금급여 (소득이전)	• 저소득층 대상 • 생계급여 · 교육급여 · 의료급여 · 아동급식비 지급, 보육비용 지원, 영구임대주택 입주 지원, 기타 국가 또는 지방자치단체가 정하는 경비 지원 등
	공공부조	현물급여 (사회복지 서비스)	• 저소득층 대상 • 후견사업, 결연사업, 상담 서비스, 드림스타트, 디딤씨앗 통장, 산모 · 신생아 도우미 사업, 아동복지시설 운영, 언어발달지원 사업, 지역아동센터 등
	자녀가 있는 가족을 위한 서비스 공공 지출	영 · 유아 보육료	• 어린이집을 이용하는 아동 대상
		양육수당	• 어린이집을 이용하지 않는 아동 대상
	조세를 통한 재정지원	자녀세액공제	• 18세 미만 자녀를 둔 근로자 대상
		자녀장려세제	• 저소득층 가구 아동 대상
부모의 고용 창출을 통한 가족지원	가족 친화적 노동정책	'좋은 노동' 보장	• 영 · 유아를 둔 근로자 대상 • 육아휴직
	고용정책	근로연계제도	• 저소득층 대상 • 근로장려세제, 자활 사업

🏠 제1절 공공 가족복지 지출을 통한 가족지원

1. 공적 소득이전

1) 아동수당

우리나라는 2018년 9월부터 대한민국 국적과 주민등록번호가 있는 만 7세 미만 모든 아동에게 아동수당을 지급하고 있다. 2018년 9월 도입 당시에는 소득인정액 하위 90% 수준이라는 조건이 있었지만, 2019년 1월부터 소득 · 재산 조사를 거치지 않고 만 6세 미만 모든 아동에게 보편적으로 지급했으며 2019년 9월부터는 만 7세 미만 (0~83개월), 2022년에는 만 8세 미만의 모든 아동으로 확대하였다(복지로 홈페이지, 2023). 그동안 우리나라는 아동 · 가족에 대한 지출이 OECD 평균 대비 낮은 수준이었고, 특히 아동에 대한 현금 지출은 GDP 대비 0.2%로 OECD 평균의 1/6인 수준이었다(정책위키 홈페이지 2021; 홍민지, 2019). 이런 점을 고려할 때 아동수당의 도입은 자녀를 키우는 경제적 부담을 줄이고 아동의 기본 권리와 복지 증진에 이바지할 수 있으며, 보편적 복지제도의 실마리를 마련했다는 점에서 고무적이다.

그러나 우리나라 아동수당은 아직 미약한 형태이다. 대부분의 나라에서 아동수당을 법정 아동 연령까지 지급하지만, 우리나라는 저연령 아동으로 한정하고 있다. 또한 급여 수준도 아직 낮은 편이다. 아동수당은 국가가 자녀 양육과 교육 등으로 가족이 부담하는 기본 비용을 지원해 가족 부담을 낮추려는 제도이다. 아동수당의 정책목표를 이루려면 앞으로 수급 기준 연령을 만 18세까지로 확대하고 급여 수준도 현실화할 필요가 있을 것이다.

한편, 정부는 2022년부터 출생한 아이에게 영아수당을 지급하는 것을 주요 내용으로 하는 제4차 저출산고령사회기본계획(2021~2025년)을 발표하였다. 영아수당은 첫해 30만 원에서 시작해 2025년에는 50만 원까지 단계적으로 확대할 계획인데, 이는 현재 만 8세 미만 아동에게 지급하는 월 10만 원의 아동수당과는 별개로 지급한다(관계부처합동, 2021). 2023년부터는 부모급여가 신설되었는데, 기존에 만 0~1세 아동을 키우는 가구에 지급하던 영아수당 30만 원을 만 0세는 월 70만 원, 만 1세는 월 35만 원으로 늘려서 적용하는 것이며, 2024년에는 금액이 더 확대될 예정이다.

2) 육아수당

우리나라는 2001년부터 모성보호 관련 법인 「근로기준법」 「남녀고용평등법」 「고용보험법」을 개정·시행하면서 '출산전후 휴가급여'와 '육아휴직 급여'를 도입하였다. 출산전후 휴가급여는 출산 전후 90일(다태아는 120일)의 보호휴가를 보장하는 것으로, 이 기간 급여 전액을 보장받는다. 육아휴직 급여는 자녀가 있는 근로자가 자녀 양육을 위해 휴직할 때 고용보험에서 휴직 전 통상임금의 일부를 지급하는 제도이다. 우리나라는 2023년 현재 만 8세 이하 또는 초등학교 2학년 이하 자녀가 있는 가정의 부모 근로자에게 1년간 월 통상임금의 80%(상한 150만 원, 하한 70만 원)를 지급한다. 육아휴직은 자녀의 나이가 만 8세가 되기 전까지는 언제든 사용 가능하다.

출산전후 휴가급여와 육아휴직 급여는 육아 부담으로 말미암은 여성의 경제활동

제약을 제도적으로 지원하기 위한 보호조치로, 여성의 노동시장 참여 지원과 직장과 가정의 양립, 출산 장려와 아동복지 제고, 남성의 가족 책임 분담과 성평등을 목표로 한다(이규용 외, 2004).

3) 바우처제도

우리나라에서 바우처제도에 대한 관심은 소비자 만족도 제고, 예산 절감, 민영화 등의 관점을 강조하면서 높아졌는데(최성은, 최석준, 2007), 현재 국내에서 이루어지는 바우처 사업 중 아동을 대상으로 하는 대표적인 것으로는 '보건복지부'가 시행하는 사회서비스 바우처 사업과 보육·교육 바우처 사업이 있다.

바우처제도는 공공 서비스 전달과정에서 시민의 서비스 주권을 회복하고, 정부와 공급자 간 관계를 투명하게 함으로써 부패와 비효율을 방지하고 경쟁을 강화해 서비스 질을 높일 수 있으며 사회 서비스 품질관리를 체계화할 수 있다. 반면, 사회복지를 상품화하고 시장 논리를 강화해 여러 가지 폐단을 가져올 수 있다는 지적도 있다. 우리나라에서도 바우처제도를 시행하면서 이러한 문제점이 발생하고 있다.

첫째, 시설 간 과도한 경쟁이 발생하고 평가인증제도 도입으로 행정 업무가 과다해졌다. 둘째, 서비스 구매자를 유치하기 위해 낮은 가격을 책정하거나 정원을 과도하게 늘리고, 이에 따른 낮은 인건비 채택으로 직원의 질과 서비스 질이 하락하였다. 셋째, 바우처를 사용하는 저소득층을 타 소비자와 구별함으로써 서비스 제공과정에서 차별과 낙인을 가져왔다. 넷째, 전자 바우처는 행정 편의적으로 계획해 결재가 번거롭고 수수료 등 행정비용이 증가하였다. 다섯째, 경쟁에 따른 품질 향상

표 10-2 우리나라 아동 대상 바우처 사업(2021년 기준)

	주관부서	서비스 종류
사회서비스 바우처	보건복지부	• 장애인활동 지원(장애인 활동보조), 지역사회 서비스 투자사업, 산모·신생아 건강관리사 지원, 임신·출산 진료비 지원제도, 발달재활 서비스, 언어발달 지원, 발달장애인 부모상담 서비스
보육·교육 바우처	보건복지부	• 누리과정 지원: 유아학비(유치원 재원 중인 만 3~5세 전체계층 아동), 저소득층 유아학비 추가지원, 다문화보육료, 누리장애아동과 장애아동 보육료, 저소득층 아동과 장애아동 방과 후 보육료
	고용노동부	• 직장 어린이집 지원

출처: 보건복지부 홈페이지(2021a); 여성가족부 홈페이지(2021)에서 재구성.

과 서비스 추가 구매 등 시장화의 긍정적 영향은 미약하고, 공급자와 이용자의 도덕
적 해이 가능성이 높아졌다(강혜규, 2013; 조현승, 고대영, 박문수, 2013; 최성은, 최석준,
2007).

4) 공공부조

우리나라 공공부조제도는 「국민기초생활보장법」과 「의료보호법」에 의거하는데,
빈곤층의 소득보장은 주로 「국민기초생활보장법」에서 다룬다. 「국민기초생활보장
법」은 이전 「생활보호법」을 대체한 법률로, 1999년 제정해 2000년부터 시행한 후
2008년에 개정하였다. 국민기초생활보장 수급자는 가구의 소득인정액[1]이 최저생
계비 이하인 계층으로, 생계와 주거 · 의료 · 교육 · 장제 · 해산 · 자활 급여 등의 지
원을 받는다(「국민기초생활보장법」 제5조 제1호). 국민기초생활보장 사업 대상 아동은
빈곤가정의 아동과 시설보호 · 공동생활가정 · 가정위탁보호 아동, 소년소녀가정
아동, 빈곤한 모 · 부자 가정 아동이다.

「국민기초생활보장법」은 시대적 상황과 복지개념의 변화에 따라 계속 개정해 왔
다. 대표적으로는 일명 '세 모녀법'으로 불리는 개정안을 들 수 있다. 이 안은 생활고
를 이유로 자살한 소위 '세 모녀 사건'을 계기로 2014년 개정해(보건복지부 기초생활
보장과, 2014. 12. 11.) 2015년 7월부터 시행했는데, 사각지대 발생 원인이 되는 부양
의무자 기준을 부분적으로 완화하고, 생활수급자에게 일괄적으로 지급하던 급여를
급여별로 다른 소득 기준에 따라 생계급여, 주거급여, 의료급여, 교육급여 등으로
나누어 맞춤형으로 실시하며, 수급자 선정 기준을 최저생계비에서 중위소득 기준
으로 변경하는 것 등이 중심 내용이었다(보건복지부 기초생활보장과, 2014. 12. 11.).

그러나 이 개정안은 오히려 기초생활보장 수급자와 비수급 빈곤층에게 가장 절
실한 급여인 생계급여와 의료급여, 주거급여의 선정 기준을 강화하고 보장 수준을
낮췄다. 또한 부양의무자 기준을 완화했지만, 실제 혜택을 받을 대상은 많지 않다는
점(보건복지부 기초생활보장과, 2014. 12. 11.; 웰페어뉴스, 2014. 11. 10.; 홍성윤, 2014.
11. 21.), 기초생활보장제도의 급여를 여러 부처가 관리해 포괄적인 빈곤정책으로서

---

[1] 소득인정액=소득평가액+재산의 월소득 환산액(소득평가액은 근로소득, 사업소득, 재산소득, 공적 이전소
득 등 실제 소득을 뜻한다)

제 기능을 담당하지 못한다는 점, 개정 전에는 수급 신청 후 30일 이내에 결과를 통보하게 했으나, 수급자 선정 기간을 60일로 연장해 빈곤층의 생활고를 가중할 수 있다는 점 등으로 비판받았다(김윤영, 2014. 11. 21.; 민중의 소리, 2014. 11. 21.; 서현욱, 2014. 11. 21.; 홍성윤, 2014. 11. 21.).

이러한 이유로 2021년부터 부양의무자 기준을 일부 완화하였다. 기존 법에서는 부양의무자의 재산환산액 등이 기준을 넘으면 수급권을 인정하지 않았지만, 이제 저소득노인, 한부모가구, 중증장애인이 있는 수급권자의 경우에는 부양의무 기준을 폐지한다(장애인문화복지신문, 2021. 1. 13.). 그러나 일부에서는 부양의무자 기준을 완전히 철폐해야 한다고 주장하는데, 빈곤 탈피는 부양의무자의 책임이라는 가족부양 관점에서 벗어나 국가가 국민의 최저생활을 보장할 의무가 있다고 보기 때문이다(김승환, 2020. 12. 31.).

「국민기초생활보장법」과 같은 공공부조는 절대 빈곤층의 최저생활 보장을 목표로 하지만, 급여 대상자 전체를 포괄하지 못하고 급여 수준도 낮아 사각지대가 존재하고 탈빈곤 효과도 낮은 편이다(윤석진, 조용준, 조영기, 2010). 이 법은 '보충성의 원칙'에 따라 급여를 '최저한의 수준'으로 지급한다. 급여는 수급자의 소득인정액과 가구별 최저생계비의 차액을 지급하므로 책정한 최저생계비보다 대부분 훨씬 낮은 수준이다. 결국 급여를 받아도 빈곤에서 벗어나기 쉽지 않으며, 소득인정액이 최저생계비 이하이더라도 보호받지 못하는 사각지대, 즉 차상위 계층이 존재하게 된다(나라지표 홈페이지, 2014b). 차상위 계층은 절대 빈곤층의 두 배에 이르는 것으로 평가하며 이에 따라 복지 사각지대에 놓인 빈곤아동 수도 많을 것으로 추정한다(허선, 이수진, 2012).

2. 자녀가 있는 가족을 위한 서비스 공공 지출

1) 영 · 유아 보육료

영 · 유아 보육 서비스는 "6세 미만 취학 전 아동을 건강하고 안전하게 보호 · 양육하고 영 · 유아의 발달 특성에 맞는 교육을 제공하는 어린이집과 가정 양육 지원에 관한 사회복지 서비스"를 말한다(「영 · 유아보육법」 제2조). 영 · 유아 보육정책의 주목적은 자녀가 있는 가정의 경제적 · 심리적 양육 부담을 낮추고, 출산율을 회복하는 것이다(신윤정, 2013). 우리나라 영·유아 보육 서비스는 현금지원과 보육시설 지원으로 구성되는데, 현금지원으로는 '영·유아 보육료'와 '양육수당'이 있으며, 보육시설 지원은 주로 어린이집 이용을 의미한다(법제처 찾기 쉬운 생활법령정보 홈페이지, 2014).

영·유아 보육료 지원은 소득과 관계없이 전 계층 어린이집을 이용하는 만 0~5세 영·유아 가구에 보육료를 지원하는 서비스이다. 영·유아 보육료 지원은 2010년 개정한 「영·유아보육법」에 따라 2012년 3월부터 시행하였다. 시행 당시 0~2세 아동과 만 5세 아동을 중심으로 지원했지만, 2013년부터 '누리과정' 프로그램을 시작하면서 만 0~5세 전체 영·유아를 대상으로 하는 무상보육 지원체계로 발전하였다(법제처 찾기 쉬운 생활법령정보 홈페이지, 2014; 보건복지부 홈페이지, 2021).

2) 양육수당

양육수당은 어린이집을 이용하지 않는 취학 전 만 5세 이하 영·유아에게 수당을 지원해 부모의 양육 부담을 경감하고 보육료 지원 아동과의 형평성을 높이기 위한 제도이다(「영·유아보육법」 제34조). 2012년부터 보육료 지원제도를 시작하면서 영·유아 보육시설 이용이 크게 늘어 정부의 재원 부담이 커지고, 맞벌이 부부 등 보육 서비스가 꼭 필요한 실수요 계층이 자녀를 맡길 어린이집을 찾을 수 없는 문제가 발생하였다. 또한 시설 보육료 지원 수준이 양육수당 지원보다 높아 부모가 직접 자녀를 돌보는 가정에 대한 지원의 형평성이 이루어지지 못하는 것도 문제였다. 이를 고려해 2012년까지 차상위 이하 36개월 미만 아동만 지원하던 양육수당을 2013년 3월부터 어린이집을 이용하지 않는 취학 전 만 5세 이하 영·유아 모두에게 소득 수준과 관계없이 지원하도록 개정하였다(보건복지부 홈페이지, 2021).

3. 조세제도를 통한 재정지원

우리나라는 2013년 세법을 개정해 2014년 1월 1일을 기점으로 '자녀 양육비 공제'와 '출산·입양 공제' '다자녀 추가 공제'를 폐지하고 '자녀세액공제'로 통합하였다. '자녀세액공제'는 고소득자의 세금을 중과해 저소득자에 대한 지원을 늘리고, 다자녀 추가공제가 이루어지지 않던 1인 자녀 가구에도 세액공제를 시행해 1인 자녀 가구의 부담을 덜어 주기 위한 것이다(기획재정부 홈페이지, 2014).

또한 부양 자녀가 있는 서민층에 제공하는 장려금인 '자녀장려세제(Child Tax Credit)'를 신설했는데(소득세법 제59조의 2), 이는 환급형 세액공제 원리에 따라 부부 합산 총소득이 일정 수준 이하이면서 자녀가 있는 가구를 대상으로 자녀 수에 따라 현금급여(자녀장려금)를 차등 지급함으로써 출산과 자녀 양육을 지원하기 위한 제도이다(최현수, 2013). 제도를 통해 자녀가 많은 저소득층 가구는 그렇지 않은 가구보다 정부지원이 늘 것으로 예상한다(기획재정부 홈페이지, 2014).

세액공제제도는 고소득자보다 저소득자의 세금 환급 효과가 큰 제도이므로 소득공제제도에서 세액공제제도로의 전환은 과세 형평상 바람직하다고 평가한다. 또한 자녀장려세제를 통한 저소득층 지원으로 아동 가구의 빈곤 감소와 소득 재분배 효과가 높아질 수 있다(김재진, 2014). 그러나 자녀장려세제의 급여 수준이 너무 낮을 뿐 아니라 조세제도가 투명하지 못한 사회에서는 제도의 목적을 소득 재분배보다 세수 확보에 초점을 맞추게 되어 월급 생활자의 부담만 늘 수 있고, 자산 소유자와 조세 형평이 맞지 않을 우려가 있다.

🏠 제2절 부모의 고용 창출을 통한 가족지원

1. 가족 친화적 노동 환경 정책

직장과 가족의 균형을 위한 우리나라 정책으로는 '산전 · 후 휴가제도' '육아휴직제도' '직장 보육시설' 등이 있다. 산전 · 후 휴가제도는 「근로기준법」 제74조에 따라 산전 · 후 합쳐서 90일 휴가를 제공하는 것이며, 육아휴직제도는 생후 1년 미만 자녀가 있는 가정이나 만 8세 또는 초등학교 2학년 이하 자녀가 있는 가정의 부모 근로자가 자녀 양육을 위해 하는 휴직을 말한다. 육아휴직 기간은 직장 근속 기간에 포함하며, 자녀 1명당 1년을 사용할 수 있으므로 자녀가 2명일 때는 각각 1년씩 2년 동안 사용이 가능하다. 급여 수급 자격은 고용보험 피보험 기간 180일 이상인 근로자이며, 부부가 각각 1년씩 사용할 수 있지만, 두 사람이 동시에 육아휴직 급여를 받을 수는 없다. 또한 만 6세 이하 취학 전 자녀를 둔 근로자는 최대 1년 동안 '육아 기간 근로시간 단축제도'를 이용할 수 있는데, 이는 육아휴직 기간과 합해 1년을 초과할 수 없다(고용보험 홈페이지, 2021).

우리나라 출산전후 휴가제도와 육아휴직제도는 휴가와 수당지급 등 필요한 법률상 근거를 마련했으나, 아직 활용 빈도는 부족한 상황이다. 육아휴직제도는 시행 이후 이용자가 증가하고 남성의 육아휴직도 2020년 기준 전체 신청자의 25%일 정도로 늘고 있지만(연합뉴스, 2021. 2. 10.), 이는 코로나19 감염병 확산에 따라 부모의 돌봄 부담이 커진 반증이라고 볼 수 있다. 육아휴직의 활용이 미비한 이유로는 육아휴직에 대한 홍보 부족과 육아휴직 사용 후 불이익을 받을 것에 대한 불안감, 낮은 소득 대체율, 까다로운 육아휴직 급여 지급조건 등을 들 수 있다(이규용 외, 2004; 장지연, 2013). 이러한 문제를 해결하기 위해 육아휴직 급여 인상과 승진 등 인사상 불이익 금지, 육아휴직을 사용할 수 있는 직장 분위기 조성과 회사의 인식 개선, 지급조건의 개선 등이 필요하고, 고용보험에 가입하지 않은 근로자에 대한 대책 마련도 필요하다(이규용 외, 2004).

2. 고용정책

우리나라 저소득층을 위한 대표적 고용정책으로는 '근로장려세제'와 '자활 사업' 등이 있다. '근로장려세제'는 일은 하지만 소득이 낮은 근로 빈곤층에게 근로 장려금을 지급해 근로 의욕을 높이고 소득을 지원해 주는 근로연계형 소득지원제도이다. 자활 사업은 국민기초생활보장 수급권자의 근로 성과 보상을 높여 실질적 자산 형성을 도우려는 목적으로 노동 능력이 있는 수급권자와 차상위 계층이 자활하게 지원해 주는 사업으로, 취업 알선, 직업 훈련 등을 지원한다. 자활 사업의 예로는 보건복지부의 '희망리본 사업' 노동부의 '취업성공 패키지 사업(단계별 맞춤형 취업지원 서비스)', 행정안전부의 '희망근로 사업(저소득층 실업자, 휴업하거나 폐업한 자영업자, 여성 가장 등에게 한시적으로 일자리를 제공하는 사업)' 등이 있다(고용노동부 홈페이지, 2021; 김종숙, 신선미, 2012).

자활 사업은 경제 불황에 따라 근로 빈곤층의 고용 위기가 심화하면서 실직한 빈곤층에게 일자리를 제공하는 제도이다. 그러나 자활 사업 참여자 대부분이 여성이거나 학력이 낮거나 나이가 많은 고용취약 계층으로, 일반 노동시장에 참여하기 어려워 자활 성과를 제대로 거두기 어려운 상황이다. 정부는 자활 사업의 활성화를 위해 사업 실적에 따른 보상을 강화하고, 수입금 관리와 자산 형성 체계를 지원하며, 일반 취업으로의 이동을 확대하는 지원책을 추진하고 있다(고경환, 이선우, 강지원, 임완섭, 2009). 자활 사업이 실질적으로 빈곤층에게 도움이 되려면 무조건적 취업 우선 정책보다 적절한 교육과 훈련을 병행하고, 취업 이후 적정한 소득을 보장하는 등의 보완이 필요하다(김영순, 2002).

🏠 제3절 우리나라 가족지원제도의 평가

우리나라는 현대사회의 경제 위기와 저출산·고령화 등으로 증가하는 가족 부담에 대응하기 위해 아동과 가족을 지원하는 다양한 제도를 시행하고 있다. 그러나 다음과 같이 아직 많은 부분에서 개선이 필요하다.

1. 보편적 제도의 부족

우리나라는 아동정책과 가족정책, 소득보장정책을 모두 포괄하는 통합적 가족지원정책이 부족하다. 우리나라 가족지원정책은 아직 빈곤아동, 피학대아동, 장애아동 등 취약아동의 특정 욕구를 지원하는 선별적 방식이 중심이 되고 있다.

2. 아동복지의 공공성 미약

우리나라는 '공공 사회복지 지출'과 '공공 가족복지 지출'이 모두 OECD 국가 중 최하위에 속한다. 낮은 공공 사회복지 지출은 사회의 낮은 복지 수준을 반영하는 것이며, 그중에서도 아동을 위한 복지 지출이 낮은 것은 아동 문제를 여전히 개인과 가족의 사적 책임으로 보는 사회 분위기를 반영한다. 이는 우리나라 아동복지가 아직도 공공성을 담보하지 못하고 있음을 보여 준다.

3. 일관된 공적 전달체계 부족

저소득층 아동을 위한 돌봄 서비스는 대상자가 읍·면·동 주민센터에 서비스를 신청하면 시·군·구청 또는 드림스타트에서 대상자 자격을 확인·결정하고 지역아동센터에서 방과 후 돌봄 서비스를 제공하게 함으로써 드림스타트센터와 지역아동센터, 지역학교 간 부처 통합 돌봄 서비스 공조체제를 마련하였다. 그러나 다른 부문에서는 여전히 아동정책과 가족정책 간 연계가 부족하고, 일관된 공적 전달체계도 없는 형편이다. 예를 들어, 근로연계제도와 바우처제도의 담당 부서만 보더라도 같은 성격의 서비스를 보건복지부, 여성가족부, 기획재정부 등 여러 부서에서 시행하는 실정이다.

4. 공급자중심의 급여체계

아동복지 서비스는 현금 서비스와 현물 서비스로 구성된다. 현금 서비스에는 아동수당, 육아휴직수당 등이 있고 현물 서비스에는 피학대 아동 지원과 가정위탁, 보육·가사지원 서비스, 급식·음식지원 서비스 등이 있다. 북유럽 국가처럼 아동복지가 발달한 나라는 현금 서비스와 현물 서비스가 비슷한 수준을 유지하며, 미국과 같이 아동복지 지출 규모가 낮은 나라는 현물 서비스가 더 많은 편이다. 이는 현물 서비스가 현금 서비스보다 비용이 적게 들고 공급자의 목표를 달성하는 데 더 수월하다고 여기기 때문이다(이주연, 김미숙, 2013).

우리나라 가족지원제도도 미국과 같이 현금보다 현물 서비스가 더 많은 '공급자중심'의 급여체계라 할 수 있다. 현재 우리나라의 아동 관련 현금 서비스에는 '각종 수당, 출산과 육아 휴직 급여, 저소득층 아동발달계좌' 등이 있고 현물 서비스에는 '영·유아 보육 서비스, 방과 후 보육 서비스' 등이 있는데, 전체 구성으로 볼 때 현물급여가 대부분이다. 이처럼 현금지원 비율이 낮은 이유는 아동수당의 비중이 아직 낮고, 현금급여 대부분이 '한부모가정수당, 위탁아동 양육수당, 입양아동 양육수당, 장애아동수당' 등과 같이 취약아동을 지원하는 선별적 서비스에 집중되기 때문이다(이주연, 김미숙, 2013). 현물급여 역시 영·유아 보육 서비스 외에는 대부분 취약아동을 위한 서비스로, 서비스 수준도 낮고 대상 폭도 좁은 선별적 서비스이다.

앞으로는 아동수당의 확대, 부모 육아휴직수당 확대 등으로 현금 서비스 비중을 높이고 의무교육과 보육 서비스, 건강지원 확대 등을 통해 '필요중심' '이용자중심' 서비스를 확충할 필요가 있다.

제11장

우리나라 아동돌봄 서비스

이 장에서는 돌봄의 주요 대상인 영·유아기와 학령기 아동을 중심으로 서비스를 살펴보았다. 우리나라 영·유아 돌봄 서비스는 보육시설 돌봄과 가정돌봄으로 나눌 수 있으며, 어린이집과 유치원에 다니는 아동에게 보육료와 유아 학비를 지원하고 가정에서 돌보는 아동에게 양육수당과 아이돌봄 서비스를 지원한다. 학령기 돌봄 서비스는 다함께돌봄센터, 지역아동센터, 청소년방과후아카데미, 초등돌봄교실을 통한 서비스가 대표적이다. 우리나라 아동돌봄 서비스의 지원체계를 그림으로 나타내면 [그림 11-1]과 같다.

그림에서 볼 수 있는 것처럼 우리나라 아동돌봄 서비스는 다양한 중앙부처와 공공기관에서 총괄·관리한다. 먼저, 아이돌봄 서비스와 청소년방과후아카데미는 여성가족부에서 총괄하며, 아이돌봄 서비스는 건강가정다문화가족지원센터에서 제공하고, 청소년방과후아카데미는 청소년수련원과 청소년문화의집 등 청소년수련시설에서 제공한다. 유치원과 초등돌봄교실은 교육부에서 총괄하고 초등돌봄교실은 학교 안에 설치한다. 보건복지부에서 총괄하는 서비스는 어린이집과 다함께돌봄센터, 지역아동센터의 돌봄 서비스이다. 한편, 양육수당과 보육료 지원, 유아학비 지원 등 현금지원은 읍·면·동 주민센터에 신청하고 시·군·구 공무원이 관리·제공한다.

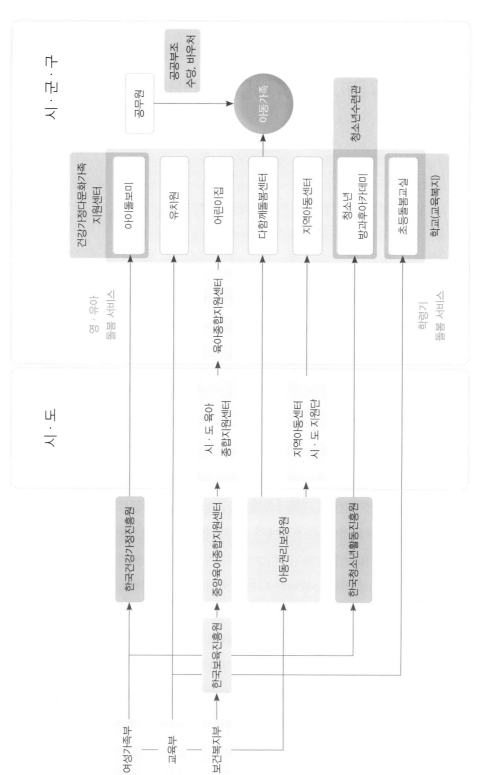

그림 11-1 우리나라 아동돌봄 서비스 체계(2021년 기준)

🏠 제1절 우리나라 영·유아 돌봄 서비스

1. 우리나라 영·유아 돌봄 서비스의 발달

우리나라 영·유아 돌봄 서비스의 발달을 이해하려면 유아 교육과 보육 서비스의 발전과정을 살펴봐야 한다. 근대 우리나라 유아 교육과 보육은 대상과 목적, 내용이 다소 달랐지만, 그 개념을 완전히 정립한 상황은 아니었다. 우리나라 최초의 유아교육기관은 1897년 일본이 부산에 설립한 부산유치원으로 알려져 있으며, 한국인을 위한 유치원은 일제강점기에 미국 선교사가 처음 설립하였다. 유치원에 관한 규정은 1908년 「고등여학교령」에서 고등여학교에 부속유치원을 설치할 수 있게 한 것이며, 유치원에서는 아동을 위한 일정한 교육 프로그램을 실행하였다(송치숙, 박종배, 2019).

한편, 1921년에는 태화사회관에서 빈민아동을 위한 구제 사업의 일부로 탁아 사업을 시작했는데, 탁아 사업은 보육 서비스로 볼 수 있지만, '탁아'는 단순히 '맡아 준다'는 개념에 머물러 있어 현대적 의미와는 차이가 있다. 일제강점기 탁아소는 도시형과 농촌형으로 구분되는데, 도시형은 도시근로 여성의 노동 시간을 확보하기 위해, 농촌형 탁아소는 농번기 여성의 노동력 동원을 위해 자녀를 부모와 분리하려는 목적이 있었다(이윤진, 2006).

해방 후 1949년에 제정한 「교육법」은 유치원 교육을 포함해 학교제도 안 우리나라 교육의 전반적인 목적과 방침을 제시하였다. 당시 「교육법」에서는 유치원을 만 4세부터 취학 시점에 달하기까지 유아를 보육하고 적당한 환경을 제공해 심신의 발육을 조장하는 곳으로 규정하였다. 보육사업에 관한 내용도 명문화했는데, 1961년 「아동복리법」에서는 "아동이 보호자로부터 유실, 유기, 이탈되었을 때 아동의 복리를 보장하는 것"으로 탁아소의 목적을 규정하였다. 즉, 이 시기에는 유치원은 유아를 대상으로 교육을 담당하는 '학교'로, 탁아소를 비롯한 보육시설은 고아와 구호가 필요한 아동을 돌보는 곳으로 간주하였다. 이후 정부에서는 1968년 「미인가 탁아시설 임시조치요령」을 발표하고, 탁아소를 '어린이를 보호하고 교육한다'는 의미가 담긴 '어린이집'으로 개칭했으며, 이를 계기로 어린이집의 역할 범위가 확대되었다(이기숙, 장영희, 정미라, 2014). 또한 1978년 '탁아시설 운영 개선방안'을 통해 입소 대상을 일반 가정의 아동까지 확대하고 보육료를 수익자 부담 원칙으로 했으며, 그 결과 어린이집의 수는 꾸준히 늘어났다(송치숙, 2021).

이 시기에 영·유아 돌봄기관으로 유치원과 탁아소만 있었던 것은 아니다. 1980년대까지 우리나라에는 「교육법」상 유치원과 「아동복리법」상 탁아소, 농촌진흥청 관할 농번기탁아소, 내무부 관할 새마을협동유아원, 민간 어린이집과 유치원 등 영·유아를 돌보는 여러 기관이 혼재하였다. 그러던 중 정부는 1981년 「아동복리법」을 「아동복지법」으로 전문 개정하고 1982년에는 「유아교육진흥법」을 제정해 기존 어린이집과 새마을협동유아원, 농번기탁아소 등을 새마을유아원으로 흡수·통합하였다. 그러나 이때도 법체계 안에 속하지 못한 기관이 난립하는 상황은 여전했으며(송치숙, 박종배, 2019), 여성의 사회 참여 증가와 핵가족화에 따른 보육수요 급증에 대한 대응이 어려운 상황이었다(김경진, 2011).

이러한 상황에서 여성단체와 빈민운동단체가 주축이 된 '지역사회탁아소연합회'는 독립된 보육 관련 법안의 마련을 요구하는 운동을 지속하였다. 이 운동은 같은 시기 공부방 제도화를 위한 운동과 결합해 동력을 얻었으며, 이에 따라 1991년 1월 「영·유아보육법」을 제정하였다. 「영·유아보육법」에서는 보육 사업 주관 부처를 보건복지부로 일원화하고 종전의 단순 탁아 사업이 아닌 보호와 교육을 통합한 '보육 사업'의 정의를 명시하였다(송치숙, 2021). 「영·유아보육법」상 영·유아는 6세 미만 취학 전 아동을 말하며, 보육이란 영·유아를 건강하고 안전하게 보호·양육하고 영·유아의 발달 특성에 맞는 교육을 제공하는 어린이집과 가정양육 지원에 관한 사회복지 서비스이다(「영·유아보육법」 제2조). 역사적으로 볼 때 보육은 여성의 노동력을 확보하기 위한 방안으로 강화했다는 점에서 아동에게만 국한한 서비스는 아니다. 보육은 아동과 여성 복지를 모두 보장하는 것으로, 가족정책, 노동정책과도 밀접한 관계가 있다(김경진, 2011).

과거에는 보육 대상을 '보호자가 직접 보육하기 어려운 아동'으로 규정하고 저소득층 영·유아를 대상으로 보육 서비스를 제공했지만, 2004년 「영·유아보육법」을 전면 개정해 보육 대상을 '보육이 필요한 영·유아'로 명시하면서, 우리나라 돌봄 서비스는 보편주의를 지향하게 되었다. 개정 「영·유아보육법」에서는 '아동 최선의 이익 원칙'과 '아동의 건강한 성장을 위한 무차별 원칙'을 밝히고 있으며, 보육비용에 대한 국가와 지방자치단체의 책임을 강화해 보육료 지원의 법률상 근거를 마련하였다. 또한 2013년부터는 어린이집을 이용하는 모든 영·유아에 대한 무상보육을 도입하면서 우리나라 돌봄 서비스에서 획기적 전환이 이루어졌다. 이와 동시에 가정에서 아동을 돌보는 부모에 대한 형평성을 보장하기 위해 보육시설을 이용하지 않는 가정에 양육비를 지원하고, 아이돌보미가 가정에 방문해 돌봄을 제공하는 서비스 체계를 마련하기도 하였다.

2. 우리나라 영·유아 돌봄 서비스의 유형과 내용

우리나라 영·유아 돌봄 서비스는 돌봄 장소에 따라 보육시설 돌봄과 가정돌봄으로 구분할 수 있다. 보육시설 돌봄은 아동 여러 명을 1~2인의 보육자가 집단으로 돌보는 형태로, 어린이집 서비스가 대표적이다. 가정돌봄은 아동의 부모와 친척, 혹은 다른 성인이 아동의 집에서 아동을 돌보는 것으로, 보통 아동 1인을 보육자 1인이 돌보는 형태로 이루어진다.

표 11-1 우리나라 영유아 돌봄 서비스(2023년 기준)

구분	가정돌봄 서비스		시설돌봄 서비스	
	가정양육수당	아이돌봄 서비스	보육료 지원	유아학비 지원
소관부처	보건복지부	여성가족부	보건복지부	교육부
지원 대상	만 5세 이하 아동 (소득 무관)	만 12세 이하 아동	만 5세 이하 아동 (소득 무관)	만 3~5세 아동 (소득 무관)
지원 내용	• 월령별로 10~20만원 정부 지원	• 시간제: 생후 3개월~만 12세 이하의 아동 • 영아종일제: 생후 3개월~만 36개월 이하 영아	• 0~5세 차등 지원	• 국·공립, 사립, 차등 지원
특징	가정양육수당, 종일제 아이돌봄 서비스, 보육료 지원, 유아 학비 지원은 중복 지원할 수 없음			

지원 형태	현급 지급 방식 (부모나 아동 명의 계좌로 입금)	생활 수준에 따른 유·무상 서비스(자격을 갖춘 아이돌보미가 가정방문을 하여 서비스 제공)	바우처 방식 ('아이행복카드'로 결제하면 해당 어린이집으로 입금)	바우처 방식 ('아이행복카드'로 결제하면 해당 유치원으로 입금)
운영·신청 기관	거주지 주민센터	건강가정지원센터	어린이집	유치원
근거법	「영유아보육법」	「아이돌봄지원법」	「영유아보육법」	「유아교육법」

출처: 복지로 홈페이지(2023).

1) 보육시설 돌봄

보육시설은 설립과 운영 주체에 따라 다음과 같이 여러 형태로 구분할 수 있다.

어린이집의 종류

1. 국공립어린이집: 국가나 지방자치단체가 설치·운영하는 어린이집

2. 사회복지법인어린이집: 「사회복지사업법」에 따른 사회복지법인이 설치·운영하는 어린이집

3. 법인·단체등어린이집: 각종 법인(사회복지법인을 제외한 비영리법인)이나 단체 등이 설치·운영하는 어린이집으로 대통령령으로 정하는 어린이집

4. 직장어린이집: 사업주가 사업장의 근로자를 위해 설치·운영하는 어린이집(국가나 지방자치단체의 장이 소속 공무원과 국가나 지방자치단체의 장과 근로계약을 체결한 자로서 공무원이 아닌 자를 위하여 설치·운영하는 어린이집을 포함한다)

5. 가정어린이집: 개인이 가정이나 그에 준하는 곳에 설치·운영하는 어린이집

6. 협동어린이집: 보호자 또는 보호자와 보육교직원이 조합(영리를 목적으로 하지 아니하는 조합에 한정한다)을 결성해 설치·운영하는 어린이집

7. 민간어린이집: 제1호부터 제6호까지의 규정에 해당하지 아니하는 어린이집

출처: 「영·유아보육법」 제10조.

국공립어린이집은 국가나 지방자치단체가 설치·운영하는 어린이집으로, 상시 영·유아 11인 이상을 보육하는 시설을 말한다. 국공립어린이집은 저소득층 밀집 지역과 농어촌 지역, 취약지역, 산업단지 지역에 우선 설치하도록 규정하고 있으며, 신규 500세대 이상 공동주택에 설치하는 어린이집은 국공립으로 운영해야 한다. 사회복지법인어린이집과 법인·단체등어린이집, 민간어린이집은 상시 영·유아 21인 이상을 보육할 시설을 갖추어야 하며, 어린이집을 설치할 경우 안전사고와 재난에 대비한 시설을 모두 갖추어야 한다. 직장어린이집은 영·유아 5인 이상을 보육할 수 있는 어린이집으로 사업주가 근로자를 위해 설치·운영한다. 상시 여성근로자 300명 이상 또는 근로자 500명 이상을 고용하는 사업장은 직장어린이집을 설치해야 함을 법에서 명시하고 있으며, 사업주가 직장어린이집을 단독으로 설치하기 어려울 때는 사업주 공동으로 어린이집을 운영하거나 지역의 어린이집과 위탁계약을 체결해 근로자의 보육을 지원해야 한다. 직장어린이집을 설치한 경우에는 사업주가 직장어린이집에 보육 중인 영·유아 보육비용의 50%를 보조해야 하고, 정부는 설치비와 운영비 등을 지원한다. 가정어린이집은 개인이 가정이나 그에 준하는 곳에 설치·운영하는 어린이집으로, 보육 규모는 상시 영·유아 5인 이상 20인 이하이다. 협동어린이집은 보호자 또는 보호자나 보육교직원 11인 이상이 비영리 조합을 결성하고 함께 출자해 설치·운영하는 어린이집으로, 협동어린이집에는 조합원을 대표하는 이사회를 운영해야 한다(보건복지부, 2021a).

우리나라는 보육시설 유형이 무엇이든 간에 모든 만 5세 아동은 보육시설 이용료에 해당하는 보육료 전액을 받을 수 있다. 한편, 장애아동이 초등학교에 미취학했을 때는 만 12세까지 보육료를 지원하며,「다문화가족지원법」에 따른 다문화가족의 취학대상아동이 취학을 유예했을 때도 만 5세 아동 보육료 재지원이 가능하다. 아울러 만 3~5세 아동은 '누리과정'에 해당하는 나이로 어린이집과 유치원 어디를 이용하든 동일한 보육료(유치원은 유아교육비)를 지원한다. 누리과정은 아동의 균등한 교육 기회를 보장하기 위해 공통 보육·교육과정을 운영하는 것으로, 2011년부터 보건복지부 산하 어린이집에서 활용하는 6개 영역의 표준보육과정과 교육부 산하 유치원교육과정 5개 영역을 통합해 '신체운동과 건강, 의사소통, 사회관계, 예술경험, 자연탐구'의 5개 과정으로 교육과정을 일원화하였다. 누리과정 담당 교사는 별도 교사연수를 받아야 한다(보건복지부, 2021a).

어린이집 보육 기준 시간은 평일은 오전 7시 30분부터 저녁 7시 30분까지 12시간, 토요일은 8시간이다. 공휴일을 제외하고 연중 계속 운영해야 하고, 지역 상황과 어린이집 시설 여건에 따라 보호자와 어린이집 원장 간 협의로 기준 시간 초과 보육과 휴일보육을 운영할 수 있다. 이는 기존 보육 시간만으로는 다양한 가정의 욕구를 충족하기 어렵고, 취업모에게 보육 시간 보장은 근로시간 보장과 연결되는 중요한 문제이므로 이를 보완하기 위해 마련한 조처이다(양옥승, 이옥주, 김지현, 2003).

그러나 기준 시간 외 보육에 대한 부모의 욕구는 크지만, 시간 외 보육 서비스를 제공하는 기관이 많지 않고 서비스 질을 보장할 수 없어서 가정의 실제 이용률은 저조한 편이다. 또한 시간 외 보육을 시행하려면 어린이집 교사의 근무시간이 늘고 시간 외 수당 등 추가 비용이 발생하는데, 교사 처우는 보육의 질과 관계가 깊으므로 아무런 대안 없이 보육 시간만을 연장하는 것은 바람직하지 않다. 아울러 야간보육과 새벽보육, 24시간 보육은 자녀에 대한 방임 또는 유기의 방편으로 이용될 우려도 있다. 따라서 대응책도 함께 구상해야 하는데, 가정과 어린이집을 연계하는 활동과 부모 역할을 강조하고 지원하는 교육과 서비스 등이 그 방법이 될 수 있다(강문희, 김매희, 이경희, 정정옥, 2000). 그리고 야간보육은 주간시설과 공간을 분리해 좀 더 가정적인 분위기를 조성함으로써 아동이 오랜 시간 같은 공간에 있는 문제점을 완화할 필요도 있다(지혜경, 2002).

표 11-2 **우리나라 보육시설 보육 시간**

구분	시간
기준 시간	07시 30분~19시 30분
야간보육	19시 30분~익일 07시 30분
새벽보육	24시~익일 07시 30분
24시간 보육	07시 30분~익일 07시 30분(24시간)
시간제 보육	비정기적 · 비고정적으로 어린이집 수시 이용
휴일보육	공휴일 보육 서비스 이용

출처: 중앙육아종합지원센터 홈페이지(2014).

2) 가정돌봄

아동의 나이가 어릴수록 부모는 가정 내 일대일 개별 돌봄을 원하고, 불규칙적이고 일시적인 돌봄 필요에 대응하기 위해 가정돌봄을 선호한다. 이러한 필요에 따라 과거부터 영리기관에서 가정에 베이비시터를 파견하는 사업이 있었지만, 이 서비스는 돌봄인력에 대한 자격 기준이 명확하지 않고 사후관리가 미흡하며, 부모의 돌봄비용 부담이 크다는 문제가 있었다. 정부는 이에 대한 대응책으로 2008년부터 공적 가정돌봄 서비스인 '가정보육교사 파견 서비스'를 시작했고, 2012년에는 「아이돌봄지원법」을 마련해 '아이돌봄 서비스'에 대한 구체적인 서비스 지원 기준을 마련하였다. 아이돌봄 서비스는 아동을 대상으로 찾아가는 돌봄 서비스를 제공하는 것으로, 만 3개월 이상부터 만 26개월 이하 영아를 대상으로 하는 '영아종일제 서비스'와 만 3개월 이상부터 만 12세 이하 아동에 대해 원하는 시간에 필요한 만큼 서비스를 이용하는 '시간제 서비스', 보육시설 이용 아동 중 전염성 질병에 걸린 아동을 한시적으로 돌보는 '질병감염아동지원 서비스'가 있다. 영아 종일제 서비스는 월 200시간까지, 시간제 서비스는 연 840시간까지 정부지원을 받을 수 있고 정부지원 시간을 모두 소진해도 비용 부담을 하면 서비스를 계속 이용할 수 있다. 아이돌봄 서비스에 대한 정부지원을 받으려면 대상아동 기준과 양육 공백 기준, 정부지원 중복금지 기준을 모두 충족해야 하며, 가구 소득 기준에 따라 정부지원 범위에 차이가 있다(아이돌봄서비스 홈페이지, 2021). 이 서비스는 건강가정다문화가족지원센터와 여성단체, 지자체 직영기관 등에 신청할 수 있다. 아이돌봄 서비스는 양육의 틈새를 보완하는 재택 서비스로, 부모의 양육 부담을 완화하고 취업 가능성을 확대하는 긍정적 기능을 한다(윤명자, 2009). 그러나 이 서비스도 기존 사설 베이비시터와 마찬가지로 돌보미의 전문성과 서비스 관리 등의 문제가 여전히 있다(이서영, 2013).

한편, 가정에서 양육하는 초등학교 미취학 86개월 미만 모든 아동은 가정양육수당을 받을 수 있다. 이는 아동을 어린이집이나 유치원(특수학교 포함)에 보내지 않고 종일제 아이돌봄 서비스를 이용하지 않은 채 가정에서 돌보는 경우에 한한다. 지원금액은 아동의 나이나 장애 유무(장애아동양육수당), 거주지(농어촌양육수당)에 따라 차이가 있다. 양육수당은 양육자가 읍·면·동 주민센터에 신청하면, 시·군·구 담당과에서 지급한다. 아울러 양육수당을 받는 경우에도 시간제로 보육시설 서비스를 이용할 수 있다. 시간제 보육은 아동을 가정에서 양육할 때 지정한 제공기관의 보육 서비스를 이용하고 이용한 시간만큼 보육료를 지불하는 것으로, 양육수당 신청 시 시간제 보육 이용권을 지급하며 이용 전 온라인이나 전화로 신청한다. 시간제 보육은 시ㆍ도육아종합지원센터가 총괄하며, 평일 9시부터 6시까지만 이용이 가능하다(보건복지부, 2021).

육아종합지원센터

　육아종합지원센터는 보육과 양육에 관한 정보의 수집과 제공, 보육교직원과 부모에 대한 상담을 위해 설치ㆍ운영하는 육아지원 기관이다(「영ㆍ유아보육법」 제7조). 중앙육아종합지원센터는 보건복지부장관이 설치ㆍ운영하고 지방육아종합지원센터는 시ㆍ도지사와 시ㆍ군ㆍ구청장이 설치ㆍ운영한다. 지역사회 내 어린이집 지원과 관리, 보호자의 가정양육 지원이 주요 역할이며, 교직원에 대한 교육과 상담, 보육정보 제공, 컨설팅, 영ㆍ유아 체험ㆍ놀이 공간 제공, 교재ㆍ교구 대여, 시간제보육 서비스 제공 등을 한다.

출처: 보건복지부(2021).

3. 우리나라 영ㆍ유아 돌봄 서비스의 평가

　최근 우리나라 아동돌봄 서비스는 요보호아동 중심에서 모든 아동을 중심으로 서비스 초점이 이동했으며, 보편 서비스와 공공 책임의식을 강조한다. 또한 과거에는 보육중심 서비스를 제공했다면, 현재는 보육ㆍ교육 통합서비스를 제공하는 추세이다. 우리나라 돌봄 서비스와 보육정책은 그동안 양적ㆍ질적으로 크게 성장했지만, 아직 해결해야 할 문제가 많다.

　첫째, 보육정책은 확대했지만, 자녀를 키우는 부모의 양육 부담은 여전히 큰 편이다. 이는 안심하고 아동을 맡길 질 높은 공공 보육시설이 부족하기 때문이다(김용희, 2012; 신윤정, 2013).

　둘째, 보육료 지원과 가정양육수당 지원 간 대상과 급여 수준의 차이가 있어 형평성에 문제가 있다. 이처럼 불균형한 지원 때문에 부모는 어린이집 이용을 선택하게 되는데, 어린이집 서비스 편차가 크고 숫자도 부족한 현 상황에서는 아동에게 바람직한 양육 환경을 제공하기 어렵고 재원 낭비도 초래할 수 있다(김현숙, 이수진, 2012).

셋째, 지방정부의 복지 사업은 대부분 중앙정부와 해당 지방자치단체가 나누어 부담하는 '매칭 방식'으로 이루어진다. 이러한 방식은 지방정부의 복지재정 부담 증가로 보육정책 추진을 불안정하게 할 뿐 아니라 다른 복지 서비스 불균형도 초래할 수 있다.

한편, OECD 국가에서는 공보육제도를 국가 경제 차원에서 중·장기적으로 비용 효과가 큰 프로그램으로 인식하는 경향이 있다(European Commission, 2009a; Gunnarsson, Korpi, & Nordenstam, 2000). 이러한 견해를 토대로 2002년 EU 회원국은 여성의 직장생활을 저해하는 걸림돌을 제거하고, 2010년까지 3~5세 아동의 90%, 3세 미만 아동의 33%에게 공적 돌봄 서비스를 제공한다는 두 가지 목표를 세웠다. 일명 '바르셀로나 목표(Barcelona-Objectives)'로 불리는 이 계획을 통해 EU는 보육제도를 성장과 고용 전략의 하나로 보고 있으며, 보육제도를 통해 젊은 부모의 고용률 증가, 성평등과 출산율 증가, 양질의 아동 보육·교육 서비스 제공을 꾀한다는 것을 알 수 있다(European Commission, 2009a, 2013).

이런 선진국의 경향을 고려할 때, 우리나라도 보육정책의 실효성 있는 목표 달성을 위해서 국공립어린이집을 확충하고, 표준 보육비용을 현실화하며, 보육재정을 확보해야 한다. 보육제도는 보육 서비스의 공공성에 대한 사회적 합의가 있어야 발전할 수 있으며, 아동 양육과 가족에 대한 지원이 사회적 책임이라는 인식 없이 정책을 결정할 때 그 제도의 정책 효과나 목표 달성은 기대하기 어렵다.

🏠 제2절 우리나라 학령기 돌봄 서비스

1. 우리나라 학령기 돌봄 서비스의 발달

우리나라 학령기 돌봄 서비스는 1970년대 빈곤지역에서 시작한 '공부방 운동'이 효시라고 할 수 있다. 정부는 1970년대 서울 도심에 분포해 있던 무허가 집단정착지 주민을 도시 개발 목적으로 서울 외곽으로 이주시켜 거주지를 조성하였다. 새로운 집단거주지도 마찬가지로 무허가였지만, 정부는 이후 양성화 정책을 통해 이를 합법화했으며, 이렇게 형성한 소위 '산동네'로 불리는 거주지가 서울만도 모두 227개 지구에 이르렀고 서울 인구의 약 1/3이 거주하였다(정동익, 1985). 산동네 주민들은 대부분 단순노동과 일용직, 노점을 통해 생계를 꾸려 나갔고, 부모가 생계를 위한 노동을 하는 동안 아동은 방치된 채 제대로 된 돌봄과 교육을 받지 못하는 상황이었다. 이러한 문제에 대응하기 위해 종교단체와 민간단체가 빈민지역에 들어가서 함께 생활하면서 지역문제를 공유하고 지역 아동을 위한 공부방 활동을 시작하게 되었다(김영숙, 2010). 1970년대부터 1990년대까지 공부방은 서울 40여 곳에서 시작해 전국 100여 개로 늘었으며, 이 시기 공부방은 지역주민의 소통 통로이면서 아동돌봄을 통해 부모의 경제활동을 지원하는 지역공동체 운동의 성격이 컸다(이혜연, 2000).

1997년 외환 위기를 계기로 공부방은 큰 전환을 겪는다. 국가 경제 침체에 따른 대량실업으로 가정이 해체되고 결식아동 증가 등 아동 돌봄 문제가 심각해지면서 1995년 100여 개였던 공부방이 1998년 218개소로 늘었고, 공부방을 법제화하려는 노력도 확대되었다(이경림, 2003). 그러한 노력의 결실로 2004년 개정한 「아동복지법」에서 '지역아동센터'를 아동복지시설로 명시하고 공부방을 지역아동센터로 전환해 예산을 지원하기 시작하였다. 이는 지난 30년간 민간에만 맡겨 온 빈곤아동 문제에 대한 국가 책임을 인식한 것으로 평가할 수 있으며, 미흡하지만 빈곤아동을 위한 공적 전달체계의 기초를 마련한 것이라고 할 수 있다(정익중, 박현선, 오승환, 임정기, 2009). 법제화 이후 지역아동센터 수는 획기적으로 증가하였다. 2004년 895개 시설이 매년 500여 개씩 증가해, 2012년 4,000개를 넘어섰고, 2019년 현재 전국 4,217개 시설이 운영되고 있다(보건복지부, 아동권리보장원, 2020).

지역아동센터가 법제화되던 시기에 청소년방과후아카데미 사업도 새롭게 시작하였다. 지역아동센터는 민간 차원에서 시작했지만, 청소년방과후아카데미는 정부시책으로 도입했는데, 2005년 '청소년보호위원회'는 '방과후청소년 생활지원 종합대책'을 제시했고, 청소년방과후아카데미 46개소에 대한 시범사업을 실시하였다(이희현 외, 2019). 2011년에는 「청소년기본법」을 개정해 청소년방과후아카데미의 추진 근거를 마련하고 200개소로 시설을 확대했으며, 2021년 현재 304개소를 운영하고 있다(여성가족부, 2020).

같은 시기에 정부는 초등학교 내 돌봄 서비스도 추진하였다. 2004년 저소득층 초등 저학년 아동에게 17시까지 돌봄 서비스를 제공하는 '초등보육교실' 정책을 도입해 전국 28개 초등학교에서 시범운영을 시작하였다. 이는 2009년 '종일돌봄교실(21시까지 운영)' 시범운영, 2011년 아침돌봄을 포함한 '엄마품 온종일 초등돌봄교실(6시 30분부터 22시까지 운영)' 시범운영, 2013년 '초등 방과후 돌봄 강화 모델학교' 시범운 영을 거쳐, 2016년 초등 전 학년을 대상으로 한 '초등돌봄교실'로 확대하였다. 초등 돌봄교실은 1995년부터 학교 내에서 특기·적성교육 일부로 시작한 '방과후학교' 프로그램을 연계해 서비스를 제공한다.

그러나 정부의 돌봄 서비스 확충 노력이 있었음에도 돌봄 서비스 공급은 여전히 수 요에 못 미치는 수준이었다. 2016년 기준으로 지역아동센터 약 9만 명, 초등돌봄교실 약 24만 명, 총 33만 명의 아동이 학교 안팎의 돌봄 서비스를 이용했지만, 맞벌이가

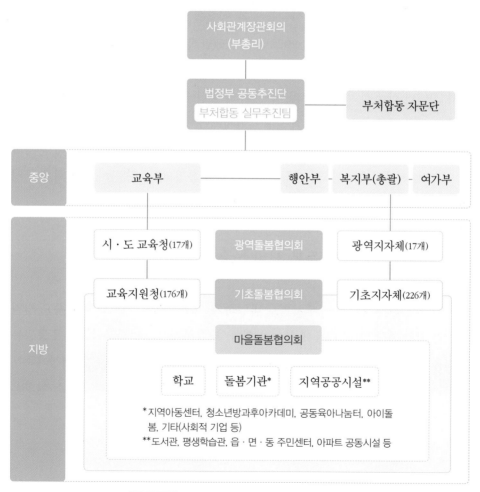

그림 11-2 범정부 돌봄 서비스 협력과 전달체계

출처: 관계 부처합동(2018).

정과 초등 저학년생의 돌봄 수요는 약 46~64만 명으로 추산해 돌봄의 사각지대가 존재했으며, 틈새 돌봄 시간인 출퇴근 시간과 방학 중, 긴급상황에도 돌봄 서비스가 부족한 것으로 나타났다(관계 부처합동, 2018). 이에 정부는 2018년 온종일 돌봄체계 구축 · 운영 실행계획을 발표하였다. 이는 기존 돌봄 사업이 교육부와 보건복지부, 여성가족부에서 중복되고 분절적으로 추진해 돌봄 사각지대 문제가 발생하고, 돌봄 기관 간 연계와 협력이 어렵다는 문제의식에서 비롯한 것이다. 온종일 돌봄체계의 추진 방향은 초등 돌봄에 대한 국고지원과 기존 돌봄기관 간 협력체계를 강화하는 것이며, 이를 통해 2022년까지 국고 1조 1,053억 원을 투입하고 초등돌봄 서비스 대상자를 53만 명 수준으로 확대할 계획이다.

온종일 돌봄체계의 두 축은 '학교돌봄'과 '마을돌봄'이다. 학교돌봄은 초등돌봄교실과 교실을 활용한 돌봄으로, 2022년까지 34만 명까지 증원을 목표로 운영 시간을 연장하고 공간 확보를 단계적으로 확대하고 있다. 마을돌봄은 기존 지역아동센터와 2017년 신규 설치한 '다함께돌봄센터'를 통한 돌봄 서비스로, 2022년까지 지원 대상을 19만 명까지 늘려 보편적 돌봄지원체계를 구축하고자 한다. 온종일 돌봄체계의 성공적 추진을 위해 범정부 공동추진단과 부처합동 자문단을 구성해 운영하고 있으며, 지자체에는 광역돌봄협의회와 기초돌봄협의회, 마을돌봄협의회를 구성해 지역사회 돌봄 서비스 기관 간 협력을 도모하고 있다.

2. 우리나라 학령기 돌봄 서비스 유형과 내용

우리나라 돌봄 서비스는 부처별로 다양하게 이루어지며, 서비스별로 주요 법적 근거와 지원 대상, 지원 내용에 차이가 있다. 교육부에서는 방과후학교와 초등돌봄교실을 추진하며, 보건복지부에서는 지역아동센터와 다함께돌봄사업, 여성가족부에서는 청소년방과후아카데미를 운영한다. 우리나라 학령기 돌봄 서비스 현황은 〈표 11-3〉과 같다.

표 11-3 **우리나라 학령기 돌봄 서비스**

구분	교육부		보건복지부		여성가족부
돌봄 서비스	방과후교실	초등돌봄교실	지역아동센터	다함께돌봄	청소년방과후 아카데미
시행시기	1995	2004	2004	2017	2005
주요 법적 근거	「초·중등교육 과정총론 교육부 고시」	「초·중등교육 과정총론 교육부 고시」	「아동복지법」	「저출산고령사회 기본법」 「아동복지법」	「청소년기본법」
지원대상	초 1~고 3학년	초 1~6학년	만 18세 미만	만 12세 미만	초 4~중 3학년
지원내용	수요자 중심 교과·특기적성 프로그램 운영	보호, 교육 및 일부 급·간식 지원	보호, 교육, 문화, 정서지원, 지역 사회 연계 등	시간제돌봄 프로그램 지원 등	전문체험활동, 학습지원, 자기개발활동, 특별지원 및 생활지원 (급식지원 포함)
운영형태	자율적 선택 일시돌봄형태	맞벌이 가정 중심 상시 돌봄	취약계층 중심 상시 돌봄	맞벌이 가정 중심 상시·일시 돌봄	취약계층 중심 상시 돌봄
지원형태	유상	무상 (프로그램, 간식비 등 일부 자부담)	무상 (소득별 이용료 5만 원 이내 부담)	이용료 자부담	무상

출처: 관계 부처합동(2018a). 온종일 돌봄체계 구축·운영 실행계획에서 재구성.

1) 학교돌봄 서비스

학교돌봄 서비스는 방과후학교가 대표적이며, 방과후학교에는 방과후교실과 학교돌봄교실이 포함된다. 그 내용은 다음과 같다.

(1) 방과후교실

1995년 '교육개혁위원회'는 개인의 다양성을 발휘할 교육 기회를 제공해 학생의 인성과 창의성을 함양하기 위해 '방과후교육' 활동을 도입·시행하였다. 이어 1999년에는 방과후교육 활동이 입시 위주 교육에 밀려 보충수업이나 자율학습으로 변질하고 본래 취지가 퇴색하는 경향을 우려해 이 프로그램을 '특기·적성교육 활동'이라는 이름으로 변경해 운용하였다. 2004년에는 '사교육비 경감 대책'에 방과후 교육활동 개선을 최우선 과제로 강조하면서, 기존 특기·적성활동에 수준별 보충학습과 돌봄 프로그램을 포함한 방과후교실을 제안하게 되었다(김홍원, 2008).

'방과후교실'은 초등학교 1학년부터 고등학교 3학년까지 모든 학생과 학부모의 요구와 선택을 반영해 정규 수업 외 학교계획에 따라 일정 기간 지속해서 운영하는 프로그램으로, 교과중심의 특기·적성, 교과, 돌봄 등 다양한 프로그램을 제공한다. 학습취약 계층 학생에게는 맞춤형 프로그램을 제공하고 저소득층 아동에게는 자유수강권제도를 통해 참여 기회를 부여하며, 인근 학교 학생에게도 프로그램을 수강할 수 있게 개방한다(이희현 외, 2019). 현재 전국 학교 대부분에서 방과후교실 프로그램을 운영하며, 2017년 기준 총 337만 명 학생이 이용하고 있고 그중 반 이상은 초등학생이다(교육부, 2018a). 방과후교실은 돌봄을 중심으로 하는 프로그램은 아니지만, 아동이 방과 후 시간 동안 프로그램에 참여하기에 돌봄 서비스의 부분적 대안이 될 수 있다.

(2) 초등돌봄교실

초등돌봄교실은 방과 후에 학교 내 별도 공간에서 아동을 돌보는 서비스이다. 2004년 시범사업 후 급속하게 늘어났으며, 2018년 현재 총 1만 2,398실에 약 26만 명 학생이 이용한다(교육부, 2018b). 초등돌봄교실은 맞벌이가정 및 저소득층·한부모·다자녀 등 돌봄이 필요한 가정의 아동을 중심으로 무상 서비스를 제공하며, 저학년은 초등돌봄교실, 고학년은 방과후교실 연계형 돌봄교실로 운영한다.

초등돌봄교실은 학교에서 직접 운영해 대상자 폭이 넓고, 학교의 유휴 공간을 활용할 수 있으며, 부모와 아동의 접근성, 신뢰도가 높다는 강점이 있다. 또한 돌봄교실이 교내에 있으므로, 단순한 돌봄 기능을 넘어 학교의 풍부한 인적·물적 자원을 활용한 교육과 돌봄 기능을 제공할 수 있다(구슬이, 2014). 그러나 같은 이유로 아동의 정서적·육체적 휴식 공간을 확보할 수 없다는 한계도 있다. 아울러 이 서비스는 현재 교육부 고시(제2013-7호, 제2015-74호)만으로 추진하는 서비스로, 법적 근거가 불분명하고 운영체계가 불안정해 돌봄 서비스의 질적 향상을 기대하기 어려울 수 있다. 돌봄교실이 안정적으로 자리 잡고 수요자에게 실질적 지원을 하려면, 프로그램 운영 내실화와 우수한 지도 강사의 확보, 행정과 재정 지원 확대도 필요할 것이다(양애경, 조호제, 노신민, 2008).

2) 지역돌봄 서비스

지역돌봄 서비스에는 지역아동센터와 청소년방과후아카데미, 다함께돌봄센터의 서비스가 있으며, 최근에는 학교 안에서 돌봄 서비스를 제공하고 '학교돌봄터'도 생겼다.

(1) 지역아동센터

지역아동센터는 "만 18세 미만 지역사회 아동의 보호 · 교육과 건전한 놀이, 오락의 제공, 보호자와 지역사회 연계 등 아동의 건전한 육성을 위해 종합적 아동복지 서비스를 제공하는 시설"(「아동복지법」 제16조 제11항)로, 2003년 12월에 개정한 「아동복지법」 제16조 제11항에 따라 아동복지시설의 유형으로 분류되었다. 지역아동센터는 주로 아동이 방과 후에 이용하며, 기본 운영 시간은 8시간으로 학기 중에는 오후 2시부터 7시까지, 방학 중에는 12시부터 5시까지 필수 운영해야 한다. 지역아동센터에서는 아동 보호와 교육, 정서지원, 문화 서비스 제공, 지역사회 연계의 다섯 가지 역할을 담당하고 있으며, 그 내용은 다음과 같다.

지역아동센터의 역할

- 아동보호: 지역사회 안에서 취약계층 아동의 권리를 보장하고 안전한 보호, 급식지원으로 결식을 예방함
- 교육 기능: 아동의 학습능력을 제고하고, 학교에 부적응하는 아동의 문제를 해소, 일상생활지도, 학교생활을 유지하거나 학교적응력 강화 기능을 함
- 정서적 지원: 아동 · 청소년의 심리 · 정서적 안정감을 지원하고 건강한 신체발달 기능을 강화함. 또한 위기가정 아동의 정서적 결핍을 보완함
- 문화 서비스 제공: 문화적으로 소외된 아동을 대상으로 다양한 문화체험활동, 공연 등을 지원하여 경험의 장을 마련함
- 지역사회 연계: 지역사회 내 아동 · 청소년 문제를 예방하기 위하여 지역사회 자원을 확보하고 발굴함

출처: 보건복지부(2020g).

지역아동센터는 소득 기준과 가구 특성 기준, 연령 기준을 고려한 돌봄취약아동을 우선 이용하게 하고 있으며, 시설별 신고 정원의 80% 이상은 돌봄취약아동이어야 하고 일반 아동은 20% 범위에서 등록할 수 있다(보건복지부, 2020g). 이 중 취약 계층 아동은 무상 지원하고, 취약 계층이 아닌 아동은 소득별로 이용료 부담에 차등을 두고 있다. 서비스는 아동의 보호자가 읍·면·동 주민센터나 지역아동센터를 통해 신청하고, 시·군·구의 자격 확인과 이용 결정 후 서비스를 이용한다. 현재 지역아동센터 이용 아동의 대부분이 초등학생이며, 가정 형태별로 보면, 맞벌이가정이 과반수를 차지하고 한부모가정 비율이 높으며, 부모 대부분이 경제활동을 하는 것으로 나타났다(보건복지부, 아동권리보장원, 2020).

지역아동센터는 시·군·구의 설치 허가를 거쳐 설치할 수 있으며, 신규 설치 시 시설·설비와 안전 기준 등을 충족해야 한다. 신규 시설을 설치할 때는 지역아동센터 시도지원단을 통해 신규 시설 신고 후 3~6개월 이내에 운영 컨설팅을 받아야 하며, 컨설팅 결과를 지자체와 아동권리보장원에 보고해야 진입 평가를 받을 수 있다. 아동권리보장원은 지역아동센터 사업의 효율적 운영과 돌봄 서비스 질 향상을 위해 시·도지원단 사업운영을 총괄하고 지역아동센터 현황 통계와 종사자 교육 시스템을 구축·운영하며, 지역아동센터 평가를 지원하고, 아동복지교사 지원사업의 운영관리 역할을 담당하고 있다. 또한 시·도지원단은 시·도 지역아동센터 지원 사업을 운영·관리하고, 지역아동센터 네트워크 구축과 홍보를 지원하고 있다(보건복지부, 2020g).

(2) 청소년방과후아카데미

청소년방과후아카데미는 돌봄이 필요한 취약 계층 청소년을 대상으로 하는 서비스이다. 이용 대상은 초등학교 4학년부터 중학교 3학년까지이며, 기초생활수급자와 차상위 계층, 한부모·조손·다문화·장애가정, 2자녀 이상 가정, 맞벌이가정을 우선순위로 하고, 방과 후 돌봄이 필요한 청소년의 학교(교장·교사)와 지역사회(주민센터 동장·사회복지사 등)의 추천을 받아 지원 대상을 선정한다. 단, 주말에 운영하는 서비스는 지원 대상 구분이 없다. 운영 시간은 방과 후부터 저녁 9시까지이며, 주중에는 급식과 기관별 자율 프로그램을 편성하고, 주말에는 급식을 포함해 1일 5시간 운영한다. 참여를 원하는 청소년이나 보호자는 거주지역 운영기관을 직접 방문하거나 전화면담 후 서비스를 이용할 수 있으며, 서비스 이용료는 모두 무료이다(여성가족부, 2020).

청소년방과후아카데미의 서비스 내용은 지역아동센터와 비슷하지만, 소관 부처와 운영체계에 차이가 있다. 청소년 방과후아카데미는 여성가족부가 총괄하고, 한국청소년활동진흥원에서 사업을 지원하며, 지역 청소년수련시설(청소년수련관, 청소년문화의집)을 중심으로 설치·운영한다. 한국청소년활동진흥원은 연간 운영계획을 수립하고 매뉴얼을 제작·교육하며, 운영 전담인력에 대한 교육과 현장 점검, 컨설팅 등을 담당한다. 청소년방과후아카데미는 청소년지도사나 사회복지사 자격을 갖춘 팀장과 담임을 배치해 운영한다. 팀장은 사업을 총괄하고 프로그램을 기획·운영하며, 지역연계 협력, 사업성과 관리, 안전관리 등을 맡으며, 담임은 프로그램을 운영하고, 보충학습과 동아리 활동을 지원하며, 프로젝트 활동과 상담, 생활지도, 급식지원 등을 맡는다. 팀장과 담임은 전문성 개발을 위해 매년 직무교육을 이수해야 한다(여성가족부, 2020).

(3) 다함께돌봄센터

다함께돌봄은 4대 복합·혁신 국정과제 중 하나인 '인구절벽 해소' 일부로 추진한 사업이다. 2017년 5월 사업의 다양한 모델을 마련하기 위하여 전국 지방자치단체를 대상으로 사업을 공모해 행정안전부와 보건복지부 공동으로 10개 지역에서 시범사업을 했으며, 2018년 12월 다함께돌봄센터 17개소를 설치·운영한 것을 시작으로(이희현 외, 2019), 2020년 현재 424개소를 운영하고 있으며, 2022년까지 1,800개소 설립을 추진할 예정이다(보건복지부, 2021).

다함께돌봄은 돌봄 서비스 공백이 큰 초등학생을 중심으로 지역 내 방과 후 돌봄의 거점 기능을 수행한다. 초등 돌봄을 위한 공공과 민간 자원 연계를 통해 지역사회가 '다 함께' 아동을 키우는 자율적이고 유연한 체계 마련을 모색한다. 이를 위해 지역 내 돌봄 수요와 자원을 고려해 상시·일시돌봄을 제공하고, 아동 욕구에 맞는 다양한 프로그램을 운영하며, 급·간식지원, 자녀 돌봄 관련 상담 등을 제공한다. 또한 학습활동(특기·적성) 프로그램은 가용할 수 있는 외부 자원과 방과후 프로그램을 연계해 수행한다. 이용 대상은 만 6~12세 미만 초등학생이며, 소득 수준과 무관하게 지방자치단체 지역 여건에 따라 다함께돌봄센터 수요자 입소 우선순위를 정할 수 있으며, 다른 공적 돌봄 서비스를 이용하더라도 다함께돌봄센터 돌봄이 필요한 아동은 이용이 가능하다. 서비스를 희망하는 아동과 보호자는 전화, 온라인 등으로 신청한 후 센터 방문 상담을 진행한다. 보호자에게 서비스 이용금액의 일부를 부담하게 할 수 있으며, 수납한도액이 월 10만 원을 넘지 않게 하되 지역 여건에 따라 자율적으로 정할 수 있다. 이용 유형은 일정한 기간이 정해진 정기돌봄과 일정한 기간을 정하지 않고 갑자기 발생한 사유로 인한 비정기돌봄이 있으며, 정기돌봄도 아동이 필요한 시간과 빈도를 정할 수 있다. 센터 운영 시간은 주 5일, 1일 8시간 이상이다.

다함께돌봄센터 설치와 운영 관련 내용은 「아동복지법」에 명시하고 있으며, 지자체는 다함께돌봄센터 의무설치 대상 주택단지 현황 파악 결과와 돌봄수요 예측 결과에 따라 설치계획을 수립해 단독주택과 아파트 공동시설, 근린생활시설, 사회복지시설, 공공체육시설, 주민센터, 도서관 등에 설립해야 한다. 다함께돌봄센터의 설치 · 운영 주체는 지방자치단체이므로 운영은 직영 방식을 기본으로 하며, 돌봄 서비스에 관한 전문성 활용과 지역사회 참여를 활성화하기 위해 사회복지법인, 비영리법인, 비영리민간단체 등 위탁체를 선정해 운영할 수 있다. 종사자는 센터장과 돌봄선생님이 있으며, 사회복지사와 보육교사, 유치원 교사, 청소년지도사 등의 자격을 갖춰야 한다. 다함께돌봄사업센터의 원활한 운영을 위해, 아동권리보장원은 평가와 컨설팅, 종사자 교육 등을 제공하고 전산 시스템을 구축 · 관리하며, 홍보, 조사, 연구 사업을 수행한다.

3. 우리나라 학령기 돌봄 서비스의 평가

우리나라 학령기 돌봄 서비스는 비교적 짧은 기간에 학교 내외에서 서비스 체계를 잘 구축한 것으로 평가한다. 과거에는 서비스 공급기관 부족과 이용 시간의 한계로 아동보호 공백이 발생하기도 하고, 부모의 질병, 사고 등으로 갑작스럽게 아동 돌봄이 필요한 가정에 대한 서비스 대책이 부족했다. 또한 여성가족부와 보건복지부, 교육부의 세 부처가 분절된 채 사업을 진행하므로 서비스 간 중복과 누락 문제도 제기되었다(구슬이, 2014; 청소년활동진흥원, 2013).

그러나 현재는 온종일 돌봄체계의 시행과 다함께돌봄센터와 같은 상시돌봄기관

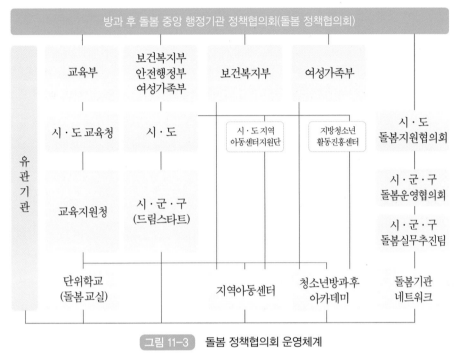

그림 11-3 돌봄 정책협의회 운영체계

출처: 교육부, 보건복지부, 여성가족부, 안전행정부, 교육개발원(2014).

마련으로 이러한 문제를 일부 해결하였다. 또한 관계 부처 돌봄 정책협의회와 지역별 돌봄 협의회를 운영해 관계 부처와 지방 차원의 통합적인 관리를 수행하는 것도 통합적인 돌봄체계를 운용하는 데 긍정적인 영향을 주고 있다. 정부는 학교를 통해 전체 초등학생을 대상으로 사업 안내와 수요 조사를 공동으로 시행해 방과 후 돌봄이 필요한 아동이 서비스 중복이나 누락 없이 돌봄 서비스를 이용하게 하고 있으며, 모든 학령기 돌봄 서비스는 '정부24 온종일 돌봄 원스톱 서비스(www.gov.kr)에 접속해 통합 신청이 가능하게 해, 이용자 편의를 돕고 있다. 이는 학령기 돌봄 서비스의 운영 주체와 방식은 여전히 다양하지만, 수요와 공급의 균형을 맞추는 대안을 마련한 것으로 평가할 수 있다. 그러나 학령기 아동 돌봄의 사각지대는 아직도 존재하며, 특히 2020년 코로나19에 따른 학교 미등교와 외출 자제로 아동의 안전과 보호, 건전한 발달에 대한 우려가 깊어지고 있다(김선숙, 조소연, 이정애, 2020). 따라서 앞으로도 돌봄 서비스에 대한 확대와 질적 강화 노력은 필요하다.

제12장

우리나라 아동 · 가족 통합서비스:
드림스타트 서비스

🏠 제1절 우리나라 드림스타트 서비스의 발달

　사회복지실천 현장에서는 빈곤 아동과 가족의 욕구를 충족시키고 아동 삶의 질을 향상하려는 사례관리 노력이 꾸준히 이루어져 왔다. 외국에서는 아동에 대한 조기 투자를 통해 빈곤으로 발생할 수 있는 문제를 예방해 사회적 비용을 절감하려는 노력을 지속하고 있으며(최영준, 곽숙영, 2012), 우리나라에서도 민간에서 추진한 위스타트 운동, 시소와그네, 우리아이희망네트워크 등의 사업 경험이 있다(정정호, 2016). 드림스타트는 이러한 사업 경험을 바탕으로 추진한 취약아동 대상 공공 통합 사례관리 사업이다. 「아동복지법」 제37조에서는 이 서비스를 '취약계층 아동에 대한 통합서비스 지원'으로 명시하고 있으며, 국가와 지방자치단체는 아동의 건강한 성장과 발달을 도모하기 위해 취약한 가정의 아동과 가족을 대상으로 보건, 복지, 보호, 교육, 치료 등을 종합적으로 지원하는 통합서비스를 시행해야 함을 언급하고 있다.

　드림스타트의 역사는 2004년부터 시작한 '위스타트 운동'으로 거슬러 올라간다. 50여 개의 민간단체가 주도해 시작한 위스타트 운동은 빈곤가정 아동의 빈곤 대물

림을 예방하고 인생의 출발선을 동일하게 하자는 취지에서 시작하였다. 이 운동은 전국 4개 시·도(경기, 강원, 전남, 서울)의 23개 위스타트 마을과 3개 시·도(부산, 전주, 청주)의 아동복지센터를 중심으로 저소득층 아동과 가족의 역량강화를 지원해 왔다. 2006년 8월 보건복지부는 위스타트 운동을 모델로 12세 이하 저소득층 아동을 대상으로 한 지역 맞춤형 통합지원 서비스인 '희망스타트사업' 시행을 발표하였다. 먼저, 2006년 20개 보건소에서 '아동보호 보건복지 통합서비스 시범사업'을 시작하고, 2007년에는 16개 시·군·구에서 '희망스타트시범사업'을 시행하였다. 2008년에는 사업명을 '희망스타트'에서 '드림스타트'로 변경하고 사업 지역을 16곳에서 32곳으로 확대하였다. 또한 2011년에는 「아동복지법」에 관련 조항을 신설해 드림스타트 사업의 법률적 근거를 마련하였다(김혜영, 2012). 2012년 국가는 드림스타트 사업을 국정 핵심 과제로 선정해 사업 지역을 전국으로 확대했으며, 그 결과, 2010년에 101개 지역, 2015년에는 전국 229개 모든 시·군·구에 설치하였다(보건복지부, 아동권리보장원, 2020b).

🏠 제2절 우리나라 드림스타트 서비스의 내용

1. 목적과 추진 방향

드림스타트는 빈곤아동에게 맞춤형 서비스를 제공해 문제를 예방함으로써 성인이 되었을 때 빈곤에서 벗어나게 돕는 것을 목적으로 한다. 즉, 저소득층 아동에게 다양한 통합서비스를 제공함으로써 '빈곤의 대물림을 차단하고 공정한 출발의 기회를 제공'하기 위해 지원하는 대표적인 사회적 투자 방안이다(한국보육진흥원, 2015).

드림스타트의 추진 방향과 주요 초점은 다음과 같다.

첫째, 예방적 사례관리이다. 드림스타트는 취약 계층 아동·가족의 위기 상황과 문제에 대한 조기 발견과 개입을 통해 예방적 사례관리체계를 구축하는 것이 주된 역할이다.

둘째, 맞춤형 서비스의 제공이다. 수요자인 아동중심의 개별화된 접근을 통해 각 아동의 욕구와 가정환경에 따른 지속적인 관리와 맞춤형 서비스를 제공해야 한다.

셋째, 서비스와 방법론, 전달체계를 통합한 체계를 구축하는 것이다. 서비스 통합은 아동의 신체건강, 인지발달, 언어발달, 정서와 행동 문제 해결, 부모와 가족 지원 등 다양한 내용의 서비스를 통합적으로 지원하는 것이며, 방법론 통합은 개별실천과 집단실천, 가족실천, 지역사회 실천 등 실천방법을 상황에 따라 적절하게 활용하는 것이다. 전달체계 통합은 민간 영역과 공공 영역의 전달체계를 통합하는 것이다.

넷째, 지역사회 서비스 연계와 조정이다. 드림스타트는 개별 기관 중심의 서비스 제공이 아니라, 관련 기관의 밀접한 연계와 조정을 통해 서비스를 제공한다.

다섯째, 능동적 사례관리이다. 이는 취약 계층 아동의 위기 상황과 문제에 대한 조기 발견·개입을 통해 예방적 사례관리체계를 구축하는 것이며, 이를 위해 아동과 가족의 자발적이고 적극적인 참여를 끌어내는 것이 필요하다.

2. 대상

드림스타트 사업 대상은 임산부를 포함한 만 12세 이하(초등학생 이하) 취약 계층 아동과 가족이다. 기본 대상은 「국민기초생활보장법」에 따른 수급자나 차상위 계층과 「한부모가족지원법」에 따른 한부모가정이다. 농·산·어촌 기초단체에서는 기본 대상 조건을 충족하지 않더라도 사회적으로 취약한 법적 한부모 외 한부모가정과 다문화 및 조손 가정을 포함한다. 또한 만 12세가 되어 종결해야 하는 시점이라도 위기개입과 집중사례관리가 필요한 아동은 사례회의 후 지방자치단체장의 승인 아래 최대 만 15세까지 연장 지원할 수 있다. 이중 보호 대상 아동은 원칙적으로 제외하며, 기존 사례관리 대상 아동 중 보호조치를 한 아동은 사례관리를 담당 공무원이나 아동보호전담요원에게 이관하고 개입을 종결했음을 안내해야 한다(보건복지부, 아동권리보장원, 2021a).

3. 전달체계

드림스타트는 아동복지 분야에서 우리나라 최초로 시행한 공적 서비스 전달체계이다. 민간위탁 중심으로 진행하던 기존 아동복지 서비스와는 달리 드림스타트는 정부의 역할과 책임을 강화하기 위해 기초자치단체에서 설치·운영한다(이봉주,

2010). 이에 따라 보건복지부에서 사업을 총괄하고, 시·도 아동업무 담당과가 사업 관련 업무를 지원하며, 시·군·구에 전담 부서(드림스타트 전담팀)를 설치해 운영한다. 드림스타트 사업운영 관련 행정 업무는 담당 시·군·구에서 지원하며 최종 책임은 시·군·구청장이 맡는다. 인력은 전담 공무원과 아동통합사례관리사이며, 공무원은 6급 이상을 팀장으로 하고, 사회복지와 간호·보건, 보육, 행정 분야당 1인씩 최소 3명을 배치해야 한다. '아동통합사례관리사'는 보건(간호사)과 복지(사회복지사), 보육(보육교사) 영역의 민간 전문인력으로 구성해 기본 4명 이상 배치해야 한다(보건복지부, 아동권리보장원, 2021b).

드림스타트 배치 인력은 매년 소정의 교육을 이수해야 한다. 신규 사례관리 담당 인력과 2년 차 이하 아동통합사례관리사는 매년 기본교육을 받아야 하며, 팀장과 전담공무원, 3년 차 이상 아동통합사례관리사는 전문화 교육을 이수해야 한다. 또한 선택교육으로 근무경력 5년 이상의 아동통합사례관리사는 슈퍼바이저 기본교육을 받는다. 아동권리보장원에서는 이러한 드림스타트 종사자에 대한 교육을 담당하고 사업 운영지원과 평가, 연구개발과 교육 운영, 사업홍보, 후원 개발과 연계 업무를 수행한다.

드림스타트는 기초자치단체마다 사업의 원활한 추진을 지원하기 위해 운영위원회와 아동복지기관협의체, 슈퍼비전 체계도 구축하고 있다. 운영위원회는 공무원과 민간 전문가가 참여해, 사업 수행 내용과 사업계획을 평가하고 예산 운용 관련 사항을 논의한다. 아동복지기관협의체는 공무원 및 아동복지시설과 관련 기관의 장이 참석해 지역 자원과 서비스 제공에 관해 협의·조정하고 각 기관 간 대상자와 서비스 정보를 공유한다. 또한 통합사례회의를 통해 기관 간 연계 방향을 설정하고, 연계 내용과 상황, 이용자의 변화 등을 점검한다. 아울러 사례관리 역량 향상과 아동통합서비스 사업의 효과 극대화를 위해 슈퍼비전 체계를 구축해 운용한다. 슈퍼바이저는 사업의 효율적인 수행과 양질의 아동통합사례관리를 위해 현장 슈퍼바이저와 외부 슈퍼바이저로 구성한다. 내부 슈퍼바이저는 슈퍼바이저 교육을 이수하고 자격검정을 통과한 사람으로, 아동통합사례관리사 4인당 1명의 슈퍼바이저를 배치해야 한다. 외부 슈퍼바이저는 특수한 전문 분야와 관련된 안건을 중심으로 슈퍼비전을 진행한다(보건복지부, 아동권리보장원, 2021b). 드림스타트의 운영체계를 그림으로 나타내면 [그림 12-1]과 같다.

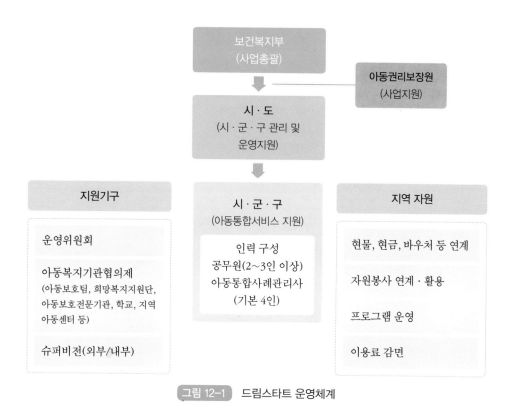

그림 12-1　드림스타트 운영체계

4. 주요 서비스

드림스타트의 주요 서비스는 통합사례관리이다. 드림스타트 통합사례관리는 아동 발굴과 욕구 파악, 계획 수립, 맞춤형 통합서비스 제공과 점검, 종결과 사후관리 과정에 따라 이루어지며, 이를 그림으로 나타내면 [그림 12-2]와 같다.

접수 단계에는 대상자 발굴과 초기상담, 인적 정보 관리가 이루어진다. 먼저, 지역사회 내 취약 계층 아동 중 사례관리가 필요한 대상자를 발굴해야 하는데, 아동의 사례는 행복e음 정보를 활용해 취약 계층 아동 중에서 가정방문을 통해 직접 발굴하거나, 본인이나 타인이 의뢰하기도 한다. 또한 시·군·구 내부의 희망복지지원단이나 아동보호팀, 지역아동센터, 아동보호전문기관, 어린이집, 유치원, 학교 등 관련 기관을 통해서 의뢰받을 때도 있다. 초기상담은 아동의 가정을 방문해 처음으로 하는 상담으로, 대면 또는 유선으로 이루어지며, 이때 아동과 가정에 대한 세부 정보를 파악한다.

그림 12-2   드림스타트 아동통합사례관리 과정

사정 단계에는 아동의 욕구 조사와 함께 양육 환경과 아동발달을 사정하는 과정
이 이루어진다. 양육 환경과 아동발달을 사정할 때는 별도 사정도구를 활용해 면담
을 통해 진행한다. 드림스타트 사례관리는 사례관리 등급(위기개입, 집중사례관리, 일
반사례관리, 비사례관리)에 따라 사례 점검이나 재사정, 가정방문 주기를 생성한다.

계획 단계에서는 접수와 사정을 통해 파악한 아동 · 가족 정보를 바탕으로 사례
회의를 실시해 사례관리 목표를 설정하고 서비스 계획을 수립한다. 이때 아동과 가
족의 구체적 역할을 설정하고 목표와 서비스 계획을 합의하는 과정을 거친다. 사례
회의에는 드림스타트 실무자가 모두 참석해야 하고 필요하면 외부 전문가나 연계
서비스 제공 담당자 등이 동석한다.

실행 단계에서는 지역사회 내 다양한 자원과 연계해 아동과 가족에게 통합서비
스를 제공하며, 점검 단계에서는 서비스의 적절성과 아동 변화 등 서비스를 종합적
으로 검토한다. 또한 서비스 전체 과정과 결과를 평가하고 양육 환경과 아동발달을
재사정한다. 이때도 사례회의를 통해 사례관리 방향을 설정한다. 종결은 드림스타

트 사례관리 과정을 마무리하는 과정으로, 종결을 협의하고 결정하고 사후관리 계획을 세운다.

사회보장시스템(행복e음)

행복e음은 사회복지급여와 서비스 지원 대상자의 자격, 이력에 관한 정보를 통합 관리하고, 지자체의 복지업무 처리를 지원하기 위해, 기존 시·군·구별 새올행정시스템의 31개 업무 지원시스템 중 복지 분야를 분리해 개인별 가구별 DB로 중앙에 통합 구축한 정보시스템이다. 기초연금, 영·유아보육, 기초생활보장, 장애인연금, 긴급복지 등 5개 중앙부처의 120개 복지사업을 포함하고 있으며, 복지대상자 선정과 사후관리를 위해 소득과 재산 자료, 서비스 이력 정보를 연계해 지자체에 제공함으로써, 수급자 선정의 정확성과 담당 공무원의 업무 수행 편의성을 증진하는 효과가 있다.

출처: 한국사회보장정보원 홈페이지(2021).

🏠 제3절 우리나라 드림스타트 서비스의 평가

드림스타트는 아동복지 분야에서 최초로 이루어진 공공 통합사례관리 서비스라는 데 의의가 있다. 그러나 드림스타트는 몇 가지 문제점을 안고 있는데, 구체적으로 살펴보면 다음과 같다.

첫째, 드림스타트는 역할에 대한 재정립과 조정이 필요한 상황이 되었다. 과거 드림스타트는 빈곤아동만을 핵심 지원 대상으로 삼고 사례관리를 담당했으며, 지자체 아동담당 공무원은 보호대상아동의 분리와 배치에 관여했지만, 사례관리를 적극적으로 수행하지는 않았다. 현재는 「포용국가아동정책」의 시행으로 지역 아동보호 전달체계를 공공성을 강화하는 방향으로 재편했고, 이에 따라 지자체에 아동보호전담요원과 아동학대조사공무원을 배치하였다. 즉, 지자체에 비슷한 업무를 하는 담당자가 함께 일하게 된 것이다. 현행 아동복지체계에서는 아동보호전담요원이 보호대상아동에 대한 사례관리를 하도록 하고 있으며, 보호대상아동의 발굴은 다양한 경로가 있지만, 드림스타트를 통해서도 가능하므로 적극적인 협업이 필요한 상황이다. 또한 아동보호전담요원은 아동의 보호가 종료되고 원가정으로 복귀한 후 사후관리를 담당하는데, 이때는 드림스타트의 서비스 연계와 사례관리가 다시 필요할 수 있으므로, 담당자 간 역할조정이 필수적이다. 아울러 사례관리에 대한 공공과 민간의 역할 분담과 연계 협력 방안을 강화하는 것도 필요하다. 특히 학대피해아동이나 보호대상아동이 발생할 때 관련 공공과 민간 사례관리자의 역할을 기계적으로 분리하는 것은 불가능하므로 각 기관이 가진 강점을 살려 아동과 가족의 기능 회복을 위해 긴밀하게 협조하는 체계를 마련해야 할 것이다.

둘째, 드림스타트는 지역에 따라 주로 아동에게 직접 서비스를 제공하는 역할을 하는 곳이 있고, 원래 목적대로 아동과 가족에 대한 통합사례관리를 시행하는 곳이 있어 드림스타트 사업 자체의 정체성이 모호해지는 현상이 나타나고 있다. 이는 드림스타트가 위치한 지역에서 접근 가능한 자원의 양과 질 차이에 따른 것인데, 아동복지 자원이 부족한 지역에서는 아동에게 필요한 서비스 연계가 어려워 드림스타트가 직접 서비스를 개발해 운용하는 사례가 증가하게 되었고, 이러한 현상이 오래가면서 그 지역 드림스타트 서비스의 특성으로 굳어지게 되었다(보건복지부, 아동권리보장원, 2020a). 이러한 편차는 지역별로 매우 크게 나타나는데, 이는 분명히 개선해야 할 사항이다. 드림스타트는 원래 법령에 명시한 것처럼 취약아동에 대한 통합사례관리 체계이므로, 직접 서비스 제공보다는 사례관리에 더 초점을 두어야 한다. 다만, 빈곤아동에 대한 조기개입 프로그램도 중요하고, 농·산·어촌에는 아동에 대한 서비스나 프로그램이 여전히 부족할 수 있으므로 타 서비스 영역의 발전 속도를 고려한 단계적인 체질 개선이 필요할 것이다.

셋째, 드림스타트 사업 대상의 기준에 관해서도 논란이 이어지고 있다. 이와 관련해서 대표적으로 제기하는 문제는 드림스타트 대상 아동의 나이가 만 12세로 「아동복지법」상 아동의 나이 기준인 만 18세와 일치하지 않아 모든 취약아동을 포괄하지 못하고 타 사업을 연계하거나 협업할 때 어려움이 있다는 것이다. 반면, 아동에 대한 조기 개입을 강조한다는 점에서는 현행 나이 기준이 타당하다는 의견도 있다. 이러한 논란은 외국에서도 있는데, 미국의 헤드스타트는 3~5세 아동에게 서비스를 제공했지만, 도입 30년이 지나서는 영·유아에 대한 조기 투자를 강화하기 위해 얼리헤드스타트(Early Headstart) 프로그램을 추가하였다. 한편, 영국의 슈어스타트는 최대 14세(장애아동 16세)까지 이용이 가능하지만, 일부 센터는 19세까지 제한 나이를 확대하기도 했다. 다만, 슈어스타트는 나이 범위는 넓지만 표적 대상을 두고 있으며, 최초 표적 대상은 0~3세였는데 이를 5세까지로 확장하였다(보건복지부, 아동권리보장원, 2020b). 이러한 상황을 볼 때, 조기 개입에 집중하는 사회투자 전략을 갖고 접근하는 미국과 영국보다는 드림스타트가 도입 초기부터 12세 이하 아동으로 상대적으로 넓은 대상층을 설정했다고 볼 수 있다(이상균, 2017). 아동에 대한 투자 효과는 보통 4~5세 이전에 높게 나타나며, 나이가 많아질수록 투자 대비 효과는 낮아진다(Heckman, 2008). 그러나 드림스타트 조사 결과에 따르면, 대상 아동의 연령분포가 오히려 저연령 아동보다 고연령 아동이 더 많은 역삼각형 구조를 보인다. 구체적으로 6세 이하 아동이 1/4을 차지하는 반면 초등학생은 거의 3/4을 차지하고, 한번 사례관리 대상이 되면 만 12세 종결까지 사례관리를 지속하는 문제가 보인다(보건복지부, 아동권리보장원, 2020b).

넷째, 드림스타트 예산 확대가 실질적 사례관리 아동 수의 확대나 아동과 가족의 변화로 이어지지 않고, 센터 수를 늘리는 데 급급하다는 지적도 있다. 드림스타트는 2007년 희망스타트 시범사업 이후부터 전체 229개 시·군·구로 확대한 2015년까지 사업 초기보다 약 40배 성장했고, 이용 아동 수도 초기보다 40배 가까이 늘었다. 그러나 전체 취약 계층 아동에 대한 드림스타트 사례관리 아동의 비율은 여전히 29.1%에 머물고 있으며(보건복지부, 아동권리보장원, 2020), 서비스 효과의 문제도 존재한다. 드림스타트 사업에 대한 효과성 연구는 2009년부터 매년 수행하는데, 주로 해당 연도의 아동발달 정도와 양육자에 대한 평가를 진행한다. 영·유아는 사회성과 신체 발달(소근육)을 측정하고, 학령기 아동은 사회성과 문제 행동, 자아존중감, 스트레스, 학습 습관을 평가하며, 양육자는 양육 스트레스와 심리적 안녕감, 가족 기능을 조사한다. 연구 결과, 지난 10년 간 아동과 가족 모두 항목별 점수를 유지하고 긍정적으로 변화한 것으로 나타났다. 그러나 이 결과를 드림스타트 서비스의 효과라고 판단하기는 어렵다. 드림스타트 서비스 효과를 제대로 측정하려면 통제 집단을 설정해 비교 연구를 하거나, 서비스 과정은 물론 투입한 자원과 효과를 연결하는 좀 더 세밀한 평가가 필요하다.

다섯째, 드림스타트 사업의 가장 큰 문제는 이 사업이 빈곤아동을 위한 선별적 프로그램이라는 것이다. 지금까지 외국에서 시행하는 다양한 스타트 사업에 대한 평가는 그다지 긍정적이지 않다. 예를 들어, 헤드스타트와 슈어스타트의 두 사업은 모두 프로그램에 참여한 아이들이 초등학교 진학 후 통제 집단과 비교해 여전히 좋은 성적을 받지 못한 것으로 나타났는데(Abrams, 2011. 7. 12.; Kirp, 2014. 5. 10.; Merrell & Tymms, 2011), 이는 결국 스타트 사업이 교육 불평등을 해소하지 못했다는 것을 의미한다. 스타트 사업이 큰 효과가 없는 이유에 대해 유럽연합 집행위원회(2009a)는 "빈민을 위한 서비스는 빈약한 서비스(a service for the poor is a poor service)가 되기 쉽다."라고 지적하였다. 빈곤한 소도시에는 역량 있는 직원이 많지 않고, 아동 변화에 대해 직원의 기대도 낮은 편이다. 또한 스타트 사업은 빈곤지역 중심으로 선별적으로 시행하므로 사회계층 간 문제를 악화할 수 있으며, 빈곤아동 모두가 서비스 혜택을 받는 것도 아니므로 서비스에서 소외된 빈곤아동은 불이익을 이중으로 받을 수 있다는 문제도 있다.

효과의 지속성에 관해서도 OECD(2006)와 EU의 연구 결과(European Commission, 2009a)는 부정적이다. 헤드스타트와 슈어스타트 프로그램에 참여한 아동에 대한 종단 연구 결과, 단기간은 효과가 있었지만 일정 기간이 지나면 프로그램 효과가 없어진다는 결과가 나왔다(European Commission, 2009a; Melhuish et al., 2010). 이는 사후 개입이 열악한 데 그 원인이 있을 수 있으며, 헤드스타트는 사회 · 경제적으로 열악한 지역의 학교에서 주로 시행하는데, 환경을 개선하지 않으면 아동에 대한 보육 · 교육 프로그램의 효과는 금방 사라질 수 있다.

아동을 위한 통합서비스가 효과적이려면, 앞서 언급했듯이 모든 아동과 가족의 필요에 대응하는 '보편적 접근'을 기본으로 하되, 이를 보완하는 맞춤형 표적 접근을 통해 개인의 특정 상태에 맞는 서비스를 제공해야 한다(Underwood, 2014). 이는 아무리 '통합성'을 강조해도 아동복지 인프라를 구축하지 않은 사회에서는 그 효과가 미흡하기 때문이다. 보편적 접근과 선별적 접근 그리고 그 안에서 이루어지는 통합서비스 간 관계는 매우 역동적이다. 일반적으로 보편적 제도는 자격 요건이 단순해 사회급여에 대한 접근성을 권리로 보장하고 평등과 사회통합 등의 가치를 실현하기 쉽지만, 서비스 수준이나 내용을 개인의 특정 욕구에 따라 차별화하기 어려울 수 있다. 이런 문제점을 해결할 수 있는 것은 바로 개인의 특정 문제와 관련해 다양한 차원의 서비스를 조정 · 연결하는 통합서비스이다. 즉, 통합서비스는 보편적 제도의 부족을 보완할 수 있다.

예를 들어, 북유럽 국가의 교육은 보편적 제도이다. 사회적 불이익과 아동발달 간 관계는 전 생애에 영향을 미칠 수 있으므로, 취약아동만을 대상으로 하지 않고 모든 아동에게 필요한 서비스를 제공하는 것이 단기비용은 더 많이 들지만, 장기적으로 불평등을 제거하는 데 더 효과적이다. 북유럽 국가들은 바로 이런 논리에 따라 보편적 공보육 · 교육제도를 시행했고, 그 결과 교육 불평등 수준은 매우 낮은 편이다(Jensen, Holm, & Bremberg, 2011). 물론 보편적 교육제도의 시행에도 아동 건강과 교육의 불평등이 완전히 해결되지는 않으므로, 취약 영 · 유아에 대한 맞춤형 서비스를 제공해 보편적 서비스를 보완해야 한다(Jensen et al., 2011). 즉, 보편적 제도만으로는 충분하지 않은 빈곤아동의 특별한 욕구를 개별 아동에 초점을 맞춰 개발한 통합적 영 · 유아 프로그램으로 충족해야 한다는 것이다. 이는 보편적 제도를 보완해 저소득층 아동과 가족을 사회 안으로 통합하는 데 필요한 부가적 지원 방식인 동시에 아웃리치 전략이기도 하다(Rothman, 2009).

제13장

우리나라 아동학대예방 서비스

🏠 제1절 우리나라 아동학대예방 서비스의 발달

우리나라에서 아동학대예방 서비스를 본격적으로 시작한 것은 1989년 '한국복지재단(현 초록우산 어린이재단)'에서 '국제연합아동기금(UNICEF)'과 '보건복지부' 후원으로 민간단체인 '한국아동학대예방협회'를 설립·운영한 때로 볼 수 있다. 그전에도 '한국사회복지협의회'에서 '아동학대고발센터' '한국어린이보호회'에서 '어린이상담전화' '서울시립아동상담소'에서 '아동권익보호신고소'를 설립·운영한 사례가 있지만, 그 활동은 부진하였다. 1996년에는 한국이웃사랑회(현 굿네이버스)가 '아동학대신고센터' 16개소를 설립했으며, 한국복지재단은 1999년 24시간 아동학대 신고·상담 전화를 개설하고 학대피해아동 일시보호시설을 설치·운영하였다. 이 기관들은 아동학대에 관한 조사·연구를 통해 아동학대 예방·치료 프로그램을 개발했으며, 아동학대 예방교육을 시행하고 후원 사업을 진행하였다.

이렇게 민간을 중심으로 개입하던 아동학대 문제는 1990년대 후반 대중매체가 심각한 아동학대 사례 몇 건을 집중적으로 보도하면서 사회적으로 큰 관심을 받게 되었고, 이 사건을 계기로 학대피해아동에 대한 국가 개입과 보호의 필요성이 논의되었다(김현용 외, 2001). 아동학대예방 서비스가 획기적으로 전환한 것은 2000년 「아동복지법」에 아동학대 정의를 규정하는 내용을 신설하고 아동학대 신고 의무규정과 국가와 지방자치단체에 아동학대 문제를 전담하는 '아동보호전문기관' 설치 규정을 마련하면서부터이다. 이에 따라 2000년 10월부터 전국 16개 시·도에 17개소의 아동보호전문기관을 설치하여 아동학대에 대한 신고와 접수, 학대피해아동에 대한 보호와 치료 서비스를 제공하였다. 또한 아동보호전문기관에 심리치료 전문인력을 배치해 치료적 개입을 하게 하였으며, 2016년에는 아동학대로 긴급 분리된 아동을 보호하는 학대피해아동쉼터의 법적 근거를 명시하였다. 2020년 현재, 전국에 69개의 아동보호전문기관이 운영되고 있다(아동권리보장원 홈페이지, 2021). 2001년에는 아동학대예방 사업의 중앙지원 기구인 '중앙아동보호전문기관'을 두고 지역아동보호전문기관과 역할을 구분하였다. 중앙아동보호전문기관은 아동학대에 관한 조사와 연구, 프로그램 개발과 보급 등의 사업을 전국 규모로 전개하였다.

한편, 정부는 2019년 「포용국가아동정책」에서 아동보호체계 공공화를 천명하고 2020년 지방자치단체에 아동학대전담공무원을 배치해 아동학대 조사 업무를 국가가 수행하게 하는 내용을 명시하였다. 아동학대전담공무원은 사회복지사 자격을 지닌 사람으로 임용해 시·군·구에 배치하고, 아동학대 예방 관련 조사 업무는 지자체에서, 사례관리는 아동보호전문기관에서 담당하는 것으로 분리하였다. 그리고 2019년에는 중앙아동보호전문기관을 폐지하고 아동복지 통합지원기구인 아동권리보장원을 설치해 중앙아동보호전문기관의 기능을 이전하였다.

🏠 제2절 우리나라 아동학대예방 서비스의 내용[1]

1. 목적과 추진 방향

우리나라 아동학대예방 서비스는 아동학대를 예방하고 피해아동에 대한 적극적

---

[1] 우리나라 아동학대예방 서비스의 내용은 2020년 발간한 보건복지부와 아동권리보장원의 『아동학대 대응매뉴얼』을 바탕으로 작성하였다.

인 보호를 통해 아동의 안정적인 성장 환경을 조성하기 위한 목적으로 추진한다. 이에 따른 추진 전략은 적극적인 아동학대 발견과 신고체계를 확대하고 학대피해아동 보호와 행위자 조치를 통해 재학대를 줄이는 것이다. 이를 위해 경찰과 아동학대 전담공무원, 아동보호전문기관 간 협력체계를 구축하고 아동학대 대응체계의 공공성을 강화하며, 민관 협력을 통해 아동과 가정의 욕구에 맞는 통합서비스를 제공하는 방향으로 사업을 진행한다(보건복지부, 아동권리보장원, 2020e). 아동학대예방 서비스는 「아동복지법」을 기본법으로 하는데, 「아동복지법」에서 국가와 지방자치단체, 아동권리보장원의 의무를 규정하고 있다. 또한 「아동학대처벌법」에서는 아동학대 범죄의 처벌과 절차, 피해아동에 대한 보호제도, 아동학대 행위자에 대한 보호처분을 규정하고 있다.

2. 대상

아동학대예방 서비스의 대상은 피해아동과 아동학대 행위자, 아동의 보호자 3자로 구분할 수 있다.

1) 피해아동

「아동복지법」상 피해아동은 아동학대로 피해를 본 아동을 의미하며(제3조 제8호), 「아동학대처벌법」상 피해아동은 아동학대 범죄로 직접적으로 피해를 본 아동을 의미한다(제2조 제6호). 「아동복지법」은 「아동학대처벌법」보다 대상 범위가 넓은 편으로, 아동학대로 간접적 피해를 본 아동도 피해아동에 포함해 지원할 수 있다.

2) 학대 행위자

아동학대 행위자는 「아동학대처벌법」상 아동학대 범죄를 범한 사람과 그 공범을 의미한다(제2조 제5호). 아동학대 범죄는 「아동학대처벌법」에서 규정하는 아동학대 범죄와 「형법」상 범죄를 포함한다. 「아동학대처벌법」에서는 보호자에 의한 학대만을 아동학대 범죄로 한정하고 있으며(「아동학대처벌법」 제2호 제4호), 보호자가 아닌 「형법」상 범죄자도 아동학대 행위자에 대한 아동 관련 기관 취업제한 규정을 적용한다(「아동복지법」 제29조의3).

또한 아동학대 범죄를 직접 범한 사람뿐 아니라, 그를 교사하거나 방조한 사람도 「아동학대범죄처벌법」상 아동학대 행위자에 해당한다. 교사란 범죄를 범할 의사가 없는 타인이 범죄 실행을 하게 하는 것(「형법」 제31조)으로, 교사방법은 명시적인 것과 묵시적인 것을 모두 포함하며, 교사받은 자가 범죄 실행을 승낙하지 않은 때에도 교사자는 처벌을 받는다. 한편, 방조는 아동학대 범죄 행위를 용이하게 해 주는 원조 행위를 의미한다. 예를 들면, 아동에게 폭행을 가하는 자에게 잘하고 있다고 격려하거나 두둔하는 행위, 남편이 아동을 폭행할 것을 예측하고서도 아무런 조처를 하지 않고 방치하거나, 폭행해 사용 가능한 몽둥이 등 위험한 물건을 가져다주는 행위가 있을 수 있다(보건복지부, 아동권리보장원, 2020e).

3) 보호자

보호자는 친권자와 후견인, 아동을 보호하거나 그러한 의무가 있는 사람을 말한다(「아동복지법」 제3조 제3호; 「아동학대처벌법」 제2조 제2호). 친권자는 친권을 행사하는 자로 「민법」 제909조 제1항에 따라 부모가 미성년자의 친권자가 된다. 후견인은 보호가 필요한 사람을 보호하는 자를 말하며, 친권자가 없거나 친권자가 친권을 행사할 수 없을 때는 '미성년후견인'을 두어야 한다.

3. 전달체계

아동학대예방 서비스의 주요 전달체계는 정부 전달체계와 민간 전달체계로 구분할 수 있다. 정부 전달체계로는 보건복지부와 시·도 아동학대 담당부서, 시·군·구 아동보호팀이 있고, 민간 전달체계에는 아동보호전문기관이 있다. 보건복지부는 아동학대 대응정책을 수립하고 아동학대예방 사업을 총괄하며, 아동학대사례전문위원회를 운영할 책임이 있다. 과거에는 지역아동보호전문기관에 아동학대사례전문위원회가 있었지만, 현재는 이를 아동권리보장원에 위탁해 통합 수행한다. 시·도 아동학대 담당부서는 사업 지역의 인력 배치와 정원 조정, 조례 개정 등을 지원하고 직접적인 서비스 제공은 시·군·구 단위로 이루어진다.

한편, 아동학대 대응체계 전면 개편에 따라 2020년 10월부터 시·군·구에 아동학대전담공무원을 배치했으며, 시·군·구는 학대피해아동과 요보호아동에 대한 아동복지 업무를 전담하는 아동보호팀을 신설하였다. 시·군·구 아동보호팀은 아동학대 사건의 조사와 판단, 지역사회 내 다양한 아동·가족에 대한 사례관리와 자원을 연계하는 업무를 담당하며, 이를 수행하기 위해 아동학대전담공무원은 함께 배치된 아동보호전담요원과 협업해야 한다. 아동학대전담공무원의 주요 업무는 아동학대 신고를 접수하고 현장 조사와 응급보호를 수행하는 것이며, 피해아동과 가족, 아동학대 행위자에 대한 상담과 조사를 하고 아동학대 사례를 판단해, 피해아동 보호계획을 수립하는 것이다. 이때 아동보호전문기관에 사례관리를 연계하며, 아동보호전문기관은 사례관리를 통해 피해아동과 가족, 아동학대 행위자에 대한 상담과 치료, 교육을 수행하며, 피해가정에 대한 기능회복 서비스를 제공한다. 아동학대전담공무원은 아동보호전문기관의 사례관리를 지도·감독하고 사례관리 결과를 평가해 사례관리를 종결한다. 아동권리보장원은 공공기관으로 서비스를 제공하는 아동학대전담공무원과 아동보호전문기관 상담원을 지원하는 역할을 한다. 아동학대예방 사업과 관련한 연구와 통계 자료를 발간하고, 프로그램을 개발하고 평가하며, 아동학대전담공무원과 아동보호전문기관, 학대피해아동쉼터 종사자에 대한 직무교육을 진행한다.

4. 주요 서비스

아동학대예방 서비스는 아동학대 사건 발생 시 초기 대응뿐 아니라, 아동학대에 대한 사회적 인식 개선 등 학대예방 사업과 피해아동에 대한 심리치료, 가족 기능 회복 등의 사후관리 업무를 포함한다. 이 중 아동학대 신고 후 이루어지는 주요 서비스 과정을 그림으로 나타내면 [그림 13-1]과 같다.

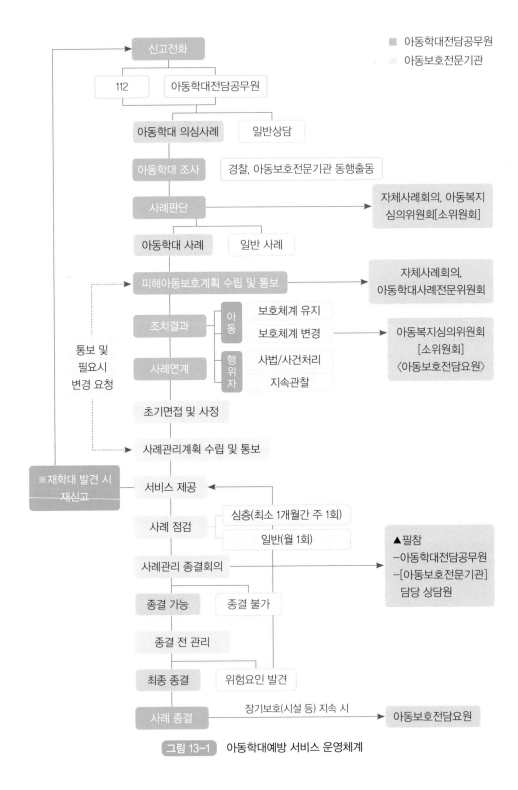

그림 13-1 아동학대예방 서비스 운영체계

1) 아동학대 조사

아동학대로 의심되는 학대 행위를 목격하거나 학대피해아동을 발견하면, 누구든지 112신고센터와 시·군·구 아동학대전담공무원에게 신고할 수 있다. 112에 신고접수가 된 사항은 현장 경찰관(지구대)에 즉시 전달되며, 현장 경찰관은 아동학대 신고접수 사실을 아동학대전담공무원에게 통보하고 필요에 따라 동행 출동한다. 신고자가 아동학대전담공무원에게 직접 신고한 경우에는 신고접수 후 경찰에 동행 출동을 요청한다. 신고접수 시 담당자는 피해의심아동의 안전과 응급조치 필요 여부, 심신 상태, 가정의 상황 등을 먼저 파악하고, 아동학대 관련 상황 및 피해의심아동과 아동학대 행위 의심자, 신고자 인적사항을 확인해야 한다.

신고접수 후 아동학대전담공무원은 지체 없이 현장을 방문해 아동학대 조사를 실시해야 한다. 아동학대 조사 시 피해의심아동과 아동학대 의심 행위자, 보호자, 피해의심아동의 형제자매와 동거하는 아동, 피해의심아동이 이용하는 보육·교육 기관 종사자 등은 필수적으로 대면조사를 해야 한다. 아동학대 현장 조사 시에는 학대피해아동에 대한 신변보장과 안전 조치를 무엇보다 우선하며, 현장에 출동해 학대 행위를 중단하게 하고 필요시 아동학대 행위자를 피해아동으로부터 72시간 이내로 격리하는 '응급조치'를 취할 수 있다(「아동학대처벌법」제12조). 특히 2021년 3월부터는 1년 이내 2회 이상 아동학대 신고가 이루어진 사례에 대해 '즉각분리'를 시행하고 있다. 분리된 아동은 일시보호시설이나 학대피해아동 쉼터에 입소하게 되는데, 2세 이하 어린이는 시설이 아닌 위탁가정에 맡겨진다. 지자체는 이와 같은 아동의 즉각 분리 후 7일 이내에 학대 여부 등을 판단해 아동보호 조치를 결정한다(「아동복지법」제15조).

아동학대전담공무원은 아동학대 조사를 통해 확인한 자료를 바탕으로 자체 사례회의를 통해 아동학대 사례와 일반 사례를 판단하며, 이때 '아동학대판단척도'를 적용한다. 아동학대 사례는 신체 학대와 정서 학대, 성 학대, 방임의 네 가지 유형으로 구분하는데, 두 가지 이상의 유형을 중복으로 판단할 수 있다. 일반 사례는 신고접수 시 아동학대 의심 사례로 판단했지만, 아동학대 조사를 통해 아동학대 사실이 확인되지 않은 사례를 말한다. 현장판단과 자체 사례회의를 통해서도 판단이 어려운 사례는 '아동복지심의위원회(소위원회)'에 안건을 상정해 판단할 수 있다(보건복지부, 아동권리보장원, 2020e).

아동학대판단척도(Child Abuse Assessment Formula: CAF)

아동학대판단척도는 행위의 위험성(act: α)과 결과의 위험성(result: r), 피해자 요소(χ_1), 행위자 요소(χ_2), 참작 사유(ρ)의 다섯 가지 요소로 구성된 계량척도이며 수식은 다음과 같다.

$$CAF = \alpha \times \gamma \times (\chi_1 + \chi_2)/\rho$$

피해 정도를 행위의 위험성과 결과의 위험성으로 나누어, 경미한 행위(1점)와 상당한 행위(2점), 심각한 행위(3점)로 구분해 판단하고, 피해자 요소는 방어 능력이 있는 아동인지(1점) 아닌지(2점)를 판단한다. 가해자 요소는 전력이 없는 경우 0점, 재신고 또는 보호처분 전력이 있는 경우 1점, 형사처벌이 되었던 경우 2점으로 평가한다. 또한 참작 사유가 없는 경우 1점, 있는 경우 2점을 포함한다.

아동학대전담공무원은 판단 요소별 점수를 평정하고 평정 소견을 필수 작성해야 하며, 평정 결과가 1점 이상이면 '아동학대 혐의 있음'으로 판단한다. 이 중 1점 이상~4점 미만은 경미한 아동학대로 구분해 「아동복지법」에 따라 사례관리를 진행하고, 4점 이상이면 상당 수준 이상의 아동학대로 구분해 피해아동에 대한 응급 및 분리 조치를 이행하고 아동학대 행위자에 대한 고발과 임시 조치 등 사법처리를 고려한다.

출처: 보건복지부, 아동권리보장원(2020e).

아동학대 조사를 마치면, 아동학대전담공무원은 아동학대 조사 내용과 사례판단 결과를 바탕으로 '피해아동보호계획'을 수립한다. 피해아동보호계획은 피해아동의 보호조치 여부, 학대 행위에 대한 개입 방향과 절차, 피해아동과 가족에 대한 지원 등 전반적인 보호계획을 의미한다. 피해아동보호계획은 자체 사례회의를 통해 수립하며, 사례가 복잡하고 다양한 문제가 있을 때는 아동보호전담요원이나 관할 아동보호전문기관, 유관기관의 의견을 청취해 통합적인 서비스 계획을 수립할 수 있다. 자체 사례회의 외 의학적·법률적 판단이 필요할 때는 '아동학대사례전문위원회'의 의견 청취도 가능하다. 이때 '아동학대위험도 평가척도'를 활용해야 하며, 그 결과 총점이 4점 이상이면 피해아동의 분리보호 조치를 고려한다. 피해아동보호계획은 가정 복귀와 분리 보호의 두 가지 방법으로 이루어질 수 있으며, 두 가지 상황 모두 아동보호전문기관을 통한 상담·교육과 사례관리를 연계해야 한다.

요인		평가 문항	점수	
학대 심각성 및 지속성	1	아동에게 신체 외부 손상이 관찰되거나 신체 내부의 손상 혹은 정서적 피해가 의심된다.	아니요(0)	예(1)
	2	아동의 주거 환경에 아동의 건강이나 안전상의 위험 요소가 있다.	아니요(0)	예(1)
	3	아동이 학대행위자로부터 2회 이상 학대를 당한 경험이 있다.	아니요(0)	예(1)
	4	방임을 포함한 학대로 초래된 발육부진이나 영양실조, 혹은 비위생 상태가 관찰된다.	아니요(0)	예(1)
피해아동의 욕구 및 특성	5	아동이 학대행위자에 대해 두려움이나 거부감을 표현한다.	아니요(0)	예(1)
	6	아동이 학대행위자로부터 분리보호를 요구하는 의사를 표현한다.	아니요(0)	예(1)
	7	아동이 스스로를 보호할 능력이 현저히 미약하다.	아니요(0)	예(1)
생활환경	8	아동을 안전하게 보호할 수 있는 보호자가 없다.	아니요(0)	예(1)
	9	학대행위자가 아동의 의사에 반하여 아동에게 접근할 여지가 많다.	아니요(0)	예(1)
적용기준		총점이 4점 이상일 경우 피해아동의 분리보호 등 조치 고려	총점 (점)	

아동학대위험도 평가척도 예시

출처: 보건복지부, 아동권리보장원(2020e).

한편, 아동학대전담공무원은 아동학대 행위자의 학대 행위 개선과 재학대 방지를 위해 법적 근거를 활용한 조처를 할 수 있다. 먼저, 학대 행위자에게 상담과 교육을 권고할 수 있으며(「아동복지법」 제29조의2), 고발이나 수사를 의뢰할 수도 있고 (「아동복지법」 제3조), 아동학대 행위자가 친권을 행사하는 것이 피해아동의 복지를 해치는 일로 판단하면 관할 검찰에 친권 제한 또는 상실 심판 청구를 요청할 수 있다 (「아동복지법」 제18조). 아울러 응급조치 중에도 아동학대가 다시 일어날 가능성이 있으면, 학대 행위자를 주거지로부터 퇴거시키거나 피해아동과 가족의 주거와 학교 주변에 접근금지를 요청할 수 있는데, 이를 '긴급임시조치'라고 한다 (「아동학대처벌법」 제13조). 학대 행위자에 대한 형사처벌이나 보호처분 전 학대 범죄 재발 우려가 있으면 퇴거와 접근금지 외에도 친권을 제한하거나 정지하고, 아동보호전문기관의 상담과 교육위탁, 의료기관이나 요양시설 위탁, 유치장이나 구치소에 학대 행위자를 유치하는 '임시조치'를 취할 수 있다(「아동학대처벌법」 제12조). 임시조치는 사법경찰관과 검사의 청구를 거쳐 가정법원의 판사가 결정하며, 경찰이나 검찰 등 수사기관을 거치지 않고 법원에 직접 요청한 후 판사의 직권으로 이러한 조처를 하는 '피해아동보호명령'도 있다(「아동학대처벌법」 제47조).

2) 학대피해아동 사례관리

'피해아동보호계획'을 수립하면 아동학대전담공무원은 관할 아동보호전문기관에 서면 통보해 사례관리를 연계해야 한다. 아동보호전문기관의 아동학대 사례관리는 아동의 안전과 재학대 예방에 초점을 두고 아동의 안전체계를 구축하고 가족의 역량을 강화하기 위해 지역 자원을 연계하고 조정하는 과정이다. 이는 아동학대 사건에서 아동을 보호하려면 아동에만 초점을 두기보다는 아동학대 행위자와 가정, 지역사회 등 아동의 안전한 보호와 양육에 큰 영향을 미치는 사람과 환경에 개입하는 것이 더 효과적이기 때문이다. 이때 아동학대 사례관리는 아동의 안전을 확보하고 가족의 회복과 기능 강화를 통해 아동이 원가정에서 안전한 상태로 지내는 것을 목표로 한다(보건복지부, 아동권리보장원, 2020e). 아동보호전문기관 상담원은 사례관리를 직접 수행하고, 아동학대전담공무원은 아동보호전문기관의 사례관리 진행 상황을 파악하고 점검한다.

아동학대 사례관리는 '초기면접과 사정, 계획수립, 개입, 사례점검, 종결'의 일반적인 사례관리 실천과정과 유사하게 진행한다. 초기면접은 아동학대전담공무원이 통보한 피해아동보호계획서를 확인하는 것으로부터 시작하며, 사례 연계 후 7일 이내에 가정방문을 통해서 해야 한다. 사정 단계에는 '아동학대 위험수준별 개입사정 척도'를 필수적으로 활용해 가족과 개인, 안전 영역을 사정하며, 학대 발생 원인을 포함해 피해아동과 가족구성원, 아동학대 행위자의 다양한 욕구와 상황, 발생 가능한 위기 요인에 대한 다차원의 정보를 수집해야 한다. 이때 가족을 지원할 수 있는 주요 인물이 누구인지 확인해 개입 시 지원체계로 활용할 자원도 파악해야 한다. 사정 내용에 따라 사례관리 목표와 실행계획을 수립하고 원가족 회복과 가족 재결합, 지역 자원과의 협력에 초점을 두고 개입한다.

　개입 시 보호체계에 따라 개입의 초점은 달라질 수 있다. 먼저, 아동이 원가정에 머무는 경우에는 가정 안에서 아동의 안전을 보장할 방안을 마련하고 피해아동과 아동학대 행위자의 관계를 회복하는 데 초점을 둔다. 아동을 분리 보호하는 경우에는 피해아동이 위탁가정이나 시설에서 잘 적응하고 안전하게 보호될 수 있는지 지속해서 관리하는 것이 필요하다. 동시에 피해아동이 가족과 가능한 한 빨리 재결합할 수 있도록 아동과 가족 간 관계 유지와 개선을 위한 정기적인 만남이 이루어질 수 있게 하고, 가족이 아동을 안전하게 양육할 능력을 회복하도록 필요한 다양한 서비스를 제공해야 한다. 이때 가정복귀에 대한 아동의 의사도 점검하면서 아동의 욕구와 상황을 섬세하게 고려하면서 개입하는 것이 중요하다.

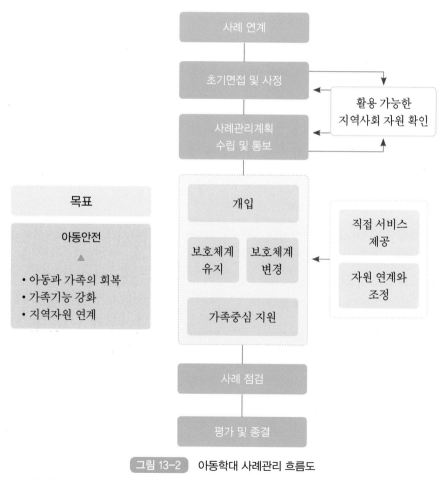

그림 13-2 아동학대 사례관리 흐름도

출처: 보건복지부, 아동권리보장원(2020e), p. 39.

사례 점검은 사례관리 목표와 계획에 따라 사례관리를 적절하게 이행하고 있는지 그리고 이용자의 변화가 나타나고 있는지를 파악하는 과정이며, 위험도가 높은 심층사례는 1개월간 주 1회 이상, 저위험 일반사례는 월 1회 이상 가정방문과 전화상담 등을 통해 수행하며, 3개월마다 사례관리점검표를 작성해야 한다. 사례관리의 종결은 아동보호전문기관의 사례개입을 마치는 것으로, 아동학대전담공무원과 아동보호전문기관 상담원이 참여한 사례종결 평가회의를 통해 결정한다. 아동학대 사례관리의 종결은 6개월간 재학대가 발생하지 않았거나 아동학대 재발 우려가 낮다고 평가할 때 이루어지고, 종결 결정 후 3개월간 모니터링이 필요하다(보건복지부, 아동권리보장원, 2020e). 학대피해아동에 대한 사례관리 과정을 그림으로 나타내면 [그림 13-2]와 같다.

3) 학대피해아동 보호

피해아동의 보호는 부모에 의한 보호와 친인척보호, 연고자보호, 가정위탁보호, 시설보호가 있으며, 법마다 아동에 대한 분리보호의 요건을 규정하고 있다. 먼저, 「아동학대처벌법」에서는 아동에 대한 응급조치에 따라 아동을 72시간까지 보호할 수 있으며(제12조), 응급조치 후 추가보호가 필요하다고 판단되거나(「아동복지법」

표 13-1 피해아동에 대한 보호조치

	응급조치	피해아동보호명령	보호조치
법적 근거	「아동학대처벌법」 제12조	「아동학대처벌법」 제47조	「아동복지법」 제15조
목적	학대발생 현장에서 피해아동을 긴급히 보호	수사기관을 거치지 않고 피해아동의 보호를 법원에 요청할 수 있게 함	지자체장이 관할 지역 내 아동보호에 대한 조처를 함
관련자	아동학대전담공무원, 경찰	청구권자, 가정법원 판사	아동복지심의위원회, 지자체장, 보호자
집행방법	권한자가 직권으로 결정	청구권자 청구 시 법원에서 결정	보호자 의뢰 또는 지자체 직권으로 판단 후 승인
보호기간	72시간	법원결정 시 최대 1년, 성년까지 6개월 단위로 연장 가능	만 18세까지 보호 가능

출처: 보건복지부, 아동권리보장원(2020e), pp. 166-167에서 재구성.

제15조 제5항) 법원의 임시적인 보호명령이 있을 경우(「아동학대처벌법」 제52조) 아동을 일시 보호할 수 있다. 또한 아동복지심의위원회를 통해 시설보호 결정이 이루어지거나(「아동복지법」 제15조 제1항), 법원의 '피해아동보호명령'이 내려진 경우(「아동학대처벌법」 제47조)에는 위탁가정이나 공동생활가정, 아동양육시설에서 아동을 중장기 보호할 수 있다.

피해아동보호명령에 따른 시설보호는 법원 결정 시 최대 1년까지 보호하며, 6개월 단위로 아동이 성년이 될 때까지 연장할 수 있으며, 판사의 직권이나 피해아동의 법정대리인 또는 지자체장의 청구에 따라 취소나 변경, 연장이 가능하다. 이때 법원 명령 기간이 종료되기 최소 2개월 전에 보호 종결 여부를 검토해 기간 연장이나 보호 종결을 결정해야 하며, 보호 종결 전 가정복귀 프로그램을 선택적으로 시행할 수 있다.[2] 보호 종결은 아동보호전문기관과 협의해서 결정하며, 관할 법원에 보호 종결 여부에 관한 의견을 제출한다.

아동복지심의위원회를 통한 시설보호 결정의 경우에도 만 18세 미만까지 아동보호가 가능하며, 친권자나 후견인이 아동양육 의사가 있으면 아동복지심의위원회의 보호 종결에 대한 심의를 거쳐 가정 복귀가 가능하다. 이때 아동보호전문기관은 가정복귀 프로그램을 제공하고 가정 복귀 관련 절차를 실시해야 한다. 가정 복귀 시에는 먼저 아동과 보호자의 의사를 확인하고 가정 복귀 요건을 확인해야 한다. 가정방문과 면담을 통해 양육 환경을 점검한 후에 가정 복귀 계획을 수립하며, 그에 따른 가정복귀 프로그램을 시행해야 하고, 아동학대전담공무원이 참석한 가운데 사례회의를 개최해 가정 복귀 준비사항을 점검한다. 아동보호전문기관은 가정환경조사서를 작성하고, 아동보호전담요원은 양육상황점검표를 작성해야 하며, 아동학대전담공무원은 제출받은 자료를 검토해 아동복지심의위원회에 안건을 상정한다. 아동복지심의위원회를 통한 복귀 승인 후 아동의 귀가가 이루어지며, 아동보호전담요원은 1주일 이내에 가정방문으로 아동의 상황을 점검하고, 이후 월 1회 3개월간 가정방문으로 모니터링해야 한다(보건복지부, 아동권리보장원, 2020c).

---

2) 가정복귀에 대한 법적 명시는 「아동복지법」 제16조에만 있다. 따라서 「아동복지법」에 따라 보호조치를 한 경우는 필수적으로 가정 복귀 절차를 시행해야 하지만, 이 외 다른 법률로 보호조치를 한 경우에는 가정 복귀 절차가 필수사항이 아니다.

🏠 제3절 우리나라 아동학대예방 서비스의 평가

우리나라의 아동학대 사례는 해마다 증가하고 있다. 학대 행위자 중에는 부모와 대리양육자가 대부분을 차지하고 가정 안에서 발생한 사례가 가장 많다. 유형별 아동학대 발생 현황을 살펴보면, 중복학대가 가장 많은 부분을 차지하고, 정서 학대와 신체 학대, 방임, 성 학대 순으로 높게 나타났으며, 중복학대 중 신체 학대와 정서 학대가 많은 편이다. 학대 행위자의 주요 학대 원인은 양육 기술 부족이었다. 과거에는 학대의 원인 중 학대 행위자의 심리·기질적 문제와 물질남용 문제가 두드러졌지만, 최근에는 스트레스, 사회적 고립, 경제적 어려움 등 상황적 요인이 학대 발생에 큰 영향을 미치는 것으로 보인다. 특히 우리나라에서 빈번히 발생하는 학대 유형인 방임은 그 원인이 주로 경제적 빈곤문제와 결부된 것으로 나타났는데(보건복지부, 2020e), 이는 아동 학대와 방임의 경우 위기가정에 대한 지원을 통해 예방할 가능성이 있음을 시사한다.

우리나라 학대피해아동 조처의 특성을 살펴보면, 원가정에서 사례관리를 하는 경우가 많은 편이지만, 분리보호 아동 중 원가정으로 복귀하는 아동의 수는 현저히 적은 편이다. 그 이유는 우리나라 가족보존 서비스의 양과 질이 미흡하기 때문이라고 볼 수 있는데, 아동의 성장과 발달에 가장 중요한 환경이 가족이라는 점을 고려할 때, 이러한 현실은 시급히 개선해야 할 것이다. 지금까지 우리나라의 아동학대에 대한 개입은 아동의 안전과 위험 방지에만 초점을 두었으며, 아동보호전문기관 상담원이 공급자 입장에서 일방적으로 사례관리를 기획·제공하는 현실의 한계가 지적되기도 했다. 이러한 상황에서 2020년 아동학대 대응체계 개편을 통해 아동학대 사례관리의 목표를 원가정 복귀로 명시하고 실천 원칙도 강점관점 해결중심 접근의 적용을 제시한 것은 매우 고무적이다(보건복지부, 아동권리보장원, 2020e). 강점관점 해결중심 접근은 아동학대 행위자나 피해아동이라도 자신에게 도움이 되는 변화를 이루어 낼 능력이 있다고 믿고, 이용자가 변화를 이루어 내는 데 활용할 강점과 자원을 발견하고 개발하는 데 초점을 두고 실천하는 것이다. 미국에서도 아동학대와 보호 서비스에 강점관점과 해결중심 접근을 적용하여, 피해아동과 가족, 아동학대 행위자가 자신들이 이미 가진 강점과 자원을 활용해 스스로 원하는 변화를 이루어 감으로써 부모가 아동의 안전을 자신들만의 방법으로 책임지게 하는 실천이 점점 더 많이 이루어지고 있다.

이러한 정책과 실천의 개편에도 우리나라는 아동의 가정에 대한 적절한 지원과 서비스가 여전히 부족한 상황이다. 특히 아동을 분리 보호한 후에는 가족에 대한 드림스타트 서비스를 중단해 분리 전보다 오히려 가족의 양육 능력 향상을 위한 자원 연계가 줄어들 수 있다. 또한 아동에 대한 가정 복귀 계획 수립 시 원가정에 대한 지원계획을 포함하게 되어 있지만, 물적 · 인적 자원의 한계로 원가정에 대한 실질적 지원이 이루어지지 않고 있는 것이 현실이다. 아동학대예방 서비스의 궁극적 목적은 개별 가족의 욕구와 필요에 따른 다양한 가족 기능 강화 서비스를 통해 주양육자가 양육 능력을 향상하고 가정환경이 변화해 가정이 아동을 안전하게 양육할 수 있게 하는 것임을 생각할 때, 훨씬 더 적극적인 가족지원 서비스의 개발과 지원이 필요하다.

한편, 지자체에 전담공무원 배치를 통해 아동학대예방 서비스의 전달체계를 공공화한 것은 매우 의미 있는 일이다. 다만, 아동학대 조사는 아동학대전담공무원이 하고, 사례관리 업무는 민간 아동보호전문기관에서 담당하는 분절된 현재 상황은 개선할 필요가 있다. 아동학대 사례관리는 조사 단계에서부터 시작해야 하며, 담당자를 변경하지 않고 연속해서 수행할 필요가 있다. 현재는 아동학대 사례관리 초기 상담과 사정 과정에서 이미 아동학대 조사에서 했던 비슷한 조사를 이중으로 수행해 피해아동과 가족의 부담과 피로를 가중하고 있다. 또한 사례관리가 효과적으로 이루어지려면 가족과 밀착해서 이루어져야 하는데, 아동보호전문기관 대부분이 지역사회 안에 위치하지 못하고 있고 한 아동보호전문기관이 여러 지역을 담당해야 하는 현실도 사례관리를 수행하는 데 치명적인 한계로 작동할 수 있다. 아울러 공공기관과 민간기관이 아동에 대한 민감한 정보를 교류하며 업무를 수행하는 것이 업무의 효과성과 효율성에 방해 요인이 될 수 있으며, 이 과정에서 역할 갈등도 발생할 수 있다. 이러한 역할 갈등과 혼란스러운 상황은 아동 분리보호 시에도 발생하는데, 현재 아동을 분리 보호하는 절차를 「아동복지법」상 아동보호전담요원이 관여하는 체계와 「아동학대처벌법」상 아동학대전담공무원이 관여하는 체계로 나누어 구축한 점도 향후 개선이 필요한 부분이다.

제**14**장

우리나라 일시대안양육 서비스

🏠 제1절 우리나라 일시대안양육 서비스의 발달

우리나라 일시대안양육 서비스는 한국전쟁 이후 고아를 수용하기 위해 민간 독지가와 외국 원조기관이 설립한 수용시설이 그 시초이다. 이러한 시설은 1950년대에 급속하게 증가해 1960년 총 472개로, 우리나라 전체 사회복지시설 592개의 80%에 달하였다(오정수, 정익중, 2013). 당시 시설의 주된 역할은 요보호아동의 긴급구호였고, 시설 운영 재원의 상당 부분을 외국 자본에 의존하였다. 급격히 증가하는 요보호아동의 수용·보호를 위해 1961년에 정부는 「아동복리법」을 제정해 법적 근거를 마련하였는데, 「아동복리법」에 명시한 아동보호 서비스는 주로 고아, 부랑아 등 '요보호아동'을 시설에서 보호하거나 입양하는 것이었다. 하지만 1960년대 후반부터 외국 자본이 감소함에 따라, 정부는 시설을 통·폐합해 시설 수를 줄이는 조정정책을 시행했고, 요보호아동의 상당수를 국외로 입양 보내기 시작하였다. 이에 따라 시설 수는 급격히 감소했고, 1980년대 이후에는 시설 수의 큰 변화는 없었지만 시설에서 보호하는 아동 수는 많이 줄었다(김현용 외, 2001).

1981년에는 「아동복리법」을 「아동복지법」으로 명칭을 변경하고 전문을 개정하였다. 이 법에서는 요보호아동만이 아닌 모든 아동의 복지에 대한 국가 책임을 강조하고, 아동복지 서비스의 전문화와 다양화를 지향하였다. 이 시기에는 아동만으로 구성된 단독세대를 '소년소녀가정 세대'로 등록해 지원하기도 하였다.

1990년대에는 가정 해체가 증가함에 따라 아동보호의 사각지대가 발생했고, 이를 보완하기 위해 민간에서 자발적으로 '그룹홈'을 운영하기 시작했다. 당시에는 법률상 대규모 '아동양육시설'만을 인정했으므로 그룹홈은 사회복지시설로 인정받지 못하였다. 이러한 가운데 정부에서 공동생활가정과 가정위탁 시범사업을 시작하면서, 대규모 시설보호에서 소규모 시설보호와 가정형 보호 형태로 보호 방식의 변화를 시도하였다.[1] 그러나 법 조항이 구체적이지 않고 정부 책임과 지원이 부족해 큰 효과를 발휘하지는 못했다. 이때까지도 일시대안양육 서비스는 여전히 민간의 대형시설 중심으로 이루어졌다.

2000년 이후 우리나라의 일시대안양육 서비스는 빠르게 변화하였다. 정부는 「아동복지법」상 아동양육시설과 치료시설로만 국한하던 아동복지시설의 종류와 기능을 아동일시보호시설, 아동보호치료시설, 공동생활가정 등으로 다양화하였다. 2005년에는 「아동복지법」을 개정해 가정위탁보호의 법적 근거를 마련하고, 위탁가정을 발굴 · 상담 · 지원하는 '가정위탁지원센터'를 시 · 도에 설치 · 운영하게 하였으며, 조부모나 친인척과 동거하는 소년소녀가장을 '대리양육가정위탁'과 '친인척가정위탁'에 포함해 지원하였다. 1990년대부터 민간에서 자생적으로 운영하던 그룹홈은 2004년 '공동생활가정'이라는 이름으로 법률상 아동복지시설의 하나가 되었다.

2016년에는 「아동복지법」을 개정해 시 · 도지사 또는 시 · 군 · 구의 장에게 보호대상아동에 대한 보호조치의 책임을 부여하고, 원가정 보호 원칙과 보호대상아동에 대한 상담 · 조사, 양육 상황 점검, 보호 종료 후 사후관리에 관한 내용을 법에 명시하였다. 개정법에 따르면 전담공무원이나 아동위원은 보호대상아동과 보호자에 대한 상담 · 지도를 수행해야 하고, 보호자 또는 연고자가 가정에서 아동을 보호 ·

---

1) 1960년대 초반부터 입양기관이 아동을 입양 보내기 전 자원봉사가정에 위탁한 것을 우리나라 최초의 가정위탁보호로 보는 경우도 있지만(허남순, 2000), 이는 가정에서 영구 분리된 아동을 대상으로 아동을 보호한 것이었으므로 아동을 위한 일시대안양육 서비스인 가정위탁으로 보기 어렵다.

양육할 수 있게 먼저 필요한 조처를 해야 한다. 아동을 가정에서 보호할 수 없을 때만 아동의 보호를 희망하는 사람에게 가정위탁을 하거나, 적합한 아동복지시설에 입소시키고, 특수한 치료나 요양보호가 필요한 아동은 전문치료기관이나 요양소에 입원·입소시킨다. 그러나 이렇게 보호대상아동과 그 가정에 대한 지원을 규정하고 있음에도 학대나 유기, 이혼, 빈곤 등으로 가족과 분리되는 아동은 매년 4~5천 명에 이르렀고, 보호된 아동의 총수는 4만 명이 넘었다(보건복지부, 2019).

이러한 문제는 다음과 같은 아동복지체계의 문제에서 파생한 것으로 보인다. 먼저, 우리나라 아동보호 서비스는 서비스마다 별도 체계를 구축하고 있어 상호 연계성이 부족하였다. 이는 우리나라 아동보호 서비스가 처음부터 이용자중심 전달체계보다는 시설중심 전달체계를 구축해 왔기 때문이다. 이에 따라 학대피해아동, 빈곤아동, 미혼모자녀, 장애아동 등 아동보호 서비스 대상에 따라 아동보호 서비스에 진입하는 경로가 다르고, 어떤 경로로 진입하는가에 따라 받을 수 있는 서비스의 방향과 내용도 달라졌다. 보호 서비스 간에도 서비스와 정보, 자원을 서로 연결하지 않고 분절된 채 파편적으로 서비스를 제공해 왔다. 이러한 현상은 아동보호 서비스를 민간기관 중심으로 제공했기 때문이다. 아동학대와 가정위탁, 입양 등의 서비스는 별도의 중앙지원기관이 있었지만, 그 기관 역시 민간기관에 위탁해서 운영하였다. 이렇게 아동보호 서비스를 민간기관이 담당하면 서비스의 다양화와 전문성을 제고할 수 있지만, 책임성과 권한의 문제가 발생할 수 있다. 미국과 스웨덴은 요보호아동에게 의뢰된 시점부터 영구적인 보호가 이루어질 때까지 연속선상에서 단계적으로 서비스를 제공하는데, 그것이 가능한 것은 접수와 개입, 종결의 모든 과정을 정부기관이 통합 관리하기 때문이다. 우리나라도 아동보호 서비스의 안정성과 연속성을 보장하기 위해 공공·민간을 연계한 아동보호 서비스 체계를 새롭게 구축하는 것이 시급한 상황이었다.

아동보호에 대한 공적 책임성 강화의 필요성을 지속해서 제기함에 따라, 정부는 2019년 5월 23일 아동에 대한 국가책임 확대의 원년 선포와 함께, 아동 지원과 보호 서비스를 포괄하는 통합체계 개편과 공공성 강화를 중심으로 하는 포용국가아동정책을 발표하였다. 이후 모든 요보호아동의 보호결정과 관리, 원가정 복귀의 전 과정을 지자체 책임으로 시행하도록 공적 보호체계를 마련했으며, 2020년 10월에는 시·군·구에 보호대상아동에 대한 상담과 가정조사, 사례관리를 수행하는 아동보호전담요원과 학대피해아동에 대한 조사를 담당하는 학대전담공무원을 배치하였다(보건복지부, 아동권리보장원, 2020e). 이에 따라 아동보호 서비스의 진입 창구는 지자체로 일원화하고 공공화하게 되었다.

🏠 제2절 우리나라 일시대안양육 서비스의 내용[2]

1. 목적과 추진 방향

아동 일시대안양육 서비스의 궁극적인 목적은 아동의 건강한 성장이다. 이를 위해 '원가정 보호'를 최우선적으로 고려하되, 원가정을 통한 보호가 어렵거나 아동보호를 위해 불가피한 경우에만 일시대안양육을 추진해야 한다(「아동복지법」 제15조 제2항). 아울러 일시대안양육 서비스를 결정할 때는 소규모 가정형 보호를 우선해야 하므로 가정위탁부터 시작해 공동생활가정, 아동양육시설 순으로 배치를 고려해야 한다. 아동을 보호하는 동안 지자체는 '양육 상황 점검'을 통해 아동의 적응 상태와 서비스 제공 상태 등을 확인할 의무가 있으며, 원가정의 양육 기능을 회복할 수 있게 집중적으로 지원해 아동을 조속히 가정으로 복귀시켜야 한다. 그러한 노력에도 원가정의 기능이 회복되지 않아 만 18세가 될 때까지 원가정으로 복귀하지 못한 아동은 자립지원을 통해 보호 종료 후 독립생활을 준비할 수 있게 도와야 한다. 이러한 아동보호의 전 과정을 그림으로 나타내면 [그림 14-1]과 같다.

---

[2] 우리나라 일시대안양육 서비스의 내용은 2020년 발간된 보건복지부와 아동권리보장원의 『아동보호 서비스 업무매뉴얼』과 보건복지부의 『2020년 아동분야 사업안내』를 바탕으로 작성하였다.

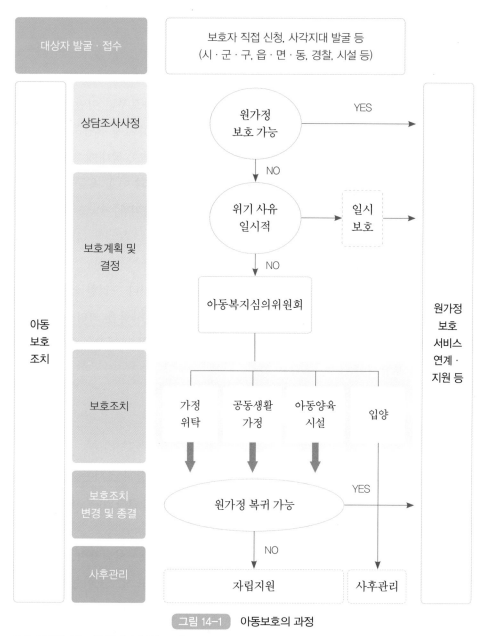

대상자 발굴 · 접수

보호자 직접 신청, 사각지대 발굴 등
(시 · 군 · 구, 읍 · 면 · 동, 경찰, 시설 등)

상담조사사정

원가정
보호 가능

YES

NO

위기 사유
일시적

일시
보호

보호계획 및
결정

NO

아동복지심의위원회

아동
보호
조치

보호조치

가정
위탁

공동생활
가정

아동양육
시설

입양

원가정
복귀 가능

YES

보호조치
변경 및 종결

NO

사후관리

자립지원

사후관리

원가정
보호
서비스
연계 ·
지원 등

그림 14-1   아동보호의 과정

출처: 보건복지부, 아동권리보장원(2020d), p. 13.

2. 대상

1) 보호대상아동

「아동복지법」상 보호대상아동은 보호자가 없거나 보호자로부터 이탈된 아동 또는 보호자가 아동을 학대하는 경우, 보호자가 아동을 양육하기에 적당하지 않거나 양육하기 어려운 경우의 만 18세 미만 아동을 의미한다(제3조). 국내에 거주하는 외국인과 등록한 외국 국적 아동을 포함하며, 보호의 필요성과 아동 욕구, 서비스의 종류 등을 감안해 보호 대상 연령의 연장이 가능하다(「아동복지법」 제16조 제2항).

2) 보호자

보호자란 친권자와 후견인, 아동을 보호·양육·교육하거나 그러한 의무가 있는 자, 업무와 고용 관계로 사실상 아동을 보호하고 감독하는 사람을 의미한다(「아동복지법」 제3조). 보호자는 「아동복지법」에 따라 아동을 안전하고 건강하게 양육해야 하는 책무를 부담해야 한다.

3. 전달체계

2020년 개편한 정책에 따라 보호대상아동에 대한 초기상담과 조사는 시·군·구에서 담당하고 보호 서비스는 민간에서 제공하는 체계를 마련하였다. 개편한 체계를 그림으로 나타내면 [그림 14-2]와 같다.

보호대상아동이 발생하면 시·군·구 아동보호팀에 신고·의뢰하며, 학대 의심 사례는 아동학대전담공무원이 현장출동과 조사를 수행하고 요보호아동은 아동보호전담요원이 접수와 상담을 시행한다. 주민센터나 드림스타트, 희망복지지원단, 이외 다양한 기관의 실천가는 빈곤이나 양육의 어려움을 겪는 가정의 아동보호가 필요하다고 여겨지면 즉시 아동보호전담요원에게 의뢰해야 한다. 아동보호전담요원은 접수상담 과정에서 아동의 안전보장이 불가능해 긴급하게 아동을 분리 보호할 필요가 있으면, 아동을 일시보호시설에서 보호조치를 결정할 때까지 보호하고, 가족보존이 가능한 개별 가정의 상황과 욕구에 따라 긴급지원과 부모상담, 양육지원 서비스 등을 연계함으로써 아동의 분리를 예방해야 한다.

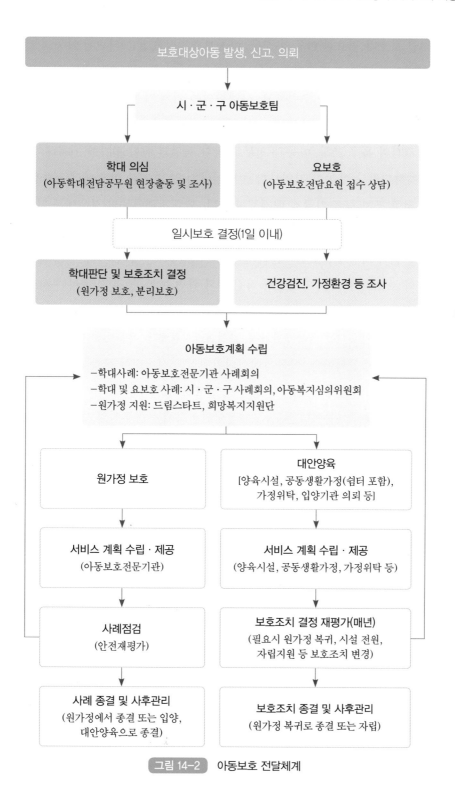

보호대상아동 발생, 신고, 의뢰

시 · 군 · 구 아동보호팀

학대 의심
(아동학대전담공무원 현장출동 및 조사)

요보호
(아동보호전담요원 접수 상담)

일시보호 결정(1일 이내)

학대판단 및 보호조치 결정
(원가정 보호, 분리보호)

건강검진, 가정환경 등 조사

아동보호계획 수립

－학대사례: 아동보호전문기관 사례회의
－학대 및 요보호 사례: 시 · 군 · 구 사례회의, 아동복지심의위원회
－원가정 지원: 드림스타트, 희망복지지원단

원가정 보호

대안양육
[양육시설, 공동생활가정(쉼터 포함),
가정위탁, 입양기관 의뢰 등]

서비스 계획 수립 · 제공
(아동보호전문기관)

서비스 계획 수립 · 제공
(양육시설, 공동생활가정, 가정위탁 등)

사례점검
(안전재평가)

보호조치 결정 재평가(매년)
(필요시 원가정 복귀, 시설 전원,
자립지원 등 보호조치 변경)

사례 종결 및 사후관리
(원가정에서 종결 또는 입양,
대안양육으로 종결)

보호조치 종결 및 사후관리
(원가정 복귀로 종결 또는 자립)

그림 14-2 아동보호 전달체계

공적인 보호가 필요한 아동의 경우, 아동보호전담요원은 의뢰된 아동의 건강검진과 가정환경 등을 조사해 보호조치 유형과 보호 기간, 사례관리계획을 포함한 아동개별보호 · 관리계획을 수립하고, 사례회의를 거쳐 아동복지심의위원회를 통해 아동의 보호 여부를 최종 결정한다. 아동개별보호 · 관리계획에는 아동에 대한 접수상담 결과와 욕구 조사, 아동과 친부모 상황 점검의 종합 평가를 기록해야 하며, 보호조치하더라도 아동이 지역사회를 벗어나지 않고 기존 학교에서 교육받을 수 있도록 전학 조치 등을 가급적 배제해야 한다. 학대피해아동의 경우에는 아동학대전담공무원이 피해아동보호계획서를 작성하고 아동보호전담요원은 피해아동보호계획서를 받아 아동개별보호 · 관리계획으로 갈음한다. 사례회의는 보호대상아동의 보호와 보호조치 변경, 양육상황 점검 결과 관련 논의, 종결 결정 시 수시로 개최하며, 시 · 군 · 구 아동보호팀장과 팀원이 전원 참석해야 하며, 필요하면 해당 보호조치 관련기관(양육시설, 공동생활가정, 가정위탁지원센터, 아동보호전문기관 등)과 서비스 제공기관이 참석한다. 아동복지심의위원회는 시 · 도에 구축 · 운영하고 시 · 군 · 구에 소위원회를 두어 수시 운영하며, 필요하거나 아동 수가 적을 때는 시 · 도 단위에서도 운영이 가능하다. 아동복지심의위원회에는 공무원과 사례관리자, 아동 관련 전문가 등이 참여하며, 다음 사항을 점검해 아동 최선의 이익 원칙에 따라 입양과 가정위탁, 공동생활가정, 시설 등 아동에게 가장 적합한 보호 방식을 결정한다.

아동복지심의위원회 안건상정 시 검토사항

1. 아동에 대한 상담을 하였는가?(만 12세 이상 아동은 불가피한 사유가 없는 한 아동의 의견을 들어야 함)
2. 아동상황점검표에 따라 아동의 기본적 욕구를 충분히 파악했는가?
3. 아동상황점검표 항목 이외에 추가적인 특이사항을 고려했는가?
4. 친부모상황점검표에 따라 보호자의 상황이나 욕구를 충분히 파악했는가?
5. 친부모상황점검표 이외에 보호자 상황, 가구 여건 등에 관한 상황을 충분히 고려했는가?
6. 아동에 대한 보호계획과 보호조치 기간 수립 시 아동의 이익을 최대한 고려했는가?
7. 아동이 받을 수 있는 복지 급여 및 서비스 제공이 이루어졌는가? 아닌 경우 언제부터 가능한가?

8. 아동이 질병, 장애, 학대 등으로 추가적인 보호가 필요한 경우 동 내용을 보호계획에 반영했는가?

9. 아동에 대한 보호조치 후 사후관리 또는 모니터링 계획을 수립했는가?

10. 원가정에 대한 지원계획을 수립했는가?

11. 아동 및 원가정 보호를 위해 추가로 고려해야 할 사항이 있는가?

출처: 보건복지부, 아동권리보장원(2020c), p. 55.

아동복지심의위원회에서 일시대안양육을 결정한 아동은 관내 양육시설이나 공동생활가정, 가정위탁지원센터, 전문치료기관이나 요양소에 의뢰해 보호 서비스를 연계한다. 이때 아동보호전담요원은 구체적인 서비스 계획을 수립하고 보호조치 후에도 서비스 이행 상황과 양육 상황, 아동의 욕구 변화 등을 주기적으로 점검한다.

보호조치 유형

• 원가정 보호: 아동을 원가정 내에서 보호하며, 아동과 그 가족에 필요한 서비스 및 자원을 연계 · 지원, 필요시 드림스타트, 희망복지지원단에 사례관리 의뢰 및 이관

• 원가정 외 보호
  − 입양: 유기아동 등 원가정 복귀가 어려운 아동에 대해 영구적 가정을 찾아 주는 보호조치
  − 가정위탁: 아동이 가정과 유사한 환경에서 성장할 수 있도록 보호 조치하며, 지속적인 원가정 지원을 통해 가정내 복귀를 목표로 하는 보호조치
    ※ 만 2세 미만 보호대상아동은 가정위탁 우선배치
    ※ 연고자가 대안양육에 동의하고, 위탁부모 선정기준에 적합한 경우 대리 · 친인척 가정위탁 배치
  − 공동생활가정: 아동이 가정과 유사한 주거환경의 시설에서 성장할 수 있도록 보호조치
  − 아동양육시설: 가정위탁 · 공동생활가정 등의 보호가 어려울 시 고려하는 보호조치
  − 아동치료시설: 아동의 신체적 · 심리적 요인으로 인해 전문적인 치료가 필요한 경우 치료시설 및 요양원 등의 입원 · 입소를 결정

출처: 보건복지부, 아동권리보장원(2020d).

원가정 복귀나 입양 등을 통해 보호대상아동이 영구적이고 안정적인 가정생활을 하게 되었거나, 보호 연령이 만 18세에 달하였을 때 보호 종료 여부를 결정한다. 이때 아동보호전담요원은 가정 외 보호기관의 의견을 청취해 경제적인 문제나 건강 문제 등 양육에 영향을 주는 부모의 문제가 해결되었는지를 확인하고 관련 기관과의 사례회의를 통해 아동복지심의위원회에 안건을 상정한다. 아동복지심의위원회는 아동의 보호조치 종결을 심의·결정하며, 학대피해아동은 아동보호전문기관으로부터 가정환경조사서를 제출받아 아동의 보호 종결 여부를 판단한다. 아동이 원가정으로 복귀할 때는 원가정을 충분히 점검하고 준비할 시간을 확보해 귀가에 관한 상담을 진행해야 하며, 보호 종료 후 필요하면 아동과 가정을 소재지 사회복지기관 및 서비스와 연계하고 아동보호전담요원은 일정 기간 아동의 안전과 적응 상태를 지속해서 모니터링해야 한다. 한편, 아동의 나이가 18세 이상이 되어 보호 종결할 때는 자립정착금 지원과 자립지원 서비스를 연계하고 시설 내 자립전담요원이나 아동보호전담요원을 통해 보호 종료 후 5년간 사후관리해야 한다.

4. 주요 서비스

1) 가정위탁보호 서비스

가정위탁보호는 보호대상아동을 보호·양육하기를 희망하는 적합한 가정에 일정 기간 위탁해 양육하는 것이다(「아동복지법」 제3조). 보호대상아동이 발생하면 다른 대안양육 서비스보다 가정위탁보호를 고려하고, 특히 2세 미만 영아는 가정보호를 우선해야 한다(보건복지부, 2020d).

가정위탁보호 서비스 대상은 위탁보호를 받는 아동과 친생부모, 위탁가정의 삼자이다. 위탁아동은 「아동복지법」에 따른 보호대상아동이며, 친생부모는 사망과 질병, 가출, 실직, 수감 등의 사유로 아동을 보호할 수 없는 상황이거나, 이혼과 별거 등 가족 해체, 빈곤 등으로 아동을 적절하게 양육할 수 없을 때 아동의 보호를 의뢰하며, 아동을 심하게 학대·방임해 아동에 대한 분리 보호를 강제로 결정할 때도 있다. 위탁부모는 위탁아동을 양육하기에 적합한 수준의 소득과 양육 환경을 갖춘 만 25세 이상의 성인이어야 하며, 위탁아동과의 나이 차이가 60세 이상이면 안 된다. 위탁가정에는 자녀가 없거나 자녀 수가 위탁아동을 포함해 4명 이내여야 하며, 위탁가정 구성원 중 성범죄나 가정폭력, 아동학대, 약물중독, 정신질환 등의 전력이 없어야 한다. 가정위탁을 희망하는 가정의 부모 중 1명 이상은 위탁부모 양성교육을 5시간 이상 이수해야 하고 매년 5시간 이상 보수교육을 받아야 한다.

우리나라 가정위탁에는 다섯 가지 유형이 있다. 먼저, 대리양육가정위탁은 조부모가 손자녀를 양육하는 형태이며, 친인척가정위탁은 조부모를 제외한 친인척이 아동을 양육하는 것이다. 대리양육가정위탁과 친인척가정위탁은 일반가정위탁보다 아동이 원가정과 분리될 때 겪는 상실감이 적고 안정감을 느낄 수 있으므로 이 방법을 우선 고려하는 것이 바람직하며(노병일, 2012), 일반위탁가정이 절대적으로 부족한 한국 사회에서는 친인척을 통해 아동을 보호하는 방법이 아동을 가정과 같은 형태에서 보호하기 위한 최선의 선택일 수 있다. 일반가정위탁은 아동과 혈연관계가 없는 가정에서 아동을 양육하는 것이며, 전문가정위탁은 2세 이하 아동이나 학대피해아동, 경계성 지능아동 등 특별한 보호가 필요한 아동을 위탁 보호하는 가정이다. 전문위탁부모는 가정위탁부모 경험이 3년 이상이거나 사회복지사, 보육교사, 교사, 의사, 청소년상담사 등의 경력이 있는 사람 중 전문가정위탁 부모교육을 20시간 이수한 사람으로 선정한다. 일시가정위탁은 보호대상아동에 대한 긴급보호조치로 아동을 일정 기간 위탁해 양육하는 형태이며, 보호 기간을 최대 30일 이내로 하고 필요한 경우 2회까지 연장할 수 있다.

위탁부모 희망자는 거주지 시·군·구나 읍·면·동, 가정위탁지원센터에 신청할 수 있으며, 가정위탁지원센터는 가정위탁보호로 의뢰된 아동에 적합한 위탁가정을 선정해 시·군·구에 제출하고 아동복지심의위원회를 통해 보호조치를 결정한다. 가정위탁지원센터는 관할 행정기관과 협조해 위탁아동과 위탁가정에 대한 사례관리를 수행하며, 위탁부모 양성교육과 보수교육, 위탁아동과 부모 연계, 원가정 지원 서비스 등을 제공해야 한다. 또한 위탁아동에게는 1인당 월 30~50만 원의 양육보조금을 나이에 따라 차등 지급하며, 「국민기초생활보장법」에 따라 생계급여와 의료급여 등을 보장한다. 또한 보호 종료 시 자립지원정착금과 대학진학지원금 등을 제공한다.

2) 시설보호 서비스

「아동복지법」상 시설의 종류는 다양하다. 이 중 일시대안양육 서비스를 제공하는 시설로는 아동양육시설과 공동생활가정, 아동일시보호시설, 아동보호치료시설이 있다. 아동양육시설은 보호대상아동을 보호·양육하고, 취업 훈련, 자립지원 서비스 등을 제공하는 시설이다. 공동생활가정은 보호대상아동에게 가정과 같은 주거 여건과 보호, 양육, 자립지원 서비스를 제공하는 곳으로, 가정과 비슷한 형태의 주거 공간에서 최대 7명의 아동이 생활한다. 아동일시보호시설은 보호대상아동을 보호 조처하기 전에 긴급히 보호하고 향후 양육 대책을 수립하는 것을 목적으로 하는 시설이며, 아동보호치료시설은 불량 행위를 한 아동이나 할 우려가 있는 아동 중 보호자가 없는 아동, 가정법원이나 지방법원소년부지원이 보호 위탁한 19세 미만 아동에게 치료와 선도 서비스를 제공하는 곳이다. 아동보호치료시설에서는 정서적·행동적 장애로 어려움을 겪는 아동과 학대로 일시격리 치료를 받아야 하는 아동을 보호·치료하기도 한다.

우리나라 시설보호 서비스 중 대표적인 일시대안양육 서비스인 아동양육시설과 공동생활가정에 관해 살펴보면 다음과 같다. 먼저, 우리나라 '아동양육시설'은 보호아동의 나이에 따라 '영아시설'과 '육아시설' '영·육아시설'로 구분한다. '영아시설'은 만 3세 미만 아동을 양육하는 시설, '육아시설'은 만 3세 이상 18세 미만 아동을 양육하는 시설을 말하고, '영·육아시설'은 18세 미만 아동을 나이 제한 없이 모두 양육하는 시설이다. 우리나라 아동양육시설은 대부분 육아시설이며, 영아시설과 영·육아시설 수는 많지 않다. 그러나 아동양육시설을 나이에 따라 구분하는 것은 아동의 적응과 보호의 지속성에 문제를 일으킬 수 있다. 3세 미만까지 영아시설에서 지내던 아동이 3세가 되면 육아시설로 옮겨야 하는 상황이 발생할 수 있고, 나이 차이가 있는 형제, 자매, 남매가 서로 떨어져 생활하는 일도 생긴다(공계순, 박현선, 오승환, 이상균, 이현주, 2013).

아동양육시설은 주거 형태에 따라 '집단 기숙사형' '소숙사형' '유사 소숙사형'으로 구분하기도 한다. '집단 기숙사형'은 과거 아동양육시설의 전형적인 주거 형태로, 한 방에 일정 수의 아동이 기거하면서 세면, 식사, 여가 등 기타 생활은 공동 장소를 활용하는 것이다. '소숙사형' 시설은 거실과 침실, 별도 식당과 화장실 등으로 구성된 일반 가정집과 비슷한 공간에서 일정 수의 아동이 함께 생활하는 형태로, 취사와 식사, 여가 등 모든 생활이 그 공간 안에서 이루어진다. 그리고 '유사 소숙사형' 시설 은 소숙사형과 비슷한 구조이지만, 여가생활과 취사는 공동 장소를 이용하는 형태 이다.

한편, '공동생활가정'은 독립된 일반 가정집에서 시설을 운영하는 형태로 볼 수 있다. 과거에는 집단 기숙사형 시설이 대부분을 차지하던 우리나라 양육시설은 최 근 유사 소숙사형으로 체제를 바꾸고 있으며, 정책적으로도 공동생활가정과 가정위 탁과 같은 가정형 보호를 지향하면서 공동생활가정 수는 점차 늘어나는 추세이다. 공동생활가정을 법으로 제도화하기 이전인 2003년 32개소에서 156명의 아동을 보 호하던 것에서 현재는 총 578개 시설에서 4천여 명의 아동을 보호하고 있다(보건복 지부, 2020c). 그러나 전체 아동양육시설 중 공동생활가정에서 아동을 보호하는 비율 은 여전히 낮은 편이고 아동 대부분은 대규모 양육시설에서 보호받고 있다. 2019년 현재 240개 양육시설에서 1만여 명의 아동이 보호받고 있다(보건복지부, 2020c).

양육시설과 공동생활가정에서 보호하는 아동은 의식주와 더불어 다양한 교육과 생활지도 서비스를 받는다. 최근에는 아동과 원가족의 유대 강화, 치료와 자립 프로 그램 등 시설보호 아동의 삶의 질 향상에 이바지할 프로그램을 확대했으며, 원가족 과의 재결합을 위한 가족연계 활동과 가족문제 해결을 위한 서비스, 부모교육 등 원 가정 지원을 강조하고 있다. 1950년대까지는 아동양육시설에서 보호받는 아동이 대부분 전쟁으로 발생한 기아와 미아가 대부분이었지만, 1970년대에는 경제적 어 려움 등으로 맡겨진 아동이 많았고, 1980년대 이후에는 가정 해체와 가족 기능 약 화, 미혼 출산 등으로 시설에 보호되는 아동이 증가하였다(공계순 외, 2013). 원가정 복귀를 위한 지원은 부모가 있어도 양육할 능력이 없거나 양육에 어려움을 겪는 빈 곤가정, 취약가정의 아동에게 시설 입소 직후부터 제공해야 할 서비스이다. 따라서 일시대안양육 서비스의 주요 프로그램도 원가정과의 관계를 회복하고 복귀를 준비 하는 것으로 변화해야 한다. 현재, 아동의 보호조치 시 아동보호전담요원은 원가정 과의 관계 회복과 원가정 복귀를 고려한 계획을 수립하고 모니터링해야 하며, 원가 정 복귀과정도 관리해야 하는 등 아동의 원가정 복귀에 초점을 둔 많은 서비스가 개 편되었다. 그러나 우리나라 시설에서 원가정 복귀와 관련한 전문 서비스 제공은 여 전히 매우 부족한 편이며, 자원 연계도 미비한 상황이다.

3) 자립지원 서비스

위탁가정과 공동생활가정, 시설에서 보호하던 아동이 만 18세에 달했거나 보호의 목적을 달성했을 때 보호를 종결한다. 이때 원가정으로 복귀하지 않고 퇴소하는 경우에는 자립을 준비해야 한다. 「아동복지법」에서는 국가와 지방자치단체가 보호대상아동의 자립을 지원해야 함을 명시하고 있으며(제38조), 가정위탁지원센터와 아동을 보호하는 시설, 아동권리보장원은 15세 이상 보호대상아동을 대상으로 매년 자립지원계획을 수립하고(제39조), 보호 종료 후 5년까지 자립을 지원해야 한다. 이는 시설에서 살다 퇴소한 아동 대부분은 원가족과 함께 살지도 않을 뿐 아니라 원가족에게서 경제적 도움을 받지도 못하고, 보호 종료 후 공시적 지원과 보호체계에서 멀어져 자기 생계를 스스로 책임져야 하는 상황에 놓이기 때문이다(이태연, 최은숙, 이세정, 2019).

이에 따라 보호대상아동이 15세가 되면 아동의 적성과 욕구, 사회성 발달 정도와 자립 능력 등을 평가해 자립지원계획을 수립하며, 정기적으로 진로상담과 체험, 교육 프로그램, 자립에 필요한 주거와 취업 정보, 자산 형성, 정서적 지원 등을 제공해야 한다. 현재 국가가 제공하는 대표적인 자립 서비스는 자립정착금과 디딤씨앗통장사업 지원, 자립수당 지원, 주거지원 통합서비스 등이 있으며, 세부적인 내용은 다음과 같다. 먼저, 만 18세 이상 자립준비청년은 보호 종결 후 안정적인 자립기반을 마련할 수 있게 자립정착금을 지원받을 수 있고, 정착금은 주거비, 비상금, 생활비 등으로 사용할 수 있다. 자립정착금은 1인당 500만 원 정도이며 지자체에 따라 더 많이 지원하는 곳도 있다(보건복지부, 2020c). 과거에는 300~500만 원까지 지역별로 자립정착금의 차이가 있고 지급 시기도 달라서 자립지원 대상자에 대한 균등한 지원과 정보 전달의 한계가 있었지만(김형모, 손병덕, 최권호, 2019), 현재는 지역별로 금액과 지급 시기가 비슷하게 맞춰진 상황이다. 디딤씨앗통장사업 지원(아동발달지원계좌, Child Development Account: CDA)은 디딤씨앗통장에 저소득층 아동(보호자 또는 후원자)이 매월 일정 금액을 저축하면, 지자체에서 매칭지원금으로 월 10만 원까지 저축한 액수만큼을 적립해 주는 것이며, 이 돈은 아동이 만 18세가 된 후 학자금과 기술자격 훈련비용, 창업준비, 주거 마련 등 자립을 위한 용도로 사용할 수 있다. 또한 2021년 8월부터는 자립준비청년에게 자립수당을 월 30만 원씩 지급하고 있으며, 자립수당은 보호 종료 후 5년까지 받을 수 있다. 주거지원 통합서비스는 임대주택과 월 임대료, 주거 환경 조성을 위한 기본 물품을 지원하는 서비스로, 주거지원 서비스 대상자로 선정되면 사례관리도 함께 받는다(보건복지부, 2021b).

한편, 시·도나 시·군·구는 보호대상아동에 대한 자립지원 서비스를 원활하게 제공하기 위해 자립지원전담기관을 설치해 운영할 수 있고, 양육시설과 가정위탁지원센터에 자립지원전담요원을 배치하고 있다. 2022년 17개 시·도에서 자립지원전담기관이 설치되었다(복지로 홈페이지, 2023c).

🏠 제3절 우리나라 일시대안양육 서비스의 평가

과거 우리나라는 가족의 분리를 전제로 하는 서비스가 아동보호 서비스의 많은 부분을 차지했고, 분리한 아동은 대부분 가정 형태가 아닌 대규모 시설에서 보호하였다. 아동은 가족과 분리된 후 장기간 시설에 머물렀으며, 만 18세 만기 퇴소 전에 원가정으로 복귀하는 사례는 매우 드문 편이었다. 이는 양육시설과 공동생활가정, 위탁가정 서비스의 양적·질적 발전은 있었지만, 일시대안양육 서비스의 궁극적 목적인 원가정 복귀를 위한 노력은 미비했기 때문이다. 또한 대안양육을 통한 양육과 친생부모 양육 간 국가지원의 차이도 영향을 주었다. 아동을 가정에서 분리해 보호할 때는 아동에 대한 양육비와 생계비, 교육비, 의료비 등을 지원하고, 입양가정에도 양육비와 의료비, 심리치료비 등을 제공한다. 그러나 아동을 친생부모가 직접 양육할 때는 지원받을 수 있는 서비스가 거의 없어서 위기 상황에 놓인 부모가 아동 양육을 포기하는 사례가 빈번하게 발생하였다. 이렇게 가족을 지원하기보다 시설 중심 서비스 제공을 확대하는 정책은 오히려 가족의 분리와 아동 유기를 조장할 우려가 있다. 가족보존 원칙의 실천은 분리 보호한 아동을 원가정으로 복귀하는 노력에만 국한하는 것이 아니라, 아동을 분리하기 이전에 가정을 지원해 문제를 예방하는 방식으로 이루어져야 한다.

이러한 원칙에 따라 정부는 2019년을 기점으로 가족보존과 아동의 원가정 복귀를 중심으로 보호 서비스를 개편하였다. 현행 일시대안양육 서비스는 위기가정 발견 시 상담과 조사 결과를 토대로 사회복지 서비스를 연계해 원가정을 먼저 지원해야 하며, 분리보호가 필요한 때에도 위탁가정이나 공동생활가정 등 가정형 보호를 중심으로 아동에게 가장 적합한 보호 방식을 결정해야 한다. 또한 보호조치 후에도 주기적으로 아동과 원가정을 모니터링해 원가정 조기 복귀와 자립을 지원해야 한다. 아울러 이러한 업무를 국가 책임 아래 시행할 수 있도록 공적 보호체계를 개편해, 지자체에 보호대상아동을 전담하는 아동보호전담요원을 배치하였다(관계부처 합동, 2019). 이렇게 가족지원 중심으로 아동보호체계를 개편한 것은 매우 중요하고 큰 변화이다. 그러나 가족을 지원할 실질적인 자원과 인력 부족, 서비스 제공인력의 전문성 문제는 여전히 해결해야 할 과제이다.

제15장

우리나라 영구대안양육 서비스:
입양지원 서비스

🏠 제1절 우리나라 입양지원 서비스의 발달

현대적 의미의 입양제도는 한국전쟁 중 발생한 전쟁고아와 혼혈아동을 보호하기 위한 서비스로 시작하였다. 이 시기에는 입양에 관한 별도의 법 규정이 없었으며, 자녀가 없는 가정은 친척이나 이웃의 아동을 데려와 양육하곤 하였다. 국외입양은 주로 혼혈 전쟁 고아를 보호하기 위한 대책의 하나로 수행했으며, 주로 영문 번역 사무실에서 사적으로 이루어지다가, 1954년부터는 사회부 산하 '혼혈 전쟁고아 국외입양전담기관'을 통해 진행하였다.

입양을 위한 법령은 1961년 국외입양을 위한 「고아입양특례법」을 제정하면서 처음 마련하였다. 1960년대 이후에는 입양아동 중 전쟁고아 수는 감소했지만, 가정불화와 빈곤, 미혼모 발생 등에 따른 유기아동의 입양이 증가하였다. 정부는 1976년 보호시설에 수용된 부랑아동의 입양 절차를 간소화하고, 양자된 자가 양부모의 성과 본을 따르게 하는 내용으로 「민법」 특례를 규정했으며, 국내입양에도 이러한 특례를 적용하기 위해 「입양특례법」을 제정하였다. 이때부터 입양 알선기관의 범위를 보건사회부 장관의 허가를 받은 보호시설을 운영하는 법인으로 한정하였다.

정부는 '해외입양 금지' 정책과 국내입양 실적에 따라 국외입양 수를 할당하는 '국외입양지원 할당제'도 실시하였다. 이 제도를 통해 실적상으로는 국내입양 비율이 증가했지만, 입양지원 서비스의 질적 저하와 아동의 복지를 훼손하는 결과를 가져왔다. 할당제 실패로 1982년부터 국외입양을 금지하려던 계획을 1985년으로 연기했으며, 1981년에는 '보건복지부분 제5차 계획'에서 '이민 확대와 민간외교'라는 차원에서 국외입양을 다시 전면 개방하였다.

이러한 방침에 따라 입양 알선기관은 입양대상아동 확보를 위해 경쟁하기 시작했고, 결국 '아동 확보를 위한 홍보와 섭외 금지'를 결의하는 상황에까지 이르게 되었다. 아울러 1986년 아시안게임과 1988년 서울올림픽 당시 국외입양이 국제사회의 비난을 받자, 1989년 6월 '입양사업 개선 지침'을 마련해 다시 국내입양을 활성화하는 방향으로 입양사업의 방향을 전환하였고, 1996년에는 장애아동이나 혼혈아동을 제외한 아동에 대한 국외입양을 전면 중단할 계획을 세웠지만, 다시 무산되었다 (이은정, 2014).

1995년 정부는 「입양특례법」을 「입양촉진 및 절차에 관한 특례법」으로 제명을 변경하고 전부 개정하였다. 이 법에서는 요보호아동에 대한 국가 책임을 강화하고 국내입양아동에 대한 양육보조금과 의료비 지원, 국외입양인의 모국방문사업 지원을 명문화하고 입양부모에 대한 사전교육과 사후관리에 대한 규정을 명시하였다. 또한 2007년에는 국내입양 활성화를 위한 종합대책을 발표해 입양휴가제 도입과 국내입양 우선추진, 입양요건 완화, 입양가정 입양수수료 면제와 입양수당 지급 등의 내용을 포함하였다(박기석, 2009). 그러나 이때까지의 입양 관련 법과 제도는 입양이 아동의 친생부모와 입양부모 당사자의 합의와 신고만으로 성립되었으므로, 입양아동의 복리를 실현하기에는 부족하였다.

이에 정부는 2012년 「입양촉진 및 절차에 관한 법률」을 「입양특례법」으로 다시 법률명을 변경하고, 입양 절차가 아동의 복리를 중심으로 이루어질 수 있게 국가의 관리와 감독을 강화하고, 아동을 출신가정과 출신국가에서 양육해야 함을 기본 패러다임으로 하는 국가 입양정책을 수립하였다. 개정한 법률의 주요 내용은 원가정 보호를 국가 책무로 규정한 것과 입양숙려제를 도입한 것, 입양 동의 요건을 강화하고 파양에 관한 내용을 추가한 것, 국내입양 활성화와 입양 사후관리 등을 위해 '중앙입양원'을 설치 · 운영하게 한 것 등이다. 이에 따라 국가와 지방자치단체는 입양을 위해 의뢰한 아동의 입양부모가 될 사람을 국내에서 찾는 시책을 먼저 시행해야 하고, 이러한 조치에도 국내에서 입양부모가 될 사람을 찾지 못했을 때만 국외입양을 추진해야 한다(「입양특례법」 제7조). 이는 아동이 먼저 출생가족과 출신국에서 보호받을 수 있게 국가가 적절한 조처를 해야 한다는 「헤이그협약」의 내용을 반영한 것이다. 특히 개정법 중 가장 중요한 변화는 입양부모 자격을 강화하고 입양 시 가정법원의 허가를 받게 한 것이다. 과거에는 친생부모와 입양부모 간 동의를 통해 비밀로 이루어진 입양이 많았고, 기관을 통한 입양도 신고만으로 할 수 있었다. 그 결과, 입양부모의 자질을 판단하기 어려웠고, 입양 후에는 아동이 건강하게 살아가는지 알 수 없었을 뿐 아니라 위험에 처한 아동에 대한 접근조차 어려웠다. 공개입양이라 할지라도 대부분 일정 기간이 지나면 입양 사실의 노출을 피하고, 입양기관의 접촉을 꺼려 사후관리도 미흡하였다(정익중, 권지성, 민성혜, 신혜원, 2011). 2011년 개정한 「입양특례법」에서는 이러한 현실을 고려해 '입양허가제'를 도입했으며, 현재 입양은 법원 허가를 받은 후에만 진행할 수 있다.

지난 60여 년간 우리나라 입양제도는 국외입양의 제한과 축소, 개방 등 정책 방향을 계속 번복하면서 국내입양제도도 매번 바꾸는 혼란스러운 상황을 지속하였다. 2012년 이후부터는 국내입양 우선추진과 국외입양의 감축, 아동권리 중심의 입양을 추진하는 방향으로 정책과 서비스를 개선하고 있지만, 여전히 부족한 점이 많다.

이러한 가운데 2019년 발표한 「포용국가아동정책」에는 아동 최선의 이익을 우선하는 입양체계 개편안을 명시하였다. 입양을 고민하는 친생부모에게 지자체 상담을 통해 원가정 양육에 필요한 경제적·심리적·법률적 사항을 통합 지원하게 했으며, 친생부모가 입양이나 원가정 양육에 관해 충분히 숙고할 수 있게 입양숙려 기간을 연장하는 등 다양한 방안을 검토하게 하였다. 또한 국가와 지자체가 입양 절차 전반에 대해 책임지고 입양기관은 입양 실무를 위탁 수행하는 것으로 입양지원 서비스 전달체계를 개편하는 안을 포함하였다(보건복지부, 2019). 이를 위해 중앙입양원을 아동권리보장원에 편입해 위기아동에 대한 지원이나, 일시대안양육 서비스, 사후관리 서비스와 연계해 통합적으로 업무를 수행하게 하였다. 그러나 「포용국가아동정책」에서 제시한 개편안 대부분은 현재까지 실행하지 못하고 있다. 요보호아동에 대한 초기 진입창구는 모두 지자체로 개편했지만, 입양부모의 발굴과 가정 조사, 교육, 입양 결연의 업무는 여전히 민간 입양기관에서 전담하는 상황이다.

🏠 제2절 우리나라 입양지원 서비스의 내용[1)]

1. 목적과 추진 방향

입양지원 서비스는 집중지원 후에도 원가정에서 보호받을 수 없는 아동에게 건전한 영구적인 가족을 제공해 신체적·정서적·사회적으로 건강하게 성장하게끔 지원하려는 목적이 있으며, 이는 아동의 권리보장과 아동 이익 최우선의 원칙에 따라 수행해야 한다. 아동은 안정적이고 영구적인 가정에서 성장하는 것이 바람직하므로 가정에서 양육받을 권리를 최대한 보장해야 하며, 원가정이 아동을 직접 양육할 수 있게 충분한 상담과 지원을 한 후에도 양육하기 어려운 아동은 입양을 통해 아동의 평생 가족이 되어 줄 영구적인 가정에서 자랄 수 있게 해야 한다. 이러한 결정을 할 때는 친생부모나 입양부모, 조부모, 친인척, 후견인보다 아동 이익을 최우선으로 고려해야 하며, 충분한 정보와 상담을 통해 입양삼자가 자발적으로 의사결정을 할 수 있게 지원해야 한다. 또한 입양과정에서 입양삼자의 신체적·정서적·사회적 특성과 욕구를 반영해 서비스를 제공해야 하며, 입양 절차에 개입하는 실천가는 입양삼자의 사생활을 존중하고 보호하고 직무 수행과정에서 얻은 정보에 대해 철저하게 비밀을 유지할 의무가 있다(보건복지부, 아동권리보장원, 2021c).

2. 대상

1) 입양아동

입양은 입양아동과 친생부모, 입양부모 삼자가 대상이 되는 서비스로, 입양아동은 '요보호아동'으로 한정하고 있다(「입양특례법」 제9조). 아동의 입양 결정을 위해서는 아동이 법적으로 입양 대상이 된다는 입양 적격에 대한 판단이 선행되어야 하며, 이때 친생부모의 입양 동의는 가장 중요한 사안이다. 또한 보호대상아동일지라도

[1)] 우리나라 입양지원 서비스 내용은 2021년 보건복지부와 아동권리보장원이 발간한 『2021년 입양실무매뉴얼』과 보건복지부의 『2020년 아동분야 사업안내』를 토대로 작성하였다.

만 13세 이상인 아동을 입양하려 할 때는 아동의 의사를 존중해 입양아동의 동의를 받아야 입양할 수 있다. 지자체와 입양기관에서는 아동에게 입양 동의의 효과 등에 관해 충분한 상담을 제공해 아동이 신중하게 선택할 수 있게 도와야 한다.

입양에 대한 초기상담은 지자체를 통해 이루어진다. 친생부모가 지자체에 입양을 의뢰하면 아동보호전담요원이 상담을 진행한다. 아동보호전담요원은 아동보호팀 내 사례회의를 통해 아동의 보호조치 유형과 기간, 서비스 계획 등에 대한 의견을 수렴한 후 아동복지심의위원회에 안건을 상정한다. 「헤이그협약」에서는 입양 적격성의 결정을 전문성을 지닌 당국이 결정해야 한다는 것을 명시하고 있으며(지침 2, 489), 대다수 국가에서 입양대상아동의 결정을 법원이나 심사위원회, 권한이 있는 공적 기관이 수행하고 있다. 우리나라도 2020년부터 아동복지심의위원회에서 아동의 보호조치 유형을 결정하고, 이 과정에 지자체 아동보호전담요원이 관여하고 있다. 아동보호전담요원은 아동복지심의위원회에서 입양이 결정된 아동에 대해서 서비스 제공계획을 포함한 '개별보호 관리계획'을 작성하고, 입양대상아동 확인서를 발급한다. 이후 입양기관은 아동을 인수한 후 입양정보통합관리시스템(ACMS)에 입양대상아동 정보를 등록하고, 위탁가정을 선정해 아동을 보호한다(보건복지부, 아동권리보장원, 2021c).

2) 친생부모

「입양특례법」에서는 입양 전 친생부모의 동의를 받게 하고 있다. 친생부모의 입양 동의는 '입양숙려제'에 따라 아동의 출생일부터 1주일이 지난 후에 이루어져야 하며, 숙려 기간에는 친생부모가 아동을 보호하는 것을 원칙으로 한다. 이는 친생부모의 입양 결정이 출산 전이나 출산 직후에 이루어지는 것에 따른 문제점을 예방하기 위한 제도로, 친생부모는 출생 후 아동과 일정 시간을 보내면서 아동과 자신의 미래를 숙고하고 입양 결정에 대해 한 번 더 생각할 시간을 가진다. 입양숙려 기간에 정부는 산후지원비를 제공한다.

2021년 6월부터 입양을 보내기 원하는 친생부모는 지자체에서 먼저 상담을 진행해야 한다. 입양기관을 포함한 지역사회기관에서는 자녀를 입양하려는 친생부모가 있을 때 친생부모의 주소지나 실거주지 아동보호전담요원에게 연계해야 하며, 친생부모의 인적 사항을 인수받은 시·군·구 아동보호전담요원은 친생부모에게 연락하여 상담을 진행해야 한다. 이때 아동보호전담요원은 친생부모가 아동을 직접 양육할 때 지원받을 수 있는 사항과 양육에 관한 정보를 충분히 제공해야 하며, 입양의 법률적 효력과 입양 동의 요건, 입양 동의의 철회, 입양 절차 등을 설명해야 한다. 친생부모에 대한 상담은 숙련되고 경험 있는 사회복지사 등 전문가가 해야 하며, 이는 「헤이그협약」에서도 명시한 사항이다(지침 2, 474). 상담 후 친생부모는 이러한 내용에 관해 충분히 상담받았다는 것을 입증하는 상담확인서를 친필로 작성하고 서명해야 한다.

친생부모가 입양을 결정하면, 입양동의서에 서명해야 한다. 입양동의는 가족관계등록부에 기재된 친생부와 친생모 모두에게서 받아야 하며, 유기아동으로 친권자가 없을 때는 후견인의 동의를 받고, 친생부모가 미성년자일 때는 친생부모 법정대리인의 동의를 받아야 한다. 그러나 친생부모가 입양에 동의하고 입양 절차가 진행되는 중이더라도 가정법원의 입양 허가가 있기 전에는 입양 동의를 철회할 수 있다. 그리고 입양기관이나 지자체 아동보호전담요원은 입양 동의 후에도 친생부모가 입양과 양육 사이에서 고민할 수 있으므로 아동과 자신을 위한 최선의 결정을 할 수 있게 상담과 사례관리를 지속해야 한다. 가정법원의 입양 허가 전에는 입양 결정에 대한 감정과 입양 동의 철회에 관해 상담하고, 입양 동의 철회를 원하면 관련 절차를 안내한다. 입양 절차가 완료된 후에는 친생부모가 겪을 수 있는 다양한 심리·정서적 문제를 상담하면서, 친생부모가 이용할 수 있는 서비스와 정보를 제공하고 연계한다(보건복지부, 아동권리보장원, 2021c).

3) 입양부모

입양부모의 자격 기준은 「민법」과 「입양특례법」에서 정하고 있다. 「민법」에서 양부모가 될 자는 성년에 달한 자여야만 하고(제866조), 미성년자를 입양하려는 사람은 가정법원의 허가를 받아야 한다. 가정법원은 양자가 될 미성년자의 복리를 위하여 그 양육 상황, 입양의 동기, 양부모의 양육 능력, 그 밖의 사정을 고려하여 제1항에 따른 입양의 허가를 하지 아니할 수 있다(제867조).

「입양특례법」에서는 입양부모의 자격을 입양부모의 능력과 자질을 중심으로 규정하고 있다. 먼저, 입양부모는 입양아동을 부양하기에 충분한 재산이 있어야 하며, 입양아동에 대해 종교의 자유를 인정하고 사회구성원으로서 그에 상응하는 양육과 교육을 할 능력이 있어야 한다. 입양부모가 될 사람은 아동학대나 가정폭력, 성폭력, 마약 등의 범죄나 알코올 등 약물 중독의 경력이 없어야 하고, 아동의 복리에 반하는 직업이나 그 밖에 인권 침해 우려가 있는 직업에 종사해서는 안 된다. 대한민국 국민인 경우 입양부모가 될 사람의 나이는 25세 이상으로, 입양대상아동과 나이 차이가 60세 이내여야 하며, 대한민국 국민이 아닌 경우는 25세 이상부터 45세 미만인 사람만 입양할 수 있다. 입양부모가 되려면 입양 성립 전에 보건복지부령으로 정하는 소정의 교육을 마쳐야 한다.

3. 전달체계

현재 입양에 관한 절차는 지방자치단체와 민간기관인 입양기관, 법원, 아동권리보장원의 연계를 통해 진행하고 있으며, 민간 국외입양 전문기관과 시 · 도별 국내입양 지정기관이 활동하고 있다. 입양과정은 예비 입양대상아동과 예비 입양부모의 두 가지 입장에서 시작된다. 2021년 6월 30일부터 입양기관에 입양을 의뢰한 친생부모는 반드시 지자체 아동보호전담요원의 상담을 받아야 하며, 입양기관은 친생부모가 입양기관에 입양을 의뢰했더라도 이 내용을 먼저 안내하고 지자체에 연계해야 한다. 아동보호전담요원은 친생부모에게 양육 관련 정보를 제공하고, 친생부모가 자녀 양육 결정 시에는 거주지의 공공 또는 민간 사례관리기관을 연계한다. 또한 아동의 보호가 필요한 경우에는 대안양육 서비스를 연결하고, 양육에 관한 충분한 정보를 제공했음에도 입양을 고려하는 친생부모에게는 「입양특례법 시행규칙」 제11조 제1항에 따라 입양의 절차와 효력, 철회 등에 관해 설명한다. 상담 후 친생부모는 양육과 입양에 관한 충분한 정보와 상담을 제공받았음을 확인하는 친생부모 상담확인서를 친필로 작성 · 서명해야 한다. 이러한 상담에도 불구하고 친생부모가 입양을 원할 때, 아동보호전담요원은 친생부모와 대면하여 입양동의서를 작성하며, 이 동의서는 가정법원에 입양 허가 요청 시 제출해야 한다. 입양대상아동의 결정은 친생부모 상담 내용과 관련 서류를 토대로 아동복지심의위원회에서 결정한다. 이때 친생부모가 아동을 보호할 수 없어 긴급하게 보호를 요청한 경우에는 아동을 일시 보호해야 하며, 필요시 입양기관이나 타 시 · 군 · 구 소재 시설 등에 아동의 일시보호를 의뢰할 수 있다. 입양기관에서 보호하는 입양대상아동에 대해 입양기관의 장은 입양 완료일까지 후견인 직무를 수행하며, 지자체로부터 '입양대상 아동 확인서'를 발급받고 입양아동과 친생부모에 관한 정보를 '입양정보통합관리시스템'에 등록한다.

　한편, 입양부모의 입양 관련 의뢰를 받은 입양기관은 가정방문을 통해 입양부모의 자격을 조사하고 가정조사서를 발급하며, 취득한 정보를 입양정보통합관리시스템에 입력한다. 입양기관은 예비 입양부모을 대상으로 필수교육을 제공하며, 결연위원회를 통해 예비 입양아동과 예비 입양부모를 결연한다. 이후, 친생부모 입양동의서와 입양대상아동확인서, 양원가정조사서, 교육이수증명서 등을 첨부해, 예비 입양부모 주소지 가정법원에 입양 허가를 신청하고 가정법원은 인용심판 확정으로 입양을 결정한다. 입양부모는 「가족관계의 등록 등에 관한 법률」에 따라 가족 관계를 등록하며, 입양기관이나 아동을 보호하는 시설의 장은 입양아동과 아동에 관한 기록, 소유물품 등을 입양부모에게 인도함으로써 입양 절차를 종결한다. 입양부모는 지자체에 양육수당과 입양아동 의료급여를 신청하고, 장애아동을 입양한 경우에는 장애아동 양육보조금과 의료비 지원을 신청한다. 또한 입양기관 담당자는 가정법원 입양 허가 후부터 1년간 입양 후 사후관리를 한다.

4. 주요 서비스

1) 입양부모 자격조사

　'입양부모 자격조사'는 입양부모가 한평생 입양아동을 건강하고 안정적으로 양육할 가정환경을 제공할 의지와 능력이 있는지를 평가하는 것이다(Child Welfare Information Gateway, 2020). 입양 실천에서는 예비 입양부모가 입양아동의 특수한 욕구를 충족할 능력과 자격 요건을 갖추고 있는지를 판단하는 것이 아동의 입양 적격성을 판단하는 것만큼 중요하며, 이 과정은 매우 신중하고 엄격하게 이루어져야 한다. 따라서 예비 입양부모의 자격을 평가하고 조사하는 실천가는 아동 최선의 이익을 판단하는 데 필요한 전문성과 상담 능력을 갖추어야 하며, 자격 조사 전 과정은 한 명의 입양 전문가가 담당하면서 입양가정을 계속해서 관찰하고 소통하며 통합적으로 판단해야 한다. 또한 이 과정에서 실천가는 예비 입양부모가 입양아동의 욕구를 잘 충족하고 양육할 능력이 있는지에 관한 정보를 수집하고 평가할 뿐 아니라, 입양아동을 양육한다는 것이 무엇을 의미하는지, 얼마나 많은 도전이 있는 일인 지를 교육하고 준비할 수 있게 도와야 한다(이상정 외, 2018).

아울러 예비 입양부모의 자격을 인정하는 수행 주체를 공공화하는 것도 매우 중

표 15-1 **입양가정조사 작성 지침**

분류	내용
입양에 대한 태도와 입양동기	• 입양동기(불임부부의 경우 불임사실에 대한 반응과 극복과정 등) • 아동 입양 시 친생부모에 대한 생각, 입양아동이 친부모를 찾는 것에 대한 생각 • 입양에 대한 태도(입양에 대한 관심과 이해)
양친이 될 사람의 혼인생활, 그 밖의 가족상황	• 양부모의 가족관계(부모, 형제 등), 어릴 때부터 현재까지의 성장과 정, 신체적 특징 및 성격 • 혼인생활(전혼, 이혼 등 해당 사항 있는 경우 사유 파악) • 사회적 관계 • 친척과의 관계 • 기존 자녀가 있는 경우 자녀관계, 자녀양육 태도 • 기타 동거인 관계 • 양육 신념(훈육) 및 양육계획(입양 후 주양육자 확인, 입양 후 가정 변화에 대한 생각) • 후견인
양친이 될 사람의 현재 수입 및 재산상태	• 직업 • 수입 및 재산 상태에 대한 근거자료 수집
양친이 될 사람의 알코올중독 여부와 그 밖의 건강상태	• 알코올 의존 여부 • 질병 유무, 현재 복용하고 있는 약, 치료 경험
양친이 될 사람의 인격 · 품성 및 종교관 등	• 양부모 성격 • 종교관
그 밖의 특기사항	• 범죄경력 조회결과 특이사항 • 집 내부 및 주변 환경의 안전 여부(화재, 애완동물, 운전), 입양아동에 적합한 환경(주변 입양가족) • 양부모 협조 의무 고지 • 양부모 개별상담, 기존 자녀가 있는 경우 자녀와의 상담, 확대가족과 의 관계 파악 후 친척과의 상담 진행 • 특수한 욕구가 있는 아동의 경우 주변 자원 연계 가능 확인
조사자의 의견	• 사실에 근거한 종합검토의견(가정조사서상 상담일시, 상담대상, 상담 방법 표기)

출처: 보건복지부, 아동권리보장원(2021c), pp. 30-31.

요하다. 「헤이그협약」에서는 예비 입양부모가 반드시 국가의 중앙당국에 입양을 신청할 것을 명시하고 있으며, 입양부모에 대한 평가는 적절한 자격과 전문지식을 갖춘 전문가가 할 것을 제시하고 있다(지침 1, 317). 실제로 영국, 독일, 프랑스, 스웨덴, 노르웨이, 캐나다 등 거의 모든 국외입양아동의 수령국뿐 아니라 중국, 베트남, 필리핀, 태국 등 대다수 국외입양아동의 송출국도 예비 입양부모의 자격을 심사하고 판단하는 임무를 공공기관에서 담당한다(노혜련, 2017).

우리나라에서는 입양부모 자격조사를 지자체나 민간 입양기관에서 수행한다. 「입양특례법」에 따라 입양에 관심 있는 예비 입양부모는 지자체나 입양기관에 의뢰하고, 접수상담 후 입양가정조사신청서를 제출하며, 입양가정조사신청서를 제출받은 지자체나 입양기관 등 조사기관은 양친이 될 사람의 가정을 조사한다. 가정조사는 예비 입양부모의 가정과 직장, 이웃 등을 2회 이상 방문해 시행하며, 예비 입양부모의 입양에 대한 태도와 동기, 결혼생활, 가족 상황, 경제적 상황, 인격이나 품성, 종교관 등을 알아보고, 〈표 15-1〉과 같이 가정조사서를 작성한다.

2) 예비 입양부모 교육

입양가정은 비입양가정보다 극복해야 할 장애물이 많다. 입양아동은 친생부모와 이별한 경험이 있으며, 일시보호시설이나 양육시설, 위탁가정 등을 거치면서 주양육자가 바뀌는 경험을 여러 번 하기도 한다. 이는 아동에게 상실로 인한 슬픔과 혼란, 불안을 느끼게 한다. 또한 우리나라 입양가정 대다수는 난임가정으로, 여러 차례 유산과 난임을 경험한 입양부모 역시 상실의 고통과 우울감을 경험할 수 있다. 입양부모는 이러한 입양가정의 특성을 편안하게 수용하고 입양아동이 겪는 특수한 이슈를 이해할 수 있어야만 입양아동이 생애주기별로 겪는 다양한 어려움을 잘 극복하게 도울 수 있고 아동도 안정된 상태에서 자랄 수 있다(Noh, 1989).

그런 의미에서 예비 입양부모 교육은 입양부모가 입양 후 당면할 삶의 여러 문제를 미리 조망하고 준비하게 돕는 과정으로 매우 중요하다. 또한 예비 입양부모 교육은 부모를 관찰·평가하는 가정 조사의 일부로, 담당 실무자는 교육과 훈련에 참여하는 예비 입양부모를 관찰하고 입양부모가 지녀야 할 잠재능력을 종합적으로 평가해야 한다(노혜련, 2017).

우리나라의 경우, 입양부모가 되려는 사람은 입양 성립 전 소정의 교육을 필수적으로 이수해야 하고 입양 허가 신청 시 법원에 '양친교육이수 증명서'를 제출해야 한다. 현재 모든 예비 입양부모를 대상으로 한 기본교육은 10시간이며, 아동권리보장원에서 교육 프로그램을 개발하고 입양기관에서 교육을 시행한다. 또한 만 1세 이상 아동이나 장애아동 등 특수 욕구가 있는 아동을 입양하거나, 이미 자녀가 있거나 2회 이상 입양하는 부모는 아동권리보장원이 주관하는 심화교육을 이수할 수 있다. 심화교육은 참여 의사가 있는 가정을 중심으로 선택교육으로 진행한다. 기본교육의 내용은 「입양특례법 시행규칙」에서 제시하고 있으며, 그 내용은 다음과 같다.

입양부모 기본교육 내용

1. 입양의 요건 · 절차 및 효과
2. 입양가정 지원에 관한 정보
3. 자녀의 양육방법
4. 입양아동의 심리 및 정서에 관한 정보
5. 입양 사후서비스에 관한 정보
6. 그 밖에 보건복지부장관이 필요하다고 인정한 사항

출처: 「입양특례법 시행규칙」 제5조 제1항.

현재 우리나라 예비 입양부모 기본 교육은 일회성으로 이루어지며, 대부분 일방적인 강의식으로 진행한다. 이러한 방식은 예비 입양부모가 자신의 삶과 입양 동기를 성찰하고 입양 후 겪을 수 있는 다양한 어려움을 예상해 볼 기회를 제공하기에는 적합하지 않다. 특히 법에 규정한 교육 내용을 보면, 많은 시간을 입양 절차와 입양가정 지원, 사후 서비스 등에 관한 정보를 전달하는 데 할애하고 있어 교육 내용에도 변화가 필요하다.

3) 결연

결연은 입양대상아동 보고서와 예비입양부모 가정조사서를 바탕으로, 아동 최선의 이익을 보장할 수 있는 최적의 예비 입양부모를 찾아 연결하는 과정이다. 입양대상아동이 입양 가기에 적격하다는 판단과 예비 입양부모가 입양부모로 적격하다는 판단이 철저히 이루어졌다는 것을 전제로, 아동의 욕구를 가장 잘 충족할 수 있다고 여겨지는 예비 입양부모를 결연해야 한다. 이때 아동과 주양육자(친생부모)를 결정 과정에 참여하게 해 이들의 의견을 청취하고 반영하는 것이 중요하다. 또한 결연을 결정할 때는 결연팀에 참석한 구성원 모두에게 입양대상아동과 예비 입양부모에 관한 많은 정보를 공유하고 충분히 의사소통할 수 있어야 한다(Research in Practice 홈페이지, 2021).

「헤이그협약」에 따르면, 결연은 최대한 단시간에 전문적·다면적·질적으로 이루어져야 한다(지침 1, 49). 또한 결연은 입양과정에서 가장 중요한 결정 중 하나이므로 적절한 전문성과 경험을 갖춘 자로 구성된 팀에서 결정해야 한다(지침 1, 362). 결연팀은 입양정책과 실천에 관해 훈련을 받은 아동보호 전문가로 구성해야 하며, 적어도 3년 이상 경력이 있는 사회복지사가 참여할 것을 권장한다. 또한 심리·사회·교육 영역의 전문가와 의학 전문가 등이 결연팀에 참여하고, 국외입양은 다문화 전문가와 변호사가 참여해 수령국의 상황과 문화적 특성, 양국 간 법적 요건 등을 확인하는 것이 필요하다(Department for Education, 2013a).

아동과 입양가정을 결연할 때는 아동의 나이나 성별, 건강을 고려해야 한다. 하지만, 이는 예비 입양부모의 선호에 맞추기 위해서가 아니라 아동 최선의 이익을 보장하는 데 가장 적합한 가정을 찾는 관점에서 진행해야 한다. 예를 들어, 아동과 부모 간 나이 차이는 중요한 고려사항인데, 입양부모와 아동 간 나이 차이가 너무 크면 입양부모와 자녀 간 문화적 격차와 입양부모의 체력 한계 등으로 자녀가 성장하면서 갖게 될 욕구에 민감하고도 적절하게 대처하는 데 어려움을 겪을 수 있다. 특히 만 1세 이상의 큰아이를 입양할 때는 아동이 입양되기 전 경험한 박탈과 상실 경험의 특성에 따라 성장과정에서 여러 어려움이 발생할 수 있으므로, 교육과 상담 등을 통해 이러한 문제에 잘 대처할 준비가 되어 있는 부모를 결연하는 것이 중요하다. 또한 형제자매는 특별한 사유가 없는 한 같은 예비 입양가정에 입양되어야 하며, 불가피한 이유로 같은 가정에 입양 보내지 못한 때는 서로 연락하고 관계를 유지하게 지원해야 한다. 예비 입양가정에 이미 입양한 자녀가 있을 때는 기존 입양자녀와 입양부모 간 관계, 가족 상황 등을 좀 더 면밀히 살펴보고 또 다른 입양아동을 배치하는 것이 바람직한지를 판단해야 한다. 이는 자녀가 많으면 입양부모에게 양육 부담을 줄 수 있고, 새로운 가족이 결합하는 것은 기존 가족을 불안정하게 할 수 있기 때문이다. 아울러 결연 전 아동의 건강 상태를 면밀하게 조사하고 아동의 건강에 대한 입양부모의 욕구를 고려해 결연하는 것이 필요한데, 이는 아동에게 최적의 보호와 치료를 제공할 수 있는 준비된 부모를 선정하기 위함이다. 입양가정에 아동을 배치할 때 입양부모에게 아동의 건강 상태에 관한 정확한 정보를 제공해야 하는데, 이는 양육과정에서 건강에 문제가 발생하면 아동을 적절하게 치료하는 데 필요한 정보이기 때문이다(Department for Education, 2013a).

한편, 국외입양에서는 아동의 인종과 문화적 특성을 고려할 필요가 있다. 이때 예비 입양부모가 아동의 욕구를 잘 충족할 능력이 있다면 입양대상아동과 예비 입양부모의 민족적 배경이 반드시 일치해야 하는 것은 아니다. 단, 예비 입양부모가 입양대상아동의 인종과 민족에 대한 이해도가 어느 정도이고, 편견 없이 아동의 고유한 문화와 종교 등을 존중할 수 있는지를 고려하는 방향으로 검토가 이루어져야 한다(Department for Education, 2013).

현재 우리나라에서는 입양기관에서 구성한 결연위원회를 통해 입양 결연이 이루어지고 있다. 과거에는 별도 결연위원회 없이 입양기관 실무자가 입양대상아동과 예비 입양부모의 결연을 추진해 왔지만, 2021년부터 입양기관은 외부 위원을 포함한 다수 위원으로 구성한 결연위원회를 운영해야 한다. 결연위원회 위원으로는 친생부모와 아동 상담자, 예비 입양부모 상담자, 아동과 가족 상담 슈퍼바이저, 입양실무 관련자가 참여한다. 국외입양의 경우에는 협력기관의 아동 담당 사례관리자와 담당자, 의료관계인, 법률 전문가가 위원이나 참고인으로 참석할 수 있다. 결연위원 중 2인은 외부 위원으로 위촉해야 하며, 이 중 1인은 아동권리보장원의 입양 업무 담당자, 1인은 입양기관과 관계없는 외부인으로, 아동복지 분야에 관한 학식과 경험이 풍부한 사람으로 위촉해야 한다. 결연위원회는 재적위원 과반수와 외부 위원 2명의 출석으로 개의하고, 출석위원 전원의 찬성으로 의결한다.

4) 입양 허가

결연이 끝나면 예비 입양부모는 주소지의 가정법원에 입양 허가를 신청한다. 이때 입양허가신청서와 친생부모의 입양동의서, 입양대상아동 확인서 등 입양삼자에 대한 확인 서류를 구비해야 하며, 입양부모는 입양부모교육 이수증명서와 가정조사서, 범죄경력조회 회신서 등도 첨부해야 한다. 가정법원은 입양허가신청서에 기재한 내용을 입증할 서류나 입양부모 적격성을 판단할 추가 서류와 의견서 등을 요청할 수 있다. 법원에서 입양을 허가하면, 입양부모나 입양자녀는 가정법원의 허가서를 첨부해 「가족관계의 등록 등에 관한 법률」에 따라 신고하는데, 이로써 입양아동은 「민법」상 친양자와 동일한 지위를 얻게 되고, 입양아동의 입양 전 친족 관계는 종료된다. 한편, 국외입양을 하려면, 입양기관의 장은 보건복지부로부터 아동의 해외이주 허가를 받은 후 가정법원에서 입양 허가를 받아야 한다(보건복지부, 아동권리보장원, 2021b).

5) 아동의 인도와 사후 서비스

법원이 입양을 허가하면, 입양기관은 입양아동에 관한 기록과 소유물품을 입양부모가 될 사람에게 인도하고 소재지 시 · 군 · 구에 아동 인도 결과를 보고한다. 또한 입양기관은 입양이 성립된 후 입양부모와 아동의 상호 적응 상태를 관찰하고 필요한 서비스를 제공해야 한다. 이에 따라 사전에 예비 입양부모에게 사후관리 진행에 관해 충분히 설명해야 하며, 지자체의 아동보호전담요원은 입양기관의 사후관리 이행 상황을 모니터링해야 한다. 국내입양가정은 국가로부터 입양비용과 양육수당, 의료급여를 지원받을 수 있고, 장애아동은 장애아동 양육보조금과 의료비를 추가로 지원받을 수 있다.

입양 사후관리에서 입양기관 담당자는 입양신고일로부터 1개월 이내에 입양가정을 방문해 아동의 적응 상태를 조사하고 입양아동의 호적등본을 통해 아동이 입양가정의 법적인 자녀가 되었는지를 확인해야 한다. 입양은 아동과 가정에 평생에 걸쳐 영향을 주는 일이므로 개별 아동과 가정의 발달 단계와 욕구에 따라 사후관리가 지속해서 필요할 수 있지만, 1년간은 의무로 이행해야 한다. 1년간 총 6회 상담을 진행해야 하며, 이 중 3회 이상은 가정방문 상담을 필수로 해야 한다. 이때 입양부모가 상담에 참여하게 하고, 입양자녀와의 관계를 관찰하고 가정환경에 관한 조사보고서를 작성해 보고해야 한다(보건복지부, 아동권리보장원, 2021b).

국외입양은 당 국가의 협력기관을 통해 입양아동이 입양된 국가의 국적을 취득했는지를 확인하고, 그 결과를 법무부 장관에게 보고해야 한다. 미국과 호주에서는 입국 당일 국적 취득이 자동으로 이루어지고, 약 5개월 후 시민권을 발급받을 수 있지만, 나라에 따라 입양부모가 인정을 요청해야 국적 취득이 가능한 곳도 있으므로 입양아동의 국적 취득을 확인하는 것은 매우 중요하다. 국외입양기관은 국내입양 사후관리와 동일하게 입양가정에 대한 사후관리를 시행해야 하고, 가정방문 외에도 입양부모에게 한국 역사와 문화에 관한 교육을 시행하고, 입양부모가 입양아동을 양육하는 문제뿐 아니라 인종과 문화 배경이 다른 아동을 양육할 때 발생할 문제에 대비할 수 있게 지원해야 한다(보건복지부, 아동권리보장원, 2021b).

🏠 제3절 우리나라 입양지원 서비스의 평가

우리나라에서 현대적 의미의 입양 역사는 한국전쟁 이후 혼혈아동을 국외로 입양 보내기 시작한 1953년을 시작으로 거의 70년이 되었다. 그러나 그중 거의 60년 동안 입양의 모든 절차를 아동보호체계와 분리해서 운영했다는 것이 가장 큰 문제이다. 선진외국의 입양지원 서비스는 아동의 보호체계와 연결되어 있고, 아동보호 과정에서 아동 최선의 이익을 보장하기 위해 공적 기관이 친권과 아동 양육에 개입한다. 그리고 이러한 국가의 개입은 경제적 지원을 포함한 양육지원을 통해 원가정을 보존하는 것을 최우선 목표로 한다. 과거 우리나라처럼 단지 친생부모의 입양 동의로만 아동을 입양 보내는 것이 적격한지에 대한 판단이 이루어지는 경우는 거의 없고, 입양 절차 이전부터 정부의 관리감독과 법원의 개입을 통해 일련의 절차가 이루어진다(이경은, 2017). 또한 「헤이그협약」과 「아동권리협약」에서는 친생가족이 아동을 보호할 수 없을 때는 아동의 입양 적격성 판단과 최종 입양에 대한 결정은 정부 당국이 해야 하고, 아동의 입양 절차에서 부적절한 재정적 이익을 취하는 것을 금지해야 함을 명시하고 있다.

그러나 우리나라에서는 2012년부터 입양특례법 개정을 통해 법원의 입양 허가 과정이 시작하고, 2021년부터 지자체가 예비 입양대상아동의 결정에 관여하기 시작하기 전까지는 모든 핵심 업무를 민간 입양기관에서 담당해 왔다. 이러한 현상은 세계에서 가장 많은 아동을 가장 오래 국외로 입양 보낸 국가의 오명을 안게 하는 데 큰 영향을 미쳤다. 우리나라에서는 1953년 한국전쟁 이후 처음 국외입양을 시작했는데, 가장 많은 아동이 국외로 입양 간 것은 오히려 경제적으로 훨씬 더 발전한 1980년대이다. 그중 1985년과 1986년에는 출생한 아동 100명당 1.3명이 국외로 입양되었고, 1984부터 1988년까지 5년 동안도 매년 아동 100명당 1명 이상이 국외로 입양 가는 전 세계에서 유례없는 현상이 일어났다(이상정 외, 2018).

최근 우리나라도 원가족 보존중심의 서비스 체계를 마련하고 보호대상아동 결정을 공공화하였다. 다행히 2021년 6월 30일부터는 자녀의 입양을 고려하는 친생부모의 상담도 지자체 아동보호전담요원이 담당하고, 아동복지심의위원회에서 입양대상아동을 결정하게 되어 원가정 중심의 적극적인 지원이 가능하게 되었다. 이는 매우 중요한 변화이며, 미혼부모라는 이유로 자녀의 입양을 강요받는 친생부모 대다수가 좀 더 신중하게 자신과 자녀를 위한 최선의 이익을 고려해 결정할 수 있게 되었고, 지자체에서는 친생부모의 상황과 욕구에 따라 입양지원 서비스뿐 아니라 가족보존을 위한 사례관리와 일시대안양육 후 원가정 복귀를 지원할 수 있게 되었다. 이전에는 입양기관이 어떤 아동을 입양대상아동으로 인수할지를 결정할 전적인 권한을 가짐으로써 입양이 꼭 필요한 아동이 장애가 있거나 너무 나이가 많다는 이유 등으로 입양대상아동으로 선정되지 못하기도 하고, 충분한 상담과 지원을 통해 원가정에서 양육이 가능함에도 오히려 친생부모에게 입양을 보내기를 권하는 문제도 있었다. 이는 민간기관이 아무래도 기관의 이익 추구에서 자유롭기 어렵기 때문이다.

친생부모의 상담을 아동보호전담요원이 담당하는 긍정적인 변화가 있었지만, 아직도 입양대상아동을 민간 입양기관에서 보호할 수 있다는 것은 시급히 해결해야 할 문제이다. 입양기관이 관리하는 위탁가정은 가정위탁지원센터에서 관리하는 공식적인 위탁가정이 아니므로, 아동의 진입창구가 다를 뿐 아니라 전체 과정을 공적으로 관리·감독할 수 없다. 특히 입양대상아동만을 따로 보호하는 것은 아동의 이익을 고려한 최선의 보호조치를 선택하는 데 한계가 될 수 있다. 세계 어디에서도 민간 입양기관에서 직접 아동을 보호하는 국가는 찾아볼 수 없다. 입양기관의 전문성은 예비 입양부모의 교육과 상담, 가정 조사, 입양 관련 당사자와 가정의 사후상담 등에서 발휘되어야 한다. 우리나라에서는 일시보호체계가 이미 가정위탁, 공동생활가정, 양육시설로 분절된 상태로 운영되어 문제가 되고 있는데, 민간 입양기관에서 입양대상아동을 보호할 권한을 가짐으로써 아동의 일시보호체계가 더욱더 분절되고 있다.

이 외에도 민간기관 중심의 입양 업무를 진행할 때는 입양과 관련한 핵심 업무가 모든 아동에게 동일하게 이루어지지 못하는 한계가 있다. 우리나라는 입양 사업을 수행하는 입양기관마다 인력 현황이나 운영 방식에 차이가 있고, 입양기관마다 따로 입양대상아동과 예비 입양부모를 접수함으로써 이들에 대한 통합관리가 이루어지기 어렵다. 지금처럼 정부가 국내입양 건수에 따라 입양기관에 입양수수료를 지급하고 생계비와 양육수당을 아동 수에 따라 제공하는 상황에서는 입양기관 간 업무 협력이 제대로 이루어질 수 없으며, 이에 따라 아동의 최상의 이익을 보장하기도 어렵다.

※ 참고문헌

강문희, 김매희, 이경희, 정정옥(2000). 야간 및 24시간 보육실태 및 요구도 조사 연구. 한국영유아보육학, 22, 27-56.

강수돌 역(1997). 세계화의 덫[*Die globalisierungsfalle: Der Angriff aufj Demokraie und Wohlstand*]. Martin, P. & Schuhmann, H. 공저. 서울: 영림카디널. (원저는 1996년에 출판).

강일규, 김기홍, 변숙영, 김덕기(2008). 돌봄노동의 분야별 제도화 방안연구 I: 아동돌봄도우미 인력 현황 및 관리방안. 한국여성정책연구원, 한국직업능력개발원.

강창현, 문수영, 김기창(2012). 바우처제도의 현황과 효과성 분석. 국회예산정책처.

강혜규(2013). 사회서비스 바우처사업의 성과와 과제. 보건·복지 Issue & Focus, 171, 1-8.

경제교육연구회(2009). 역사와 쟁점으로 읽는 현대 자본주의. 서울: 시그마프레스.

고경환, 이선우, 강지원, 임완섭(2009). 자활산업의 평가연구: 정책설계와 정책효과 그리고 쟁점들. 한국보건사회연구원.

고길섭(2000). 하위문화론에서 소수문화론으로. 서울: 문화과학사.

공계순, 박현선, 오승환, 이상균, 이현주(2008). 아동복지론. 서울: 학지사.

공계순, 박현선, 오승환, 이상균, 이현주(2013). 아동복지론. 서울: 학지사.

관계부처합동(2018). 온종일 돌봄체계 구축·운영 실행계획. 관계부처합동.

관계부처합동(2019). 포용국가 아동정책. 관계부처합동.

교육과학기술부, 부산광역시교육청(2009). 세계 각국의 교육과정 및 운영사례1 미국. 교육과학기술부, 부산광역시교육청.

교육과학기술부, 한국교육개발원(2012). 교육복지우선지원사업 이렇게 합니다. 서울: 교육과학기술부, 한국교육개발원.

교육복지연구소 편(2006). 학교교육과 복지. 경기: 양서원.

교육부(2013b). 특수교육 연차보고서. 2013년 정기국회보고자료.

교육부(2018a). 2018년 방과후학교 운영 현황 통계. 서울: 교육부.

교육부(2018b). 2019학년도 신학기 초등돌봄교실 운영 방안. 서울: 교육부.

교육부, 한국직업능력개발원 역(1998). 지식기반 사회의 잠재력과 차원[The potential and dimensions of knowledge-based society and its effects on educational processes and structures]. 서울: 교육부, 한국직업능력개발원. (원저는 1996년에 출판).

구슬이(2014). 방과후돌봄서비스 평가. 국회예산정책처.

구현아, 백혜정, 안효금(2010). 요보호아동 가정위탁 서비스 개선방안에 관한 연구. 경기도가족여성연구원.

금미숙, 김영표, 김의정, 여승수, 홍사훈, 홍은숙(2011). 2011 특수교육실태 국제동향 보고서. 국립특수교육원.

김경진(2011). 영유아보육법 제 · 개정 과정에서 참여집단 활동연구. 한성대학교대학원 석사학위논문.

김광수(2013). 아동 · 청소년 그룹홈의 이해. 서울: 학지사.

김광혁(2009). 아동학대 및 방임이 아동발달에 미치는 영향. 사회과학논총, 24(2), 27-45.

김동일, 손승현, 전병운, 한경근(2010). 특수교육학개론: 장애 · 영재아동의 이해. 서울: 학지사.

김미숙(2010). 한국 특수교육의 과거와 현재에 대한 반성적 사고를 통한 미래 방향에 관한 연구. 유라시아연구, 7(2), 193-209.

김미숙(2013). 아동가족복지지출 현황과 정책과제. 보건 · 복지 Issue & Focus, 202, 1-8.

김미숙, 배화옥(2007). 한국 아동빈곤율 수준과 아동빈곤에 영향을 미치는 요인 연구. 보건사회연구, 27(1), 3-26.

김미숙, 우국희, 양소남, 이주연, 이정현(2011). 선진국의 아동 사례관리체계 비교연구: 영국, 미국, 뉴질랜드를 중심으로. 한국보건사회연구원.

김미숙, 조애저, 배화옥, 최현수, 김효진, 홍미(2007). 한국의 아동빈곤실태와 빈곤아동지원방안. 한국보건사회연구원.

김미숙, 홍석표, 정재훈, 김기현, 안수란(2010). 아동복지정책 유형과 효과성 국제비교. 한국보건사회연구원.

김상균, 김연옥, 오정수, 노혜련, 김기환(1997). 학생비행 예방 및 선도를 위한 복지 프로그램 개발에 관한 연구. 서울대학교 사회복지연구소.

김선숙, 조소연, 이정애(2020). 포스트 코로나 시대, 아동권리보장을 위해 사회는 무엇을 할 것인가? 아동과 권리, 24(3), 409-438.

김성구(2008). 신자유주의 시장절대주의의 위기와 사회화의 전략. 사회공공연구소 설립 기념 토론회 발표문.

김성옥, 김유리, 정희정(2014). 주요국의 건강보장제도 현황과 개혁동향: 독일. 국민건강보험 건강보험정책연구원.

김승용(2012). 독일의 특수교육 교과과정, 교수법 그리고 교수·학습자료. 현장특수교육, 19, 50-53.

김연옥, 박인아(2000). 가정폭력의 유형별 관련성과 아동의 정신건강에 관한 연구. 한국가족복지학, 5, 103-127.

김영숙(2010). 지역아동센터의 전개과정을 통해 본 발전방향. 부산대학교대학원 석사학위논문.

김영순(2002). 지구화시대의 정책모방: 미국, 영국, 한국의 근로연계복지 비교연구. 한국정치학회보, 36(4), 321-342.

김용성(2009). 일자리 나누기의 성공 조건. 나라경제, 46-47.

김용희(2012). 무상보육정책의 바람직한 방향. '무상바람에 휩쓸린 무상보육, 바람직한 대안은 무엇인가?' 토론회 자료.

김윤옥(1997). 특수아동 완전통합교육을 위한 미국의 동향과 한국적 과제. 특수교육연구, 4, 45-72.

김윤정, 문순영(2009). 영유아 돌봄 유형에 대한 탐색적 연구: 보육정책을 중심으로. 아시아여성연구, 48(2), 221-259.

김윤주, 황혜숙(2006). 강점관점 해결중심 사례관리 매뉴얼. 보건복지부, 솔루션센터.

김은정(2013). 소득계층별 출산행태 분석과 시사점. 보건·복지 Issue & Focus, 191, 1-18.

김재진(2014). 자녀장려세제(CTC) 도입의 정책적 함의와 기대효과. 한국조세재정연구원.

김종숙, 신선미(2012). 국민기초생활보장제도 10년과 여성근로빈곤의 변화. 한국여성정책연구원.

김지민(2010). 미국의 방과후 아동보육에 대한 연구. 방과후아동지도연구, 7(1), 1-19.

김진수, 최인덕, 이기주(2012). 2011 경제발전경험 모듈화 사업: 전 국민 건강보험제도 운영과 시사점. 보건복지부, 한국보건사회연구원.

김진수, 최인덕, 이기주(2012). 전 국민 건강보험제도 운영과 시사점. 보건복지부·한국보건사회연구원.

김진욱(2008). 여성근로자의 육아휴직과 근로지속성에 관한 실증연구. 사회복지정책, 33, 239-260.

김철효, 설동훈, 홍승권(2006). 인권으로서의 이주노동자 건강권에 관한 연구. 지역사회학, 7(2), 93-129.

김평화, 윤혜미(2013). 아동학대가 아동의 정서결핍과 공격성에 미치는 영향. 한국아동복지학, 41, 217-239.

김현숙, 이수진(2012). 보육산업의 현황과 향후 정책방향. 응용경제, 14(2), 5-30.

김현용, 윤현숙, 노혜련, 김연옥, 최균, 이배근(2001). 현대사회와 아동. 서울: 소화.

김형모(2000). 아동보호체계의 확립방안. 보건복지포럼, 47, 39-49.

김형모, 손병덕, 최권호(2019). 보호종결아동의 자립증진을 위한 정책개선 연구. 국가인권위원회.

김형태, 노혜련, 김진석, 이수천, 조소연, 이유진(2017). 아동복지시설 기능개편 방안 연구. 보건복지부, 서울기독대학교.

김혜란(1993). 미국 가족보존 서비스의 효과성에 관한 연구. 연세사회복지연구, 1, 155-166.

김혜영(2012). 빈곤아동복지 정책의 현황과 과제. 지역복지정책, 23, 51-64.

김홍원(2008). 방과후학교 법률안 및 시행령안 개발 연구. 서울: 한국교육개발원.

김효진(2008). 빈곤이 아동에게 주는 영향 분석. 보건복지포럼, 139, 33-42.

나달숙(2020). 아동의 인권에 관한 법적 조명: 아동권리협약을 중심으로. 법학연구, 20(2), 1-30.

남찬섭(2005). 1950년대의 사회복지. 복지동향, 80, 56-64.

남찬섭(2006). 1970년대의 사회복지 1. 복지동향, 88, 39-45.

남찬섭(2007). 사회복지 역사기행 연재를 마치며. 복지동향, 99, 45-50.

노병일(2012). 아동복지론. 경기: 공동체.

노충래(2007). 가정위탁보호 활성화 방안. 중앙가정위탁지원센터.

노혜련(1995). 아동상담사업의 활성화 방안. 한국아동복지학, 3, 33-62.

노혜련(1999). 요보호아동 그룹홈의 이론과 과제. 현실과 대안, 2, 78-110.

노혜련(2001a). 아동복지 서비스. 김현용, 윤현숙, 노혜련, 김연옥, 최균, 이배근 편, 현대사회와 아동: 아동복지의 시각에서(pp. 187-415). 서울: 소화.

노혜련(2001b). 학교사회복지실천의 현재: 2000년 서울특별시 교육청 시범학교의 활동을 중심으로. 현실과 대안, 4, 47-83.

노혜련(2005). 학교폭력 문제에 대한 학교사회복지 접근방안과 적용 사례. 2005년 학교폭력 해결을 위한 학교사회복지의 활용 대토론회 자료집, 1-29.

노혜련(2017). 한국 입양 실천의 문제점과 개선방안. 아동 권익 보호를 위한 입양 및 학대 예방 제도 개선방안 발표 토론회 자료집, 25-59.

노혜련, 강미경, 김수영(2020). 입양특례법상 친생부모교육 교재개발 연구. 아동권리보장원, 숭실대학교.

노혜련, 김수영, 김수영(2017). 입양사후상담매뉴얼 개발 연구. 중앙입양원.

노혜련, 김윤주(2014). 강점관점 해결중심 사례관리. 서울: 학지사.

노혜련, 허남순 역(2004). 해결을 위한 면접[Interviewing for solutions (2nd ed.)]. De Jong, P. 저. 서울: 시그마프레스. (원저는 2002년에 출판).

대한민국 정부(1994). 아동권리협약 이행 제1차 국가보고서. 대한민국 정부.

대한민국 정부(2000). 아동권리협약 이행 제2차 국가보고서. 대한민국 정부.

대한민국 정부(2017). 유엔아동권리협약 5 · 6차 국가보고서. 대한민국 정부.

도미향, 남연희, 이무영, 변미희(2014). **아동복지론**. 경기: 공동체.

류정희(2021). 아동보호체계 재구조화 현황과 과제.

문유경, 주재선(2000). OECD 회원국의 여성고용정책. 한국여성개발원.

문지영 역(2003). **아동의 탄생**[*L'Enfant et la vie familiale sous l'ancien régime. Librairie Plon*].
　　Aries, P. 저. 서울: 새물결. (원저는 1960년에 출판).

박광수, 김수일(2009). 저소득층을 위한 에너지 바우처 제도 연구. 에너지경제연구원 연구보
　　고서, 1-138.

박기석(2009). **한국입양정책에 관한 실태 분석**. 한양대학교대학원 석사학위논문.

박명숙(2005). 아동보호서비스(CPS)의 국가 간 비교를 통한 한국적 모형개발에 관한 연구. 비
　　판과 대안을 위한 사회복지학회 학술대회 자료집, 113-144.

박명숙, 송사리(2011). 형제자매들에게 발생한 아동학대가 비행행동에 미치는 영향에 관한 연
　　구. 청소년학연구, 18(4), 49-74.

박세경, 서문희, 강주희, 서영숙, 진미정, 노성향(2005). OECD 국가와 한국의 아동보호체계
　　비교연구. 한국보건사회원 연구보고서.

박시내(2010). 여성가구주 가구의 특성 및 빈곤분석. 통계청 2010년도 하반기 연구보고서,
　　119-151.

박현선(1998). 빈곤청소년의 위험 및 보호요소가 학교 적응유연성에 미치는 영향. 사회복지연
　　구, 11, 23-52.

배영미(2011). 가족중심 사회복지실천으로의 패러다임 전환. 사회복지실천, 10, 53-73.

배화숙(2007). 사회복지서비스에서 바우처제도 도입의미와 과제. 사회복지정책, 31(1), 319-
　　342.

배화옥(2010). **아동과 복지**. 서울: 신정.

백연옥(1995). 아동을 포기하는 친모들의 정신건강 이슈들에 관한 소고. 정신건강과 사회복지,
　　2, 121-138.

변양규(2012). 근로시간 단축, 일자리 나누기, 그리고 '불편한 진실'. 한국경제연구원.

보건복지가족부(2009). 입양현황통계. 보건복지가족부.

보건복지부(2010). 보건복지백서. 보건복지부.

보건복지부(2014). 아동복지사업안내. 보건복지부.

보건복지부(2019). 보호대상아동 현황보고. 보건복지부.

보건복지부(2020a). 2019 아동양육시설 현황. 보건복지부.

보건복지부(2020b). 2019 아동학대 주요통계. 보건복지부.

보건복지부(2020c). 2019년 아동공동생활가정 현황. 보건복지부.

보건복지부(2020d). 2020년 아동분야 사업안내. 보건복지부.

보건복지부(2020e). 2020년 아동분야 사업안내 2. 보건복지부.

보건복지부(2020f). 2021년 다함께돌봄 사업안내. 보건복지부.

보건복지부(2020g). 지역아동센터 지원 사업안내. 보건복지부.

보건복지부(2021a). 2021년도 보육사업안내. 보건복지부.

보건복지부(2021b). 2021년 아동분야 사업안내. 보건복지부.

보건복지부, 아동권리보장원(2020a). 2019년 지역아동센터 통계보고서. 보건복지부, 아동권리보장원.

보건복지부, 아동권리보장원(2020b). 2019년 드림스타트 통계보고서. 보건복지부, 아동권리보장원.

보건복지부, 아동권리보장원(2020c). 2020 자립지원업무매뉴얼. 보건복지부, 아동권리보장원.

보건복지부, 아동권리보장원(2020d). 아동보호서비스 업무매뉴얼. 보건복지부, 아동권리보장원.

보건복지부, 아동권리보장원(2020e). 2020 아동학대 대응 업무 매뉴얼. 보건복지부, 아동권리보장원.

보건복지부, 아동권리보장원(2021a). 2020 드림스타트 성과분석 및 발전방안 연구. 보건복지부, 아동권리보장원.

보건복지부, 아동권리보장원(2021b). 2021년 드림스타트 사업안내. 보건복지부, 아동권리보장원.

보건복지부, 아동권리보장원(2021c). 2021 입양실무매뉴얼. 보건복지부, 아동권리보장원.

보건복지부, 중앙아동보호전문기관(2013). 전국 아동학대 현황보고서. 보건복지부, 중앙아동보호전문기관.

뿌리의 집 역(2013). 원초적 상처: 입양가족의 성장을 위한 카운슬링[*The primal wound: Understanding the adopted child*]. Verrier, N. 저. 서울: 뿌리의 집. (원저는 1993년에 출판).

서문희, 김미숙, 박세경, 최은영, 임정기(2004). 여성 사회활동 증진을 위한 보육환경 개선방안 연구. 한국보건사회연구원.

서울시교육청(2014). 2014학년도 방과후학교 운영 기본 계획. 서울: 교육부.

석태종(1993). **교육사회학**. 서울: 교육과학사.

성민선, 조흥식, 오창순, 홍금자, 김혜래, 홍봉선, 노혜련, 윤찬영, 이용교, 조미숙, 노충래, 정규석, 오승환, 이상균, 김경숙, 김상곤, 진혜경, 윤철수, 최경일, 이태수(2009). 학교사회복지의 이론과 실제. 서울: 학지사.

송치숙(2021). 세계 주요국의 유보통합 동향 및 시사점 분석. 한국교육문제연구, 19(1), 111-143.

송치숙, 박종배(2019). 분리와 통합의 측면에서 본 근대 이후 한국 유아교육과 보육의 역사. 교육사학연구, 29(1), 31-52.

스웨덴사무소(2011). 해외주재사무소 정책보고서-스웨덴의 교육시스템 개관. 스웨덴사무소.

신선인, 박영준(2013). 아동복지론. 서울: 신정.

신영수(2007). 의료보험 도입 30년의 성과와 한계, 그리고 새로운 과제. 대한의사협회지, 50(7), 568-571.

신윤정(2013). EU 국가의 출산율 및 가족 구조 동향과 시사점. 보건 · 복지 Issue & Focus, 177, 1-8.

신혜령, 김성경, 안혜영(2003). 시설퇴소아동 자립생활의 영향요인에 관한 연구. 한국아동복지학, (16), 167-193.

아동권리보장원(2020). 코로나 대응활동 기록서. 아동권리보장원.

UN 아동권리위원회(1996). 대한민국 제1차 국가보고서에 대한 아동권리위원회 최종견해.

UN 아동권리위원회(2003). 대한민국 제2차 국가보고서에 대한 아동권리위원회 최종견해.

UN 아동권리위원회(2011). 대한민국 제3 · 4차 국가보고서에 대한 아동권리위원회 최종견해.

UN 아동권리위원회(2019). 대한민국 제5 · 6차 국가보고서에 대한 아동권리위원회 최종견해.

안동현, 박현선, 이현정(1998). 한국인의 아동학대에 대한 태도. 대한신경정신의학회, 37(4), 661-673.

안애선(1996). 성학대에 대한 아동의 지각. 숙명여자대학교대학원 석사학위논문.

안재진(2002). 아동학대 신고 의도에 영향을 미치는 요인: 서울시 학부모를 중심으로. 서울대학교대학원 석사학위논문.

안재진(2008). A study on the early adaption of Korean adoptive families. 서울대학교대학원 박사학위논문.

양승실(2011). 의무교육의 세계적 동향과 발전방안. 한국교육개발원, 8(9), 1-35.

양승실, 공병호, 김현정(2010). 의무교육의 세계적 동향과 발전방향 연구. 서울: 한국교육개발원.

양애경, 조호제, 노신민(2008). 초등 방과후 보육 교실의 실태와 활성화 방안. 육아정책연구, 2(2), 66-94.

양옥승, 이옥주, 김지현(2003). 비판적 관점에서 본 유아교육과정: 야간보육 해체하기. 덕성여

자대학교 사회과학연구소, 9, 119-146.

양재진(2007). 사회투자국가의 사회정책패러다임과 사회투자정책: 영국과 덴마크의 사례. 국제노동브리프, 5(5), 4-14.

여성가족부(2020). 2021년도 청소년방과후아카데미 운영 지침. 여성가족부.

오승환(2000). 교육부 학교사회사업 연구학교 운영결과에 대한 비교사례연구. 학교사회복지, 3, 197-221.

오정수, 정익중(2013). 아동복지론. 서울: 학지사.

우리아이 희망 네트워크(2011). 한 아이를 키우려면 온 마을이 필요하다. 서울: 책 읽는 수요일.

원종학, 전병힐(2008). 돌봄노동의 분야별 제도화 방안 연구 I : 아동돌봄도우미 서비스에 대한 경제적 지원방안. 한국조세연구원.

유승민, 양경옥 역(2011). 경제는 왜 위기에 빠지는가: 알기 쉬운 공황 불황의 경제학[恐慌 不況の經濟學]. 하야시 나오미치 저. 서울: 그린비. (원저는 2000년에 출판).

유영준(2007). 가족중심실천의 구성요인에 관한 고찰. 사회복지리뷰, 12, 83-103.

유종오(2013). 세금 재테크 상식사전. 서울: 길벗.

윤명자(2009). 아이돌보미 서비스 이용 만족도가 가정의 양육스트레스에 미치는 영향. 명지대학교대학원 석사학위논문.

윤석진, 조용준, 조영기(2010). 국민기초생활보장법과 긴급복지지원법상의 빈곤층 지원체계에 대한 입법평가. 한국법제연구원.

윤은영(2013). 국내 입양제도의 실태 및 개선방안: 미국의 입양제도를 중심으로. 사회과학연구, 30(2), 191-222.

윤종혁, 박재윤, 유성상, 조경원(2012). 2011 경제발전경험모듈화사업: 한국전쟁 이후 교육 재건을 위한 초등의무교육계획 추진전략. 교육과학기술부, 서울: 한국교육개발원.

윤철수(2005). 지역사회교육전문가의 역할 형성 과정: 서울시 강서구 교육복지투자우선지역을 중심으로. 한국아동복지학, 20, 135-171.

윤향미(2008). 방과후 프로그램의 저소득층자녀 자아존중감 향상 효과에 관한 연구. 원광대학교대학원 박사학위논문.

윤혜미, 김혜래, 신영화(2005). 아동복지론. 서울: 청목출판사.

이경림(2003). 한국의 지역사회운동과 지역아동센터 공부방 이해. 제1회 빈곤가족 아동과 함께하는 지역사회복지사 기초교육 자료집. 부스러기사랑나눔회.

이경은(2017). 국외입양에 있어서 아동 권리의 국제법적 보호. 서울대학교대학원 박사학위논문.

이규용, 남재량, 박혁, 김은지(2004). 육아휴직 활용실태와 정책과제. 한국노동연구원.

이금진, 홍선미(2004). 한국장애인고용촉진공단 지사의 사례관리 실천 연구. 한국장애인고용 공단 고용개발원.

이기숙, 장영희, 정미라(2014). 유아교육 개론. 경기: 양서원.

이동식(2004). 소득공제제도의 문제점과 개선방안. 한국법제연구원.

이배근, 문선화, 박상열(1993). 가정 위탁 보호사업 운영방안에 관한 연구. **한국아동복지학회 학술발표논문집**, 45-70.

이봉주(2010). 드림스타트 사업의 현황과 과제. 월간 복지동향, 143, 8-10.

이상균(2017). 드림스타트, 지난 10년의 성장과 향후 10년을 위한 과제. 한국아동복지학, (59), 115-150.

이상순(1997). 요보호ㆍ비행아동을 위한 그룹홈. 한국사법행정학회.

이상정, 류정희, 임정미, 이주연, 노혜련, 변미희(2018). 아동보호체계 강화방안 연구. 보건복 지부, 한국보건사회연구원.

이서영(2013). 돌봄 유형에 따른 보육사업의 문제점과 발전방안: 손주돌보미와 아이 돌보미사 업 중심으로. 한국영유아보육학, 80, 175-198.

이선주, 박선영, 김은정(2006). 아동수당제도의 국제비교 및 도입방안에 관한 연구. 한국여성 개발원.

이순형, 민하영, 이소은, 이완정, 황혜신, 이강이, 이영미, 이혜승, 한유진, 권혜진, 성미영 (2014). **아동복지 이론과 실천**. 서울: 학지사.

이양희(2012). 유엔아동권리협약 이행을 위한 굿거버넌스 모색. 보건복지부.

이영호, 문영희(2016). UN아동권리협약의 변천과 한국의 이행 성과와 과제. **비교교육연구**, 26(6), 1-25.

이윤미(2001). 공교육의 역사성과 교육의 공공성문제. **교육비평**, 6, 12-31.

이윤진(2006). 일제하 유아보육사 연구, 서울: 혜안.

이윤태, 조경미, 김은영, 박재산(2012). 주요국의 의료서비스산업 정책 연구. 한국보건산업진 흥원.

이은정(2014). 국내 아동입양 현황과 정책과제. 경남발전, 132, 11-22.

이정남(2013). 프랑스 특수교육의 지원 체계. **현장특수교육**, 20. https://www.nise.go.kr/jsp/ field/2013-3/10.jsp

이종복, 이배근(1997). **아동학대의 원인과 대책**. 서울: 홍익제.

이주연, 김미숙(2013). OECD 국가와 한국의 아동가족복지지출 비교. 보건복지포럼, 203, 90-103.

이태연, 최은숙, 이세정(2019). 아동양육시설 퇴소 후 청소년들의 생활경험과 자립 간의 관계에 대한 사례연구. 청소년학연구, 26(4), 293-322.

이혜연(2000). 청소년공부방 운영모델 연구. 한국청소년개발원.

이혜원, 김성천, 김혜래, 노혜련, 배경내, 변귀연, 우수명, 이상희, 이지수, 정익중, 최경옥, 최
　　승희, 하승수, 홍순혜(2009). 학생권리와 학교사회복지. 경기: 한울아카데미.

이희현, 장명림, 황준성, 유경훈, 김성기, 김위정, 이덕난(2019). 온종일 돌봄체계 구축 실태 및
　　개선과제: 우수사례 분석을 중심으로. 교육부, 한국교육개발원.

임동호(2008). 요보호아동의 가정위탁보호 활성화 방안 고찰. 아동복지연구, 6(2), 99-119.

장복희(2010). 헤이그 국제아동입양 협약과 주요국 입양법에 관한 연구. 법학논총, 23, 373-
　　401.

장윤영(2012). 아동의 가정위탁보호과정에 관한 친부모의 경험 연구: 일반위탁보호를 중심으
　　로. 숭실대학교대학원 박사학위논문.

장인협, 오정수(2001). 아동 · 청소년복지론. 서울: 서울대학교출판부.

장지연(2013). 육아휴직 활용실태와 개선과제. 노사정위 일자리위원회.

전병목, 조찬래(2006). 주요국의 자녀세액공제와 시사점. 한국조세연구원 세법연구센터.

전상희(2007). 통합교육운영사례. 통합교육연구.

전영준(2008). 근로장려세제의 근로의욕 증진효과: 일반균형모형을 이용한 접근. 재정학연구,
　　1(4), 1-43.

정광호(2007). 바우처 분석: 한국과 미국을 중심으로. 행정논총, 45(1), 61-109.

정동영(2007). 최소 제한적 환경의 개념 진전과 그 함의 재고. 특수교육저널: 이론과 실천, 8(4),
　　337-363.

정동익(1985). 도시빈민연구. 서울: 아침.

정옥분, 정순화, 손화희, 김경은(2012). 아동복지론. 서울: 학지사.

정익중, 권지성, 민성혜, 신혜원(2011). 연장입양가족의 적응과정에 대한 질적 연구: 주 양육
　　자인 입양모의 입장에서. 사회복지연구, 42(1), 399-432.

정익중, 박현선, 오승환, 임정기(2009). 아동청소년 방과 후 서비스의 현황과 과제. 경기: 공동체.

정정호(2016). 드림스타트 사례관리 현황과 강화방안 고찰. 학교사회복지, 35, 339-358.

조윤경, 장지윤, 유연주(2018). 유아교육과정 내의 장애영유아를 위한 개별화교육 프로그램(2판).
　　경기: 공동체.

조현승, 고대영, 박문수(2013). 전자바우처 도입과 사회서비스 시장의 구조 변화. 산업경제정
　　보, 554, 1-8.

중앙입양원(2016). 내부자료.

지혜경(2002). 24시간 보육시설의 건축계획적 접근 방안에 관한 연구. 홍익대학교대학원 석

사학위논문.

청소년활동진흥원(2013). 2013 청소년방과후아카데미 운영 결과 보고회 자료집. 여성가족부.

최균, 황경란, 서병수, 류명석, 김현진, 장진용(2012). 복지사각지대 발굴 체계화 및 복지정보 접근성 강화방안. 보건복지부, 한국사회복지협의회.

최병호, 한동운, 이정우, 이건세, 신현웅, 선우덕, 배성일(2005). 건강보험제도의 발전과정 비교연구. 한국보건사회연구원.

최성은, 최석준(2007). 바우처 사업 효과 분석 및 평가방안 연구. 한국보건사회연구원.

최영준, 곽숙영(2012). 한국 복지국가 형성에서 정책이전의 역할: 이론과 실제. 서울대학교 국제문제연구소, 17, 249-290.

최준렬(2013). 고교무상교육실시방안과 그 가능성. 교육정책네트워크 정보센터.

최현수(2013). 근로장려세제(EITC) 개편 및 자녀장려세제(CTC) 도입방안과 정책과제. 보건 · 복지 Issue and Focus, 221, 1-8.

통계청(2009). 인구동향 조사. 통계청.

한국교육심리학회(2000). 교육심리학용어사전. 서울: 학지사.

한국보육진흥원(2015). 2015 드림스타트 사업효과성 보고서. 한국보육진흥원.

한국사회복지학연구회 역(1999). 변화하는 복지국가[Welfare states in transition: National adaptations in global economies]. Esping-Andersen, G. 저. 서울: 인간과 복지. (원저는 1996년에 출판).

한성심, 송주미(2012). 아동복지론. 서울: 창지사.

한인영, 홍순혜, 김혜란(2005). 학교와 사회복지실천. 경기: 나남출판.

허남순(2000). 가정위탁보호제도의 활성화 방안에 대한 연구. 한국아동복지학, 9, 263-287.

허선, 이수진(2012). 아동빈곤가구의 복지사각지대 규모추정 및 현황분석을 통한 대안모색. 초록우산 어린이재단.

허정경(2013). 보편적 보육서비스의 지속가능성. 지속가능연구, 4(2), 43-63.

홍민지(2019). 아동수당제도 도입 현황과 시사점. 보험연구원, 34, 24-26.

홍봉선, 남미애(2009). 청소년복지론. 경기: 공동체.

홍순혜, 박미정(2007). 국민의 입양인식과 입양의사에 영향을 미치는 요인에 관한 연구. 사회과학논총, 14, 73-95.

홍승아, 류연규, 김영미, 최숙희, 김현숙, 송다영(2008). 일가족양립정책의 국제비교연구 및 한국의 정책과제. 한국여성정책연구원.

황성원 역(2013). 혁명의 영점-가사노동, 재생산, 여성주의 투쟁[Revolution at point zero: Housework, reproduction, and feminist struggle]. Federici, S. 저. 서울: 갈무리. (원저는

2012년에 출판).

황옥경(2011). 영유아 보육·교육에 대한 유엔의 권고: 유엔아동권리위원회의 일반논평을 중심으로. 2011년 제1차 육아선진화포럼 세미나자료집.

황옥경(2016). 유엔아동권리위원회의 권고와 아동권리협약 이행 분석. 아동과 권리, 20(4), 609-631.

Aiginger, K., & Leoni, T. (2009). Typologies of social models in Europe. http://citeseerx.ist. psu.edu/viewdoc/download?doi=10.1.1.462.8256&rep=rep1&type=pdf

Aldgate, J. (1976). The child in care and his parents. *Adoption and Fostering, 2*, 29-40.

Appleyard, J. (1998). The rights of children to health care. *Journal of Medical Ethics, 24*, 293-294. http://www.ncbi.nlm.nih.gov/pmc/articles/PMC1377600/pdf/jmedeth00316-0007. pdf

Arbeitsgemeinschaft für Kinder-und Jugendhilfe (AGJ.) (2013). Positionspapier der Arbeitsgemeinschaft für Kinder-und Jugendhilfe. Die Förderung von Infrastrukturleistungen in der Kinder-und Jugendhilfe stärken. https://www.agj.de/ fileadmin/files/positionen/2012/Foerderung_Infrastrukturleistungen__2_.pdf

Aronsson, C. (2007). The care of older people. In S. S. Balloch & M. Hill (Eds.), Care, community and citizenship: Research and practice in a changing policy context. Bristol: Policy Press Scholarship Online.

Bagdasaryan, S. (2005). Evaluating family preservation services: Reframing the question of effectiveness. *Children and Youth Services Review, 27*(6), 615-635.

Bailey, B., Raspa, M., & Fox, C. (2012). What is the future of family outcomes and family-centered services? *Topics in Early Childhood Special Education, 31*(4), 216-223.

Ban Ki-moon. (2010). Global strategy for women's and children's health. UN.

Barak, G. (2003). *Violence and nonviolence: Pathways to understanding.* Thousand Oaks, CA: SAGE.

Barker, R., & Aptekar, R. (1990). *Out-of-home care: An agenda for the nineties.* Washington, D.C.: Child Welfare League of America.

Barnett, S., & Hustedt, J. (2005). Head Start's lasting benefits. *Infants & Young Children, 18*(1), 16-24. https://depts.washington.edu/isei/iyc/barnett_hustedt18_1.pdf

Barth, R., & Berry, M. (1988). *Adoption and disruption: Rates, risks, and responses.* New York: Aldine de Gruyter.

Beisenherz, G. (2002). *Kinderarmut in der Wohlfahrtsgesellschaft. Das Kainsmal der Globalisierung*. New York: Springer.

Beiter, D. (2005). The protection of the right to education by international law. Brill.

Bennett, J. (2011). Early childhood education and care systems: Issue of tradition and governance. Encyclopedia on Early Childhood Development. https://www.child-encyclopedia.com/sites/default/files/textes-experts/en/857/early-childhood-education-and-care-systems-issue-of-tradition-and-governance.pdf

Berg, I. (1994). *Family-based services: A solution-focused approach*. W W Norton & Co.

Berg, I., & Kelly, S. (2000). *Building solutions in child protective services*. W W Norton & Co.

Berg, I., & Steiner, T. (2003). *Children's solution work*. W W Norton & Co.

Berman, C., & Bufferd, K. (1986). Family treatment to address loss in adoptive families. *Social Casework, 67*(1), 3-11.

Blair, M., & Hall, D. (2006). From health surveillance to health promotion: The changing focus in preventive children's services. *Archives of Disease in Childhood, 91*(9), 730-735. 91(9).

Blumenthal, K., & Weinberg, A. (1983). Issues concerning parental visiting of children in foster care. In M. Hardin (Ed), *Foster children in the courts* (pp. 372-398). Woburn, MA: Butterworth Legal.

Blum-Maurice, R. (2012). "'Ich werd' dir helfen...'" Systemprobleme modernen Kinderschutzes Forum Online. https://forum.sexualaufklaerung.de/archiv/1997/ausgabe-12/ich-werd-dir-helfen-systemprobleme-modernen-kinderschutzes/

Blundo, R. (2006). Shifting our habits of mind: Learning to practice from a strengths perspective. In D. Saleeby (Ed.), *The strengths perspective in social work practice* (4th ed., pp. 25-45). Boston, MA: Allyn & Bacon.

Blyth, E., & Cooper, H. (2002). School social work in the United Kingdom: A key role in social inclusion. In M. Huxtable & E. Blyth (Eds.), *School social work worldwide*. Washington D.C.: NASW Press.

Borman, G., & Overman, L. (2004). Academic resilience in mathematics among poor and minority students. *The Elementary School Journal, 104*(3), 177-195.

Bouchal, P., & Norris, E. (2014). *Implementing Sure Start children's centres*. UK: Joseph Rowntree Foundation. https://www.instituteforgovernment.org.uk/sites/default/files/

publications/Implementing%20Sure%20Start%20Childrens%20Centres%20-%20final_0. pdf

Bowlby, J. (1973). *Attachment and loss. Vol. 2: Separation, anxiety and anger.* London: Penguin books.

Boyce, W., Torsheim, T., Currie, C., & Zambon, A. (2006). The family affluence scale as a measure of national wealth: Validation of an adolescent self-report measure. *Social Indicators Research, 78*(3), 473-487. http://www.nuigalway.ie/hbsc/documents/boyce_ et_al_2006_family_affluence_scale.pdf

Boyle, S. (2011). United Kingdom (England): Health Systems Review, *Health systems in transition, 13*(1), 1-486. http://www.euro.who.int/__data/assets/pdf_file/0004/135148/ e94836.pdf

Brodzinsky, M., Singer, M., & Braff, M. (1984). Children's understanding of adoption. *Child Development, 55*(3), 869-878.

Bronfenbrenner, U. (1979). *The ecology of human development: Experiments by nature and design.* Cambridge, MA: Harvard University Press.

Browne, K., Hamilton-Giachritsis, C., & Vettor, S. (2007). *Preventing child maltreatment in Europe: A public health approach. Policy briefing.* Geneva: World Health Organization Regional Office for Europe. https://www.euro.who.int/__data/assets/pdf_ file/0012/98778/E90618.pdf

Bruckner, E., & Meinhold-Henschel, S. (2002). Sozialen Problemlagen von Kindern und Jugendlichen begegnen. Daten und Fakten aus dem Projekt, Kompass-Modellkommunen. Gütersloh: Bertelsmann Stiftung. http://neu.gebit-ms.de/fileadmin/ Download/trendberichtsozialeproblemlagen10juni1.pdf

Buhr, R. (2012). Arzt und Kinderschutz. Ein Jahr Bundeskinderschutzgesetz. http://www. aerztekammer-bw.de/news/2012/2012_12/schweigepflicht_kinderschutz/publikation. pdf

Bundesamt für Sozialversicherungen. (2013). *Massnahmen zur Familienunterstüzung in Europa.* Faktenblatt.

Bundesministerium für Familie, Senioren, Frauen und Jugend. (2009). Aktiver Kinderschutz-Entwicklung und Perspektiven. http://www.bmfsfj.de/RedaktionBMFSFJ/ Internetredaktion/Pdf-Anlagen/aktiver-kinderschutz,property=pdf,bereich=bmfsfj,sprac he=,rwb=true.pdf

Bundesvereinigung der Deutschen Arbeitgeberverbände. (2007). Familie schafft Zukunft-familienpolitische Vorschläge der BDA. http://vhu.de/vhu/file/marh-8lfcv2.de.0/b_familienpolitik_bda.pdf

Burgess, A. (1985). *The sexual victimization of adolescents*. Philadelphia: Pennsylvania University.

Bush, M., & Gordon, C. (1982). The case for involving children in child welfare decisions. *Social Work, 27*(4), 309-314.

Butterwegge, C. (1998). Wohlfahrtsstaat am Ende?—Stationen einer ideologischen Neuvermessung des Sozialen. Butterwegge, C. Hickel, R. & Ptak, R. (Eds.), *Sozialstaat und Neoliberale Hegemonie* (pp. 61-97). Berlin: Elefanten Press.

Butterwegge, C. (2003a). Kinderarmut und was man dagegen tun kann. *Blätter für deutsche und internationle Politik, 48*(8), 975-983.

Butterwegge, C. (2003b). Familie und Familienpolitik im Wandel. In: Ders, Klundt und Michael (Hrsg.), *Kinderaumut und Generationengerechtigkeit. Familien-und Sozialpolitik im demografischenwandel*. Opladen: Leske+Budrich.

Butterwegge, C. (2005). Maßnahmen zur Verringerung und Vermeidung von Kinderarmut. *WSI-Mitteilungen*. 244-249.

Butterwegge, C. (2006). Wege aus der Kinderarmut. *Politik und Zeitgeschichte, Beilage zur Wochenzeitung DAS PARLAMENT*, 9-17. http://www.gesis.org/fileadmin/upload/dienstleistung/fachinformationen/servicepublikationen/sofid/Fachbeitraege/Familien_2007-1.pdf

Butterwegge, C. (2009). Kinderarmut in einem reichen Land. Ursachen, Folgen und Gegenstrategien. http://www.christophbutterwegge.de/texte/Kinderarmut%20in%20einem%20reichen%20Land%202-2009.pdf

Butterwegge, C. (2010). Kinderarmut und sozialer Ausschluss. *Zeitschrift für Inklusion, 4*(4).

Butterwegge, C. (2014). *Krise und Zukunft des Sozialstaates*. SpringerLink. http://www.christophbutterwegge.de/texte/Krise%20und%20Zukunft%20des%20Sozialstaates.pdf

Butterwegge, C., & Klundt, M. (2002). Kinderarmut im internationalen Vergleich-Hinergründe, Folgen und Gegenmaßnahmen. *WSI-Mitteilungen, 6*, 326-333. http://www.boeckler.de/wsimit_2002_06_butterwegge.pdf

Butterwegge, C., Klundt, M., & Zeng, M. (2005). *Kinderarmut in Ost-und Westdeutchland*. VS Verlag für Sozialwissenschften.

Cameron, F. C., & Moss, P. (2007). *Care work in Europe: Current understanding and future directions*. London: Routledge.

Campbell-Barr, V., & Garnham, A. (2010). *Childcare: A review of what parents want*. Equality and Human Rights Commission.

Cancian, M., & Reed, D. (2009). Family structure, childbearing, and parental employment: Implications for the level and trend in poverty. *Focus, 26*(2), 21-26. http://www.irp.wisc.edu/publications/focus/pdfs/foc262d.pdf

Carini, M. (2013). Neues Kinderschutz-Konzep: Sicherheitsnetz für Kinder. taz.de. http://www.taz.de/!111486/

Carp, W. (2000). *Family matters: Secrecy and disclosure in the history of adoption*. Cambridge, MA: Harvard University Press.

Chapin, K. (1995). Social policy development: The strengths perspective. *Social Work, 40*(4), 506-514.

Child Welfare Information Gateway. (2011). *Family reunification: What the evidence shows*. Department of Health and Human Services, Administration for Children and Families. https://www.ce-credit.com/articles/101406/family_reunification.pdf

Child Welfare Information Gateway. (2012). *Adoption disruption and dissolution*. Washington D.C: U.S. Department of Health and Human Services, Children's Bureau. https://www.childwelfare.gov/pubPDFs/s_disrup.pdf

Child Welfare Information Gateway. (2020). *The adoption home study process*. Washington, DC: U.S. Department of Health and Human Services, Children's Bureau. https://www.childwelfare.gov/pubPDFs/f_homstu.pdf

Children's Defense Fund. (1993). *Family support CDF Reports 15*. Children's Defense Fund.

Chua, K. (2006). *Overview of the U.S. health care system*. AMSA Jack Rutledge Fellow 2005-2006. https://www.publichealth.arizona.edu/sites/publichealth.arizona.edu/files/Chua_Kao-Ping_HealthCareSystemOverview_2006.pdf

Cicirelli, G. (1969). *The impact of Head Start*. Westinghouse Learning Corporation and Ohio University.

Coleman, V., Smith, L., & Bradshaw, M. (2003). Enhancing consumer participation using the practice continuum tool for family-centered care. *Paediatric Nursing, 15*(8), 28-31.

Constable, R. (2008). The role of the school social worker. In R. Constable, C. Massat, S. McDonald & J. Flynn (Eds.), *School social work: Practice, policy, and research* (6th ed).

Lyceum Books. http://lyceumbooks.com/pdf/Sclsocwk7_Chapter_01.pdf

Costin, B., Bell, J., & Downs, W. (1991). *Child welfare: Policies and practice*. New York: Longman.

Council of Europe. (2009). Integrated national strategies against violence. https://rm.coe.int/CoERMPublicCommonSearchServices/DisplayDCTMContent?documentId=090000168046d3a0

Cravens, H. (2014). *Encyclopedia of children and childhood in history and society*. Social welfare. http://www.faqs.org/childhood/Re-So/Social-Welfare.html

Crea, T., Barth, R., Chintapalli, L., & Buchanan, R. (2009). The implementation and expansion of SAFE: Frontline responses and the transfer of technology to practice. *Child and Youth Services Review, 31*(8), 903-910.

Denner, S. (Hrsg.). (2008). *Soziale Arbeit mit psychisch kranken Kindern und Jugendlichen*. Stuttgart: Kohlhammer.

Department for Education. (2013a). Statutory Guidance on Adoption. Department for Education. https://dera.ioe.ac.uk/19444/1/adoption_statutory_guidance_2013.pdf

Department for Education. (2013b). Sure Start children's centres: Guidance for Local authorities. Department for Education. https://www.gov.uk/sure-start-childrens-centres-local-authorities-duties

Deutscher Kinderschutzbund Ortsverband Karlsruhe. (2014). Die wichtigsten Kinderrechte. http://www.kinder-haben-rechte.com/pdf/die_wichtigsten_kinderrechte.pdf

Deutsches Institut für Menschenrechte. (2006). Unterrichtsmaterialien zur Menschenrechtsbildung. Deutsches Institut für Menschenrechte. https://www.institut-fuer-menschenrechte.de/

Downs, S., Costin, L., & McFadden, E. (1996). *Child welfare and family services: Policies and practice* (5th ed.). London: Pearson. http://www.oecd.org/social/socialpoliciesanddata/oecdfamilydatabase

Downs, S., Moore, E., McFadden, E. & Costin, L. (2007). *Child welfare and family services: Policies and practice* (8th ed.). London: Preason.

Dunst, J., Trivette, M., & Deal, G. (1994). *Supporting & strengthening families* (Vol. 1). *Methods, strategies and practices* (pp. 2-11). Cambridge, MA: Brookline Books.

Dupper, D. (2002). *School social work: Skills and interventions for effective practice*. Hoboken, NJ: John Wiley & Sons Inc.

Escarne, G., Atrash, K., Cruz, S., Baker, B., & Reyes M. (2017). Introduction to the Special Issue on Healthy Start. *Matern Child Health J. 21* (Suppl 1), 1-3. https://www.ncbi.nlm.nih.gov/pmc/articles/PMC5736770/

Esping-Andersen, G. (1990). *The three worlds of welfare capitalism*. Princeton, NJ: Princeton University Press.

Eurochild. (2007). *A child rights approach to child poverty-discussion paper*. http://www.eurochild.org

Europarat. (2011). Übereinkommen des Europarats zur Verhütung und Bekämpfung von Gewalt gegen Frauen und häuslicher Gewalt. *Council of Europe Treaty Series, 210*. http://www.bka.gv.at/DocView.axd?CobId=48543

European Commission. (2009a). *Early childhood education and care: Key lessons from research for policy makers*. An independent report submitted to the European Commission by the NESSE networks of experts. http://www.nesse.fr/nesse/activites/rapports/ecec-report-pdf

European Commission. (2009b). *The provision of childcare services: A comparative review of 30 European countries*. http://www.praxis.ee/wp-content/uploads/2014/03/2008-Provision-of-childcare-services.pdf

European Commission. (2013). *Barcelona-objectives: The development of childcare facilities for young children in Europe with a view to sustainable and inclusive growth*. Publications Office of the European Union.

European Parliament. (1998). Health care systems in the EU: A comparative study. Public Health and Consumer Protection Series, SACO 101 EN. http://www.europarl.europa.eu/workingpapers/saco/pdf/101_en.pdf

Falch, T., & Strøm, B. (2008). Student progression in upper secondary education: The impact of ability, family background, and schools. Norwegian University od science and technology. http://www.ntnu.edu/documents/140152/38282634/6StudentDropoutFrom SecondarySchools_3.pdf/0ae1804a-1129-4a15-bd9b-08e03e82e3c3

Fanshel, D., & Shin, E. (1978). Child behavior characteristics of foster children. *Children in foster care: A logitudinal investigation* (pp. 325-372). New York: Columbia University Press.

Farmer, E., Moyers, S., & Lipscombe, J. (2004). *Fostering adolescents*. London: Jessica Kingsley.

Faulenbach, B. (2013). 독일 사회민주주의 150년. FES Information Series. http://library.fes. de/pdf-files/bueros/seoul/10328.pdf

Felix, R., & Thum, A. (2010). The key role of education in the Europe 2020 strategy. Centre for European Policy Studies Working Document, 338. https://www.ceps.eu/wp-content/uploads/2010/10/WD338%20Roth%20and%20Thum%20on%20Education.pdf

Festinger, T. (1983). *No one ever asked us...: A postcript to foster care.* New York: Columbia University Press.

Feustel, E. (2006). Kinderarmut in Deutschland. Vortagsmanuskript zu Top 4 auf der Frühjahrs-Vollversammlung des Diözesanrates der Katholiken im Bistum Hilkesheim.

Fogarty, F. (2008). Some aspects of the early history of child protection in Australia. *Family Matters, 78,* 52–59. https://search.informit.org/doi/pdf/10.3316/ielapa. 101152121983799

Frädrich, J. (2010). Politik für Kinder. Das Familienhandbuch des Staatsinstituts für Frühpädagogik. http://www.familienhandbuch.de

Freud, C. (1955). Meaning of separation for parents and children as seen in child placement. *Public Welfare, 13*(1), 13–17.

Friedlander, W., & Apte, R. (1980). *Introduction to social welfare* (5th ed.). Hoboken, NJ: Prentice-Hall.

Froma, W. (2006). *Strengthening family resilience.* New York, NY: The Guilford Press.

Gädke, R. (2009). Die Entwicklung des Kinderschutzes bei Kindeswohlgefahrdung-Kinderschutzhotline. Hochschule Neubrandenburg. http://digibib.hs-nb.de/file/dbhsnb_derivate_0000000334/Diplomarbeit-Gaedke-2009.pdf

Garrett, L. (1998). *British child welfare.* 한 · 영 아동복지 세미나 자료집. 주한 영국대사관 공보과.

Gibson, T., Tracy, G., & DeBord, M. (1984). An analysis of variables affecting length of stay in foster care. *Children and Youth Services Review, 6*(2), 135–145.

Gilbert, N., Parton, N., & Skivenes, M. (Eds.). (2011). *Child protection systems: International trends and orientations.* New York: Oxford University Press.

Gitterman, A., Germain, C. B., & Knight, C. (2013). *Ecological framework.* In Encyclopedia of social work.

Göpfert, L. (2010). Entstehung der UN-Kinderrechtskonvention. http://www.matthias-baerwolff.de/uploads/media/Entstehung_der_UN-Kinderrechtskonvention__UN-KRK_.

pdf

Gottfried, A. E., Gottfried, A. W., & Bathurst, K. (1995). Maternal and dual-earner employment status and parenting. In M. Bornstein (Ed.), *Handbook of Parenting* (pp. 139-160). Psychology Press.

Goulden, C., & D'Arcy, C. (2014). *A definition of poverty*. New York: Joseph Rowntree Foundation.

Gray, M. (1996). Social work: A beginner's text. http://www.academia.edu/2910856/Social_Work_A_beginners_text_-_Chapter_6_Social_Work_Practice

Gries, J., Lindenau, M., Maaz, K., & Waleschkowski, U. (2005). Bildungssysteme in Europa. Institut für Sozialforschung, Informatik und Soziale Arbeit. http://www.schulzbinzweb.de/stadtelternrat-wunstorf/Dokumente/Themen/IGS/Bildungssysteme_Europa.pdf

Groh-Samberg, O., & Grundmann, M. (2006). Soziale Ungleichheit im Kindes-und Jugendalter. *Politik und Zeitgeschichte, 26.*

Gunnarsson, L., Korpi. B., & Nordenstam, U. (2000). *Early childhood education and care policy in Sweden. Background report.* Prepared for the OECD thematic review. http://www.oecd.org/education/school/2479039.pdf

Gupta, D., Smith, N., & Verner, M. (2006). Child care and parental leave in the Nordic countries: A model to aspire to? Discussion Paper, 2014. http://ftp.iza.org/dp2014.pdf

Hahn, A., Aaron, P., & Kingsley, C. (1989). Case management with at-risk youth. The Center for Human Resources, Brandeis University. https://studylib.net/doc/18471891/case-management-with-at-risk-youth

Halmer, S. (2012). Armut in der Europäischen Union. Österreichische Gesellschaft für Politikberatung und Politikentwicklung. http://peter.fleissner.org/Transform/EU-Armut.pdf

Hammond, A., & Plesca, M. (2010). The impact of preschool early childhood education on adult human capital. University of Guelph. http://www.uoguelph.ca/~miplesca/Papers/ECE.pdf

Häusermann, S. (2006). Different paths of family policy modernization in continental welfare states. The Annual Conference of the Swiss Political Science Association, Balsthal. https://www.mwpweb.eu/1/22/resources/publication_212.pdf

Heckman, J., Moon, S. H., Pinto, R., Savelyev, P., & Yavitz, A. (2010). Analyzing social experiments as implemented: A reexamination of the evidence from the high scope

Perry preschool program. *IZA Discussion Paper, 5095.* http://ftp.iza.org/dp5095.pdf

Hetherington, R. (1998). Issues in European child protection research. *European Journal of Social Work, 1*(1), 71-82.

Higy, C., Haberkorn, J., & Pope, N. (2012). The role of school social workers from the perspective of school administrator interns: A pilot study in rural North Carolina. *International Journal of Humanities and Social Science, 2*(2). http://www.ijhssnet.com/journals/Vol_2_No_2_Special_Issue_January_2012/2.pdf

Höhndorf, A. (2002). Gesundheitssystem und Gesundheitspolitik in England. Studentische Online-Zeitschrift für Pflege und Gesundheit an der HAW-Hamburg. https://docplayer.org/8412655-Gesundheitssystem-und-gesundheitspolitik-in-england.html

Holler, M. (2013). Wachsender Psycho-Stress, wenig Prävention-wie halten die Betriebe es mit dem Arbeitsschutzgesetz? DGB-Index Gute Arbeit.

Holz, G. (2008). Kinderarmut-Eine komplexe Herausforderung für staatliches Handeln. *WSI Mitteilungen, 61*(3), 145-150. https://www.boeckler.de/data/wsimit_2008_03_holz.pdf

Howard, M. D. (1990). The adoptee's dilemma: Obstacles in identity formation. In Grabe, P. (Ed.), *Adoption resources for Mental Health Professionals* (pp. 243-258). Mercer, PA: Mental Health Adoption Therapy Project.

Hoyal, A. (2012). Education welfare service. Prosecution Policy. https://www.brent.gov.uk/media/16404244/prosecution-policy-10-02-16.pdf

Huffschmid, J. (2002). Europäische Beschäftingungspolitik: Arbeitsplätze um jeden Preis? In H. Heseler, J. Huffschmid, N. Reuter, & A. Troost (Hrsg.), *Gegen die Markt-Othodoxie* (pp. 155-165). Hamburg: VSA-Verlag.

Hunter, C. (2014). Defining the public health model for the child welfare services context. Australian Institute of Family Studies. http://www.aifs.gov.au/nch/pubs/sheets/rs11/rs11.pdf

Huxtable, M., & Blyth, E. (2002). *School social work worldwide.* Washington, D.C.: NASW Press.

Irvine, B. (2002). Heathcare systems: The USA. updated by E. Clarke (2011) and E. Bidgood (2013). http://www.digitalezorg.nl/digitale/uploads/2015/03/USABrief.pdf

Jenkins, S., & Norman, E. (1975). *Beyond placement: Mother's view of foster care.* New York: Columbia University Press.

Jensen, B., Holm, A., & Bremberg, S. (2011). The effect of an inclusive ECEC-intervention program on child strengths and difficulties. Centre for Strategic Educational Research. http://www.cser.dk/fileadmin/www.cser.dk/wp_009_BJ_AH_SB.pdf

Johns, B. (1993). *Birthmothers*. Chicago ILL: Chicago Review Press.

Johnston, P. (1984). *An adoptor's advocate*. London: Perspective Press.

Jones, P. (2011). *What are children's rights? Contemporary developments and debates*. Thousand Oaks, CA: SAGE. http://www.uk.sagepub.com/upm-data/39891_9781849203807.pdf

Jonsson, P. (2007). South's public school children are now mainly low income. The Christian Science Monitor. http://www.csmonitor.com/2007/1101/p01s01-usgn.html?s=hns

Jörg, A. (2002). Familienbesteuerung-Reformen ohne Ende? *Vierteljahrshefte zur Wirtschaftsforschung, 71*(1), 67-82. https://www.researchgate.net/publication/37474797_Familienbesteuerung_-_Reformen_ohne_Ende

Jozefowicz, M., Allen-Meares, P., Piro-Lupinacci, M., & Fisher, R. (2002). School social work in the United States: A holistic approach. In Huxtable, M. & Blyth, E. (Eds.), *School social work worldwide* (pp. 33-55). Washington D.C.: NASW Press.

Kadushin, A. (1988). Neglect in families. *Mental Illness, Delinquency, Addictions and Neglect: Families in Trouble Series, 4*.

Kadushin, A., & Martin, J. (1988). *Child welfare services* (4th ed.). New York, NY: Macmillan Publishing Company.

Kamerman, B., & Gatenio-Gabel, S. (2007). Early childhood education and care in the United States: An overview of the current policy picture. *International Journal of Child Care and Education Policy, 1*(1), 23-34. https://www.researchgate.net/publication/239528873_Early_Childhood_Education_and_Care_in_the_United_States_An_Overview_of_the_Current_Policy_Picture

Kappler, C. (2008). SchulsozialarbeiterInnen in der Kooperation mit Lehrpersonen. Lizentiatsarbeit der Philosophischen Fakultät der Universität Zürich. https://phzh.ch/MAP_DataStore/161973/publications/Kappler%202008%20Schulsozialarbeit.pdf

Kinderschutz-Zentrum Berlin e.V. (Hrsg.). (2009). Kindeswohlgefährdung. Erkennen und Helfen. http://www.kinderschutz-zentrum-berlin.de/download/Kindeswohlgefaehrdung_Aufl11b.pdf

Kinder-und Jugendring Sachsen-Anhalt e.V. (2007). Kinderarmut in Sachsen-Anhaltaus

Sicht der Kinder-und Jugendverbände. FAKT AUSGABE. https://www.yumpu.com/de/document/read/7718406/kinderarmut-in-sachsen-anhalt-kinder-und-jugendring-sachsen-

Kirby, P. (2007). Child labour, public decency and the iconography of the childrens employment commission of 1842. *Manchester Papers in Economic and Social History. 62*, 1-23.

Kiser, J., Donohue, A., Hodgkinson, S., Medoff, D., & Black, M. (2010). Strengthening family coping resources: The feasibility of a multifamily group intervention for families exposed to trauma. *Journal of Trauma Stress, 23*(6), 802-806. http://www.ncbi.nlm.nih.gov/pmc/articles/PMC3006485/

Köln. (2002). Gesundheit von Kindern und Jugendlichen in Köln. https://www.stadt-koeln.de/mediaasset/content/pdf53/3-1.pdf

Kooperationsverbund Schulsozialarbeit (Hrsg.). (2007). Berufsbild und Anforderungsprofil der Schulsozialarbeit. 2 korrigierte Auflage. https://www.gew.de/index.php?eID=dumpFile&t=f&f=25129&token=7a1f5848296638f2858c88ff8f358e5825c41737&sdownload=

Kremer, M. (2006). The politics of ideals of care: Danish and Flemish child care policy compared. Social politics: International studies in gender. *State and Society, 13*(2), 261-285.

Kreyenfeld, M. (1998). Neue Wege in der Finanzierung sozialer Dienste: Kinderbetreuungs-gutscheine in Großbritannien. *Diskussionspapier, 98*(1).

Krönert, S., van Olst, N., & Klingholz, R. (2005). Emanzipation oder Kindergeld? Wie sich die unterschiedlichen Kinderzahlen in den Lädern Europas erkläen. Berlin-Institut für Bevökerung und Entwicklung. http://www.familienhandbuch.de/cms/Familienforschung_Emanzipation.pdf

Kyler, L. (2008). Client-centered and family-centered care: Refinement of the concepts. *Occupational Therapy in Mental Health, 24*(2), 100-120.

Laird, J., & Hartman, A. (1988). Women, rituals, and family therapy. *Journal of Psychotherapy & The Family, 3*(4), 157-173.

Lamont, A., & Bromfield, L. (2010). History of child protection services. National Child Protection Clearinghouse. https://aifs.gov.au/cfca/sites/default/files/publication-documents/rs22.pdf

Lampert, H. (2002). Die Bedeutung der Familien und der Familienpolitik für die

Entwicklung von Wirtschaft und Gesellschaft. Volkswirtschaftliche Diskussionsreihe. http://webdoc.sub.gwdg.de/ebook/serien/lm/vwl_diskussionsreihe/219.pdf

Langeland, W., & Dijkstra, S. (1995). Breaking the intergenerational transmission of child abuse: Beyond the mother-child relationship. *Child Abuse Review, 4*(1), 4-13.

Leitner, S. (2009). Von den Nachbarn lernen? Care-Regime in Deutschland, Österreich und Frankreich. *WSI Mitteilungen*, 376-382.

Leventhal, J. (1997). The prevention of child abuse and neglect: Pipe dreams or possibilities?. *Clinical Child Psychology and Psychiatry, 2*(4), 489-500. http://www.sagepub.com/upm-data/40605_1.pdf

Lewis, J. (2011). From Sure Start to children's centres: An analysis of policy change in English early years programmes. *Journal of Social Policy, 40*, 71-88.

Library & Research Service. (2012). Early childhood education and care. Oireachtas. https://data.oireachtas.ie/ie/oireachtas/libraryResearch/2012/2012-04-30_spotlight-early-childhood-education-and-care_en.pdf

Liebel, M. (2007). *Wozu Kinderrechte: Grundlagen und Perspektiven.* Juventa Verlag.

Lin, C. Y. (2003). Ethical exploration of the least restrictive alternative. *Psychiatric Services, 54*(6), 866-870.

Lindsey, D. (1982). Achievements for children in foster care. *Social Work, 27*(6), 491-496.

Littner, N. (1978). The art of being a foster parent. *Child Welfare: Journal of Policy, Practice, and Program, 57*(1), 3-12.

Lloyd, J., & Sallee, A. (1994). The challenge and potential of family preservation services in the public child welfare system. *Protecting children, 10*(3), 5.

Lødemel, I. (2005). Workfare: Towards a new entitlement or a cost-cutting device targeted at those most distant from the labour market? *CESifo DICE Report, 3*(2), 13-17. https://www.cesifo.org/DocDL/CESifoDICEreport205.pdf

Loman, L. (2006). Families frequently encountered by child protection services: A report on chronic child abuse and neglect. Institute of Applied Research. http://www.centerforchildwelfare.org/kb/ChronicNeglect/FamiliesFrequentlyEncountered.pdf

Long, R. (2014). Introductory sociology. http://dmc122011.delmar.edu/socsci/rlong/intro/perspect.htm

Lord, P., Southcott, C., & Sharp, C. (2011). Executive summary: Targeting children's centre services on the most needy families. Nfer & Local Government Association. http://www.

nfer.ac.uk/publications/LGTC01/LGTC01Summary.pdf

Lucas, J., Jessiman, T., Cameron, A., & Wiggins, M. (2013). Healthy Start in England. University of Bristol. http://www.bristol.ac.uk/sps/research/projects/completed/2013/healthystartbooklet.pdf

Lundy, L., Kilkelly, U., Byrne, B., & Kang, J. (2012). *The UN convention on the rights of the child: A study of legal implementation in 12 countries.* UNICEF UK. https://www.unicef.org.uk/wp-content/uploads/2012/11/UNICEFUK_2012CRCimplementationreport-FINAL-PDF-version.pdf

Lüscher, K. (2000). Kinderpolitik konzipieren. Universität Konstanz Sozialwissenschaftliche Fakultät. http://kops.uni-konstanz.de/bitstream/handle/123456789/11438/AP35.pdf?sequence=1&isAllowed=y

Lutz, R. (2005). Kindgerechter Armutsbegriff. L. Ronald (Hrsg.), *Kinderberichte und Kinderpolitik: Aktuelle Lebenslagen von Kindern und Jugendlichen* (pp. 163-178). Oldenburg, ND: Paulo Freire Verlag.

Maluccio, A. N. (1991). The optimism of policy choices in child welfare. *American Journal of Orthopsychiatry, 61*(4), 606-609.

Martin, M., & Vaughn, B. (2007). Strategic diversity & inclusion management magazine, *DTUI Publications Division, 4,* 31-36.

Mauro, T. (2014). Individuals With Disabilities Education Act (IDEA). http://specialchildren.about.com/od/specialeducation/g/LRE.htm

McCorMack, T. (1989). Approaches to family and community education. In Conference of Major Religious Superiors Proceedings of the Conference Education for Family and Community Development.

McFadden, J., & Downs, W. (1995). Family continuity: The new paradigm in permanence planning. *Community Alternatives: International Journal of Family Care, 7*(1), 39-60.

McGowan, G. (2005). Historical evolution of child welfare services. In G. Mallon & P. Hess (Eds.), *Child welfare for the twenty-first century: A handbook of practices, policies and programs.* Columbia University Press. http://www.nrcpfc.org/ifcpc/module_1/pre%20training%20reading.pdf

McGowan, G., & Meezan, W. (1983). *Child welfare: Current dilemmas-future directions.* FE Peacock Publication.

McRoy, R. (1999). *Special needs adoptions: Practice issues.* London: Routledge.

Melhuish, E., Belsky, J., & Barnes, J. (2010). Sure Start and its Evaluation in England. Encyclopedia on Early Childhood Development. https://www.child-encyclopedia.com/sites/default/files/textes-experts/en/862/sure-start-and-its-evaluation-in-england.pdf

Mental Health Coordinating Council. (2011). *Mental health coordinating council: NSW mental health rights manual, 3rd Edition.* http://www.ccarafmi.org.au/images/mhrightsmanual.pdf

Merrell, C., & Tymms, P. (2011). Changes in children's cognitive development at the Start of School in England 2001-2008. *Oxford review of education, 37*(3), 333-345.

Miller, A. (2014). The role of a social worker in Head Start. CHRON. http://work.chron.com/role-social-worker-head-start-22268.html

Moskowitz-Sweet, G. (1985). *A counselor's perspective. News from Fair, 15*(7), 19-20.

Nash, J. (1997). Torn in two: The experience of maternal ambivalence, Rozsika Parker. London: Virago, 1995. 299 pages. *Free Associations, 7*(1), 143-148.

NASW. (2001). *NASW standards for cultural competence in social work practice.* NASW.

Nelson, K. (1985). On the frontier of adoption. Research Center, Child Welfare League of America.

NESS. (2005). Early impacts of Sure Start local programmes on children and families. *Sure Start Report, 13.* http://www.ness.bbk.ac.uk/impact/documents/1183.pdf

Nicaise, I. (2008). European education and training system in the second decennium of the Lisbon strategy. European Commission. http://www.nesetweb.eu/sites/default/files/challenges-of-european-education.pdf

Nieslony, F. (2014). Schulsozialarbeit im europäischen Vergleich. Schulsozialarbeit–Impuls für die Bildungsreform.

Ning de Coninck-Smith., & Sandin, B. (2008). Comparative twentieth-century developments. Advameg Inc. http://www.faqs.org/childhood/Re-So/Social-Welfare.html

Noh, H. (1989). Identity development in Korean adolescent adoptees: Eriksonian ego identity and racially ethnic identity. University of California, Berkeley, Unpublished Paper.

Nyberg, A. (2004). Parental leave, public childcare and the dual earner/dual carer-model in Sweden. Peer Review Programs of the European Employment Strategy, Discussion Paper. https://citeseerx.ist.psu.edu/viewdoc/download?doi=10.1.1.550.6869&rep=rep1

&type=pdf

OECD. (2002). Early childhood education and care for children from low-income or minority backgrounds. A paper for discussion at the OECD Oslo workshop. http://www.oecd.org/edu/preschoolandschool/1960663.pdf

OECD. (2006). Starting strong II. Early childhood education and care. OECD. https://www.oecd.org/education/school/37519079.pdf

OECD. (2008). Family database. OECD. https://stats.oecd.org/Index.aspx?DataSetCode=FAMILY

OECD. (2011a). Growing income inequality in OECD countries: What drives it and how can policy tackle it? OCED. http://www.oecd.org/social/soc/47723414.pdf

OECD. (2011b). Investing in high-quality early childhood education and care (ECEC). OECD. https://www.oecd.org/education/school/48980282.pdf

OECD. (2012a). Education at a glance 2012: Highlights. OECD Publishing. http://dx.doi.org/10.1787/eag_highlights-2012-30-en

OECD. (2012b). Encouraging quality in early childhood education and care. OECD. https://www.oecd.org/education/school/48483409.pdf

OECD. (2012c). Education at a glance: OECD indicators 2012. OECD. http://www.oecd.org/edu/EAG2012%20-%20Country%20note%20-%20European%20Union.pdf

OECD. (2012d). Integrated services and housing consultation agenda. Organisation For Economic So-operation And Development. https://www.oecd.org/els/soc/OECD%20Integrated%20Services%20and%20Housing%20Agenda.pdf

OECD. (2013a). Public spending on family benefits. OECD. https://www.oecd.org/els/soc/PF1_1_Public_spending_on_family_benefits.pdf

OECD. (2013b). Life expectancy in the US rising slower than elsewhere, says OECD. OECD. http://www.oecd.org/unitedstates/Health-at-a-Glance-2013-Press-Release-USA.pdf

Oppenheimer, J. (1925). The visiting teacher movement: With special reference to administrative relationships (No. 5). Joint Committee on Methods of Preventing Delinquency.

O'Leary, K. (1988). *Physical aggression between spouses: A social learning theory perspective*. Berlin: Springer.

Panner, R., & Nerlove, E. (1989). Fostering understanding between adolescents and adoptive parents through group experiences. In P. Grabe (Ed.), *Adoption resources for mental health professionals. Mental Heath Adoption Project* (pp. 311–329). Piscataway, NJ: Transaction Publishers.

Payne, M. (1997). *Modern social work theory.* Chicago, IL: Lyceum Books.

Pecora, J., Whittaker, K., Maluccio, N., & Barth, P., DePanfilis, D., & Plotnick, R. (2012). *The child welfare challenge: Policy, practice, and research* (3rd ed.). USA: Aldine Transaction.

Pecora, J., Whittaker, K., Maluccio, N., Barth, R., DePanfilis, D., & Plotnick, R. (2000). *The child welfare challenge.* Piscataway, NJ: Transaction Publishers.

Peter, S., & Jean, G. (2001). Child maltreatment in the "Children of the nineties": A longitudinal study of parental risk factors. *Child Abuse & Neglect, 25*(9), 1177–1200.

Petr, G. (2003). *Social work with children and their families: Pragmatic foundations.* Oxford University Press.

Petr, G. (2004). *Social work with children and their families: Pragmatic foundations* (2nd ed.). Oxford University Press.

Petr, G., & Allen, I. (1997). Family-centered professional behavior: Frequency and importance to parents. *Journal of Emotional and Behavioral Disorders, 5*(4), 196–204.

Pickshaus, K. (2007). Was ist gute Arbeit? Handbuch "Gute Arbeit": Handlungshilfen und Materialien für die betriebliche Praxis. VSA-Verlag Hamburg. https://www.vsa-verlag.de/uploads/media/VSA_IG_Metall_Gute_Arbeit.pdf

Popple, P., & Leighninger, L. (1999). *Social work, social welfare and American society* (4th ed.). Boston, MA: Allyn & Bacon.

Pötter, N. (2014). Aufgaben der Schulsozialarbeit am Übergang von der Schule in den Beruf. *Schulsozialarbeit am Übergang Schule-Beruf,* 21–42, https://www.researchgate.net/publication/299940240_Aufgaben_der_Schulsozialarbeit_am_Ubergang_von_der_Schule_in_den_Beruf.

Rainer, H., Bauernschuster, S., Danzer, N., Hener, T., Holzner, C., & Reinkowski, J. (2012). Kindergeld im Auftrag des Geschäftsstelle Gesamtevaluation der ehe-und familienbezogenen Leistungen in Deutschland. München ifo Institut.

Rapp, R. (2005). Strengths-based case management: Enhancing treatment for persons with substance abuse problems. In D. Saleebey, *The strengths perspective in social work practice* (4th ed., pp. 128–147). Boston, MA: Allyn & Bacon.

Reid, K. (2006). Education welfare: At the crossroads? *Practical Research for Education, 35,*

13-19. http://www.nfer.ac.uk/nfer/pre_pdf_files/06_35_03.pdf

Robertson, H. (2011). Integration of health and social care: A review of literature and models implications for Scotland. Prepared for the RCN in Scotland. https://citeseerx.ist.psu.edu/viewdoc/download?doi=10.1.1.456.539&rep=rep1&type=pdf

Roelen, K., & Gassmann, F. (2008). Measuring child poverty and well-being: A literature review. *Munich Personal RePEc Archive. 8981.* http://mpra.ub.uni-muenchen.de/8981/1/MPRA_paper_8981.pdf

Rothman, J. (1991). A model of case management: Toward empirically based practice. *Social Work, 36*(6), 520-528.

Rothman, L. (2009). Child care and poverty reduction: Where's the best fit? *Our schools, ourselves*, 181-187. http://www.policyalternatives.ca/sites/default/files/uploads/publications/National%20Office/2009/04/Child%20Care%20and%20Poverty%20Reduction.pdf

Rüling, A. (2010). Re-framing of childcare in Germany and England: From a private responsibility to an economic necessity. *German Policy Studies, 4*(1), 24. http://epa-journal.eu/download/6.-re-framing-of-childcare-in-germany-and-england-from-a-private-responsibility-to-an-economic-necessity.pdf

Saleebey, D. (2005). *The strengths perspective in social work practice* (4th ed.). Boston, MA: Allyn & Bacon.

Saleebey, D. (2008). *The strengths perspective in social work practice* (5th ed.). London: Pearson Education.

Sants, H. (1964). Genealogical bewilderment in children with substitute parents. *British Journal of Medical Psychology, 37*(2), 133-141.

Save the Children UK. (2010). Child protection systems in emergencies: A Discussion Paper. The Save the Children Fund. http://www.savethechildren.org.uk/sites/default/files/docs/Child_Protection_Systems_low_res_1.pdf

Scannapieco, M. (1994). Home-based services program: Effectiveness with at risk families. *Children and Youth Services Review, 16*(5), 363-377.

Schene, A. (1998). Past, present, and future roles of child protective services. *The Future of Children, 8*(1), 23-38.

Sherri, O., Lawrence, S., Weikart, P., Marcus, M., & Xie Yu. (2000). *Into adulthood: A study of the effects of Head Start.* Ypsilanti, MI: High/Scope Press.

Schermer, J. (2014). Schulsozialarbeit: Entwicklung und Merkmale. http://www. ganztagsschulverband.de/downloads/zeitschriften/2001/schulsozialarbeit.pdf

Schmidt, G. (2007). ZSR-Schwerpunkt. *Bildungs-und Sozialpolitik. ZSR, 53*, 3-6. https:// www.degruyter.com/journal/key/ZSR/53/1/html

Shuman, M., & Flango, E. (2013). Trends in US adoptions: 2000 to 2009. *Journal of Public Child Welfare, 7*(3), 329-349.

Singh, S., Sedgh, G., & Hussain, R. (2010). Unintended pregnancy: Worldwide levels, trends, and outcomes. *Studies in Family Planning, 41*(4). http://mpts101.org/docs/ SinghSFP-UnintendedPregnancy.pdf

Smoller, J. (1986). *The etiology and treatment of childhood. Elementary School Guidance & Counseling*, 114-119.

SPD. (2011). Familienland Deutschland: Eckpunkte einer sozialdemokratischen Familienpolitik. Beschluss des Parteivorstandes vom September 2011 Leitantrag. https:// www.spd.de/linkableblob/17738/data/20110926_leitantrag_familie.pdf

Stolz-Willig, B. (2002). Generationen-und Geschlechtergerechtigkeit oder: Familienarbeit neu bewerten-aber wie? C. Butterwegge & M. Klundt (Hrsg.), *Kinderarmut und Generationengerechtigkeit. Familien-und Sozialpolitik im demografischen Wandel*. https://link.springer.com/chapter/10.1007/978-3-663-10475-9_14

Sünker, H. (2001). Kindheit heute-die Zukunft von Kind. G. Fridhelm & H. Sünker (Hrsg.), *Handbuch Kinderrechte. Partizipation, Kinderpolitik, Kinderkultur*. Münster: Votum Verlag.

Testa, F., Rolock, N., Liao, M., & Cohen, L. (2010). Adoption, guardianship and access to post-permanency services. Society for Social Work and Research 14th Annual Conference: Social Work Research: A WORLD OF POSSIBILITIES.

The Allen Consulting Group. (2008). Inverting the pyramid: Enhancing systems for protecting children. Australian Research Alliance for Children & Youth. https://www. aracy.org.au/publications-resources/command/download_file/id/107/filename/ Inverting_the_pyramid_-_Enhancing_systems_for_protecting_children.pdf

The National Evaluation of Sure Start (NESS) Team, Institute for the Study of Children, Families and Social Issues & Birkbeck University of London. (2010). The impact of sure start local programmes on five year olds and their families. Department for education. https://www.gov.uk/government/uploads/system/uploads/attachment_data/

file/182026/DFE-RR067.pdf

The Royal Borough of Kensington and Chelsea. (2006). The education welfare service: School attendance-the role of the EWS. The Royal Borough of Kensington and Chelsea. http://www.rbkc.gov.uk/PDF/J11178_EWS_A5_booklet_SERVICE.pdf

The Swedish National Board of Health and Welfare. (2009). Adoption: Handbook for the Swedish social services.

Thévenon, O. (2011). Family policies in OECD countries: A comparative analysis. *Population and Development Review, 37*(1), 57-87. https://onlinelibrary.wiley.com/doi/10.1111/j.1728-4457.2011.00390.x

Thompson, M., Gill, P., van den Bruel, A., & Wolfe, I. (2013). Primary care for children. I. Wolfe & Mckee, M. (Eds.). *European Child Health Services and Systems: Lessons without borders.* WHO. http://www.euro.who.int/__data/assets/pdf_file/0003/254928/European-Child-Health-Services-and-Systems-Lessons-without-borders.pdf

Tjaden-Steinhauer, M. (1985). *Die verwaltete Armut.* Hamburg: VSA-Verlag.

Triseliotis, J. (1984). Obtaining Birth Certificates. In P. Bean (Ed.), *Adoption: Essays in Social Policy, Law, and Sociology.* London and New York: Tavistock.

U.S. Children's Bureau. (2014). The AFCARS report. US Children's Bureau. https://www.acf.hhs.gov/sites/default/files/documents/cb/afcarsreport22.pdf

UK Department for Education. (2013). Statutory guidance on adoption for local authorities, voluntary adoption agencies and adoption support agencies. UK Department for Education. https://www.gov.uk/government/uploads/system/uploads/attachment_data/file/270100/adoption_statutory_guidance_2013.pdf

UN Committee on Economic, Social and Cultural Rights. (1999). Committee on Economic, Social and Cultural Rights, General Comment 13, The right to education. General comment: The right to education, 13. http://www1.umn.edu/humanrts/gencomm/escgencom13.htm

UN. (2010). *Report of the committee on the rights of the child.* United Nations Publications.

Underwood, K. (2014). Everyone is welcome: Inclusive early childhood education and care. Ontario. https://www.researchgate.net/publication/268745746_Everyone_Is_Welcome_Inclusive_Early_Childhood_Education_and_Care

UNICEF. (2000). Poverty reduction begins with children. 50. UNICEF. http://www.albacharia.ma/xmlui/bitstream/handle/123456789/30755/0512Poverty%20Reduction%20

Begins%20with%20Children%20%282000%29.pdf?sequence=1

UNICEF. (2005). *Child poverty in rich countries. 6.* UNICEF Innocenti Research Center. http://www.unicef-irc.org/publications/pdf/repcard6e.pdf

UNICEF. (2006a). What is child protection? Child Protection Information Sheet. https://www.dijuf.de/files/downloads/2016/Projekt%20MAPChiPP/MAPChiPP-Materialien/5_UNICEF.pdf

UNICEF. (2006b). Children living in poverty: Overview of definitions, measurements and policies. Global Policy Section. http://www.unicef.org/Children_Living_In_Poverty.pdf

UNICEF. (2008). The child care transition: A league table of early childhood education and care in economically advanced countries. Florence, UNICEF/IRC. https://www.unicef-irc.org/publications/pdf/rc8_eng.pdf

UNICEF. (2010). Progress for children: Achieving the MDGs with equity. 9. UNICEF. https://www.unicef.org/media/86431/file/Progress_for_Children-No.9_EN_081710.pdf

UNICEF. (2012). Ergebnisse der UNICEF-Vergleichsstudie 2012. UNICEF. http://www.unicef.de/blob/9298/c7cd8eee86d075a119b7fe104abf0728/rc-10-kinderarmut-reiche-laender-zusammenfassung-2012-pdf-data.pdf

UNICEF. (2013a). UNICEF-Bericht zur Lage der Kinder in Industrieländern 2013. UNICEF. http://www.unicef.de/blob/18782/7417138f1edd5058dce29dde29d01c8b/unicef-bericht-2013-zusammenfassung-data.pdf

UNICEF. (2013b). Child well-being in rich countries: A comparative overview. UNICEF Office of Research Innocenti Report Card 11. http://www.unicef-irc.org/publications/pdf/rc11_eng.pdf

VAMV. (2012). Die Stellungnahme des Verbandes alleinerziehender Mütter und Väter. Verband alleinerziehender Mütter und Väter. https://www.bmfsfj.de/resource/blob/132904/bea9dda36dac440a447ec278b819f7de/vamv-data.pdf

Vandergrift, K., & Bennett, S. (2012). Children's rights: A framework for health promotion. *Healthcare Quarterly, 15*(4). http://www.longwoods.com/content/22947

Vogler-Ludwig, K., & Giernalczyk, H. (2009). Parental allowance (Elterngeld)-An innovative policy. Discussion paper. European Employment Observatory Germany. Economix Research and Consulting.

Wagner, R. (Hrsg.). (2008). Kinderarmut im einem Reichen Land. Friedrich Ebert Stiftung. https://library.fes.de/pdf-files/bueros/sachsen-anhalt/06646.pdf

Wenke, D. (2010). Vom Kinderschutz zum Kinderrechtsstaat: Stärken, schützen, fördern durch eine umfassende Umsetzung der UN-Kinderrechtskonvention. Unicef.

WHO & Office of UN High Commissioner for Human Rights. (2008). The right to health. *Fact Sheet, 31*. http://www.who.int/hhr/activities/Right_to_Health_factsheet31.pdf

WHO Europa. (2002). Weltbericht Gewalt und Gesundheit. WHO Europa. http://www.who.int/violence_injury_prevention/violence/world_report/en/summary_ge.pdf

WHO Europe. (2014). Sure Start: Investing in early childhood. WHO Europe. http://www.euro.who.int/en/health-topics/Life-stages/child-and-adolescent-health/news/news/2014/09/sure-start-investing-in-early-childhood

WHO. (2005). The world health report 2005: Make every mother and child count. Geneva, WHO. http://www.who.int/whr/2005/overview_en.pdf

WHO. (2006). Preventing child maltreatment: A guide to taking action and generating evidence. WHO. http://whqlibdoc.who.int/publications/2006/9241594365_eng.pdf

WHO. (2008). Integrated health services: What and why? Technical Brief, 1. http://www.who.int/healthsystems/service_delivery_techbrief1.pdf

WHO. (2014). The ecological framework. WHO. http://www.who.int/violenceprevention/approach/ecology/en

Williams, A. (2005). An historical study of London's education welfare services, 1907-1990: ESRC full research report. ESRC. http://www.esrc.ac.uk

Wilson, M. (2013). Precarious work: The need for a new policy framework. The Whitlam Institute. https://apo.org.au/sites/default/files/resource-files/2013-02/apo-nid32785.pdf

Winder, N., & Yablonski, J. (2012). Integrated social protection systems: Enhancing equity for children. UNICEF Social Protection Strategic Framework. https://socialprotection.org/sites/default/files/UNICEF_SPSFramework.pdf

Winkler, C., Brown, W., Van Keppel, M., & Blanchard, A. (1988). *Clinical practice in adoption*. Boston, MA: Allyn & Bacon.

Wolfe, I., Tamburlini, G., Karanikolos, M., & McKee, M. (2013). Child health in Europe: An overview. In I. Wolfe & M. Mckee (Eds.), *European Child Health Services and Systems: Lessons without borders*. WHO. https://books.google.co.kr/books?hl=ko&lr=&id=d49FBgAAQBAJ&oi=fnd&pg=PA1&dq=Child+health+in+Europe:+An+overview&ots=KbhDvPyo71&sig=-55p0_MAa5gWpVj6mTsakoBfM2E&redir_esc=y#v=onepage&q=Child%20

health%20in%20Europe%3A%20An%20overview&f=false

Wood, L. (1989). Happy father's day. *News from Fair, 19*(3), 27.

Wood, R., & Wilson, P. (2012). General practitioner provision of preventive child health care: Analysis of routine consultation data. *BMC Family Practice, 13*(73), 1–8. http://www.biomedcentral.com/content/pdf/1471-2296-13-73.pdf

Yanca, S. J., & Johnson, L. C. (2008). *Generalist social work practice with families.* Recording for the Blind & Dyslexic.

Ziegler, F., & Dardel, F. (2005). Gewalt gegen Kinder: Konzept für eine umfassende Prävention. Familie & Gesellschaft, Sonderreihe des Bulletins Familienfragen. http://www.bsv.admin.ch/themen/kinder_jugend_alter/00066/index.html?lang=de&download=NHzLpZeg7t,lnp6I0NTU042l2Z6ln1acy4Zn4Z2qZpnO2Yuq2Z6gpJCDdoR,fmym162epYbg2c_JjKbNoKSn6A:

권현경(2018. 8. 6.). "10월부터 신생아 선천성 대사이상 검사 '무료'". 베이비뉴스. https://www.ibabynews.com/news/articleView.html?idxno=67350

김승환(2020. 12. 31.). "인권위 '기초생활보장법 부양의무자 기준 완전 폐지해야'". 세계일보. http://www.segye.com/newsView/20201231506242?OutUrl=naver

김영훈(2006. 8. 22.). "정부 '희망 스타트' 운동 편다". 중앙일보. http://article.joins.com/news/article/article.asp?total_id=2424579

김윤영(2014. 11. 21.). "'세모녀법' 때문에, '세모녀'는 더 위험해졌다". 오마이뉴스. http://www.ohmynews.com/NWS_Web/View/at_pg.aspx?CNTN_CD=A0002054881

김윤태(2014. 4. 7.). "토니 블레어와 '제3의 길' 정치가 남긴 것들". 프레시안. http://www.pressian.com/news/article.html?no=116066

김학한(2014. 3. 27.). "박근혜정부, 교육민영화에 본격 착수하다". 노동과 세계. http://worknworld.kctu.org/news/articleView.html?idxno=242818

류은숙(2006. 8. 1.). "세계인권선언 뜯어보기 ④: 논쟁조항 살펴보기-교육권 조항". 인권오름 (15). https://www.sarangbang.or.kr/oreum/69061

민중의 소리(2014. 11. 21.). "세 모녀 두 번 죽이는 세모녀법". 민중의 소리. http://www.vop.co.kr/A00000817025.html

박경철(2007. 7. 19.). "기상천외한 의료급여법은 관두라". 한겨레 21. http://legacy.h21.hani.co.kr/section-021046000/2007/07/021046000200707190669041.html

보건복지부 기초생활보장과(2014. 12. 11.). "송파 세모녀법, 국회 본회의 통과". 보건복지부 보도자료. http://www.mw.go.kr/front_new/al/sal0301vw.jsp?PAR_MENU_ID=04&MENU_ID=0403&page=1&CONT_SEQ=314247&SEARCHKEY=TITLE&SEARCHVALUE=세모녀법

보건복지부 보도자료(2011. 11. 17.). "헤이그국제아동입양협약 전문가 토론회 개최."

보건복지부 아동권리과(2014. 7. 8.). "3개 부처 영역 싸움터 된 '아동복지'보도에 대한 설명자료". 보건복지부 기사해명자료.

서민선(2020. 12. 09.). "냉장고 속 아기, 출생신고 안 돼…" "보편적 출생신고제 필요". 노컷뉴스. https://www.nocutnews.co.kr/news/5461778

서현욱(2014. 11. 21.). "노동위, 세 모녀도 혜택 못 받는 송파 세모녀법". 불교닷컴. http://www.bulkyo21.com/news/articleView.html?idxno=26729

신호경(2013. 5. 24.). "한국 '고아수출국'에서 '아동인권 선진국'으로". 연합뉴스. https://news.naver.com/main/read.nhn?mode=LSD&mid=sec&sid1=102&oid=001&aid=0006277925

연합뉴스(2014. 5. 10.). "친가정이 먼저다: 입양의 날이 싱글맘의 날이 된 이유". 연합뉴스. http://news.naver.com/main/read.nhn?mode=LSD&mid=sec&sid1=102&oid=001&aid=0006899389

연합뉴스(2021. 2. 10.). "남성 육아휴직 증가… 지난해 4명 중 1명은 남성". 연합뉴스. https://tv.naver.com/v/18435885

오창룡(2014. 2. 4.). "때늦은 '사민주의' 열풍에서 경계해야 할 것들". 참세상. http://www.newscham.net/news/view.php?board=news&nid=72847

웰페어뉴스(2014. 11. 10.). "기초생활보장법 개악, 여야합의 중단을 요구한다". 웰페어뉴스. http://www.welfarenews.net/news/articleView.html?idxno=47654

유원섭(2008. 10. 2.). "최근 의료급여제도 변화의 문제점과 개선방안". 참여연대. http://www.peoplepower21.org/Welfare/664618

장애인문화복지신문(2021. 1. 13.). "고양시, 2021년부터 국민기초생활보장 수급자 선정기준 강화". https://blog.naver.com/dcwnews/222205700342

조흥식(2010. 3. 30.). "무상급식 논쟁의 핵심쟁점". http://blog.naver.com/dw456?Redirect=Log&logNo=80104718597

충청매일(2014. 6. 11.). "혼자 양육보다 입양 권하는 사회". http://www.ccdn.co.kr/news/articleView.html?idxno=346607

한동운(2006. 12. 1.). "의료보호제도". 국가기록원. http://www.archives.go.kr/next/search/listSubjectDescription.do?id=001508

홍성윤(2014. 11. 21.). "'송파 세 모녀' 외면한 세 모녀법". 매일경제. http://news.mk.co.kr/column/view.php?year=2014&no=1450546

황석연(2010. 9. 13.). "주요 OECD 국가의 의무교육 및 무상지원 현황". 황석연 미래교육연구소. http://blog.naver.com/skyn11?Redirect=Log&logNo=80115287688&from=postView

Abrams, F. (2011. 7. 12.). "Sure Start: Are children really benefiting?". BBC Radio 4. http://www.bbc.co.uk/news/education-14079117

Bristow, J. (2010. 6. 22.). "Sure Start: A fancy new way to police the family". Spiked. http://www.spiked-online.com/newsite/article/9043#.U8znXreKCcw

Butterwegge, C. (2008. 6. 13.). "Bildung schützt vor Armut nicht". Frankfurter Rundschau. https://www.fr.de/politik/bildung-schuetzt-armut-nicht-11577279.html

Field, F. (2012. 11. 29.). "From the cradle to the grave". New Statesman. http://www.newstatesman.com/politics/politics/2012/11/cradle-grave

Hintergrundmeldung. (2018. 1. 2.). "Familienleistungen: Mutterschaftsleistungen im Überblick". Bundesministerium für Familie, Senioren, Frauen und Jugend. https://www.bmfsfj.de/bmfsfj/themen/familie/familienleistungen/mutterschaftsleistungen/mutterschaftsleistungen-im-ueberblick-73754

Jones, J. (2013. 1. 4.). "Briefing: Means-testing child benefit". The scpectator. http://blogs.spectator.co.uk/coffeehouse/2013/01/briefing-means-testing-child-benefit

Kirp, L. (2014. 5. 10.). "The benefits of mixing rich and poor". The New York Times. https://opinionator.blogs.nytimes.com/2014/05/10/the-benefits-of-mixing-rich-and-poor/

McInerney, L. (2013. 4. 15.). "Why welfare and education are inextricably linked". The Guardian. http://www.theguardian.com/education/2013/apr/15/welfare-reforms-affect-children-education

Merrell, C., & Tymms, P. (2013. 2. 1.). "Changes in children's cognitive development at the start of school in England 2001-2008". Durham Research Online. http://dro.dur.ac.uk/7635/1/7635.pdf

Pecquet, J. (2012. 11. 14.). "UN calls family planning an 'essential human right.'". The hill. http://thehill.com/blogs/global-affairs/un-treaties/267907-un-calls-family-planning-a-human-right

Reeves, P. (2013. 2. 18.). "Spread of 'baby boxes' alarms Europeans". NPR. https://www.

npr.org/2013/02/18/172336348/spread-of-baby-boxes-alarms-europeans

Rindt, C. (2013. 11. 6.). "Kritik am Gutschein-System: Diskriminierung der Asylbeweber?" Südkurier. https://linksunten.archive.indymedia.org/node/89095/index.html

Sadigh, P. (2012. 7. 3.). "Elterngeld macht keine Babys". Zeit Online. http://www.zeit.de/gesellschaft/familie/2012-07/elterngeld-familien

SPD. (2008. 6. 10.). "Aktionsplan für gleiche Lebenschancen: 10 Maßnahmen der SPD gegen Kinderarmut". http://www.hilfe-hartz4.de/aktionsplan-fur-gleiche-lebenschancen-10-masnahmen-der-spd-gegen-kinderarmut/

Stemmler, K. (2003. 8. 2.). "Kita: Kritik zum Systemstart". Hamburger Abendblatt. http://www.abendblatt.de/hamburg/article201091/Kita-Kritik-zum-Systemstart.html.

Taylor, C. (2005. 7. 5.). "Developments in child health surveillance programmes". Nursing Times. https://www.nytimes.com/2013/11/18/opinion/the-shame-of-american-health-care.html

The New York Times. (2013. 11. 17.). "The shame of American health care". https://www.nytimes.com/2013/11/18/opinion/the-shame-of-american-health-care.html

Troutot, P. Y. (2014. 2. 23.). "Kinderpolitik". Wörterbuch der Sozialpolitik. http://www.socialinfo.ch/cgi-bin/dicopossode/show.cfm?id=337

UNICEF. (2006. 6. 22.). "Kinderarmut in reichen Ländern". Bundeszentrale für politische Bildung. https://www.bpb.de/apuz/29676/kinderarmut-in-reichen-laendern

YTN(2013. 8. 1.). "소득공제와 세액공제 차이는?" http://www.ytn.co.kr/_ln/0102_201308011413588523

강남구 건강가정지원센터 홈페이지. 2014 검색. https://www.gangnam.go.kr/office/gngfamily/main.do

고용노동부 홈페이지. 2021 검색. "여성, 경력단절 예방 및 재취업 지원". http://www.moel.go.kr/policy/policyinfo/woman/list5.do

고용보험 홈페이지. 2021 검색. "육아휴직". https://www.ei.go.kr/ei/eih/eg/pb/pbPersonBnef/retrievePb0302Info.do

관계부처합동. 2021 검색. 제4차 저출산·고령사회기본계획.

교육부 홈페이지. 2014 검색. http://www.moe.go.kr

교육학용어사전 홈페이지. 2014 검색. "의무교육". https://terms.naver.com/entry.naver?docId=612314&cid=42126&categoryId=42126

국민건강보험공단 홈페이지. 2014 검색. "사회보장과 의료보장". http://www.nhic.or.kr/
alim/notice2/chapter1.pdf

국민건강보험공단 홈페이지. 2021 검색. "건강보험제도의 연혁". https://www.nhis.or.kr/
static/html/wbda/b/wbdab0106.html

국세청 홈페이지. 2014 검색. http://www.nts.go.kr

국제아동인권센터 홈페이지. 2020 검색. "아동권리협약". http://incrc.org/uncrc

국토교통부 홈페이지. 2014 검색. http://www.molit.go.kr

기획재정부 홈페이지. 2014 검색. http://www.mosf.go.kr

나라지표 홈페이지. 2014a 검색. "비정규직 고용동향". http://www.index.go.kr/potal/main/
EachDtlPageDetail.do?idx_cd=2477

나라지표 홈페이지. 2014b 검색. "기초생활보장수급자 현황". http://www.index.go.kr/
smart/chart_view.jsp?idx_cd=2760&bbs=INDX_001&clas_div=C&rootKey=6.48.0

대한민국 정부 홈페이지. 2014 검색. http://www2.korea.go.kr

두산백과 홈페이지. 2014 검색. "유럽평의회". http://terms.naver.com/entry.nhn?docId=125
1455&cid=40942&categoryId=3458

두산백과 홈페이지. 2015 검색. "김나지움". http://terms.naver.com/entry.nhn?docId=10721
47&cid=40942&categoryId=31728

마음더하기 홈페이지. 2014 검색. http://momplus.mw.go.kr.

매일경제용어사전 홈페이지. 2014 검색. "The General Certificate of Secondary Education".
http://terms.naver.com/entry.nhn?docId=18471&cid=43659&categoryId=43659

법제처 찾기쉬운 생활법령정보 홈페이지. 2014a 검색. "국민기초생활 보장제도". https://
www.easylaw.go.kr/CSP/CnpClsMain.laf?popMenu=ov&csmSeq=47&ccfNo=3&cciNo=
1&cnpClsNo=2&search_put=%EC%B5%9C%EC%A0%80%EC%83%9D%EA%B3%84%EB
%B9%84

법제처 찾기쉬운 생활법령정보 홈페이지. 2014b 검색. "영유아 보육". http://oneclick.law.
go.kr/CSP/CsmMain.laf?csmSeq=626

보건복지부 홈페이지. 2014 검색. http://www.mw.go.kr

보건복지부 홈페이지. 2020 검색. "건강생활유지비". http://www.mohw.go.kr/react/policy/
index.jsp?PAR_MENU_ID=06&MENU_ID=06350304&PAGE=4&topTitle=

보건복지부 홈페이지. 2021 검색. "의료급여". http://www.bokjiro.go.kr/welInfo/
retrieveGvmtWelInfo.do?searchIntClId=01&welInfSno=318

복지로 홈페이지. 2015a 검색. "입양아동 양육지원". http://www.bokjiro.go.kr/welInfo/

retrieveGvmtWelInfo.do?welInfSno=299

복지로 홈페이지. 2015b 검색. "한부모 가족 양육비 지원". http://www.bokjiro.go.kr/welInfo/retrieveGvmtWelInfo.do?welInfSno=352

복지로 홈페이지. 2021a 검색. "장애입양아동 의료비지원". http://www.bokjiro.go.kr/welInfo/retrieveGvmtWelInfo.do?welInfSno=302

복지로 홈페이지. 2021b 검색. "산모 · 신생아 건강관리 지원사업". http://www.bokjiro.go.kr/welInfo/retrieveGvmtWelInfo.do?welInfSno=356

복지로 홈페이지. 2021c 검색. "저소득층 기저귀 · 조제분유 지원". http://www.bokjiro.go.kr/welInfo/retrieveGvmtWelInfo.do?welInfSno=50

복지로 홈페이지. 2023a 검색. "가정양육수당". https://www.bokjiro.go.kr/ssis-tbu/twataa/wlfareInfo/moveTWAT52005M.do

복지로 홈페이지. 2023b 검색. "아동수당". https://www.bokjiro.go.kr/ssis-tbu/twataa/wlfareInfo/moveTWAT52011M.do?wlfareInfoId=WLF00001171&wlfareInfoReldBztpCd=01

복지로 홈페이지, 2023c 검색. "자립지원". https://www.bokjiro.go.kr/ssis-tbu/twataa/wlfareInfo/moveTWAT52011M.do?wlfareInfoId=WLF00001175&wlfareInfoReldBztpCd=01

브리태니커사전 홈페이지. 2014 검색. "의무교육". http://preview.britannica.co.kr/bol/topic.asp?article_id=b17a2673a

사회학사전 홈페이지. 2015 검색. "케인스주의". http://terms.naver.com/entry.nhn?docId=1521464&cid=42121&categoryId=42121

세이프키즈 홈페이지. 2014 검색. "교통안전". http://www.safekids.or.kr/pdf/record03/record03_01.pdf

시사상식사전 홈페이지. 2014 검색. "베이비 박스". http://terms.naver.com/entry.nhn?docId=2119311&cid=43667&categoryId=43667

시사상식사전 홈페이지. 2021 검색. "그루밍 성범죄". https://terms.naver.com/entry.naver?docId=5145821&cid=43667&categoryId=43667

아동권리보장원 홈페이지. 2021 검색. "아동복지기관 현황". https://www.ncrc.or.kr/ncrc/cs/cnter/selectCnterList.do?mi=1122

아이돌봄서비스 홈페이지. 2021 검색. https://www.idolbom.go.kr/front/main/main.do

아이돌봄지원사업 홈페이지. 2014 검색. https://idolbom.mogef.go.kr/indexPage.do

여성가족부 홈페이지. 2014 검색. http://www.mogef.go.kr

여성가족부 홈페이지. 2021 검색. http://www.mogef.go.kr

위키백과 홈페이지. 2014a 검색. "가족". http://ko.wikipedia.org/wiki/%EA%B0%80%EC%A1%B1

위키백과 홈페이지. 2020a 검색. "소년소녀가장". https://ko.wikipedia.org/wiki/%EC%86%8C%EB%85%84_%EC%86%8C%EB%85%80_%EA%B0%80%EC%9E%A5

위키백과 홈페이지. 2020b 검색. "지속가능 개발 목표". https://ko.wikipedia.org/wiki/%EC%A7%80%EC%86%8D%EA%B0%80%EB%8A%A5_%EA%B0%9C%EB%B0%9C_%EB%AA%A9%ED%91%9C

유네스코 홈페이지. 2014 검색. "교육에서의 차별 방지에 관한 협약". http://www.unesco.or.kr/about/side_03_view.asp?articleid=39&page=7&SearchItem=&searchStr=&Gubun=&Cate=

정책위키 홈페이지. 2021 검색. "아동수당". https://www.korea.kr/special/policyCurationView.do?newsId=148864294

중앙아동보호전문기관 홈페이지. 2014 검색. "아동학대 유형". http://korea1391.org/new_index

한경경제용어사전 홈페이지. 2015 검색. "유연안전성". http://terms.naver.com/entry.nhn?docId=2065795&cid=50305&categoryId=50305

한국민족문화대백과 홈페이지. 2015a 검색. "세계화". http://terms.naver.com/entry.nhn?docId=796041&cid=46634&categoryId=46634

한국민족문화대백과 홈페이지. 2015b 검색. "상소권". http://terms.naver.com/entry.nhn?docId=573660&cid=46625&categoryId=46625

한국사회보장정보원 홈페이지. 2021 검색. http://www.ssis.or.kr/index.do

한국아동권리모니터링센터 홈페이지. 2014 검색. http://www.childrights.kr

한국학교사회복지사협회 홈페이지. 2014 검색. http://www.kassw.or.kr

한국학교사회복지사협회 홈페이지. 2020 검색. https://www.kassw.or.kr/

Adeba 홈페이지. 2014 검색. "Mutterpaß–eine kleine Lesehilfe". http://www.adeba.de/page.php?modul=HTMLPages&pid=5

Administration for Children & Families (ACF) 홈페이지. 2014 검색. http://www.acf.hhs.gov

Alexandra Neighbourhood House 홈페이지. 2014 검색. "The settlement movement". http://www.alexhouse.net/settlement-movement

American Council for School Social Work 홈페이지. 2014 검색. "About American council for school social work". http://acssw.org/aboutacssw.html

Ask 홈페이지. 2014 검색. "Industrial location theory". http://www.ask.com/question/definition-of-industrial-location-theory

Bundesministerium für Gesundheit 홈페이지. 2014 검색. "Früherkennungsuntersuchung". http://www.bmg.bund.de/praevention/kindergesundheit/frueherkennungsuntersuchung-bei-kindern.html

Businessdictionary 홈페이지. 2014a 검색. "Social services". http://www.businessdictionary.com/definition/social-services.html#ixzz2tfur3tts

Businessdictionary 홈페이지. 2014b 검색. "Values". http://www.businessdictionary.com/definition/values.html

Center for Advanced Studies in Child Welfare 홈페이지. 2014 검색. "Concept and history of permanency in U.S. child welfare". "Definitions & questions about services: Child welfare". http://cascw.umn.edu/wp-content/uploads/2013/11/DCWCChildWelfareDefined.pdf

Center for Family Services 홈페이지. 2014 검색. "Eligibility for Head Start program". http://www.centerffs.org/headstart/eligibility-head-start-program

Child Trends Data Bank 홈페이지. 2014 검색. "Head Start". http://www.childtrends.org/?indicators=head-start

Child Welfare Information Gateway 홈페이지. 2014 검색. "How the child welfare system works". http://www.childwelfare.gov/pubs/factsheets/cpswork.cfm#appendixa

Department for Education of UK 홈페이지. 2014 검색. https://www.gov.uk/government/organisations/department-for-education

Deutche Kinderhilfe 홈페이지. 2014 검색. http://www.kindervertreter.de

Diversity Data Kids 홈페이지. 2014 검색. "Head Start legislative history highlights". http://www.diversitydatakids.org/files/Policy/Head%20Start/Logic/Head%20Start%20Legislative%20History%20Highlights.pdf

Elterngeld 홈페이지. 2021 검색. https://www.elterngeld.net/mutterschaftsgeld.html

European Commission 홈페이지. 2014 검색. "Life long learning program". http://ec.europa.eu/education/tools/llp_en.htm#tab-4

Government Offices of Sweden 홈페이지. 2014a 검색. "Education and research". http://www.government.se/sb/d/2098

Government Offices of Sweden 홈페이지. 2014b 검색. http://www.government.se/sb/

d/15662

Government UK 홈페이지. 2014a 검색. "Free early education and childcare". https://www.gov.uk/free-early-education

Government UK 홈페이지. 2014b 검색. "Tax credit". https://www.gov.uk/child-tax-credit/what-youll-get

Healthystart 홈페이지. 2021 검색. "Alert: Get help to buy food and milk" https://www.healthystart.nhs.uk/for-health-professionals/vitamins

Humanium 홈페이지. 2014 검색. "Das Recht auf Gesundheit". http://www.humanium.org/de/das-recht-auf-gesundheit

Humanium 홈페이지. 2015 검색. "The Right to Health". http://www.humanium.org/en/fundamental-rights/health/

Infobest 홈페이지. 2021 검색. "Elternzeit und Elterngeld in Frankreich". https://www.infobest.eu/de/themengebiete/artikel?tx_infobestfaq_faq%5Barticle%5D=313&cHash=dffb0b13eeae1f31cdaa14524ea4e2d2

Kindergeld 홈페이지. 2014 검색. "Geschichte des Kindergeldes". http://www.kindergeld.net/geschichte-des-kindergeldes.html

LabSpace 홈페이지. 2014 검색. http://labspace.open.ac.uk/mod/resource/view.php?id=415612

Medicaid 홈페이지. 2014 검색. "Medicaid". http://www.medicaid.gov/Medicaid-CHIP-Program-Information/By-Topics/Childrens-H

NAHIC(National Adolescent and Young Adult Health Information Center) 홈페이지. 2014 검색. http://nahic.ucsf.edu.

NASW 홈페이지. 2014 검색. http://www.socialworkers.org

National Literacy Trust 홈페이지. 2014 검색. "Policy: Sure Start". http://www.literacytrust.org.uk/talk_to_your_baby/policy_research/1252_policy_sure_start

North Eastern Education and Library Board (NEELB) 홈페이지. 2014 검색. "Education Welfare Service". http://www.neelb.org.uk/parents/ews

OECD 홈페이지. 2014a 검색. http://www.oecd.org

OECD 홈페이지. 2014b 검색. "Early childhood education and care". http://www.oecd.org/education/school/earlychildhoodeducationandcare.htm

OECD 홈페이지. 2014c 검색. "Income inequality and poverty rising in most OECD countries". http://www.oecd.org/els/incomeinequalityandpovertyrisinginmostoecdcou

ntries.htm

OECD 홈페이지. 2014d 검색. "Public spending on family benefits". http://www.oecd.org/els/soc/PF1_1_Public_spending_on_family_benefits_Dec2013.pdf

Office of Head Start 홈페이지. 2014 검색. "Head Start services". http://www.acf.hhs.gov/programs/ohs/about/head-start

Paheadstart 홈페이지. 2014 검색. "Head Start's legislative history". http://paheadstart.org/files/1013/3840/5952/Head_Start_Legislative_History.pdf

Patient 홈페이지. 2014 검색. "Healthy child programme". http://www.patient.co.uk/doctor/child-health-surveillance

Research in Practice 홈페이지. 2021 검색. "Fostering and Adoption". https://fosteringandadoption.rip.org.uk/topics/matching/

Richtig-Wichtig 홈페이지. 2014 검색. "Was sind Rechte?". http://www.richtig-wichtig.org/index.php

Saltlakeheadstart 홈페이지. 2014 검색. "History of Head Start". http://www.saltlakeheadstart.org/about-us/history-facts

School of Social Work Association of America (SSWAA) 홈페이지. 2014 검색. "About school social work". http://www.sswaa.org/displaycommon.cfm?an=1&subarticlenbr=51

Schools InfoLink Essex 홈페이지. 2014 검색. "Education welfare service". https://schools-secure.essex.gov.uk/Pages/EssexSchoolsInfolink.aspx

Schulsozialarbeit 홈페이지. 2014a 검색. "Bundesweite informations- und Vernetzungsseite zur Schulsozialarbeit in Deutschland". http://www.schulsozialarbeit.net

Schulsozialarbeit 홈페이지. 2014b 검색. "Definition von Schulsozialarbeit". http://www.schulsozialarbeit.net/1.html

Schulsozialarbeit 홈페이지. 2014c 검색. http://www.schulsozialarbeit.net

Southwark Council 홈페이지. 2014 검색. "Early help service". http://www.southwark.gov.uk/info/200071/information_for_parents/2154/early_help_service/1

Tameside 홈페이지. 2014 검색. "The education welfare service". http://www.tameside.gov.uk/schools/welfareservice

UN 홈페이지. 2020 검색. "SDGs". https://www.un.org/sustainabledevelopment

UNICEF Data 홈페이지. 2014 검색. "Rapid acceleration of progress is needed to achieve universal. primary education by 2015". http://data.unicef.org/education/primary#sthash.cqTFaGVa.BzrxxkdH.dpuf

UNICEF 홈페이지. 2014a 검색. "Kinderrechte". http://www.unicef.de/ueber-uns/unicef-und-kinderrechte

UNICEF 홈페이지. 2014b 검색. "UNICEF Verwirklicht Kinderrechte". http://www.unicef.de/aktionen/kinderrechte20/wichtigste-kinderrechte

Ursuline 홈페이지. 2014 검색. "What is Head start?". https://www.ursulinestl.org/class_files/54/908/9744.pdf

US Department of Health and Human Services 홈페이지. 2014 검색. http://www.hhs.gov

US Department of Health and Human Services, Children's Bureau 홈페이지. 2014 검색. "Adoption & foster care statistics". http://www.acf.hhs.gov/programs/cb/research-data-technology/statistics-research/afcars

Victorian Government Health Information 홈페이지. 2014 검색. "A guide to mental health terminology". http://www.health.vic.gov.au/mentalhealth/termnlgy.htm

Washington State of Early Learning 홈페이지. 2014 검색. "Who is eligible". http://www.del.wa.gov/care/find-hs-eceap/eligible.aspx

WHO 홈페이지. 2015 검색. "Maternal, newborn, child and adolescent health". http://www.who.int/maternal_child_adolescent/topics/child/rights/en/

Wikipedia 홈페이지. 2014a 검색. "Elterngeld". http://en.wikipedia.org/wiki/Elterngeld

Wikipedia 홈페이지. 2014b 검색. "Head Start program". http://en.wikipedia.org/wiki/Head_Start_Program

Wikipedia 홈페이지. 2014c 검색. "Schulsozialarbeit". http://de.wikipedia.org/wiki/Schulsozialarbeit

Wikipedia 홈페이지. 2014d 검색. "Sure Start". http://en.wikipedia.org/wiki/Sure_Start#cite_note-23

Wikipedia 홈페이지. 2021a 검색. "Elterngeld und Elternzeit in Schweden". https://de.wikipedia.org/wiki/Elterngeld_und_Elternzeit_in_Schweden

Wikipedia 홈페이지. 2021b 검색. "Elterngeld (Deutschland)". https://de.wikipedia.org/wiki/Elterngeld_(Deutschland)

🐾 찾아보기

내용

저자 소개

노혜련(Helen Noh)
이화여자대학교 사회사업학 학사
UC 버클리대학교 사회복지학 석사 · 박사
현 숭실대학교 사회복지학부 교수

주요 저서
『강점관점 해결중심 사례관리』(공저, 학지사, 2014)
『강점관점 청소년개발 레질리언스』(공저, 신정, 2009)
『학생권리와 학교사회복지』(공저, 한울, 2009)

김미원(Miwon Kim)
이화여자대학교 사회사업학 학사 · 석사
함부르크대학교 사회과학부 수학
이화여자대학교 사회복지학 박사

주요 저서 및 논문
『사회복지윤리와 철학』(공저, 나눔의집, 2004)
「의료산업화와 성장 동력론 비판」(2006)
「신자유주의 연금제도 개혁안 비판」(2003)

조소연(Soyeun Cho)
숙명여자대학교 아동복지학 학사 · 석사
숭실대학교 사회복지학 박사
현 아동권리보장원 아동정책평가센터 과장

주요 논문
「공동생활가정 아동−친가족 관계회복을 위한 실천 사례 연구」(2018)
「한국 입양 실천의 문제점과 개선방안」(2018)
「원가정 지원 원칙: 우리나라 대안양육 서비스에서의 실현 현황과 개선방안」(2016)

예방과 통합의 관점에서 본
아동복지론(2판)
Child Welfare: A Prevention and Integration Perspective (2nd ed.)

2015년 9월 15일 1판 1쇄 발행
2021년 3월 25일 1판 4쇄 발행
2021년 9월 30일 2판 1쇄 발행
2023년 3월 20일 2판 2쇄 발행

지은이 • 노혜련 · 김미원 · 조소연
펴낸이 • 김진환
펴낸곳 • ㈜ **학지사**

04031 서울특별시 마포구 양화로 15길 20 마인드월드빌딩
대표전화 • 02-330-5114   팩스 • 02-324-2345
등록번호 • 제313-2006-000265호

홈페이지 • http://www.hakjisa.co.kr
페이스북 • https://www.facebook.com/hakjisa

ISBN 978-89-997-2520-3 93330

정가 22,000원

출판미디어기업 **학지사**

간호보건의학출판 **학지사메디컬** www.hakjisamd.co.kr
심리검사연구소 **인싸이트** www.inpsyt.co.kr
학술논문서비스 **뉴논문** www.newnonmun.com
교육연수원 **카운피아** www.counpia.com